当代德国教育经典译丛

丛书主编　彭正梅

教育科学主要流派

第 4 版

[德] 迪特里希·本纳◎著

（Dietrich Benner）

李其龙◎译

华东师范大学出版社

·上海·

图书在版编目 (CIP) 数据

教育科学主要流派/(德) 迪特里希·本纳著;李其龙译. -- 4 版. -- 上海:华东师范大学出版社,2022

ISBN 978 - 7 - 5760 - 2939 - 0

Ⅰ.①教… Ⅱ.①迪… ②李… Ⅲ.①教育学派-研究-世界 Ⅳ.① G40 - 06

中国版本图书馆 CIP 数据核字(2022)第 121840 号

Hauptströmungen der Erziehungswissenschaft by Dietrich Benner
4. Auflage 2001 © 2001 Beltz Verlag, Weinheim und Basel
Simplified Chinese translation copyright © 2024 by East China Normal University Press Ltd.
All rights reserved.
上海市版权局著作权合同登记图字:09 - 2016 - 095 号

教育科学主要流派 (第 4 版)

著　者　[德] 迪特里希·本纳(Dietrich Benner)
译　者　李其龙
责任编辑　范美琳
责任校对　桑林凤　时东明
装帧设计　俞　越

出版发行　华东师范大学出版社
社　址　上海市中山北路 3663 号　邮编 200062
网　址　www.ecnupress.com.cn
电　话　021 - 60821666　行政传真 021 - 62572105
客服电话　021 - 62865537　门市(邮购)电话 021 - 62869887
地　址　上海市中山北路 3663 号华东师范大学校内先锋路口
网　店　http://hdsdcbs.tmall.com

印 刷 者　苏州工业园区美柯乐制版印务有限责任公司
开　本　890 毫米×1240 毫米　1/32
印　张　12.75
字　数　316 千字
版　次　2024 年 12 月第 1 版
印　次　2024 年 12 月第 1 次
书　号　ISBN 978 - 7 - 5760 - 2939 - 0
定　价　78.00 元

出 版 人　王　焰

(如发现本版图书有印订质量问题,请寄回本社客服中心调换或电话 021 - 62865537 联系)

丛书总序

一

德国是教育学的故乡。在那里,教育学被尝试从不同角度做成一个个带有体系性的艺术品,这与当今盛行的英美教育研究是不同的。英美更多地寻求从儿童与成人类似的行动、从社会生活与学校生活的直接统一中去理解教育,并借以推动教育研究,而不寻求建立具有自身逻辑或学科性的教育学。

我国的教育则介于两者之间。我们对教育的理解,不仅强调"学",也强调"习",但更加强调的是"学而时习之",也就是说,"学"是永恒的,而"习"则是"不时的",并不像杜威(John Dewey)那样,把"学"与"习"直接统一起来,强调"Learning by doing"。在儒家传统看来,"学"是"学习成为人",是根本要求,是绝对命令,而"习"是需要契机的,受制于人生此在的偶然境遇。或"独善其身",或"兼善天下",是穷达的问题,是"时习之",但"学"是无条件的。因此,对于好学且早逝的颜回,孟子说:"禹、稷、颜回同道。禹思天下有溺者,由己溺之也;稷思天下有饥者,由己饥之也,是以如是其急也。禹、稷、颜子易地则皆然。"

"学"与"习"的这种关系也预示着,学习有时不是为了"习",或暂时不是为了"习",或暂时不需要"习"。这就为一种人为性的教育开启了空间,即在这种人为的而非自然的空间中,帮助人迈向这种终身性的学习之旅的活动,就是教育;而探讨如何帮助人走向终身性的学习之旅的学问,就是教育学。由于教育活动这种独特的人为性,教育学内在地拥有着自己的逻辑和使命。这是我们教育传统的基本特点。这也是为什么,尽管我们现在大力倡导英美式的教育理解和教育研究,但相对而言,我们对强调教育、教化自身逻辑的德国教育学传统有着更多的亲近感。

就像德国古典哲学及马克思主义哲学在中国的深沉接受一样,与德国哲学相连的德国教育学与我们传统的教育思考,也有着深层的呼应。例如,德国古典美学与中国文化的美育关怀有着令人难以置信的契合。因此,在阅读国内教育学者的作品以及在与他们的交谈中,我都能感受到并确信中德教育这种深层的呼应。对于中国学者的这样一种感受以及我的导师李其龙先生多年来的引导和示范,还有我与德国当代教育学家本纳(Dietrich Benner)二十多年以及与迈尔(Hilbert Meyer)十多年的密切交往,鼓励和促进着我对德国教育学的兴趣和研究。

但我对德国教育学的理解则只能是我的理解,或只是"一"种理解。因此,一直以来,我很想把当代德国流传最广的几部教育学经典作品引入到中文世界之中,让更多的同道和同仁与之直接对话,以激发更多不同的理解,以激发我们自己的教育学思考和促进教育学建设。

或者说,让作品自己说话,因为作品更能激发作品。

具体而言,出版这套丛书有以下五个目的。

第一,弥补文献。目前国内对德国第二次世界大战以后的教育作品引入不多,几乎还停留在言必称赫尔巴特的阶段,不能反映德国在赫尔巴特(Johann Friedrich Herbart)之后的教育学思考及进展。近年来,本纳及布雷钦卡(Wolfgang Brezinka)的作品开始被引入,但德国特色的精神科学教育学或文化教育学的作品及对其批判改造的作品一直没有被引入。

第二,强调教育基本原理的价值。随着教育研究的日益功利化和工具化,教育的基本原理相对受到忽视和轻视。作为一个曾经的后发国家,现代德国经历过皇帝时代、纳粹时代、被美苏占领时代、社会主义时代、资本主义时代和全球化时代,有着丰富的教育原理思考。本套丛书所选图书都是关于教育的基本原理或基本思想的作品。从德国教育传统来看,教育原理的最高境界是体系的艺术品。

第三,增加对德国教学论的理解。在德国,普通教学论与普通教育学两门学科有差异,但也具有高度的一致性。夸美纽斯(John Amos Comenius)的《大教学论》是一本教育原理的经典。国内对德国教学论的理解和认知,主要还是停留在赫尔巴特的教学论上,尽管华东师范大学出版社出版了当代德国著名教学论专家迈尔的四部研究作品。因此,本套译丛也选择了两本教学论作品,一本是克林伯格(Lothar Klingberg)的马克思主义教学论,一本是克拉夫基(Wolfgang Klafki)的批判—建构教学论。在我看来,推动对德国教学论的理解还需要引入德国原创性的教学论经典。

第四,彰显教育的文化性和人文性。目前我们对教育学的思考,正在受到排斥人的尊严、文化性和历史性的过度的实证研究的威胁,迫切需要重申教育学的人文性、文化性、历史性、自主性和世界开放性。教育和教育研究要捍卫成长中的个体的人的尊严以及对此进行思考的教育学的尊严,要对抗那些把教育学缩减为研究眼动和扫描大脑图像的实证风气。本套译丛所选择的几部作品都是反对唯实证主义的研究。

第五,显示启蒙与文化的辩证。教育学固然具有文化性,但不是固守文化性。我们需要批判性地对待他人的文化,但同时也要批判性地对待自己的文化,走向文化和启蒙的辩证。没有文化的启蒙是危险的,没有启蒙的文化是愚蠢的。这是教育学对待一个正在启蒙的全球化时代的基本原则,也是德国教育学经历了不同历史时期的基本经验和教训。

这里拟结合本套丛书的选本对第五个目的略加阐释。本套丛书主要涉及德国文化教育学及其危机之后的发展。

在我看来,在德国现代教育原理的百年发展中,存在着一种启蒙与文化的恒久辩证。赫尔巴特继承了康德(Immanuel Kant)的教育的目的就是使每个人都能够到达"独立使用自己理性的成年状态"的理想,建构了德国具有启蒙精神的教育学体系(1806 年出版的《普通教育学》)。但是,赫尔巴特教育学缺乏批判的历史意识或文化意识,无法回应生命成长的历史性和文化问题。

(1) 这种强调文化意识的教育学体现在弗利特纳(Wilhelm Flitner) 1933 年出版,1997 年已是第 15 版的《普通教育学》(*Allgemeine Pädagogik*,本套丛书的第一本)之中。

(2) 但在 20 世纪 60 年代初,这种文化教育学(即精神科学教育学)走向了终结。因为在经验教育学家特别是布雷钦卡看来,它缺乏实证精神和科学证据,无力为教育实践提供有效的方案。而批判教育学认为,文化教育学缺乏批判精神,无法回应新的现实,因此呼唤教育学要重新回到康德的启蒙精神。1963 年,克拉夫基出版了他对文化教育学的教化理论和教学论的理解,并提出了范例的教学论思想。但为了顺应"解放而不是教化"的新时代批判转向,克拉夫基又修正了自己的研究,这体现在 1985 年出版,2007 年已是第 6 版的《德国教化理论和教学论新论》(*Neue Studien zur Bildungstheorie und Didaktik*,本套丛书的第二本)之中。批判教育学主要借助法兰克福学派的社会批判理论,强调个体的成年状态取决于社会的成年状态,因而在某种意义上是对康德启蒙精神的启蒙。

（3）但是，在德国教育学不断走向社会批判、意识形态批判和经验研究之际，具有深厚人文传统和哲学传统的教育学界又表达了对教育学被其他学科"殖民"的忧虑，再次强调教育和教育学中的文化关联和辩证本质。出身于文化教育学传统后来又倡导转向批判教育学的莫伦豪尔（Klaus Mollenhauer）在1983年出版，2008年已是第7版的《遗忘的关联：论文化与教育》（*Vergessene Zusammenhänge: Über Kultur und Erziehung*，本套丛书的第三本）中，重新从文化的视角来探讨教育学的基本问题，同时也显示了德国教育学的审美转向。

（4）博姆（Winfried Böhm）则在1995年出版，2011年已是修订版的《理论与实践：教育学基本问题引论》（*Theorie und Praxis: Eine Einführung in das pädagogische Grundproblem*，本套丛书的第四本）中，借助亚里士多德对技术、实践和沉思的区分，通过对教育思想史的考察，再次确认教育学本质上是一种实践的教育学，而不是技术学。

（5）受马克思主义影响的德国教育学家克林伯格在其1990年出版的《论教师和学生在教学中的地位》（*Lehrende und Lernende im Unterricht*，本套丛书第五本）中，从马克思主义的视角指出，师生在教学中的位置存在着一种引导和自我活动的辩证关系。

（6）本纳则在1973年出版，2001年已是第4版的《教育科学主要流派》（*Hauptströmungen der Erziehungswissenschaft: Eine Systematik traditioneller und moderner Theorien*，本套丛书的第六本）中，对德国的现代教育学进行了历史反思，提出了教育学的发展模式。在这种反思的基础上，本纳在其1987出版，2015年已是第8版的《普通教育学》中，从启蒙和文化的辩证的更高层面捍卫了现代教育学的自身逻辑。

因此，本套丛书所选择的六本德国当代经典涉及不同的教育学流派，在逻辑上体现了相互之间存在的某种呼应和回应，体现了德国当代教育学发展中的文化与启蒙的辩证。

多年来,国内教育学界对德国教育学都怀着积极的浓厚兴趣。我之所以去做这些不算学术成果的译介工作,是想回应国内那些对教育理论感兴趣的无数同道中人的直接和间接的关注与支持。

当然,更为重要的是华东师范大学教育学的传统和同仁的鼓舞,特别是叶澜先生的鼓励。叶澜先生指出,不要指责教育学,而是要建设教育学。而我本人也很荣幸地参与到叶先生团队的生命实践学派的建设和讨论中,并自觉地捍卫教育的自身逻辑。而她本人也对德国教育学有很深的兴趣和认识。从德国的教育传统来看,我们现在关于教育学及教育研究的某些提法和做法,失之偏颇,且遗忘了我们自己的传统。

人总是要劳作,人总是要在既定的条件下劳作。而我愿意为教育学而劳作,教育学就是我诗意栖居之处。我确信,而且我也发现,华东师范大学有很多对教育学有情怀的同仁。

我行走在丽娃校园已有二十余载了,徘徊或无奈中,总会感受到三种风景及基于连类取譬的教育学的多元视野。请往下看。

二

普陀东南有名苑,入其中,可见三处景观,可得三重视角。

时代的钟:进入园中,直行 200 米,便可看到一个巨大的钟,立于一个环形小园之中。小园连通着若干道路,拥挤的人车来往穿行,似乎为不停奔走的时针所驱使,神色匆匆、颜色憔悴。驻足而观,似多不知其所止。

文史的楼:行走的人啊,为什么这么匆匆。倘若后退几步,就会发现有古银杏林,可以休憩,可以徜徉。再退几步,就会发现文史的楼,入其中,或可想象威仪三千,琉璃世界。手之舞之,足之蹈之。走出文史的楼,再看时钟前茫然竞奔的路人,当有行迈靡靡之感。

望月的桥:穿过时代的钟,一座小桥静卧于丽娃河上。立于桥上,抬望明月阴晴圆缺,遂有追问"不动"之思;俯观丽娃粼粼的、流变的微波,难道那不是在昭示纯粹的、清澈的恒定世界?

作为比较教育学人,我常来往于这三个景观之间,或受教益,或有兴发。从这三种风景,亦可得多元的教育学视角。

现实的钟,会引发实证观察以及教育的兴趣。人心怨慕,风俗盛衰,天地生机,见人生足壮观。诗曰:"绵蛮黄鸟,止于丘隅。岂敢惮行,畏不能趋。"诗又曰:"饮之食之,教之诲之。命彼后车,谓之载之。"

文史的楼,可以兴发我们解释学的人文视角。教育学是人学,"天真的""非量化的"教育学,要优于"不天真的""算计的"实证主义"教育科学"。文化即是人性,即人的曾经的高度。没有贝多芬,何以解释儿童的音乐天赋。诗曰:"人而无仪,不死何为。""岂曰无衣?与子同袍。"纲纪礼乐即同袍同衣,是精神的外化,是人的栖居之所。不学《诗》,何以表达自我,何以慎终追远。

望月的桥,可以感兴原理的兴趣,追寻大道至简的模式。苏子说:"照野弥弥浅浪,横空隐隐层霄。"王国维先生忧虑地问:"试问何乡堪着我?"诗曰:"月出皎兮,佼人僚兮。舒窈纠兮,劳心悄兮。"诗又曰:"所谓伊人,在水一方。溯洄从之,道阻且长。"

当然,还需要超越三种风景、三种视角的比较视野。我们总会想象和渴望域外的风景,人生安顿总是在别处。没有别处,就不会吾爱吾庐。在实证的、文史的和原理的视野中,还需要一种比较的视野。没有比较,何以了解自我,何以建构自我。没有自我,只能跟随他人。但封闭起来,独搞一套,空气污浊,危害亦大。从建构主义来看,从来都没有所谓的纯粹的照搬照抄。在开放和比较中,自我总是在感悟,总是在思考,总是在形成,总是在发展,总是在建构。在封闭中,只有暗弱、孤芳自赏和巨大的坟式的金字塔。

　　教育学需要实证的、历史的、原理的以及比较的视野。而比较的视野较为困难，其捷径之一就是借助翻译。多年来，我乐此不疲地做翻译，并把翻译视为比较教育研究的必要部分，依本人浅见，中国教育学的某些关怀和争论，在德语、英语和其他语种世界中早已经历过。我很早就想把这些争论及发展展现给国内同行，鼓舞其勇敢地孤行，使其避免不必要的重复，特别是不必要的眷恋和迟疑。当然，这里的假设是，人类必须走向对某些共同人性的培育，否则我们这个地球会面临更多无法解决的问题。各种力量都可以参与共同人性的商议和塑造。陆九渊说："东海有圣人出焉，此心同也，此理同也；西海有圣人出焉，此心同也，此理同也；南海北海有圣人出焉，此心同也，此理同也。千百世以上有圣人出焉，此心同也，此理同也；千百世以下有圣人出，此心同也，此理同也。"

三

　　2006 年，我主导翻译并出版了本纳的《普通教育学》（华东师范大学出版社）。后来又翻译了布雷钦卡的《教育目的、教育手段和教育成功：教育科学体系引论》（华东师范大学出版社）和《信仰、道德和教育：规范哲学的考察》（华东师范大学出版社）、《康德论教育》（与李其龙先生合译，人民教育出版社）、《赫尔巴特教育论著选》（浙江教育出版社）、尼采的《论我们教育机构的未来》（商务印书馆）和《不合时宜的考察》（商务印书馆）。因此，加上目前这套丛书，相信读者诸君可借以窥见当代德国教育学的脉络及其特色建构了。

　　感谢华东师范大学出版社高教与职教分社的领导和编辑，正是他们独特的眼光和勇气，才使得我多年的心愿得以实现。这套青年时期就想做的丛书，像朵小梅花，等到了冬天才开放。但愿读者不要嫌她开得太迟。

最后,要特别感谢我年近八十的恩师李其龙先生。他不仅给了我在学术及人生方面的诸多教诲和教导,还停下手头《雅斯贝尔斯论教育》的翻译工作,亲自加入到本套丛书的翻译之中。其次,要感谢我的博士生顾娟,她对本套丛书的翻译和校对做出了重要贡献。还要感谢参与翻译和讨论的师生们,他们是张莉芬、苏娇、丁莉、彭韬、郭悦娇、毛云琪、温辉和张诗琪。

本套丛书是集体劳作的成果。

希望如此的辛劳,能激发有国际视野、中国特色的教育学的发展。一棵树摇动一棵树,一本书摇动一本书,一种情怀摇动一种情怀。

彭正梅于丽娃河畔

2024 年 5 月 20 日

译　序

　　迪特里希·本纳 1941 年 3 月 1 日生于德国莱茵河东岸的小镇纽维德,少年时他被母亲送进当时最好的中学——古典语文科中学求学。1961 年,他就读于波恩大学,1962 年转入维也纳大学,直到 1964—1965 学期大学毕业。大学期间,他在第七学期就提交了博士论文《论黑格尔与马克思》,并于 1965 年,年仅 24 岁的他在奥地利维也纳大学通过论文答辩,取得了哲学博士学位。当时其导师,奥地利著名哲学家 E.海因特尔为他提供了一个助教职位,但由于当时奥地利有关法规规定,这一职位不能聘请外国学者担任,因此他并没有留在维也纳大学任职。1970 年,他在波恩大学哲学学院著名教育家 J.德博拉夫那里,以教育科学专业获得了教授备选资格,并于 1971—1972 年在弗赖堡大学任教,1973 年受聘为明斯特大学教育科学正教授,执教至 1991 年。1991 年,他接受柏林洪堡大学普通教育科学教授的职位聘请,任职并执教至 2009 年荣誉退休。其间,他于 2008 年兼任波兰华沙大学教育科学教授,曾应邀担任瑞士、芬兰、丹麦、英国、美国、加拿大、中国和日本等许多国家的客座教授,1981—2003 年任《教育学杂志》编委,1990—1994 年任德国教育科学学会主席。2004年为华东师范大学荣誉教授,2009 为丹麦奥胡斯大学名誉博士,2011 年被授予芬兰图尔库大学名誉博士,2012 年为德国教育科学学会荣誉委员,2014 年被波兰授予教育发展贡献奖。

本纳是当前德国最负盛名的教育学家。他对传统教育学和现代教育科学等问题有着独到和深刻的认识。他学养深厚,思想超前,发表过120多篇论文,出版近30部著作,如《教育科学主要流派》《普通教育学》《赫尔巴特教育学》《洪堡的教养理论研究》,三卷本论文集:《教育科学理论研究》《教育与教养理论研究》和《教学论与学校理论研究》,作为第一作者的合著有《教育学基础绪论》、三卷本《作为科学、行动理论和改革实践的教育学研究》(卷1:《教育科学的理论研究》、卷2:《教育与教养的非肯定性的理论研究》和卷3:《教学论和学校理论研究》)、《教育学史》《培养教育判断能力和行动能力作为公立学校教育学课任务的教育学史》和《改革教育学理论和历史》等。这些论著主要涉及教育哲学、教育理论、教学思想、教育史等领域。不少著作如《普通教育学》等已被翻译成中文、日语和英语,并在世界各地得到很多共鸣。

据本纳说,《教育科学主要流派》是他的第一本重要专著。这部论著在德国教育科学领域的不少学者看来是一部十分难懂的论著。本纳自己也承认这一点。他解释说,当时他很难用简单的表述来写出他的复杂的思想。下面就尝试对他的这部论著作一粗略解读。

一、关于德国传统教育学

《教育科学主要流派》是在20世纪德国教育科学不同理论和研究思想创见相互争论和批判的背景下产生的。这本著作也可以说是对当时各种教育科学不同理论和研究思想创见探讨与批判性的解读。在这一解读的基础上,他提出了自己的创见。本书大致分为两个部分。第一部分为传统教育学思想创见,包括卢梭、施莱尔马赫、赫尔巴特、费希特、黑格尔等人的教育理论、教养理论和学校理论;第二部分为经验教育学、精神科学教育学和批判教育学(解放教育学)等三个教育科学流派。最后是他的总结和思考。

（一）关于传统教育理论

本书对传统教育学思想的探讨首先聚焦于以卢梭和施莱尔马赫为主要代表的教育理论上。如前所述，该书是对教育学思想流派的探讨研究，而在对传统教育学思想的探讨中把卢梭作为该流派的代表，是因为在本纳看来，卢梭在法国人眼中更多的是一位政治家，而在德国，其教育思想被接受的程度大大高于法国，德国教育学丰富和深化了法国人对卢梭的理解，使得对卢梭的教育学思想的"德国式理解"本身构成了德国传统教育学思想的一部分。本纳说："卢梭的教育学在这里为我们提供了教育理论的范例。"①

在对卢梭教育理论的研究中，本纳首先对卢梭教育理论的基础——社会理论和国家理论进行了探讨。他指出："卢梭反对他那个时代那种尝试通过人民的自由服从的假设指出封建统治的合法性的契约论，指出：'放弃了他的自由，意味着放弃了他的人性，人的权利，甚至放弃其义务。……这样一种放弃同人的天性是不协调的，而假如剥夺了他的意志的全部自由，他的行动就失去了一切道德价值。'"②他认为卢梭从"人生而自由""没有人对其同类具有天然的权力"等这种"天赋人权"的观念出发，主张建立一种合理的社会制度——共和国制度，使君主制发展成民主制；接着他概括了卢梭主张的共和制、民主制社会的合理性统治在于"自由"的观点："从合理的统治之概念得出其有效性的统治形式应当取代基于天然权力和强者有权原则的封建统治。一种统治只有与自由的理念不矛盾，它才是合理的。"③

---

① 本书，第8页。
② 本书，第12页。
③ 本书，第12页。

此外，本纳还指出，卢梭企图在对私有财产、公意和个人意志的关系、公共利益和个人利益以及法律和政府关系等界定方面调和个人存在和集体存在之间的对立，从而克服自然状态和社会状态的二元论与发展公民社会的准则的尝试；卢梭为此在理论上两次拟定了针对异化了的社会状态的药方，企图把个人的自由同共同体的正义统一起来，把所谓"自然状态"的"长处"同公民社会的长处统一起来。

本纳认为卢梭的公民思想是有局限性的，并指出："卢梭的社会和国家理论今天仍然首先适合于指明现在社会制度和国家制度的矛盾和分歧。但如同它们对其时代的旧政权改造不太有用一样，它们对进一步发展、重新定位和提高各种从资产阶级革命、法西斯制度的失败和社会主义革命中产生的民主同样是不太有用的。"

本纳在此引用了裴斯泰洛齐批评卢梭是一位空想家的观点，他在本书没有直接揭示卢梭的社会理论对卢梭教育理论的关系的情况下，话锋一转就谈到了卢梭的教育思想。

像对其他教育学流派的理论一样，本纳并没有对卢梭的教育理论作全面介绍，只是针对当时有争议的问题及突出的一些思想提出了自己的见解。在这里，他首先阐述了卢梭在其教育小说《爱弥儿》中提出的"教育的目的就是'自然'的目的"和把培养"自然人"作为教育目标的观念；并概括出卢梭的自然的、人的和物的教育这三个教育原则，认为卢梭按年龄阶段进行的教育是这三个教育原则的范例。在本纳看来，在这三种原则的意义上，教育就是要使具体的自我经验和世界经验成为可能。简而言之，这三种原则中的自然教育的原则，指同成长着的孩子的各种身心参与的可能性协调一致的教育指向；人的教育的原则，指对人的交往的必要性的关注；事物教育的原则，指对成长着的孩子对世界经验和自身经验可能性的关注。本纳特别指出，卢梭的人的教育和事物教育的原则是要多给儿童真正的自由，少给他们权力，多让他们自己活动，少让他们对他人提出要求，其目的在于促进儿童对自身具有的能力的自由应用。

此外，本纳还阐述了卢梭提出的消极教育的准则，认为："消极的教育关注两个方面。一方面，它要让成长着的孩子从自己的经验中学会必要的知识和技能；因此，它不可能造成教育自身的结果，而只能促成成长着的孩子的活动，并必须出于这个目的，以作为与有节制的自由相一致的手段的必要法则代替教育者作为强大者或权威的法则。另一方面，这种教育要带着各教育措施使其自身逐步变得多余和使成长着的孩子逐步摆脱依赖教育的意图，从真正的教育一开始就为它的结束作好准备。"① 在本纳看来，消极教育的准则是想要避免使成长着的一代向任何他律的标准化发展，同时在消极教育中其实有着积极的一面，他认为：成长着的一代对"世界的理解决不是从虚无中获得的，而总是生在特定的世界，这个世界向他和他的教育者提出了完全确定的要求。假如没有这种积极的要求，没有向孩子提出活动的要求，那教育是不可想象的。"② 他指出："关于消极教育始终同时也是积极教育的论点，或许卢梭也会按他的方式来表示完全赞同，只是他首先想要通过成长者的自我经验和世界经验而不是通过业已存在的社会关系的积极方面来达到教育导向的积极方面。"③

那么本纳在本书中是如何评判卢梭的教育理论的呢？他认为应当从两种视角来对卢梭的教育学说作评判，一是看它对组织理性的教育是否有用，二是看它是否忽视了教育可能性和任务等教育学问题。针对某些学者认为卢梭教育理论"只适用于自然人，其并未对社会人的教育说了什么"的无用论，本纳认为自然、事物和人的教育原则以及

---

① 本书，第 24 页。
② 本书，第 35 页。
③ 本书，第 35 页。

消极教育的准则不仅对个体的教育而且对社会人的教育都是适用的,并肯定"卢梭的教育理论在今天仍然具有重要意义"①。针对第二个问题,本纳认为,这同卢梭主张的"教育的目的是自然"的论点有关,他从这个教育理论问题出发指出了教养理论问题,但他没有考虑教育的定义问题,没有成功地指明教育和政治行动方面令人满意的出路。

本纳认为他对卢梭《爱弥儿》的分析直接导向了施莱尔马赫的教育理论。在施莱尔马赫看来,教育理论的特殊对象的问题是:"老一代究竟想要年轻一代做什么? 什么是教育活动的目的? 教育活动的结果如何符合目的?"教育的理论应当建立"在老一代对年轻一代关系的基础上",并为此提出说明,"什么是一代对另一代的责任?"施莱尔马赫认为,教育应当在促进人对生活和世界的胜任能力的延续和保持的情况下,激发成长着的一代的心智发展的力量,而这完全是同普遍的道德任务紧紧相联的。

本纳在归纳了施莱尔马赫对教育责任的观点之后,说明了他对教育理论同伦理学、政治和人类学的关系的看法,指出他主张的"教育学既不是从伦理学也不是从政治中直接获取其自身的理论的"和"教育的可能性和界限的立论也不太能从人类学中获取",而"教育学必须另辟蹊径寻找对其问题的答案"的论点。

在本纳看来,卢梭设计了虚拟的教育情境,提出了教育原则和准则,而施莱尔马赫则阐明了与教育实在的真实关系紧密关联的辩证启发学。他指出:"施莱尔马赫的教育学说作为理论提出了旨在获取教育经验的辩证启发学。……这并不是要为理论上推导出对教育实践的决策服务,而是要为在如何建构教育情境的问题方面对教育实在决策作出理论指导服务。"这种辩证启发学就是"保持和改善"的辩证法

① 本书,第 33 页。

以及"支持和阻止"的辩证法。保持和改善的辩证法决定教育决策的范围,而支持和阻止的辩证法对在教育上应对具体的教育情境作出指导。

保持和改善的辩证法是针对政治和教育的。根据本纳的解释,"保持"意味着对现存社会所有不完善的东西不加改造地继承下来;而"改善"就是改造现存社会的一切,对教育而言,就是单纯地为未来着想。本纳指出,施莱尔马赫认为:"一种以保持为导向的教育不可能作出任何改善,而一种单单以改变为导向的教育也许仍然不会获得任何成果,因为这种教育也许由于过高地估计了自身的作用,以及过低地估计了政治行动领域的作用而误会了自己的可能性。"①因此他要求教育必须尝试使两者相互结合起来。这样,"我们要提出这一公式:教育应当这样来办,使两者尽可能一致,使青少年变得能干,能进入他们发现的事情中;但也使其变得能干得能尽力投入到正在出现的改善中。——两者越完善,矛盾越能得到克服。"简而言之,保持和改善的辩证法要求,通过阻止和支持的教育把成长着的一代引向持续的发展,阻止诸如自私、统治欲等恶的产生。

本纳明确地指出:"施莱尔马赫的教育理论尽管批判地反思了保持和改善的选项,却毕竟是有其局限性的。"施莱尔马赫主张的保持和改善的教育只能在一定的条件下实现,这就是希望有一个道德的社会,因此在本纳看来,施莱尔马赫比卢梭更加陷入了一种天真的虚构。

如上所述,施莱尔马赫要求通过阻止和支持的教育实现保持和改善的要求。本纳根据施莱尔马赫的观点指出:"保持和改善的辩证法尝试划定教的可能性界线,而支持和阻止的辩证法则旨在确定教育作用的具体可能性。"阻止的教育就是阻止不道德的行为和消除环境的

---

① 本书,第42页。

不良影响,坚持把教育活动置于阻止的影响措施上,教育只应当而且只可以阻止,即抑制恶。在施莱尔马赫看来,在普遍具有和个人具有的性格中,向善的胚芽存在于人本身之中,并只要通过教育完全阻止干扰,便能得到发展。而支持的教育要求以"有意影响"的方式采取教育措施,坚持把教育活动置于支持的影响措施上。施莱尔马赫主张教育在最大程度上是对自我发展的支持,教育应当而且可以激发善和支持善。

施莱尔马赫认为,支持活动通过它促进成长者积极的行为方式的发展而为积极教育服务,而阻止活动为消极教育服务,后者虽然阻止或抑制错误的发展,可是不能激发积极行为的发展。在他看来,必须对支持和阻止的教育措施进行组合,因为教育的本质在于两种活动的交织,支持和阻止必须是一起的;他认为任何一种活动各自为政都是欠缺的。

本纳指出:"施莱尔马赫对阻止性和支持性教育之间关系的界定同保持和改善的辩证法是有直接联系的。假如说施莱尔马赫把社会更高发展的可能性限止在当时存在的保持性改善的倾向上,那么他在这里只认定支持性教育才有促进积极行为的功能,而把阻止性教育排斥在更高发展的任务之外,并把它限止在协调性的惩戒的阻止性教育上。"[1]

(二)关于传统教养理论

本纳在本书中对教育理论和教养理论的解释认为:"教育理论就其指导在具体教育情境中的实践经验来看,是在分析教育交往的可能性,而教养理论力图确定教育的意义和为教育实践的意义定向。"[2]他

---

[1] 本书,第 48 页。
[2] 本书,第 51 页。

在阐述了以卢梭和施莱尔马赫为范例的传统教育理论创见之后,便以赫尔巴特和维尔曼为范例,阐明传统教养理论的一些特殊问题。

根据上述解释,赫尔巴特是用他的"思想范围"这个概念来指明教养理论关注的教育意义和任务的。"这个概念不仅涉及通过经验、交际和教学使成长者发展形成的思想范围,而且除此以外,也可以解释教育者和教师必须通过经验、实践和理论形成的思想范围。"①

本纳指出,赫尔巴特不仅把道德作为"最崇高的"目的,而且同时也作为"人和教育的全部目的"。赫尔巴特在他的实践哲学中阐明了对一切可想到的意志关系的基本判断,并针对人自身人性的行动动机的评判,提出了作为行动导向的"完善的观念""仁慈的观念""法的观念""公平的观念"和"内心自由的观念"等"五道念"。

本纳在对赫尔巴特的五道念,特别是"内心自由的观念"作了分析探讨之后,转入了对赫尔巴特的教养理论的解读,认为他的教养理论是以学生"可塑性"的概念为依据的,并在这基础上提出了包括"管理""教学"和"训育"的教育行动的基本形式。本纳分析了赫尔巴特的"可塑性"观念同内心自由的关系,指出他的观点是:"假如人天生就是自由的和有道德的或不自由的和恶的存在者,那么它就不需要教育。在这两种情况下,教育便是多余的和不可能的。只有有能力实现内心自由的存在者才有可能接受教育。""或者接受宿命论,或者接受先验自由观的各种哲学体系,其本身都是排斥教育学的,因为它们都不可能毫无疑义地接受这种显示由不定型向定型过渡的可塑性的概念。"②

本纳在分析了赫尔巴特的"可塑性"观念同内心自由的关系之后,对其基于"可塑性"观念的三种教育行动基本形式作了探讨,尤其对教学的教育性,或者说对教育性教学进行了评述,认为它的目的是激发

① 本书,第52页。
② 本书,第59—60页。

成长着的一代的"多方面兴趣",使他们能够把认识和同情、知识和对社会的参与相互联系起来,以能够从认识和同情的关系中形成那种关于德行可能性和任务的以实践观念为导向的批判认识。

在本书中,本纳着重对赫尔巴特的"教育机智"(也译成"教育节拍")的概念作了探讨。这是指在教育实践中处理问题的时机的把握和分寸的拿捏。这是教育者必须掌握的教育艺术。本纳认为赫尔巴特用它说明了教育理论和实践的关系。教育机智既不是理论的直接结果,也不是实践的直接产物,因此赫尔巴特确定:"不可避免……机智要占据理论的空白处,实践的直接当事人也会这样。……假如这位当事人同时是理论的真正服从者,那无疑是幸运的。……只有在行动中才能学到艺术,学会机智、技能、机敏和灵活;但是即使在行动中,也只有那些在思考中已经学习和掌握了科学并受到科学的影响,预先把握了那些经验已经给予他的未来印象的人,才能学会这一艺术。"①

本纳指出,赫尔巴特在他自己的教育机智论中显现了对他教养理论的三点异议,即关于教育理论和教育机智的关系的问题,关于教育机智同教养理论的关系问题和最重要的关于内心自由的问题。关于第一点异议,教育机智观念说明,教育学不足以使未来的教育者完全科学地适应教育实践,他们应当受到实践的锻炼。因此赫尔巴特自己建立了"师范研究班",主张科学地培养教师,使其从局限于教育学观念培养的原则中解放出来,并把对自己的实践作出理论—实践分析这一内容列入科学教学中;关于第二点异议,教育机智观念暴露了赫尔巴特自身教养理论的缺漏,前者则填补了这种缺漏;关于第三点异议,本纳认为这是最重要的异议(其实是指赫尔巴特及其学派的局限性),是在赫尔巴特学派系统性范围中,真正应当要求对他那个时代的文

---

① 本书,第64页。

化、经济、社会和政治关系作出的批判分析,而这在他的实践哲学和教育学中并没有得到必要的重视。由于赫尔巴特避开了这样的任务:揭示适应实际要求的制度及其同时代实际关系之间的矛盾,并使对这种矛盾的认识不仅根据实际要求具体化为教学内容,而且通过教学使成长者形成思想范围获得成功,因此他使自己的理论失去了本来能够拥有的意义,即通过分析社会矛盾来说明个体的和社会的更高发展的任务。

本纳在探讨赫尔巴特的教养理论之后,接着阐述了传统教养理论的第二种创见,即把传统教育学推向顶峰的维尔曼的教养理论。

维尔曼把教育理论称为"教育学",而把教养理论称为"教学论"。他的教养理论是以把引导成长着的一代进入生活世界作为社会任务为导向来建构理性的教育的。他批判赫尔巴特的教育学,说它不考虑教养的客观要素、教养同整个生活共同体(家庭、国家、文化和宗教共同体)的关系以及由它们体现的文化财富。在维尔曼看来,教养工作的特有功能产生于它具有的这样的任务:"以正确的方式整合文化价值,使其成为个体精神生活可以自由应用的要素并从而保障文化的传播。……当教养工作以全部文化财富为目标并给予其地位时,社会教养工作就能发挥正确的作用。"①维尔曼假定存在能够赖以作为决定教育任务准绳的文化"财富的全部"。

本纳认为,维尔曼把教育学和教学论视界同历史最紧密地联系在一起是先于后来的精神科学教育学的。他引证了维尔曼这样的观点:"精神道德财富和人类的联合体完全是一种历史形成的东西,并只有通过历史才能得到解释,探究在教育和教养中综合在一起的各种力量和关系就意味着研究历史现象和价值",指出通过历史和社会科学问

---

① 本书,第70—71页。

题的这种联系,维尔曼相信为此找到了研究的足够基础,教育论和教养论获得了科学的建构基础;并认为"旨在使青少年的精神和道德适应社会的工作是根据历史和通过历史进行的。"①本纳否定了维尔曼的这种观点,认为"'旨在使青少年达到道德适应的工作'不能'根据历史'来进行,因为它更是一种没有被批判过的历史的产品,而作为适应,它并非必然是道德的。不管在什么时候提出教养问题,教育都不'通过'历史来进行,因为历史知性中的历史既不是为人类更高发展提供的手段,也不是其财富。"②

接着,本纳对维尔曼关于历史连续性问题和卢梭改革主张的批判作了评述,指出维尔曼始终尝试借用历史来回答人类教育行为的取向问题,但是,理性地确定人类在历史上的教育行为的前提,人类精神和道德生活目的或财富的全部事实和制度的前提,单单通过历史分析是不可能达到的。不过本纳认为,他把维尔曼的教养论诊视为赫尔巴特学派教养思想的必要补充,即对那种自赫尔巴特以来的赫尔巴特学派教养思想能够和必须提出的异议的补充,维尔曼关于不能忽视教养的客观因素的要求,值得同赫尔巴特教育学的校正性定向创见结合起来。

(三) 关于传统教育学理论

本纳在对传统教育理论和教养理论作了评述之后,就转入了对科学地论说教育和教养可能性的条件的传统教育学理论的探讨。在这方面,他是以费希特的追随者绍尔和约翰森以及康德的继承者赫尼希斯瓦尔特的创见为范例的。

绍尔和约翰森联系费希特提出的有限理性存在者的概念,力图通

---

① 本书,第 72 页。
② 本书,第 72—73 页。

过回答如下问题为教育科学奠定基础：如何从单纯的可能的理性存在者中产生实在的理性存在者？教育学能否被提升为关于教育和为了教育的作为理性存在者的人的科学？

他们首先认为，可能的理性存在者的理性的确定性是通过其活动获得的。这种活动分为两种，一是其以外的世界的活动，二是其自身的活动。理性存在者通过对世界的活动认识世界，形成对世界的观念；通过对自身的反思认识自我。而通过这两种活动的相互作用达到自己的理性的确定性。同时在他们看来，可塑性原则和主动性原则是可能的理性存在者转化的基础。前者已由赫尔巴特作出阐释。而他们对后者则作了更多的论述。他们指出，作为教育第一个原则的可塑性要求有第二个原则，可塑性和主动性要求作为教育学的原则，它们是相互依存的。约翰森写道："全部教育仅在于应当使受教育的存在者通过外部对象被要求去自由行动，并从而激发其主动性。"①

本纳在本书中并没有对绍尔和约翰森提出的主动性原则作完整的阐释，而是提到了他们可能的理性存在者的主动性需要由"外在驱动"的观点。他指出，绍尔和约翰森认为，只有在可能的理性存在者被要求去进行自由活动并以对其行为方式不作规范的规定进行这种活动的情况下，可塑性作为这种存在者的自由活动的倾向才能得到发展。那么这种外在驱动的来源是什么？概括起来可以说：其包括受过教养的理性存在者、内容和倾向（兴趣、欲望）等。本纳指出，绍尔认为，老师在要求学生在学习过程中发挥主动性时，学生通常要经历五个思想步骤，第一步是学生发觉自己在教养上有欠缺，不能解决老师提出的问题；第二步是他们希望摆脱由这种欠缺造成的困境；第三步

---

① 本书，第 84 页。

是他们会按照教师的指示来做;第四步是他们找到了问题的答案,并开始认为,其实没有他人的帮助,他们也能找到解决问题的途径;第五步是他们注意到是老师的帮助使他们找到了答案,于是进行反思,从而能够自己提出问题、进行探索和思考。

本纳对绍尔和约翰森教育学理论的评论是认为它没有为科学教育学奠定基础,并忽视了教养理论问题,他指出,对赫尼希斯瓦尔特教育哲学进行探讨,可以揭示早期费希特追随者的教育哲学不加考虑的教养理论的问题。

在赫尼希斯瓦尔特看来,教育哲学要探讨如下问题:什么是"教育学概念"的本质,什么是教育学科学的独特结构,等等。首先,他指出"教育行为"就是通过暂时领先者的传授,根据计划要求向下一代传播当前科学和科学以外的文化内容。而这些内容要有"适用性",这种"适用性"就是"真理"。它的标准不是大家的认同。只要它确实是适用的,或者说是真理,就会得到大家的认同。

本纳指出,赫尼希斯瓦尔特在有计划地要求传播科学知识抑或要求教授与学习科学知识或文化这一观点的基础上,提出了集中和限定这两个原则。这里的"集中"和"限定"被认为是教育实践任务的两个教育原则。根据本纳的解读,简单地说,"集中"的原则是针对教学内容的原则,指知识材料的集中性和教育"目的"的可集中性。集中的原则强调,教育的任务就是使适用性价值集中体现在需要受教养的主体那里,以使他们将其作为方向去认识,去行动,从而成为人才。它要求教师在教学时集中于教学主题上,与学生一起探讨科学认识及其应用问题。"限定"的原则是针对学习者在老师的帮助下掌握核心知识的过程,要求教学要对集中的教学内容的意义和时间有所限定,后者例如教学要由教师分段地传授,让学生分步骤地学习和掌握,教学过程在时间上是要有划分的,或者说是限定的。本纳认为:"对集中概念和限定概念这两个互补的科学教育学原则的提出,是赫尼希斯瓦尔特的教育哲学的真正功绩。"①他还评价说,早期费希特的追随者和赫尼希斯瓦尔特并不始终认识教育学理论的局限性,但要否定他们提出的原则具有的所有意义,则似乎太过草率了。

(四) 传统教育学说的意义和局限性

本纳批评某些学者对传统教育学学说的轻视和否定。他们认为教育和教养的传统学说总的来说是不科学的,因此人们必须把它们同真正的科学区别开来,比如把它们称为教育学,要同它们决裂,而把他们自己的学说称为教育科学。

本纳指出:"传统教育学在其系统的顶峰时期的不可磨灭的功绩在于把教育者作为理论的读者和使理论变为实践的主管。它把教育学理解为教育者的教育的科学。一方面,教育本身一旦对其提出任务和对具体情境建构的可能性发生疑问,就需要理论来导向和引导;另一方面,这种科学引导和导向依赖教育,因为它只有依靠它设置并以它来定向教育实践,才能取得其实际意义。"②

至于教育理论对于实践的意义,在本纳看来,既不能指望理论成功地解决实践中的问题,也不能指望实践从理论中获得能够解决问题的直接指示。由于理论对教育实践的这种原则上的消极性,只有在看到其任务在于向教育者说明教育的可能性和任务,并不去要求使教育行动可能性和任务成为科学的规范时,才能具有受教育期待的正能量。

他认为,教育的理论不是使教育实践规范化,而只是一种引导;作为教育学理论的科学教育学,并不在于对教育实践抽象进行说明和完

① 本书,第97页。
② 本书,第108页。

全把握教育实践,而是在于揭示对教育作出科学解释的可能性的条件。只有基于这种认识,才能正确评判教育的理论的意义。

关于局限性,他指出,假如人们要问,教育理论和教养理论各应当用什么方式获得其对某种历史和社会的状况的确定的认识,并使其对教育动机和教育行动的理论对实践产生重要影响,那么传统教育学就会陷入巨大的窘境。

本纳认为,尽管传统教育学把自己理解为关于教育和为了教育的科学,可是它一方面没有对教育实践进行过真正的研究,也根本没有从事过对教育研究理论的探讨;另一方面,它并不理解如何使自己得到实践。因此,传统教育学对教育实践和社会的实际影响自然一直是缺失的。

本纳指出,只有在教育理论对理性的教的可能性的分析及其对实际经验引导同批判分析教育理论、对教育经验的引导和被引导的教育实践三者"耦合"起来时,教育理论才具有作为一种实践科学学科的意义。如同没有教育理论和没有根据理性的教的可能性安排的教育实践不可能有对教育实在进行理性的研究一样,没有这种研究,就不可能有完善的、把对教育负责放在首位的教育理论。教育理论只有在教育实在中检验其对教育经验的引导作用,使其对教育实践的批判分析卓有成效地促进其对教育经验的科学引导的进一步发展,才能使自身得到进一步发展,从而获得对实践来说的重要意义。

二、关于德国现代教育科学流派

(一) 关于经验教育学流派

本纳把德国的经验教育学流派分为三个支流,即拉伊和梅伊曼的实验教育学、P.佩特森教育事实研究和菲舍尔、洛赫纳以及布雷钦卡的实证教育学。下面我们将对他对这些支流的评述作一解读。

1. 拉伊和梅伊曼的实验教育学

在 19 世纪 20 世纪之交,拉伊和梅伊曼开始了教育经验研究。他们在一些问题上存在分歧,但他们的见解是互补的。本纳认为:"拉伊更是一位伟大的实践家,他既在他的研究中又在他的深入思考中强调了实验教育学和教学实践的关系,而梅伊曼更称得上是一位伟大的理论家,他反思了实验教育学同传统教育学和他在 W. 冯特那里熟悉的实验心理学的关系。"① 同时他指出了他们在某些问题上观点的一致性,比如有目的的观察、对这种观察应用的统计、对关于教育因果关系的假设的实验验证的应用等,他们两人对此的观点在很大程度上是一致的。

当时经验研究围绕着成长着的一代的身高体重的增长、肌肉的强弱、头脑大小、脉搏和体温等展开,并计算各种年龄阶段的平均值,对学习优良或聪明的儿童和差生的这些数值作出比较等。这些研究激发起了由实验和经验来检验和按照教育学观点来进行教育和教学改革的巨大希望。

拉伊把教育学实验概括为以下三个阶段:1. 形成假设;2. 设计和实施试验;3. 在实践中得到对其的证实(验证)。他还相应地对教育学提出了三个论点:第一个论点是,教育学是科学,必须把"任何教育现象作为因果关系"来解释;第二个论点是期待,实验是暂时的结果,这结果应当揭示"教育学认识和教育措施";第三个论点是,认识和措施必须作为科学经验,就其正确性在实践中得到检验。

梅伊曼的实验教育学认为,实验教育学只是教育科学的一部分,只能为教育实践奠定经验基础。他主张把教育中由儿童天性决定的一切作为研究对象;同时认为,教育的一般目的的确定以及

———————————

① 本书,第 124 页。

教科书中教材的制作和建构都是可以用实验方法来进行研究的；还强调要在简单而严格控制的条件上对教学原则、方法和手段展开实验研究。在他看来，实验研究结果可以用来对教育实践作出科学论证，但他并没有说可以通过教育实践对这种结果进行科学验证。

本纳在阐述了拉伊和梅伊曼关于实验教育学的一些主张后，指出了他们在某些方面互相指摘的情况和存在的矛盾，但肯定了他们在实验教育学方面做出的贡献。指出实验教育学在经验科学的基础上为重新建立教育学所做出的努力，在很短时间内导致了几乎无法估量的经验研究结果的产生。实验教育学的出色之处恰恰在于它是一种行动科学的研究性学科，即是一种通过对教育科学经验的提取，把自己理解为一种由实践兴趣引导的和把由行动科学说明的实践放在首位的行动科学。同时本纳认为，单就拉伊和梅伊曼争论的就已经暴露了实验教育学内在的矛盾，表明了其进一步发展的必要性。

2. P. 佩特森教育事实研究

本纳认为，主张克服实验教育学中存在的教育科学经验研究的实际要求和认识科学采用的非实践的方法工具之间的矛盾的一个学派就是 P. 佩特森教育事实研究学派。

P. 佩特森及其主要助手——其夫人 E-M. 佩特森，他们的事实研究有两个来源，一是当时的教育改革运动，二是实验教育学提出的但还未实现的教育事实的研究倾向。

佩特森论证的教育事实研究既是一种教育情境研究的教育学概念，又是一种设置教育情境的改革计划，教育事实研究总是同某种教育和教学计划联系在一起的。佩特森把耶拿大学附属学校教学和学校生活的观察作为中心。P. 佩特森和 E-M. 佩特森就在这所被称为"耶拿制"的自由普通国民学校进行教育事实研究。

所谓"耶拿制"就是一种改革学校或批判性学校的计划。这一学校模式在许多方面改变了传统的做法,比如取消年级制以及学生和教师角色固定的模式。在"耶拿制"中,小组取代了传统班级;教师被组织进各小组中,教师与其说具有直接的教育者的作用,不如说更多的通过对学生提问,即有的放矢地帮助和要求他们独立活动,担负促进的任务,并不只是起引导作用,有时学生可以当教师。在对学生成绩的评定方面,分数作为教师对孩子成绩的评分不再存在了,它们被自身评价或同学的评价所替代。除了基本课程,在纯粹学科学习领域还有所有小组学生可以参与的各种适合儿童年龄和学习阶段的水平课程和选修课程。

教育事实研究的主要工作就是对"耶拿制"学校的追踪研究的观察和考察。这个过程中的重要部分是记录学校中发生的实际情况,包括对学生的个别情况记录、对教师的教育记录和对整个教学事件的综合记录。所有这三种记录都是从以下三个原则出发的,"教育情境的真实性原则";"目的菜单性原则"(以教育情境的目的性来进行记录,以区分教学事件的本质因素和非本质因素);"直观"和"详尽"原则,这要求记录能够重复教育情境,而非说明教育情境。此外,E-M.佩特森对记录的应用作了区分:分为描述性应用,现象学式应用,逻辑应用,数字应用,最后是因果应用。这里所谓的"应用"其实是一种研究分析。

本纳在向我们描述 P.佩特森及主要助手其夫人 E-M.佩特森的教育事实研究的理论和具体做法的同时,对此提出了自己的看法。首先,他对 P.佩特森在有关事实研究中提出的教育情境概念及教育情境使命的评判,指出"在这里佩特森不考虑学校机构组织不仅决定着教育情境就这一点在多大程度上可能做到,而且社会指派给学校的场所对学校生活及其内容和方法、任务、目的和交往方式具有决定性意义"①。他认为 P.佩特森落后于卢梭对人的更高发展中教育和政治—社会的相互关系的认识,并且没有认识到,不仅是学校事业和学校生活的改变,而且决定学校事业的社会情境的改变也都是理性地改变学生存在的必要的前提条件。其次就教育事实研究的具体做法而言,在本纳看来,这些措施充其量只是教育事实研究的起步而已,它们需要一种细化得多的、特别是更好地针对教育情境而提出的手段,以能完成从其同教育理论和教育实践关系出发对其提出的任务;此外 P.佩特森和 E-M.佩特森的教育事实研究没有完全满足行动科学经验研究提出的要求。但本纳也肯定了他们的研究,认为他们的倡议和领导的对实际教育的科学研究的尝试朝着我们要求的行动科学经验研究的方向迈开的重要一步,指出了未来的方向,这一点特别清楚地表现在这种尝试同经验教育学的其他学派作对比的地方。

3. 菲舍尔、洛赫纳和布雷钦卡的实证教育学

作为实证主义描述性教育学的先驱之一的菲舍尔认为,许多教育工作者在施教着,但对此并没有什么认识。如何去认识它们便成了教育理论工作的任务。关于这一任务,他"想把它以描述性教育学的名字来接受"。他认为,描述性教育学通过无利益关系以及不依赖理论的描述要对形成理论提供基础。这种理论将基于对作为事实的教育的完整认识,摆脱事务主义和改革倾向,说明教育的可能性和任务。他强调说,一切科学的开端都必须作描述,只有在'是什么'的描述性问题最终得到了回答的情况下,才能获得严格的科学的思想观点。

作为实证主义描述性教育学的另一先驱,洛赫纳也肯定描述的意义和作用。他强调,毫无疑问,纯粹的描述在教育学领域也具有其独特的意义,在教育科学能够和可以建构为一种有价值和目的、方法和

---

① 本书,第 145 页。

措施的体系之前,必须尝试认识和描述原本意义上的教育的事实和观念,教育学必须能够从对事实情况作现象学描述出发,提出和认识教育的结构规律,借以逻辑地确定和在概念上说明教育科学的对象和任务。

菲舍尔和洛赫纳都主张对教育实在进行客观的描述,描述应当服务于反映对象纯粹没有被扭曲的实在,这种描述应当是与理论无关和没有利益关系的描述。

本纳没有花笔墨在全面介绍描述性教育学的具体研究手段上,在对菲舍尔和洛赫纳的一些有关观点进行阐述之后,便对此作出了他的评判。他质疑说:"教育究竟是否是以理论前的对象方式呈现在我们面前的?教育是否真的是"纯粹地",在远离一切认识情况下发生的实践?与理论无关的、没有利益关系的描述究竟是否可能?是否存在可以通过没有利益关系的描述来弥补的和使其提升为规范理论的不被扭曲的前理解?与理论无关的描述到底是否能够把握对象的实在?对象自己会具体地和真实地呈现给这种与理论无关的和没有利益关系的描述,这是否是真的?"①他认为,描述性教育学主张的与理论无关和没有利益关系的描述表明是不切实际的。所谓客观的无条件的描述是盲目的;所谓与价值判断无关的对教育实践的描述,然而教育实践本身是同价值判断有关系的。

接着,本纳转入了对布雷钦卡企图克服上述描述性教育学矛盾的尝试,认为他是"今天在德语区称得上教育科学领域这种新近的科学理论的最重要代表"②。布雷钦卡认为,什么是对对象科学理解不能通过描述来说明的;其次,从对是什么的问题的经验研究论断出发不可能认识应当是什么的问题。对于后一点,他指出,"在教育科学

---

① 本书,第 159 页。
② 本书,第 164 页。

中特别重要的是,不能混淆'是'与'应当'之间的逻辑区别,不能混淆事实陈述和价值判断之间的区别。假如有人想影响教育实践,那么他就得把应当做什么的信念作为科学认识提出来,这种尝试真是了不起。但事实可能会被作出不同的评价,规律可能被用于不同的目的。假如这样指出事物,仿佛它只能允许有唯一一种实际看法,那么这就违背逻辑原理和科学反映的内在准则了。相反,教育科学具有在十分广阔的程度上解释教育上有意义的实在的任务和可能性以及教育行动的各种可选择性。由于它是不偏不倚的,因此它能为许多不同的目的提供有关的信息。它能被用来为各种决择作好准备,但它不能说应当如何决择。"①

关于教育科学向实践者提供科学认识这一点,如前面所述,菲舍尔认为许多教育工作者在施教着但并不对此有什么认识。那么什么是认识呢? 对这个问题,本纳对布雷钦卡的见解作了阐述。在布雷钦卡看来:"认识的概念确定必须取得些什么能够来作为认识。认识的标准可以各按目标来定义。有鉴于此,存在各种各样的认识(前科学认识、美学的世界经验、评价性认识和科学认识等。)"②他相信,在不同的认识种类中能够选择出一种来作为科学的认识。本纳引证布雷钦卡的原话指出,他对各种科学范式作了分类,并选择了广义的分析哲学。在本纳看来,布雷钦卡主张的科学目的就是作出因果分析性解释。这种解释必须在假设提出、假设验证或证伪和理论形成等过程中进行。就教育科学目的而言,他认为,教育科学具有在十分广阔的程度上解释教育上有意义的实在的任务和可能性以及教育行动的各种可选择性。它能为许多不同的目的提供有关的信息。虽然它不能说应当如何决择,但它能被用来为各种决择作好准备。

---

① 本书,第 170 页。
② 本书,第 165 页。

在这方面,本纳批判说:"当布雷钦卡强调教育科学具有在十分广阔的程度上解释教育上有意义的实在的任务和可能性以及教育行动的各种可选择性时,他没有看到技术—实证主义认识科学在这方面是极少有可能作出解释的,因为这种认识科学在事先作出的教条主义抉择的意义上把教育上有意义的实在限制在因果分析结构指定的方面,把教育行动'十分广阔'的选择可能性简单化为科学技术变量的狭隘方面。科学性的实证主义标准同时包含了使什么应当是教育实在这个认识的标准化,这一点清楚地反映在布雷钦卡事先对教育事实构成下的定义上。从这个定义可以看出,我们必须在多大程度上简单化教育现象的范围,以使它符合布雷钦卡实证主义科学标准和实在标准。"①

本纳指出,在布雷钦卡看来,教育科学是一种"从属科学",是浓缩了反映社会行为的各种科学的特殊学科,他把教育科学理解为技术性教育科学,从中突出实践教育学和教育哲学。本纳认为布雷钦卡把教育学同教育科学区分开来是错误的。

在本书中,本纳还对布雷钦卡关于教育历史编纂学的价值的观点作了评述。布雷钦卡认为,教育思想历史的价值在于它是一种丰富的假设之蓄水池,即可以为经验研究提供丰富的假设。换言之,教育历史编纂学可以作为假设的供应商为技术—经验教育科学服务;同时,他认为教育历史编纂学分析可以帮助我们最大可能深入地理解教育思想的意义。本纳认为,布雷钦卡主张经验研究,但他本人从未进行过经验研究,他对教育历史编纂学的功能的见解陷入了误区,赋予了其没有的或极其有限的功能,因为教育的效果在不同社会或不同历史时期并不是同一的。

① 本书,第 171 页。

(二) 关于精神科学教育学

本纳在本书中对精神科学教育学的三个分支作了评述,它们就是诺尔的历史诠释学、韦尼格的结构诠释学和弗利特纳的积极能动诠释学。

首先本纳认为:"经验教育学旨在对教育实在作出因果分析的解说和尝试为目的理性行动提供技术知识,而精神科学教育学则致力于对教育实在作出历史—诠释的分析,这种分析与其说是想为其技术改变服务,不如说是想为解说现存的教育和教养观念的历史发展服务。……经验教育学在很大程度上不考虑其研究对象的实际因素,它只把教育实在理解为必须从因果分析角度去把握的事实构成,而诠释研究恰恰是要分析教育实在的行动理论的和实践的前提条件。"①

本纳认为,诺尔同 E.施普朗格尔、M.弗里沙埃森-克勒和 G.赖希魏因一起,称得上是精神科学的真正缔造者。他们把狄尔泰的历史精神科学用来解说教育学。

本纳在本书中主要指出了诺尔的如下一些观点:诺尔要求对教育史作出系统分析,在这种分析中不断明白历史关系,从而找出教育工作的意义,使其纯粹的本质、特性和内在价值变得越来越清晰。诺尔认为我们所理解的真正的教育只是从对其历史作出这种系统分析中得出的东西,例如从对教育改革运动史的分析中可以看出教育运动的规律性。诺尔强调的这种分析聚焦在教育运动的结构分析和教育关系的结构分析两个方面,后者包括教育者的成分、学生成分和事物成分关系。在诺尔看来,教育结构因素背后隐藏着原理和问题。言下之意,通过对这两方面的分析可以获得有关教育原理和解决教育实在问

---

① 本书,第 179—180 页。

题的启示。

根据本纳的见解,由诺尔提出的论点,即历史地说明教育实在有助于解说在历史发展中明朗起来的教育思想,这论点不足以促使对教育形式和教养内容或教养理想的历史分析成为行动理论上适用的东西。

本纳在对韦尼格的结构诠释学作出的评述中,指出他的独特成绩首先在于区分了自主和理论的概念。韦尼格尝试把精神科学教育学从其对历史诠释学的依赖中分离出来,并使精神科学对教育实在的分析建立在教育和教育科学相对独立的基础上,不再仅仅作为"历史调查的假设性出发点",而是作为诠释学分析本身的结构。但他一再指出,教育行为和教育理论的相对自主性决不能理解为其摆脱各种社会力量的绝对独立。

韦尼格不仅尝试通过其对教育自主性结构的分析来修正诺尔关于历史中存在着教育思想自我表白的假设,而且同时揭示了以诺尔的教育运动规律性模式为基础的理论和实践的关系问题。他把理论分为三级,"一级理论"是指教育情境中的行动者的没有表达出来的前观点;"二级理论"包含实践者说出来的行动知识;"三级理论"的对象是"实践中的理论和实践的关系"。韦尼格认为每一个教育实践者都是有一种前教育观点的,借以他从事工作,展开教育行动。这种前教育观点就是实践者的理论,是他拥有的理论,是他从经验中获得和探究出来的。实践前前后后被理论裹挟,一切实践经验都是以行动者对其行事、任务和实施的观点为前提的。这种理解教育实在决定性的观点就是一级理论。实践者通过它进行经验,又把这种经验强化为理论、"教的原理""经验原理""教的规则"和"谚语",简而言之,即使经验通向第二级理论。第三级理论或者说"理论家的理论"应当说明"实践中的理论和实践的关系"。它是理论的理论。当它能为实践服务时,就是适用的。

本纳认为:"韦尼格尝试理解诺尔从其对教育思想本身的开放性的问题假设出发,历史地再构在历史中显示的教育思想的倾向,而 W. 弗利特纳却要发展和制胜历史—诠释学创见。"①

弗利特纳在许多论著中致力于说明和维护精神科学教育学的科学观。他从批判经验和规范学说出发,提出了重新确定诠释学问题方式的要求,从经验和规范学说观念的欠缺出发,确定了建立以精神科学为首的教育科学的必要性。

弗利特纳指出,科学教育学只能利用诠释经历过的生活的这种方法为自己服务,科学教育学始终依靠观察历史实在的思想内容,并说明教育行为、机构、制度和各种学说是如何运作的,从而发展自身。这是规范教育学学说和经验教育学学说不可逾越的前提。弗利特纳明确地断言:"对思想者的责任定位的······反思,是可以称之为严格意义上的教育科学的核心的。它综合了所有在共同生活圈中被实践者作为真理的教育学说。它把它们集合在一起,把它们整合在全面的教育学基本思路中,检验它们,把这种思路同科学整体反思结合在一起,从这一点出发对各种教育学说作出批判,使其从错误和束缚中得到净化,对它被实践的定位作出解说。在这种意义上,教育科学完全是积极能动的反思。具有精神定力的负责的思想解说着自己,从其前提出发理解着自己,并在其意愿和信念方面检验着自己。"②

本纳概括地指出:诺尔强调对教育实在的历史作出分析,从揭示的结构关系中看到教育科学的真正使命;韦尼格则把对教育实在的结构分析作为精神科学教育学的核心任务和认识源泉;而弗利特纳主张对教育实在和教育科学自身作出积极能动的反思。

———————————

① 本书,第 196 页。
② 本书,第 200 页。

（三）关于调和经验研究和诠释研究的创见

在对经验教育学和诠释教育学局限性批判的研究中,有学者提出了把两者结合起来的尝试。本纳认为,这方面的主要代表是布雷钦卡关于教育的技术性经验研究同教育的历史编纂学研究的结合模式,蒂尔许与罗特提出的关于调和经验方法与诠释方法的创见,佩策特及其学派的系统分析对调和诠释学和经验研究的尝试。我们对本纳关于布雷钦卡的观念的阐释已经作了解读,这里只谈谈本纳对佩策特及其学派的系统分析对调和诠释学和经验研究的尝试与罗特和蒂尔许论经验研究和诠释学实用合作的模式作出的论述。

本纳为了对佩策特学派就经验研究和诠释学提出的批判作出系统的评价,首先对佩策特对教育性教学的分析的批判吸收作了阐述。佩策特把"教学"和"教育"区分开来。他以"教师—学生—关系"定义教学,认为教学的目的是由"知识"这个概念决定的,教学成果的评判是由"对"和"错"的标准决定的。他把"教育"从"教学"中提取出来,认为教育是由"教育者—受教者—关系"定义的。教育的意图不是"知识"而是"行为",而其成果不是按"对"和"错",而是按"好"和"坏"来评判的。本纳指出了这种区分存在的问题,认为教育和教学实际上是分不开的,除了成人教育以外。"凡在进行教育的地方,始终也在发生着教学和学习;而凡在学习的地方,也始终在进行着教育。"①

本纳认为对佩策特"教学"和"教育"观的阐述是对说明佩策特学派尝试把经验研究和诠释学调和起来的尝试的铺垫,但其下文中并没有从"教学"和"教育"观出发来作出这种说明,而只是评述佩策特学派对经验研究和诠释学提出的批判。

----

① 本书,第212页。

佩策特学派指明了无论是经验—技术教育学,还是历史—诠释教育学,都满足不了实践科学的要求,也说明了它们存在的问题;并认为,似乎可以通过它们的合作来解决这些问题以及使教育科学得到进一步发展。对此本纳指出:"经验—技术教育学的假设就是,可以通过因果范畴来把握教育实在;精神科学教育学的假设是,可以把历史上获取的和历史地呈现的意义同时作为社会传承和革新的材料和规范的基础。但是,假如两种创见中没有一种能满足对作为关于教育和为了教育的实践科学的教育学提出的要求,那么在两种创见的合作中去发现教育科学进一步发展的合情合理的可能性,也许是多余的。"

本纳在本书中也对罗特和蒂尔许致力于发展由教育历史观主导的经验研究和诠释学方法的合作的思想作了评述。他们是反对布雷钦卡关于经验研究和历史编纂学合作这种模式的。教育问题的解决不再可能通过对其史前史追溯和在其中早已表明的教育思想来达到了。在教育问题中,那种构成其史前史的教育理念恰恰是有问题的。罗蒂尔许明确强调两种方法应当相互批判地联系起来。

本纳指出,"罗特和蒂尔许要求'教育研究的现实性转向'必须伴随人类学的转向,因为否则教育学作为对教育者的富有魅力的行动理论向关于教育实在的经验科学的过渡便不能导致教育研究学科的建立,而只能导致作为科学的教育学的解体。"[①]他们反对把教育科学作为从属科学的观点,而主张把它作为综合科学。他们的教育学综合原则的创见的出发点是,认为对经验科学教育学必须提出的实践意图的要求可以通过诠释学方法和经验研究方法的合作来实现。蒂尔许首先通过指出诠释学方法和经验研究方法这两者是针对同一个对象,而在它们的认识结果上是有差别的,从而证明了这两种方式方法的互补

① 本书,第 234 页。

性。比如他认为,在诠释学本身致力的客观性方面存在着使用"经验科学明确表达的方法"的机会。这些方法可以清除诠释学家对世界的理解和问题视野方面的主观成见。简而言之,经验研究和诠释学的合作不仅有助于使诠释学在方法上得到保证,而且能使经验研究的结论得到诠释说明。

本纳认为,在罗特和蒂尔许看来,经验研究和诠释学的合作主张把"直观的诠释学建立在经验科学的基础上"。

本纳指出,罗特尝试以"教育人类学"把各种认识科学综合起来。他举了罗特关于天才研究和挫折—攻击—机制研究的例子,说明罗特关于经验研究和诠释学的合作与教育研究中朝现实的转向或向经验研究科学转向的创见。

本纳评价说,教育综合科学的模式本身遭到了由它对实证主义教育科学提出的批判。把教育学分裂成许多各别学科的做法是不可能通过援引教育学的综合问题来阻止的。罗特自己的人类学无法满足由他对教育研究中朝现实的转向提出的要求。他虽然批评把教育学分裂为许多带有"教育学的"这个定语的各别学科的做法,但在他自己的创见中,他最终并没有摆脱带有"教育学的"这一附加语来提出综合性的人类学的做法。

(四) 关于解放教育学

本纳在对经验教育学和精神科学教育学及其调和的创见作了评述之后转入了对解放教育学的探讨。他指出,解放教育学把教育科学理解为行动科学,把经验研究和诠释学归入"传统的"理论之下,并从中突出"批判"理论。他用三步对它作出了探讨。

1. 批判理论和解放教育学

本纳首先探讨解放教育学的一些哲学背景。他认为教育学的讨论较少与阿多诺和马库塞有紧密关系,而更多地与哈贝马斯有紧密关系。

我们知道,法兰克福学派的创始人霍克海默认为,自启蒙运动以来,整个理性进步过程已堕入实证主义思维模式的深渊,在现代工业社会中,理性已经变成为奴役而不是为自由服务。他从传统理论或者说科学理论中提出了作为一种"把社会本身变为其对象"的"行为"的批判理论。在解放的观念方面,他提出了"善的"和"恶的"解放的区别。哈贝马斯通过回避对霍克海默和阿多诺提出的"启蒙的辩证法"的批判阐明了他自己的批判理论。他虽然不认可"善的"和"恶的"解放的区别,但却赞同霍克海默的早期思想,并重新回到了通过启蒙影响社会进步的早期的乐观主义上。简而言之,哈贝马斯在进一步发展传统理论的背景下更新了批判理论。

本纳指出,在哈贝马斯看来,行动科学的特殊性在于经验方法和诠释学方法在其中产生由解放兴趣引导的合作。哈贝马斯认为经验—分析自然科学同样有这样的目的:提出研究事物规律性的知识,但批判社会科学不会以此为满足。除此以外,它还要致力于检验理论陈述何时能够掌握社会行动不变的规律,以及何时能够掌握意识形态上僵硬的、但在原则上可变的连带关系。意识形态批判引起反思,确定着批判陈述,以自我反思的概念衡量着自己。哈贝马斯说的这种批判引导的检验和反思就是要求诠释学方法的应用,这是由解放的认识兴趣决定的。

本纳认为解放教育学吸收了哈贝马斯兴趣学说的第三个论点。它包括四个论断。"一是说行动科学像认识科学一样关注获取研究事物规律的知识的目的。二是说行动科学在意识形态上对研究事物规律的知识提出这样的问题:它是否表达了恒定的,即自然的和不变的假设的规律或不恒定的,即作为准自然假设的规律。三是断言,处在不恒定的规律中的个体借助对一定规律关系的可变性的说明能对其不再被使用进行反思。这种反思过程会导致摆脱假设的强迫的解放。最后是确定,行动科学处在解放兴趣中,因为其目的在于自我反思和从准自然的强迫中解放出来。"①

本纳指出,哈贝马斯的兴趣学说希望通过经验研究、诠释学和解放这三步能够解决方法问题。我们知道哈贝马斯提出了多种兴趣,并以后来的陈述对以前的陈述作了重新表述。本纳表示赞同哈贝马斯对兴趣学说的重新表述。它借以非常清楚地表明了从经验研究、诠释学和解放这三步出发的必要性。在多种兴趣中包括了解放的兴趣,这是哈贝马斯从批判社会科学和哲学中得出的要求。

本纳认为尽管哈贝马斯的兴趣学说有许多值得批判的地方,但致力于解放教育科学的尝试却仍然从中得到了很大的收益。

2. 教育学与解放的兴趣

本纳指出,60 年代末、70 年代初发表的 H.布兰凯尔茨、W.克拉夫基、W.伦伯特和 K.莫伦豪尔的论著突出地表述了解放教育学的理念。

布兰凯尔茨尝试联系作为行动科学的哈贝马斯的兴趣学说来论证教育学,他认为教育不单单是个体的现象,同时也是一种社会现象,作为理论的教育学有其对人的成熟和解放的认识作出指导的旨趣。教育学理论以经验研究的武器从现在事实出发,把经验活动本身提升到一新阶段,同时解放教育学应当通过它打破生活—理解—生活这一循环,朝着人的生活的解放方向前进来取代精神科学教育学。

而克拉夫基则觉得有义务从作为批判理论的教育学出发,在更高层面上对精神科学创见作出改进。他也赞同哈贝马斯的批判理论,而

---

① 本书,第 267 页。

不同意布兰凯尔茨、菲舍尔等学者对精神科学教育学的批判。他在批判理论中看到了精神科学教育学通过同经验—分析科学的合作能够得到充分发展的那种基础,并赋予诠释学方法和经验研究方法的亲合性新的意义,他指出:"对于教育科学来说,相当新的种种经验科学方法与由它早已实践了很久的历史—诠释学的种种方法相互是并不排斥的,而是相互有联系的。我们可以把这种关系作为一种始终能动的耦合过程来描述:从对问题和假设作出诠释学解释,经过经验科学对这些假设作出检验,到对这样获得的结果作出诠释学解释并对新的经验探究引出新的假设。"① 他还通过从诠释学对经验假设和解释的意义出发,赋予诠释学意识形态批判的功能,并明确地写道:"自 1945 年以来的三种教育科学重大创见——精神科学观点、经验科学观点和社会批判观点——并不是必然相互排斥的科学流派。这些流派中的每一种只有列入其他一种之中才能取得其科学的作用。"② 他尝试把解放兴趣纳入到经验研究和诠释学的合作之中。

解放教育学的另一代表伦伯特,他反对克拉夫基建立经验研究、诠释学和意识形态批判分析三者合作的方式意向,认为这三者是相互提升的关系。他指出:"解放兴趣不但要求经验—分析的咨询——作为从自然中解放出来的技术条件——而且也要求历史—诠释学的解释——作为社会中交往解放的条件——。因此它比其他两种兴趣更能揭示理性认识。"③

伦伯特把解放分为两种目的,即从自然中获得"技术解放"和交往的"社会解放"。本纳对此作出了解读,指出其含义是:技术的解放通过对自然的统治从自然中解放出来,而交往的解放不是从社会中解放

---

① 本书,第 276 页。
② 本书,第 276—277 页。
③ 本书,第 279 页。

出来,而是在社会中获得解放。技术解放作为把人从听任自然力量中解放出来是在自然的物化中实现的。而交往的解放的目的并不在于物化,而是在于对物化的扬弃。交往的解放目标是从技术解放中取得其假设的独立生活,以使社会的自由和个人的自由成为可能。

伦伯特在解放的教育研究中指出了根据解放的兴趣提出的教育研究的任务:"以解放的意图探究教育过程首先意味着:——对被社会压制的需要的实际教育改造进行调查并作出因果分析,——就个人适合的理解水平对用这种方法获得的规律陈述作出解释,并对其报告在这些个人那里引起的态度转变以实验的方式作出检验。"[①]

本纳认为这三步结果并不能导致解放的实践,而只能阻止解放的实践。伦伯特解释说,认为解放的认识必然导致解放的实践,这是一种误解,但解放的认识是解放的实践的不充分的但必要的条件。

接着本纳阐释了莫伦豪尔提出的"教育与解放"的看法。莫伦豪尔在经验研究方法和诠释学方法在解放方面的互补性中看到了解放能成功的方法前提。我们知道,20 世纪 60 年代末 70 年代初,联邦德国开展了教育机会均等的讨论,莫伦豪尔的解放教育学思想充分地表现在他对这个问题的研究和看法上。他认为教育研究强烈地投入到了教育机会均等的研究中,经验研究得出了教育机会均等不可能实现的结论,但促进了从不平等中解放出来的知识;经验科学研究获得数据对理论来说不是首要的,而对建立交往关系是首要的。用我们的话来说,经验科学研究及其结果对获得解放的认识和建立人与人之间的关系具有重要意义。

本纳指出,解放教育学创见缺少批判教育理论和教养理论,在理论上是贫乏的,不可能提出良好教育的方案。

---

① 本书,第 280—281 页。

3. 解放的兴趣反对解放

本纳认为,解放教育学的各种创见对经验—分析方法和历史—诠释学方法作出了合理的批判,指出这些方法并不是为解放的兴趣服务的;同时却忽略了对行动科学研究方法作出论证的必要性。这种论证应当触及三个问题:出于实践意图对教育科学经验论证问题,在教育理论和教养理论上对本身必要的解放概念和成熟概念作出定义问题以及理论与实践的关系问题。他指出莫伦豪尔给出了寻找解决教育行动科学方法问题的方向。

本纳用较大篇幅阐述了莫伦豪尔指出在我们制度内成长着的下一代面对的六种矛盾,借以说明他通过证明各种社会矛盾使解放兴趣具体化的尝试。

但是本纳指出,各种解放教育学的创见迄今不能解决上面提到的的那些问题,因此应当用"解放兴趣反对解放"的论点来对此作出解说。他认为,尽管解放教育学的创见存在不少弱点与矛盾,但其为旨在建立作为批判理论的教育科学的各种努力作出了一定贡献,把建立作为关于教育和为了教育的行动科学的教育学问题重新置于兴趣的中心。这个问题决定着经验研究创见和诠释学创见的发展,并也促进经验研究方法同诠释学方法结合起来的尝试。

三、本纳本人的创见

本纳认为,传统教育学理论是由思辨得出的,没有进行过研究;而现代教育学首先把科学理论和研究逻辑置于核心的位置,强调收集和应用数据,但对教育和教学的实际问题则鲜有建树。

具体地说,传统创见尝试把教育学作为关于教育和为了教育的行动理论来加以论证。其教育理论和教养理论可以理解为对实践者来说富有魅力的行动学说。其科学理论分析集中在为教育理论和教养理论的基本概念奠定基础上。传统教育学不太重视对教育实践的前理解和自我理解作出诠释学分析，而且也不重视对在教育实践中产生作用的因果关系的假设作出经验检验。它们更关注对教育行动作出理性引导和方向指导，它对建立作为研究性学科的教育学并没有直接的贡献。而现代教育科学创见对教育理论和教养理论的反思的兴趣退居到了后面，以对所谓教育实在的兴趣取代了其位置。对它的研究被提升为教育科学的真正的对象。本纳指出，教育和教养的理论假如源于在教育实在中行动着的参与者的自我理解，或者说它们表达了对经验上可以研究的陈述，那么它们是诠释学创见和经验研究的创见所感兴趣的。诠释学分析企图说明由内含和明显的理论建构的教育实在，而教育理论和教养理论的反思对了解它们隐含的或明显的内容的经验研究来说，其价值是靠经验上可检验的假设来衡量的。

本纳强调，假如教育学应当进一步发展成为行动科学的话，那么经验与理论每一种都不能主张自己是一个独立的连续统一体。确切地说，两者都应当服从教育理论和教养理论上证明合理的实践的领先性。通过经验研究同诠释学的合作模式来消除这种主张的尝试是达不到它的目的的，因为这种尝试把理论保留在了富有魅力的行动学说的连续统一体中，并把经验关进了科学的实在分析的连续统一体中。可是只有在实在不仅被理论研究而且也被经验研究作为实践的实在来理解的情况下，实践优先才能在教育科学中作为研究学科起作用。而这只有在经验和理论相互联系在一起，它们的联系既不局限在获取预测性知识上，又不局限在揭示教育实在的历史发展上，而是从理性的计划和改变教育实在出发的情况下才有可能。对经验—分析教育学和历史—诠释教育学以及调和经验研究同诠释学关系的创见的分析尝试表明，处于实践优先中的研究方法的问题影响到了现代教育科学所有创见的发展。

因果分析和历史—诠释学分析能够取得的结果就其本身而言,对教育行动并不具有重要关系。

基于上述分析,本纳提出了这样的创见:"假如在研究中也应当重视实践优先的话,那么这种研究首先既不以因果分析和历史—诠释方法为基础,也不以两者混合的方法为基础。确切地说,必须发展一种从实践经验观念出发的研究方法。"[①]他认为,这种方法具有的三个方面能够克服行动学说和经验科学研究相互合作毫无成果的问题。他写道:"一是应当不仅在理论和实践关系的基础上,而且在实践对理论的关系的基础上解释实践优先问题,从而解释进一步发展理论的可能性;二是关键在于发展适合行动科学的研究方法,以可以分析和解释教育实在中的实际行动情况;最后是,必须检验富有魅力的行动理论同实际经验之间的关系,以使教育科学研究取得教育实践同其行动理论和教育行动理论同其实践对照的作用。"[②]

本纳在本书中没有具体说明从实践经验观念出发的研究方法究竟是什么方法,只是指出教育学作为研究学科也应当成为行动科学;教育科学研究必须同时包括实践和理论;说明理论和实践的关系、理论和研究的关系、实践和研究的关系以及教育实验理论中实践、理论和研究的综合关系。他对这些关系作了详细的阐释。

首先,就理论和实践的关系而言,本纳把它们的关系定义为"实践的关系,即理论上不能获取的关系"。这就是说:"实践上了解理性的教育行动在理论上的可能性和实践上实现批判导向的行动方案乃是在具体教育情境中行动的人的不可推卸的任务。"[③]同时他把教育学对教育理论的研究和对教育实践的研究区分开来,并将这种区分

---

① 本书,第 299 页。
② 本书,第 299—300 页。
③ 本书,第 307 页。

称为"教育学的区分"。他认为假如不作这样的区分，那么，一方面教育学理论对教育行动的指导和导向作用会被简单化为单纯理论的事情或单纯实践的事情，教育学就会迷恋于规范理论的教条主义；另一方面教育学作为教育行动学说会被降格为实证主义理论的技术的东西，就不再是一种关于教育和为了教育的实践科学，并只强调其可用性，要求实践盲目使用这种理论。他认为只有坚持"教育学的区分"，教育学理论研究才能把实践置于优先地位，把实践作为研究对象，并把为实践服务作为自己研究的使命。换言之，实践应当参考在其决策时富有启发性地指导它的理论，而理论应当参考实施它的实践。

就理论和经验研究的关系而言，本纳指出："理论和经验研究并不处在应用的关系中，因此也并不处在相互验证的关系中；经验研究的目的并不在于扬弃教育的实验性，而是必须为进一步发展教育学理论服务，并必须通过它为进一步发展教育实验服务。"①他认为，实践理论和行动科学研究的共同对象是教育实践。教育实践需要受到启示，以建构教育情境和在教养理论上对任务作出导向，因此出于这种需要，教育理论必须把教育实践作为对象，而行动科学性的教育经验研究把作为受理论指导和导向的实践的教育行动和教育者同成长着的一代之间的教育性交往作为对象。本纳认为，教育行动科学经验研究在对实践的研究中始终不可能前进到对理论的验证上，但教育行动科学经验研究具有这样的任务：使理论能回头了解其被实践的情况，以便使研究把教育行动重新作为对教育可能性和任务进行批判分析的对象。

本纳接着指出，从理论和经验研究关系中可以推导出经验研究与

① 本书，第307页。

实践的关系。行动科学经验研究的结果对实践仅仅有间接的关系，并只有通过它们为理论的自我反思服务和为在教育行动中以及借助教育行动来为检验它们是否被践行服务才能获得实践意义，因此行动科学经验研究结果并不能用来检验实践和理论。同时他把教育领域的经验分为教育科学经验和教育者的教育经验，认为"教育实践者的教育经验是在理论指导的实践情境的建构和决策范围中进行的，而教育科学经验是针对通过教育经验使理论得到实现的过程"①；并指出教育科学经验既不可能先于教育经验，并不可能直接引证教育科学研究的结论，借以作出实践决策；也不可能论证教育经验的合理性和提出标准化的行动模式。本纳强调：我们必须区分教育科学经验和教育经验，因此也必须区分教育学实验和教育实验。教育学实验旨在对作为教育实验的场所的教育实在进行规划和改造。教育行动的实验性也存在于不进行教育学实验的地方。对这种改造的教育学实验构成了行动科学经验研究的对象。这种研究把进一步发展教育学行动理论作为旨趣，但并不是要使教育实验标准化。

本纳概括说，行动理论、行动科学经验研究和教育实践的这种关系，同时为行动科学经验研究和认识科学经验研究之间的批判合作奠定了基础，并对行动科学经验研究和认识科学经验研究之间的区别作了阐释。

最后他还进一步强调："假如教育学要在更高发展社会的意义上为改造社会服务，就必须从传统教育理论和教养理论出发进一步发展它们，使它们能够说明在今天社会背景下的教育学实验和教育实验的可能性和任务。进一步发展行动理论和符合行动科学经验研究要求的研究方法是今天教育科学非常迫切的问题。"②

————————————

① 本书，第 303 页。
② 本书，第 313 页。

　　本纳的《教育科学主要流派》是一本内容非常丰富的著述，这里只是解读了本人认为的该著作中的重要内容，这一解读是否确切以及没有解读的部分留待读者批判和解读。

　　末了我想提一下，彭韬指出了本人原译稿中的某些疏误，并提出了修改意见，在此对他致以衷心的感谢。

译者

第一版前言

　　《教育科学主要流派》这个书名对于某些人来说听起来也许有点狂妄。它至少间接地使人想到,这涉及对教育科学的描述,力图完整地展现教育科学许多几乎不再可视而不见的创见。

　　本书的企求不太高。其意图是呈现"传统和现代教育科学"的分类,同时紧扣两个目的。

　　一是表述教育科学中的一些重要创见和有关学术理论的讨论。各种创见在对传统教育学的研究方面是根据课题范围来分类的;在对现代教育科学的研究方面是根据学派来分类的。尽管这样对还不熟悉教育科学的读者也许更好一点,但我不能下决心做到对课题范围和学派各按其单独的一个创见来描述。确切地说,我在各章中始终把两三个创见相互作对照,借以避免匆忙地确定教育学问题和学派的分类。我在描述传统教育学课题范围时依据了由 W.斯密德-科瓦切克①同我编纂的《教育学基础导论》的两本书。我感谢 W.斯密德-科瓦切克的建议,在教养论方面对赫尔巴特和威尔曼②的理论作比较。

　　各种创见在对传统教育学的研究方面是根据课题范围来分类

---

① W.斯密德-科瓦切克(Wolfdietrich Schmied-Kowarzik,1939—),德国教育家。——译者
② 威尔曼(Otto Willman,1838—1920),出生于波兰,曾在德国求学、工作,后在奥地利等国任教,被认为是奥地利教育家。——译者

的;而在对现代教育科学的研究方面是根据学派来分类的,这表明了本书的第二个企求。对传统教育学和现代教育科学问题的分歧在过去几十年越来越大。给人的印象是,仿佛现代教育科学简直已经取代了旧的非科学的教育学,仿佛传统教育学创见是同世界观相关的、属于意识形态方面的行动学说。尤其是实证主义教育科学代表助长了这种陈词滥调。他们可以靠那种增长着的认识来支撑,即认为教育学只有从曾具有独特魅力的行动理论进一步发展成为经验研究这一原则出发,才能符合社会对它的种种期待。今天围绕着教育学作为行动科学这一性质的讨论至少使实证主义对传统教育学的贬低受到了质疑。

在这种背景下,富有启发性的也许是重新提出关于教育科学作为行动科学的论证问题,包括教育学作为实践科学在传统上业已形成的概念问题。这一分类的意图决定了本书的总的设想以及对各种课题范围和学派的逐一分析。同时,本书各以三个部分展开。关于传统教育学一节,从分析教育理论、教养理论和科学理论问题开始,这些问题决定了从启蒙运动到19世纪后期的教育科学课题。然后在关于传统教育学的创见的意义和界限这一节,一方面指出了传统行动学说在教育科学发展上对当代有关讨论的意义,另一方面指出了其必要性。最后,两种观点决定了对现代研究创见的分析。我力图在行动科学方面说明理论、研究和实践关系的教育实验理论,并在最后部分把它们相互联系起来。

在过去几年,本书的整个课题几乎都被我在波恩大学、弗赖堡大学的课上和研讨班上提出来过进行讨论。我对学生们对我提出的许多建议表示谢意,在此期间,他们曾要求我对本书关注的问题作出批判和进一步说明。

1973 年四月于明斯特/波恩　D.本纳

第三版前言

这本书又可面世是源于德国研究出版社的询问。其友好地表示对本书有兴趣，并在其出版计划中纳入了这本在出版社列表中标明的第一版、二版自多年来已经售罄的论著。

第三版以第二版的文本为基础，后者在语言上对第一版作了加工并在注释部分围绕着新近的论著的引用作了补充说明。在第二版中，作为附录包含的关于"教育学作为行动科学"和"学校教育学问题"的说明在第三版这里不再收入了。放弃它的原因是，其思路我在1987年出版的《普通教育学》中进行了进一步阐述。

《教育科学主要流派》和《普通教育学》之间存在着系统关系。基于这些关系及其他因素，本书第三版的文本同第二版的文本的差别微不足道。《普通教育学》在某种程度上系统化地描述并同时拓展了《教育科学主要流派》提出的基本思路。它补充了其探讨的教育理论和教养理论方面的行动理论问题（是围绕着教育机构理论的这些问题进行的）。有鉴于此，从《普通教育学》的视角出发重新加工《教育科学主要流派》，这可以说肯定是前后一贯的。但是，因为这最终可能导致一本全新的著作诞生，所以我听从朋友和同事的建议，决定再一次利用这本书的旧版本中的研究，并把要求改写它的时间用于新的研究。因而在此对今天在重新加工时强调了哪些重点只作了简短的说明。

我对在第一章提出的关于"传统教育学的三节"的论题今天作了如此修改,我不再把教育学理论问题,而是把教育机构理论问题,作为第三个问题纳入了教育理论和教养理论的行动理论问题中。就这些理论而言,第一个讨论了教育学的作用;第二个反思了关于教育行动任务的问题;第三个探讨了教育机构必须达到的那些适合作为实施教育行动之场所的标准。这样,教育学理论的问题也许可以作为对象理论问题纳入教育学行动理论三分部分的一部分中。前者系统地分析和反思了上面所提到的三分部分。

同时,对本世纪教育科学论述的部分,即第二章至第五章,需要以系统的视角来重新梳理和补充。这样加工并非意味着原来这些章节有多大不妥,而是源于七八十年代中的理论发展。本书对这种发展也一同起过作用。它对实证主义争论、对经验教育学和诠释学创见传播问题,对解放教育科学的批判以及对理论实践区分和不同教育学反思的关系的分析,其间在很大程度上受到了肯定。第二章至第五章的重新加工和补充较彻底地探讨了 70 年代后期的理论发展,这有助于说明教育理论、教养理论和机构理论问题。

对第六章的重新加工和在其中阐述的对"论教育学实验的理论"的思考也可作一点言简意赅的类似的展望。这一章中提出的教育科学研究的结构模式是可以继续保留的,因为这里从一开始就考虑到了在学校理论的构想方面的机构理论问题。这一章似乎可以联系已经提到的关于对教育学思想和行动的实验性反思作出的重新加工的观点进行补充。这些观点看到了改革教育运动和近代教育学的产生之间的联系,并把在整本书中主张的人类更高发展思想同进一步发展着的、关于今天如何批判探讨以这种思想为基础的理性乐观主义问题作出了对照。也许可以指出,对诸如卢梭、赫尔巴特、洪堡和施莱尔马赫的教育理论、教养理论和机构理论问题是通过对教育和政治方面的复兴和启蒙运动的批判地了解和分析而产生的，同时现代教育科学的各种创见可以被作为种种尝试来解读，即尝试在精神科学、经验研究和哲学说明的意义上批判探讨那些追随 19 世纪第二次改革运动的经验。

同样，过去十年的理论讨论同分析批判教育和政治改革有关。从中是否发展形成教育学思想和行动的新形式，传统的重要认识是否有可能再一次同今天开放的系统论经验相结合，这还看不出来。这些问题乃是这里尝试对传统理论和现代理论作分类的核心问题。在这种情况下，这作为对在这里提交的新版的论证也许足以说明，一本激发读者对教育学进行反思而并非教条的书有可能赢得新的读者。

我感谢维特（Witte）女士对提交本书新版本付印所做的大量工作，感谢科特（Korte）女士和林克（Lincke）女士对本书整个文本作的通读和校对。

1991 年春于明斯特/阿尔滕贝格

D.本纳

第四版说明

　　本书第四版在很大程度上同第三版是一致的,但在版面上作了改变,对文本再一次进行了校读,并根据新的正字法的有关形式对文本作了修改。我感谢托马斯·米勒(Thomas Müller),他像为第一版、第二版一样,重新为第四版提供了人名和内容索引。

目　录

第一章　传统教育学

　　谁谈"传统教育学",谁就容易陷入误解的危险,因为关于什么是或曾经是"传统教育学",什么样的系统创见可以算作传统教育学,而什么样的系统创见不可以算作传统教育学,这些问题并不存在共识。有时人们把教育学和教育科学相互对立起来,否认前者的科学性,而只认定其具有价值判断性;证明后者有科学性并确定其价值判断的中立性。或者人们把"传统教育学"作为陈旧的、过时的和多余的东西。

　　假如我们在这里谈"传统教育学",那么我们认为教育学和教育科学既没有区别——我们认为两个概念是同义的——也不认为它是有些陈旧的。更确切地说,我们尝试用这个概念来表明可逐一论证的各种问题,它们经过许多世纪确定了教育和教育科学思想。传统和传统的,它们可以在两重意义上来理解。一是说今天这方面涉及那些不再像以往同样适用的问题;二是说这些问题必须是流传下来的,并且必须同新添的问题相对照,以这种方式重新和同时获得新的适用性。把新的问题同传统问题划分开来,并且把传统问题同新的问题联系起来,这里不是一项简单遵循教育学问题史的计划,而是必须导向界定和探讨系统观点这一目标的计划。我们在这方面选择了既不在本书的开头也不在其结尾提出系统观点的道路,而是选择了在阐述教育科学主要流派的过程中说明系统观点的道路——尽管在个别章节中对它各有所提示。这么做是为了使读者有可能在各种特殊问题的视角下同时始终注视到它们的联系。

在这种意义上，本章以"传统教育学"标出的教育科学创见分为两个部分：首先在其相互联系中简单阐述传统教育科学系统形成的各种特殊问题，然后探讨它们有限的适用性，并通过对新补充进来的问题或后来成为兴趣中心的问题确定它们持续着的意义。如此得出的分类系统是通过教育学和教育科学的传统的和新的理论观点的对照呈现的，它然后决定了对当代教育学系统的创见的描述和分析。

第一节　传统教育学的三分法

传统教育学并不分为教育心理学、教育社会学和教育经济学，也并不在社会教育学、学校教育学、学前教育学、特殊教育学、媒体教育学、职业教育学和业余教育学之间作区分。确切地说，传统教育学确认了三大问题，假如认真地对待的话，这些问题至少使今天在教育行动和构建科学理论方面的分工和使之专门化显得是有问题的[1]。我们想用 J.保罗（Jean Paul）的"教的学说"或"教育学说"来命名这些问题中的第一个。我们在其中综合了这样一些考虑，它们力图确定与成长着的一代交往的正确的方式方法和指导教育情境的建立，并且概括了教育理论的广阔视野。传统教育学的第二个问题，即教养理论的问题，涉及的是，应当怎样和能够怎样按照教育目的，通过教育影响来教育成长着的一代。更确切地说，它力图说明教育影响的任务和确定教育的目的。最后，传统教育学的第三个问题既不涉及建立教育情境的指

---

[1] 这方面参见：J.亨宁森（J. Henningsen）:《教育科学》,《教育学的理论》,第 31 页；H. 冯·亨蒂希（H. von Hentig）:《什么是人文学校?》,第 79 页；D.本纳:《普通教育学》第 13—24 页。

导,也不涉及以教育任务和目的对教育行动作导向,而是涉及在教育和教养理论方面说明教育科学陈述可能性的条件。我们在下面把这个问题作为教育哲学或教育学理论①。

教育理论、教养理论和教育学理论,它们是共同研究教育行动理论的科学基础。此外,就它们为难或阻碍教育理论指导的和教养理论导向的行动而论,它们同时都是在对教育实践的机构方面的约束和总体条件展开教育学批判②。传统教育学在其教育理论、教养理论和教育学理论问题中作出的这种在行动理论和机构批判方面的举措,与其说是偶然的历史的结果,毋宁说它是符合实践的必然性的,并同时也是符合理论的必然性的。教育学作为教育和教养的理论,其根源就存在于历史给定的教育实践自身之中,一旦个体的日常交往经验及其获得的经验知识不再能确保教育努力取得成果,那么教育实践就要求得到教育情境建构方面的正解导向和行动理论的指导。

教育的合理性论证通过社会中认可的规范和习俗向由科学指导和理性导向获得论证的过渡是在近代逐步完成的。在这方面,使教育交往经验成为课题是在社会规范和习俗普遍成问题的情况下发生的,不但导向了对传统教育学的三个问题的划分,而且也导向了教育学作为特殊科学的构成。一旦在习俗中预先确定的人类共同生活秩序的观念成了问题,那么习俗和行动的实践循环③就被摧毁了。这不仅会对教育行动而且也会对道德和政治行动产生后果。对习俗行动的一

---

① 关于教育学问题的分类参见 D.本纳／:W.斯密德-科瓦切克:《教育学基础导论》第一版,第 125 页及以下几页;关于教育理论、教养理论和机构理论的关系参见 D.本纳:《普通教育学》,第 104 页及以下几页和第 165 页及以下几页。

② 参见 W.菲舍尔(W. Fischer):《学校与批判教育学》,第 7 页及以下几页;其次参见:《什么是学校教育学?》。

③ "实践循环"根据本纳的解释是指思考、判断和行动的循环。——译者

般原因作行动理论合理性论证的需要,在伦理学上同教育理论的指导和教养理论的导向的需要是一致的。这种需要在政治上是同对积极的社会秩序观念的需要相一致的。就像伦理学、教育学和政治在预先确定的规范和习俗成问题以及习俗和行动的实践循环被摧毁的情况下有其共同根源一样,它们也只能共同服务于人类更高发展的任务。假如仅仅要通过对下一代的教育达到使成问题的习俗向一种崭新的理性决定的秩序过渡也许是空想;那么,假如单单把完成扬弃人类生活的异化和使更人性的生活成为可能的任务指派给政治行动,也许也是空想。为了能够提出这种要求,那些在首先应当改善的社会中业已成长的教育者也许必须为教育提供服务,同时那些为未来的社会秩序受过教育的公民也许必须为政治提供服务。一旦习俗和行动合理性证明的实践循环被摧毁,伦理学、教育学和政治因而便会特殊化为针对人类更高发展这一共同任务的行动理论,而不把它们中的一个作为优先于其他两个的选项。对整个人类实践政治化的赞同和否定的意见在这方面具有形式的理性标准。

谁宣称改革意志只是在政治领域才有其立足之地,因此一切其他领域,即科学、宗教、道德、艺术和技术领域是脱离它而独立的,谁就把政治行动假设为唯一的历史舞台,完全像那种为了把其要求扩展到其他所有领域而预先确定政治行动的改革意志的人一样。代之,关键恰恰是伦理学、教育学和政治的理论和实践相互把对方作为人类反思和实践的领域来承认,以便为人类更高发展的共同任务服务。

在这方面,伦理学、教育学和政治的行动理论从来不能直接取代从前承认的、期间成为问题的习俗和秩序观念,并作为具体行动的规范。它们作为科学的行动理论处于同具体行动在理论上不可调和的区分中。在总体上,我们想把这种区分称为"实践上的区分",就教育学而言称为"教育学的区分",以说明行动科学理论只有通过实践才能导入以行动理论为导向的行动①。教育学的区分在这一意义上首先是指作为科学的教育学对于实践的原则上的消极性。因为教育科学起源于对实践循环的摧毁,这就是说起源于实践者的成了有问题的行动处境,所以教育学的区分承认教育科学并非是简单地可以并能够论证他们的行动的合理性,并将之简单化为理论的应用领域的。教育学的区分从这一点出发表明,教育科学鉴于这种原则上的消极性获得了对教育的积极意义,其获得首先是通过那种必须以教育可能性和任务导向的教育行动,即通过科学引导的教育行动,而不是科学上可以推论的或合理性论证的教育工作者的决定。从其根源出发,从日常教育的课题出发来看,教育科学实际上既不能直接变成理论——为什么探讨科学直接变为实践的问题是抽象的,而且是从错误的前提出发的——也不能自己预先认识到自己可能的积极意义,并这样活动,仿佛自己作为实际科学已经在发挥理论和实践的中介作用。教育科学只有当其在实际上成为教育者动机和工作的理论时,才能获得实践指望它指导行动的理论的意义。因此,探讨作为理论和实践实际中介的问题是同那种探讨科学直接变成实际的问题,这对于一般行动科学和教育学来说,特别在原则和本质意义上是有区别的。

教育学作为教育和为了教育的实践科学是为了指明教育行动方向,但其本身不具有变成实际的可能性,它只有通过具体实践使自己成为理论和实践可能的中介,从而作为形成其理论的出发点和对象,才能符合其任务。在其作为教育学理论的科学理论反思中,教育学必须确定教育和为了教育的科学的可能性条件,确定作为实践的针对成为理论和实践的实际中介之科学的教育学的原理。它作为教养理论,必须在其自身原理中获得说明教育可能性和任务的理论,它作为教育

---

① 关于实践和教育学区分的概念我和 W.斯密德-科瓦切克作了阐述。参见 D.本纳/:
W.斯密德-科瓦切克:《教育学基础导论》第一版,第 135 页及以下几页。

理论，必须阐明其在具体教育情境中对找到教育决定所起到的科学引导的作用。

传统教育学的三个问题

实践循环的摧毁

| 理论 | 教育学的区分 | 实践 |

1. **教育理论**（教育学说）
   教育经验和建立教育情境的理论

2. **教养理论**
   教育任务和意义确定的理论

3. **教育学理论**（教育哲学）
   关于教育和为了教育的实践科学的
   可能性条件的分析

接着上面引言性的和本身而言必要的抽象提示，我们对传统教育学的三个问题作出了阐述和分析，不管是否是从教育学理论开始并接着谈教育和教养理论，还是反过来把教育理论放在开头，把教育学理论放在最后，这都是相当无关紧要的。重要的只是这三个问题的关系和它们表达的教育学思想的区别。下面我们将首先分析教育理论问题，因为我们觉得这一切入点是较容易进行和理解的。从讨论两个教育学说系统固有的问题中，将产生探讨一种从教育理论中冒出的教养理论和一种教育学理论的要求。

一、教育理论

就教育学的三个问题而言，教育理论问题是传统中谈得最多的问题。我们在这里聚焦在卢梭的《爱弥儿》和施莱尔马赫的《教育理论讲授》上，借以通过他们的特殊难点来阐述教育学说的问题。卢梭和施莱尔马赫在所有各个不同的问题上力图在理论上解说教育经验和教育情境的建构。我们已经把握的那些教育理论的普遍界定是符合这种解说的。同时与卢梭和施莱尔马赫有联系的解说在于这样的特有的事实，即他们的创见（即使以不同的方式）聚焦在教育问题上，而排除了教养理论课题，更排除了教育哲学课题①。

（一）人类学和行动理论：卢梭关于个体—私立教育和公立—公民教育之间的争论

卢梭把两种教育同与此类似的两种人的本质相互区分开来，一是公立教育，把个体作为公民并使他为其承担的一般义务作准备；二是私立教育，把个体作为个别的人并使他为其个人生活接受培训，这一事实在对卢梭的研究中一再受到讨论，有时对其的解说有天壤之别。这一断言已经表明，我们只有对除卢梭的《爱弥儿》之外，同时思考对他的其他著作进行讨论，如对1754年出版的《科学和艺术复兴能有助于说明道德吗?》进行讨论，对几乎与《爱弥儿》(1762年)同时出版的《人类不平等的起源》和《社会契约论》进行讨论，以及对他早在1755年发表在由狄德罗(Diderot)和达朗贝尔(d'Alembert)编纂的百科全书中的文章"论政治经济学"和1772年"对《波兰体制》的思考"②进行讨论，才能正确理解他的教育学说。一部分学术讨论是针对卢梭在其早期关于政治经济学文章和后期关于波兰体制的思考中对公立或国家教育的论证的，而他在其主要教育学著作《爱弥儿》和《新埃洛伊丝》③第5卷第三

---

① 尽管在卢梭和施莱尔马赫那里也可以发现他们提出的教养理论、学校理论和机构理论问题，但它们在本书选择的思路结构中很大程度上是被避开的。这里仅仅指出了卢梭的天性概念。这种概念决不标明教养理论的缺位，而是表述了对人的不确定的可塑性的认识，或者说指出了施莱尔马赫对生活大集体的详细说明，人们必须教育成长着的一代参与到这种集体中。

② 对卢梭的引文见参考文献。（作者对上述卢梭论著的法文原文作了德文注释，这里从略了——译者）

③ 《新埃洛伊丝》是卢梭的一部书信体小说。他在这部小说中探讨了与在《爱弥儿》中不同的新的教育形式——译者

封信中突出了个体自然性教育或私立教育。紧接着 R·德拉特
（Robert Derathé）的论著，对于德语区来说，M.朗（Martin Rang）在其
《论卢梭关于人的学说》的长篇论文中提出了克服卢梭二元论的思想，
即克服"关于私人教育和公立教育"和"关于培养个人的教育和为培养
公民的教育"这一二元论的思想。我们在这里想从这一点出发开始
讨论。

M.朗通过把卢梭关于近代社会中天堂般的自然状态及其野蛮的
变质和在习俗集体中的公立教育及其文明的变质，以及爱弥儿的自然
教育等解读为对人类变化的人类学—发生学的界定，尝试把卢梭对人
及其教育的各种界定纳入秩序关系之中。同时，他希望能够借以克服
或者说明在卢梭研究中一再提出的其关于人及其教育的各种界定之
间的许多矛盾。对更多地聚焦于个别教育或公民教育的说明的这种
解读的长处在于：通过它可以避免关于"卢梭国家教育思想"及其"自
然性教育制度"之间矛盾的构想，并突出两种教育，尤其是消极教育和
间接教育原理的共性。M.朗克服公立教育和私立教育之间的二元论
观点可以用他自己的话作如下概括："卢梭的国家教育和卢梭的个别
教育相互排斥，但并不矛盾"；并且凡出现貌似矛盾的地方，都是容易
克服的，假如我们考虑从其出发来评判卢梭（指卢梭关于人类起源的
其他人类学阐述段落——D.本纳）所有不同的观点的话。①

卢梭的教育学在这里为我们提供了教育理论的范例。假如我们
在各种教育科学问题中思考我们暂时对分类之处的界定，那么不仅表
明了对卢梭这种解读的出色的意义，而且同时也表明了其独特的界
限。假如 M.朗的解读同样认真地对待在卢梭社会理论和公立教育以
及伦理学和自然性教育这两极中的卢梭著作，那么这种解读就能考虑

---

① M.朗：《论卢梭关于人的学说》，第 167 页，还可参见第 88—92 页和 165—166 页。

到卢梭著作的统一性。虽然如此,可因为这种统一性是由把人类学和人类起源的观点放在首位得出的,所以忽视了卢梭教育学说中对行动理论的关切。这就是说,在卢梭看来——M.朗所假设的——国家公民教育不只是人类历史早期阶段的标志和按照斯巴达榜样的道德小社会阶段的标志,而且同时也是实现人类更高发展的希望。当1771年卢梭被邀请对波兰要重新草拟的体制发表鉴定意见时,与其说他建议波兰人不要采用爱弥儿的自然性教育几乎等同于放弃在古代曾经可能建立的道德社会的任务,不如说他建议在建立道德国家时考虑把公立教育或国家公民教育作为"首选",通过体制和同等教育逐步消除贵族、资产阶级和农民的阶级差别;主张通过"那种独一无二的把大小各州联合起来,因而只对波兰适合的联邦体制的制度"来管理那种按照他的意见对建立道德社会来说太大的州。①

　　我们并不否认,卢梭的所有论著都是以人类学思想主题为标志的,但我们确定,非社会化的自然人的理想,同在社会中出现的完满的公民的理想的冲突,从人类学思想主题出发是既不可理解也不能克服的。卢梭的思想在其1754年完成第二篇论文后便显露出了决定性的转变,这种转变已在1755年《论政治经济学》一文中有所显现,并在《爱弥儿》和《社会契约论》中明显出现了。关于探讨人类不平等以及对建立于其上的和一方面强化它的统治和另一方面强化它的奴役的问题,从1755年开始——像在两篇论文中论述的那样——他已经不再从人类学和人类起源的视角而是从行动理论的角度作解说了。特别是《社会契约论》证明了这一点。在该书的开头几句中,人类学观察方式明显地让位于行动理论观察方式了。也就是说,卢梭断定:"我意在探讨,假如我们从人类的实际情况和法律的可能情况着眼,那么在

---

① 卢梭:《论波兰的体制》,第297页及以下几页。

公民体制中是否可能有公正的、可靠的国家体制的原则。⋯⋯人生而自由,而他处处背负着锁链。任何人都可以认为他是他人的主人,但他反而比他人更为是奴隶。怎么有这样的转换? 我不知道。什么可以赋予它合理性? 我自信能够回答这个问题。"①

假如我们从卢梭的话来看,那么明显的是,在《社会契约论》中——以及如我们将指出的那样,在《爱弥儿》中——他已经克服了关于自然人和社会人的二元论。关于"科学和艺术的复兴是否有助于纯化风俗?"的问题的第一篇论文把 18 世纪的社会状况同虚拟的基于自然习俗的简单社会作了对照,而第二篇论文中解说了作为逐步背离自然状态之结果的社会不平等的发展。但早在 1755 年出版的第二篇论文排印期间,卢梭补充了一段,以防他人对"性善"论的误解,即假如"人们摧毁了各种社会,消灭了我的和你的⋯⋯(并)回到同森林中的熊一起生活",仿佛在自然状态的善失去之后只会达到更好的新的德性。② 想免遭其批评者攻击的这种尝试肯定会失败,因为第二篇论文还不能从自然状态的人类学选项这一方面和社会异化这一方面中找到出路。所以伏尔泰能够在其 1755 年写的第 20 封信中以一定的合理性讽刺说,还从来没有人在一本"反人类的书中⋯⋯用如此丰富的智慧使(人)⋯⋯重新变成驴子",以至在阅读时真(感到)"向往用四只脚行走了"。③ 可卢梭对此不屑一顾,他在 1755 年的百科全书文章中用其论文的人类学—人类起源的考察方式进行了分析,后来,当他洞察到虚拟的自然状态和自然秩序对于确定"普遍福祉"完全无用,而关于自然人和社会人的对立的构想根本是抽象的时,他便在《社会契约

---

① 卢梭:《社会契约论》,第 29 页。
② 卢梭:《论文 2》,第 125 页。
③ 卢梭:1755 年 8 月 30 日伏尔泰致卢梭的信,引自卢梭:《文化批评文论》,第 301—302 页。

论》第一版没有发表的第二章中放弃了这种考察方式："自然的温柔声音对我们来说既不是可靠的指引者……也不是我们从中获得了的独立,即一种值得期望的状态。"①"尽管在人类中间没有自然和普遍的和睦状态,尽管假如人类和睦的话会变得不幸和糟糕,尽管正义和平等的法规对那些生活在自然状态的自由中并同时屈服于社会状态需要的人们来说没有什么意义,但我们还远没有想到,我们既无德行又无幸福,上天无助地使我们遭受物种的没落。让我们努力从这糟糕中获取医治这一切的救药吧!"②

探讨"救药"的问题不再是人类学—人类起源的问题,而早已是行动理论的问题了。它针对的不是,以往的东西是什么,什么是不可避免地失去了,它更多地是转向人的行动,并想为人的行动指明摆脱异化的出路。它承认神圣的自然或社会状态的实践循环已经被摧毁,并把批判的、针对传统和改革的实践置于优先地位。卢梭在理论上两次拟定了针对异化了的社会状态的药方,同时为构建受自然人和社会人之间的人类学对立束缚的历史观拟定药方或选项:他在《爱弥儿》中注视理性决定的教育实践问题,在《社会契约论》中注视社会概念的原理问题,后者把个人的自由同共同体的正义、把所谓"自然状态"的"长处"同公民社会的长处统一起来了。

"解决社会契约的主要问题",是"我们如何找到一种社会形式,它能用集体的全部力量来保护和保障个人和每个社会成员的财产;并根据这种形式,每一个人,尽管他同所有人联合在一起,却仍然只服从自己,能一如既往地保持自由?"③卢梭尝试用三个步骤回答这个问题,第一步,它导致对理性的共同体富有思考性的确定;第二步,把这一确定

① 卢梭:《社会契约论》第一稿第二章,引自卢梭:《文化批评文论》,第 287 页。
② 卢梭:《社会契约论》,第 299 页。
③ 卢梭:《社会契约论》,第 43 页(译文错误已经作了修改)。

作为确定来完成;第三步,给出从实施这一确定中得出的结果。

找到共同体概念的疑难在于:"没有人对其同类具有天然的权力",而且"强力不带来权力"。① 从合理的统治之概念得出其有效性的统治形式应当取代基于天然权力和强者有权原则的封建统治。一种统治只有与自由的理念不矛盾,它才是合理的。因此,其合法性必须从自由决定的举动中引出。而对统治关系作出自由决定的举动不可能具有要通过约定统治关系来排除自由这个目的,否则它将自我否定,并从而否定合理的统治的前提。因此造成自由和统治之间矛盾的约定,其后果是合理的统治关系建立不了,而不合理的统治将得到巩固。卢梭反对他那个时代那种尝试通过人民的自由服从的假设指出封建统治的合法性的契约论,指出:"放弃了他的自由,意味着放弃了他的人性,人的权利,甚至放弃其义务。⋯⋯这样一种放弃同人的天性是不协调的,而假如剥夺了他的意志的全部自由,他的行动就失去了一切道德价值。简而言之,一种契约,一方面规定了无限的权威,另一方面规定了无限的服从,那它就是一种流于空洞和自相矛盾的契约。"②

因此,合理的统治的约定的前提是:不通过它造成主人与奴隶之间新的对立,而是要克服这种对立,并借以防止出现个别人的先天不合理的统治。卢梭从对合理统治的思考确定出发,阐述了如下一种并不基于暴力共同体的原则:对统治的约定应当使那种必须作为它的先决条件的自由决定的举动成为可能,它应当以合理的统治取代个别人的统治,这样它必须"⋯⋯立刻以有文化教养的集合体代替每个缔结契约的个别的人,其成员包括所有参加表决的人,而这种共同体正是通过这种举动获得了它的统一、它的共同的自我、它的生命和它的意志。这种用如此方式由其他所有人联合而成的法人实体⋯⋯称

---

① 卢梭:《社会契约论》,第 35 页。
② 卢梭:《社会契约论》,第 36 页。

为……共和国……或政体,在被动状态下被其成员称为国家,在主动状态下被称为主权者,在与其他同类比较时被称为政权。其成员作为整体被称为人民,个人作为最高权力的分享者被称为公民,而从服从国家法律的角度被称为臣民……从这种公式可以看到,社会契约包含了共同体和个人之间的相互义务,而且每一个个人由于同时与自己缔结了契约而有着双重义务,即作为国家主权者的一员对各个人的义务和作为国家一员对国家主权者的义务。"①

根据这种确定,合理的统治基础是共同体的各个体具有双重义务和双重关系。各个个人同时是公民(citoyen)和臣民(sujet)。作为臣民,他们服从作为公民的自我;作为公民,他们统治作为臣民的自我。各个个人作为统治者同时也作为服从者,他们的存在在于他们一方面作为主权者(souverain),一方面作为国家(état)的共同体的成员。公民和臣民的统一,主权者和国家的统一,保证了在基于这种统一的共同体中没有任何个人作为私人行使统治权力或服从统治,每个个人并不由于他作为个人的存在和他的特别意志(volonté particulière),而是由于他作为主权者同时作为臣民的存在,由于他接受公意而是共同体的成员。②

我们在这里只能说说卢梭从这一并不基于奴隶制的合理共同体的观念中推导出来的几点结论。一点结论是对合法性私有财产的定义:

"每个共同体成员在它产生的时刻都把他实际存在的自己交给这个共同体,即他自己和他的全部力量——他占有的财产构成了这种力量的一部分。……每个人都天然地有权拥有他所必需的一切;但恰恰是使他成为某项财富的所有者的契约排除了他对其余一切财富的拥

---

① 卢梭:《社会契约论》,第44—45页。
② 卢梭:《社会契约论》,第45—46页。

有。……一般说来，要论证占有某块土地的……权利，就必须具备如下条件：第一，这块土地还未被人居住；第二，只能要求占有其中为维持自己生存所需的部分；第三，人们获取对它的占有不能凭一种空洞的仪式，而要凭劳动与耕耘，这是在缺乏法理根据的情况下所有权能受到他人尊重的唯一标志。"①通过劳动的概念论证私有财产，也就是说并非个人单纯的存在而是只有通过其劳动表明的存在才能拥有权力，这一点排斥和阻止了那种建立在占有和财富基础上的统治，以至基于财富和劳动关系的隶属关系使每个人那里所有的公民和臣民的同一性成为不可能，或被排除了。这一点比私有财产有义务的论点更进一步，因为在这一论点中出发点不是劳动而是财富。

其次，一个结论是从公民和臣民或主权者和国家的同一性中引出的，它涉及公意（volonté générale）和特别意志（volonté particulière）。"出自……业已提出的原则中的第一个而且是最重要的一个结论便是，唯有公意才能够按照国家确立的目的，即公共幸福来领导国家的各种力量；因为，假如各种个人利益的对立使社会的建立成为必要，那么，就正是这些个人利益的一致才使社会的建立成为可能。……因此我要说：主权既然不外是公意的运用，所以是永远不能出让的；而且作为一个集体的生命，主权者只能由他自己来代表自己。权力可以转移，但意志却不可以转移。"②假如个人作为公民同时也作为臣民代表他的意志，那么他会变成单纯的臣民，服从他只能作为臣民参与的一种统治。而假如应当坚持公民和臣民或主权者和国家的同一性，那么就不可以有人民意志的代表，而只有权力的代表了。

从中可以引出另外两点含义，一是法律的概念，另一个是政府的

---

① 卢梭：《社会契约论》，第 50—51 页。
② 卢梭：《社会契约论》，第 54 页。

概念。法律不仅仅适用于所有臣民，只要这些法律是由作为公民的臣民制定出来的，那么它们基于处在公民和臣民同一性中的核心是具有合法性的："一旦……全体人民对全体人民作出规定，他们便只是考虑他们自己；而且假如这时形成了某种关系的话，那么也只是某种观点之下的整个对象对于另一种观点之下的整个对象之间的关系，而整体却没有任何分裂。这时人们所规定的事情便是公共的，正如作出这种规定的意志一样；而这种行为，我就把它称为法律。"①这就是说，既然人民代表他们自己的意志，那么人民不能设立给予人民法律的机构。人民只能设立那些根据他们的决定维护他们权力的机构。卢梭把这种机构称为"政府"。其表现形式包括君主制到民主制，并通过个人或几人和共同体的所有成员行使权力而相互区别开来。

在公民和臣民以及主权者和国家的同一性的原则上，卢梭阐明了一个原理，这一原理想对合理统治和道德共同体的可能性问题给出答案。我们尝试尽可能简要地说明，卢梭在对私有财产、公意和个人意志的关系、公共利益和个人利益的关系，以及法律和政府的关系等界定方面企图调和个人存在和集体存在之间的对立，从而克服自然状态和社会状态的人类学二元论，并阐明理性地进一步发展公民社会的准则。

个人意志作为个人意志在共同体中没有位置的这一卢梭学说有时被作如此解说，个人因此而将牺牲在极权主义国家的权力圣坛上。假如当卢梭认为公民和臣民以及主权者和国家的同一性足以保证那种基于普遍利益的公意不可能搞错时，他引起了这样一种解释，那么这种解释确实证明了公民思想的特有的局限性。这

———————————

① 卢梭：《社会契约论》，第69页。

一点表现为在政治行动方面从猜测的个人道德来加以证明,而在个人方面用政治性的表面理由为自己的权力作出辩护。今天关于德意志联邦共和国财产概念和人民代表和部分利益集团的任务交织在一起的讨论又在这样做了。他们是普遍无视私有财产和公共财产的区别和个人利益、部分利益和共同利益三者的区别的。于是他们通过指出个人意志中的个人财产将使个人意志相信公共财产在个人占有形式中的权力,以便使这种权力能够被冒充为财产的抽象权利。

对卢梭的社会概念和从中引出的关于国家的界定同今天东西方民主的实际作比较,也许不仅有趣,而且是值得的。众所周知,两种国家意识形态都引用到了卢梭,西方,每当其把不可侵犯的人权联系起来的时候;东方,每当其拒绝把公意分到各党派中而只允许一个党,全体人民的党的时候。但是这样一种对照,其范围要比其在这里可能说明的广泛得多。这方面似乎必须更仔细地研究作为今天民主的真正理论家的阿历克西·德·托克维尔①,像研究各种民主本身一样。但是,我们提到的《社会契约论》的一些基本论点已足以使我们认识到两种民主形式没有正确地引证卢梭的思想。当他们一面坚持一切权力来自人民的这一原则时,而一面却在很大程度上把人民的政治意志归纳为选举权。按照德意志联邦共和国基本法,政策方针不是由人民的公意来决定的,而是由联邦总理来决定的。党派或各种党派在西方民主中如在东方民主中一样,不仅在形成政治意志中起作用,而且确切地说,她们在其维护不同利益集团的特别意志方面,是形成意志的真正场所。于是出现这种现象:一个统一的党或多党领导的议会和政府不作为公意的管理机关而代表人民意志,并在这种功能方面,比如它

---

① 阿历克西·德·托克维尔(*Alexis de Tocqueville*,1805 年 7 月 29 日—1859 年 4 月 16 日),法国历史学家、社会学家。主要代表作有《论美国的民主》等。——译者

们即使不以人民的意志的名义却以人民权力的名义,把议会以外的反对派作为不民主的干预的尝试来斗争。在《社会契约论》的意义上,议会制,因为它自以为代表人民意志,如同反对派,因为它并非通过人民的多数被认为合法的,所以它们是不按照社会契约原则来管理的,即根本不是真正存在的公共体的标志。就像意志不可转让的那样(因为它作为转让的意志就不再是人民的意志),与转让意志相当的权力也不再可能从人民那里获得,因为对此至少要有这样的先决条件:被代表的权力将在不可代表的,也即不能代表的人民意志的意义上得到行使。

卢梭的社会和国家理论今天仍然首先适合于指明现在社会制度和国家制度的矛盾和分歧。但如同它们对其时代的旧政权(Ancien régime)改造不太有用一样,[①]它们对进一步发展、重新定位和提高各种从资产阶级革命、法西斯制度的失败和社会主义革命中产生的民主同样是不太有用的。即便卢梭关于公意(volonté générale)及其同众意(volontéde tous)以及特别意志(volonté particulière)的差别多么重要,即便他对政体的最高统治权和政府之间、对主权者和执政之间做出的区分多么恰当,即便他在公民双重地位的思考原则上多么协调,卢梭自己的思想却还是有矛盾的,这种矛盾不可能在其自身中找到满意的答案,是不可能被逾越的。这里首先可以指出三点:

1. 从按契约进行的联合中得出的一种对合理社会的观念是一种对现存社会改革和提高不太有用的观念,之所以如此,是因为一方面这要以在现存社会外成长出来的可能的公民为前提,另一方面,合理国家的第一个法律需要一个立法者,其智慧必须像救星一样既能被制

---

① I.费契尔(I. Fe tscher):《卢梭的政治哲学》,第 259 页及以下几页。

造出来又能被接受。①

2. 对公意、众意和特别意志的分类不足以界定公意。恰恰因为公意区别于众意,公意像卢梭认为的那样不能从各种特别意志的内推中获得。②

3. 关于公意,卢梭说,它不可能错。可是这只适合一种在知识和良心实践循环中生存着的为不可置疑的道德所建立的社会。而只有这样,我们才能断定公意始终是合理的,否则它就不是公意,而是一种由个人利益引导的意志。但是,一旦实践循环被摧毁,就必须在作为原则或理想的公意和作为时代精神的事实的公意之间,在作为观念的公意和作为现实的众意之间作出区分。

不管这种有限的批判,卢梭关于合理社会的原则作为范畴是有助于启发性地分析社会的不完善性和不合理性的。诚然,对作为公民和国家政治实践的方向的平等观念的公意是需要作出理论界定的。可是卢梭在很大程度上略去了这种界定。而只有从这一点出发,才有可能对社会和政治上重大行动作出实践方向的并不单单指导实践的界定;只有这样,卢梭的政治学才能不丧失其被追溯的观察方向,才能不让政治学反思的实践优先地位被削弱。

裴斯泰洛齐批评卢梭是一位空想家,说这位空想家早就在其有关国家的论文中假定是有完满的公民的,说他当时在他论教育的书中把成长着的一代同社会分割开来。表面上看,这种批评似乎既对又错。

---

① 卢梭在其《社会契约论》中探讨了合理的社会契约的一些原则,其中最主要的是认为合理国家的公民应当既是主权者又是臣民。这就是说他们既是制订法律的参与者,又是法律的服从者。为此他们要有相关能力,但卢梭相信在过去社会没有这样的公民存在。因此他在《爱弥儿》这部小说中虚构了一种教育来培养这种人。有鉴于此,本纳认为:根据卢梭的原则,这样的公民只有在社会以外才有;同时由于没有这样的公民,第一个法律不得不要由一个救星来制定。当然现实中是不存在这样的救星的。因此卢梭的原则存在矛盾,对改革现存社会不太有用。——译者

② 卢梭:《社会契约论》,第58页。

事实上，《社会契约论》并没有指出道路，即在旧政权时期，鉴于资产阶级向公民的异化如何能使人们想到和实现道德共同体。而爱弥儿不是在资产阶级的禁区中成长的，而是在乡村成长的。但是，人们不太可以指责一部在对其内容给出较详细信息的副标题中表明自己是关于国家法原则的论著的作品，说事实不像理论希望它的那样，就像不太可以批评一种教育理论之所以没有任何成果是因为它同其时代的社会异化不协调一样。裴斯泰洛齐批判的深刻意义毕竟是一种别的意义：也就是说，卢梭很少考虑过对公意作出定义。同时他在《爱弥儿》中对教育意义的问题作了如此回答：教育的目的就是"自然"的目的。[1] 这种说法一方面必须作人类学的理解，并指向自然人，意味着其同社会人相区别的一切；鉴于卢梭抱怨的道德社会的不可实现性，向自然人逃遁似乎是那种防止不能被培养为公民的成长着的一代避免资产阶级异化的出路。可是这种说法的另一方面是指——在这种视角下成长着的一代是否与社会隔开或在道德社会中受教育是没有区别的——学生自己将会发现人的存在的意义连同受教育的意义，假如我们理性地对待他，即假如按理性的原则教育他的话。在这第二种意义中对教育的目的就是自然目的本身的说明省略了关于教育意义指向的任何其他思考，因为他把教育学问题限制在了教育理论方面。这样一来，卢梭在教育学中排除了教养理论的课题，就像他在论及政治学的《社会契约论》中略过了公意的定义问题一样。后面我们将再回到这个问题上来谈。卢梭的《爱弥儿》在这里只为我们提供了教育理论的范例，而削减了对教养理论问题的教育学整体思考。

　　《爱弥儿》的真正意义在于其中对基于教育学学说的教育原则的探讨，对正确的教育之方式方法的界定。《爱弥儿》作为教育学说的教

---

① 卢梭：《爱弥儿》，第110页及以下几页。

科书是以小说形式写成的,而学生爱弥儿是一个虚构的学生。卢梭要通过他指出教育这条道路的具体可能性。这种编排并非是偶然的选择,确切地说它使人们关注各种情境中教育可能性的具体化,而没有提出必须使以正确教育方式方法的原则为指向的对待成长着的一代的教育一步一趋地遵循在《爱弥儿》中陈述的道路。因为教育的意志和教育的责任像政治意志一样,是不能被代表的。

卢梭并没有像他以后的许多教育学说一样从分析同时代人的教育实践所具有的可能性出发,而是从他那个时代教育方法的原则上有问题这一方面出发,提出了正确的教育方式的界定:"人们不停地向我重复:请您建议,什么是可行的。这仿佛对我说,请您建议,人们可以做什么,或者至少把某些合理的办法同现有的不合理的办法结合起来。这样一种活动法在有些事情上比我的想法荒唐得多。因为这样一结合,好的就变坏了,而坏的也不能好起来。"①假如教育实践一旦成问题,那么教育的责任就不能再简单地以当前的实践为导向,而必须为教育过程的合理安排提出新的判断标准。卢梭相信在区分三个相互依存的教育方式或教育原则中找到了这些标准。

"这种教育或者受之于自然,或者受之于人,或者受之于事物。我们的能力和我们的器官内在发展是自然的教育;别人教我们如何利用这种发展是人的教育;我们从影响我们的事物中获得良好的经验则是事物的教育。因此,我们每一个人都是由这三种教师培养起来的。一个学生,假如这三种不同的教师的教育在他身上互相冲突的话,那么他所受的教育就是不好的,而且将永远不合他本人的心意;一个学生,假如这三种不同教师的教育在他身上没有内在的矛盾,……那么他是唯一会达到他目的的并生活得有意义的学生。唯独这样的学生,才是

---

① 卢梭:《爱弥儿》,第 103 页。

受到了良好的教育的。这三种教育中的第一种,即自然教育,完全不取决于我们自身;通过事物的这种教育只是在某些方面才取决于我们;相反通过人的教育才是唯一的一种我们能够真正作为主人的教育——至少在某些前提下如此。因为谁能够有希望来决定一个孩子遭受到影响的所有言行呢?"①

　　这三种原则中的每一种对其他两种原则由于它们之间的关系而具有其意义。自然教育的原则,同成长着的孩子的各种身心参与的可能性协调一致的教育指向,指出了对人的教育的原则,即对人的交往的必要性的关注,以及指出了对事物教育的原则,即成长着的孩子对世界经验和自身经验可能性的关注。事物教育原则一方面需要自然教育,需要针对学生的具体可能性;另一方面需要人的教育,即需要使有教育性的自身经验成为实际可能和设置这样的情境。最后,人的教育必须在任何教育举动上同自然教育原则和事物教育原则协调一致,这就是说,必须符合成长着的孩子各时期的发展和成熟水平,并为学生通过世界经验获得自我经验服务。教育在这三种原则系统的意义上就是使具体的自我经验和世界经验成为可能。

　　卢梭在五个年龄阶段或成长阶段之间作了划分,即分为婴儿期、有语言能力的儿童期、前青春期、青年期和成年开始期阶段。我们在此对五阶段的划分是否足够或者分段究竟是否可行并不感兴趣。因为这五个年龄阶段只是对自然教育原则的说明,其次提示我们对其他两个教育原则的关注,并且其本身也可作许多细分,所以对卢梭的教育学说其实是不能予以这样的指责的,说其直线式地以身体成熟状态作为教育导向,并呆板地固定各阶段来确定成熟水平。这里不可能较详细地探讨卢梭用来说明其教育原则的各种教育实例。因此,我们想

———————————
① 卢梭:《爱弥儿》,第 109—110 页。

找出卢梭基于这三种教育共同起作用的教育学说的典型例子。借以我们可以从中知道,卢梭有时是同他自己的原则相抵触的,比如在他对女子教育与爱弥儿和苏菲的婚姻教育的详细阐述中,这些与其说是教育学说,不如说是操纵式的教育实践的处方学。

卢梭通过意愿和可能、需要和能力或技能的关系确定自然教育或者说受教育者(Educandus)的成熟状态。新生儿的成熟状态按此是以相对大的需要和很大程度上缺少能力为标志的。教育的任务是影响意愿和可能的关系,以使儿童具有生活能力。卢梭按照人的教育和事物教育的原则阐明了教育准则,即促进儿童对具有的那些能力的自由应用,满足其需要,并阻止那种有可能改变意愿和可能的关系从而使其不利于能力发展的人为需要的产生。从"这些规则的意义"来说:它们尝试"多给儿童真正的自由,少给他们权力,多让他们自己活动,少让他们对他人提要求。用这种方式尽早让他们养成习惯,使他们的欲望与他们的能力相符,他们就几乎不会有那种由他们力不从心去活动的事情所造成的失落感了。"[1]婴儿在以这些准则为导向的教育下学会摆脱其身体需求的困境,摸索、抓握、看、吃、走,并最终学会说话。婴儿向儿童阶段的过渡与此同时是逐步完成的。卢梭非常精彩地指出,婴儿在前语言状态下对事物的建构已经形成,而语言就是以后对这种前语言经验的表达。[2] 在生命的第一时期结束时,爱弥儿已经变得较独立和较强大了。在不受需求负担重压和不受影响它们的教育的束缚的情况下,语言使他摆脱需求对他的直接逼迫:"假如爱弥儿说:我痛了,那么使他哭出来的疼痛一定是很厉害了。"[3]随着语言能力的获得,第二成熟水平也已经达到,因此教育需要新的准则了。

① 卢梭:《爱弥儿》,第 169 页。
② 这里参见 H.霍恩施泰因(H. Hornstein):《童年与语言》。
③ 卢梭:《爱弥儿》,第 181 页。

　　一直延续到前青春期的第二年龄阶段就成熟水平来看，其标志是对比婴儿这时的需求虽然几乎没有增加，但儿童的力量却有了极大的增强。儿童的感官得到了培养，这使他有了语言能力以及与语言相联系的交际能力。假如说以往的事物教育是同事物交往，激发和锻炼感官，那么现在的事物教育就是通过感官获得世界经验。第二年龄阶段教育的准则就叫活动：通过"消极的"，即间接的，把成长着的孩子真正视为"有心思的人"的教育使其获得"有节制的自由"。①

　　假如教育责任不以间接教育准则为方向，而且尝试把成长着的孩子维持在一定的行为方式上，那么这种教育就不是把他作为能够反思经验和获得认识的人来对待，而是把他作为可他治的人来对待了。作为这种他治地束缚受教育者未来德行的、即使不完全是阻碍它的教育的例子，卢梭举出了某些直到我们时代还存在的礼貌教育和服从教育的形式。代之应当进行消极的或间接的教育。这种教育使成长着的孩子保持在"只依赖于物之中"，并"使他不理性的欲望遭遇自然的阻碍，或受到由他的行为本身产生的惩罚；这些惩罚是他在重返这些场合时记得的。……只有经验或无能为力才应当是他的法规。满足他的欲望不是因为他的请求，而是因为符合需要。当他自己活动的时候，不应当教他怎样服从人；同时，当有人为他活动的时候，不应当教他怎样使唤人。应当让他在他的行动和你们的行动中都同样感到有他的自由。当他的体力满足不了他的需要的时候，就要弥补他的体力的不足，但是只须补充到恰好够使他自由活动，而不能让他随意地使唤人，因此，应当使他把得到你们的帮助视为一种羞辱，从而渴望自己能够及早地不要你们的帮助，及早地能够……自助。"②

---

① 卢梭：《爱弥儿》，第 184 页、210 页及以下几页。
② 卢梭：《爱弥儿》，第 197—198 页。此处的译文参考了李平沤译：《爱弥儿》，人民教育出版社 1987 年版，第 77—78 页。——译者

因此消极的教育关注两个方面。一方面,它要让成长着的孩子从自己的经验中学会必要的知识和技能;因此,它不可能造成教育自身的结果,而只能促成成长着的孩子的活动,并必须出于这个目的,以作为与有节制的自由相一致的手段的必要法则代替教育者作为强大者或权威的法则。另一方面,这种教育要带着各教育措施使其自身逐步变得多余和使成长着的孩子逐步摆脱依赖教育的意图,从真正的教育一开始就为它的结束作好准备。[①] 需要和能力之间的异常差距在第一年龄阶段开始时业已存在,在第二年龄阶段末了,这种差距有所提升。爱弥儿在涉及所有日常生活直接情境方面变得自立和能胜任了:"他绝不按某一种模式办事,既不屈服于权威,又不屈服于先例,只活动和说他认为合适的。因此,请不要期待他说别人教他说的话,看到他学来的举止,但他的话始终忠实于他的思想,他的行为始终出自他的心意。……就他来说,假如他需要帮助的话,他就请求第一个碰到的最合适的人;他请求一个国王帮助,同请他仆人帮助完全是一样的——在他的眼里,所有的人还都是平等的。我们从他请求的态度就可以看出,他知道人们并不欠他什么;他知道他请求的是别人的好意。他也知道,人性决定一个人会满足他的请求。他的表达方式简单明了。他的声音、他的目光和他的态度表明,无论别人满足他的要求或拒绝他的要求,他都是处之泰然的。这种表现,既不是奴隶似的畏缩或顺从,也不是主人似的盛气凌人的样子。"[②]

随着这种自立的达到,第三成熟阶段便到来了。而以三个原则为导向的教育又需要新的准则了。这第三个直到青春期的教育阶段是以成长着的孩子的体力和能力"比其需要""有更大的发展"和进一步

[①] 教育权威的概念参见:E.许茨(E. Schütz):《权威论》。
[②] 卢梭:《爱弥儿》,第344—345页。此处的译文参考了李平沤译:《爱弥儿》,人民教育出版社1987年版,第196—197页。——译者

发展为标志的。在卢梭看来,这是"强壮的孩子······为柔弱的成人作储备"的时刻。①虽然第三年龄的准则还继续是消极教育,但必要的法则现在已经被有益的法则替代了。爱弥儿从实际生活的日常要求中获得了地理、天文学、数学和几何等各种科学的基础知识。关于第三阶段,卢梭说,它是成长着的孩子继续发展的最重要的阶段。这个阶段的意义在于其处在第二阶段,即真正的童年,和第四阶段,即青年阶段,它们之间的中间阶段。在这种意义上卢梭确定:"迄今为止,我们只知道必要的法则是法则,现在我们要说什么是有用的,不久我们还要说什么是合适的和出色的。"②

在有用的准则中成长着的孩子不仅获得了各种科学的基础知识,同时他还走上了职业劳动的道路。爱弥儿学会了手工和理解了作为劳动者相互承担义务的分工的有用性。重要的是,卢梭不仅拒绝把表扬和惩罚作为教育手段,以避免诱发各种人为需要,如满意的需要,同时他也洞察到,表扬和惩罚作为教育手段有助于抽象的成就原则的实施。假如劳动从满足需要中获得其意义,那么劳动的成就便不可以成为独立的。由表扬和惩罚促进的成就动机迫使学习者偏离其所活动的事情的可能有的意义,这是由于这种动机会使他把他律的要求作为好像是他自己的要求来服从,而不对这些要求本身有所理解。"我们不允许人们通过把他的作品同高明的师傅的作品作比较而得出前者与后者不一样的评判结果。他的作品之所以受到赞赏,应当是由于他的作品本身而不是因为它是由他作的。假如他作出了好东西,那么请你们说:这是一个好作品,而不要补充说:这是谁做的?假如他自己带着骄傲和自满的神气说:这是我做的,那么请你们冷淡地回答说,是你或是另一个人做的,这是一样的,反正这是一个好作品。······他可

---

① 卢梭:《爱弥儿》,第 350、352 页。
② 卢梭:《爱弥儿》,第 354 页。

以做他大师般的作品，但绝不让他感到似乎成了大师；不要让他在名义上，而必须要他在他的作品上表现他是一个工人。"①

一旦爱弥儿把他自己作为置于带有共同利益的劳动观中，那他就已经达到了第三教育阶段的界线。为了表明他在这个阶段已经完成了其中介角色，卢梭让他虚构的学生提出了这个问题："您是一个有钱的人，这一点您告诉过我，而我也看出来了。有钱的人也有为社会工作的义务……但您说，您究竟为社会做了什么？"②

假如教育者从必要的准则和有用的准则的角度来回答这个问题，那么他似乎必须把他的社会职责定位在照顾其学生上，并把其已经以劳动者共同体为导向的思路压缩在师生关系上。这表明，第四个成熟阶段要求对教育情境有新的界定和对教育责任提出新的准则。改变了的教育情境是这样来确定的：处在作为人向"物种和性别"变化的"第二次诞生"的青春期的成长者达到了身体性成熟和借以达到了热情地转向"你"的可能性。假如说卢梭对前三阶段是以自然需要和人为需要来区分的，那么现在是以产生于自爱（"amour de soi"）或自私（"amour propre"）的各种性情来区分了。当我们的实际需要得到了满足的时候，"amour de soi"，即自爱也就得到了满足；它有助于自我保持，而同它联系的性情会促进人之间带有共同利益的合作。"amour propre"，即自私，"存在于自我比较中，它是绝不会得到满足的，也许是不能得到满足的，因为这种情感使我们顾自己优先于顾别人，同时硬要别人顾我们先于顾他们自己，而这是办不到的。可见敦厚温柔的性情是产生于自爱的，而凶狠暴躁的性情产生于自私"。因此第四个教育阶段的准则是关心成长者，使其性情受自爱的约束，并能够"既从人类视角又从个体视角认识人的真正关系"，以"按照这些关系去节制心

① 卢梭：《爱弥儿》，第 424—425 页。
② 卢梭：《爱弥儿》，第 426 页。

灵的一切冲动"。① 在这个准则教育下,爱弥儿进入社会。他通过友谊的经验和对别人的不幸的同情提升了那种从有益的合作到深切地同情同类的道德现状和命运的动机水平。在对社会制度决定的行为动机的不断反思中,他学习了统治结构各使主人和奴隶在某种程度上无法自由,而且他看到那种市民"礼貌"的"腐败作用",这种礼貌"教会人可能放弃道德去模仿礼貌的技巧。"②爱弥儿明白,他无法改变现存社会;同时他理解保持他主观的德行不足以达到幸福。既然他不想贸然服从现存社会,于是他在第四教育阶段末离开了这种社区,并同他的教育者前往乡村旅游。

在现在开始的最后教育阶段,爱弥儿学了——远离社会的忙忙碌碌——在《社会契约论》意义上合理社会的原则。通过他的观察,为什么他那个时代的社会生活是不可能有价值的,他决定专注于幸福的家庭生活和养育自己的后代。他找到了合适的生活伴侣,并开始在离群索居般的乡村生活中做一些至少对一些人有用的事情,因为他在缺乏合理社会的基础下不可能投身公共福利事业。

这部教育小说的这种出发点也许使人失望。卢梭促进成长者通过自身经验的教育过程和这种通过消极和间接的教育的尝试也许激发了对这种教育可能产生的效果的较高的期待。然而这种教育实验的有限结果并不是偶然的;确切地说,这表明了教育理论原则和只以

---

① 卢梭:《爱弥儿》,第 443、455 页。卢梭因此修改了他从第一阶段到其他几个阶段的方法,但他并不更换它们——同 M.朗(M. Rang)的解说相反。确切地说,他坚持《爱弥儿》第一卷中确立的消极教育的基本思想。假如说爱弥儿在第四年龄阶段的学习过程完全类似前三卷中的事物教育,那么就人的教育视角来看,属于事物教育的间接性就丧失了。为了在第四卷中也保证事物教育的间接性,一等社会本身成了经验对象,教育者让·雅克就考虑让爱弥儿不再直接从自身的经验中学习,而是从对他人的经验中学习了。这里参见结束语:H.布兰凯茨(H. Blankertz):《卢梭更换方法》,他说,但教育的统一性就是方法的统一性;卢梭并不更换方法。
② 卢梭:《爱弥儿》,第 687 页。

它为导向的教育的局限性。为了揭示这一点,我们将再一次探讨卢梭研究中有争议的问题,借以引出我们对卢梭教育学说的分析。

尽管自然人和社会人的二元论是不可能在人类起源阶段史意义上予以消解的,但《爱弥儿》提出了自然人的一种教育学说。这似乎证实了 M.朗对社会教育和自然教育二元论的解说,并重新证明了被我们批评的人类学解释的正确性。但在《爱弥儿》中阐明的教育学说的局限性不仅仅是由其作者的人类学观点决定的。也就是说,我们对道德、教育和政治实践或对伦理学、教育学和政治学的区分说明了对自然人和社会人或自然教育和公民教育这二元论的另一种解释。假如这是正确的话,那么教育、道德和政治实践只能共同接受重新决定人的存在和提高人性的任务,那么关于如何正确地决定教育的组织问题便既必须以使人之间道德交往成为可能的问题又必须以使合理的社会制度成为可能的问题为导向了。在卢梭那里,把自然人和社会人相互对立起来的观念在 M.朗从人类学的视角看来虽然是相互排斥的,但并非是矛盾的。这种观念从行动理论的视角来看则完全相反。它们虽然根本不相互排斥,因为可以想象那是一种人性的观念,按照这种观念,自然人的自由和道德在合理的社会内自有其所处之地,但是它们是相互矛盾的,因为在现存关系意义上的个体巩固着社会的不合理性,并且在已有的社会制度意义上,合法公民必须以道德的视角对待自己和不道德地对待他对面的你。

证明卢梭伟大的是,他非常清楚地知道这种矛盾,而并不尝试从人类学的角度去消除它,或者说通过教育措施去克服它。因为他既不想使他的爱弥儿教育成为在他那个时代的政治制度意义上的合法公民,又不想使他的爱弥儿教育成为在公民道德意义上有道德的人,所以他既不为现存社会也不在现存社会内教育他的爱弥儿。——在这里他的教育学说是否能走出这一困境,我们将在后面来研究,尤其是因为卢梭本人也曾怀疑这种可能性。——只有当我们在由他自己指出矛盾的意义上理解这种矛盾的时候,我们才能来谈论它:在《爱弥儿》中,卢梭同阐明三种教育相联系指出:"凡是想在公民制度(即在现存社会制度——D.本纳)中把自然感情(即各个体的道德——D.本纳)保持在天然状态的人,是不知道他想要什么的。假如经常处在自相矛盾的境地,经常在他的创见和义务之间徘徊犹豫,则他既不能成为一个人(或一个道德的人——D.本纳),也不能成为一个公民,对自己也对周围的人都将--无好处。他将是一个今天的人——法国人、英国人和资产阶级——而这一无可取。"①想要从中推断出卢梭似乎认为自然或道德状态和社会或公民状态是对人的描述的两种相互排斥的状态,这意味着误解了这一点的真正意义。虽然卢梭怀疑对社会作道德和合理的改革的可能性,而且这种怀疑似乎也是可以从人类学角度作部分论证的,但他还是看到了通过对人性的教育、道德和政治水平的提高消除不合理的因而是虚假的道德,同合理的但不道德的社会之间相矛盾的唯一现实的可能性。

因此卢梭在《爱弥儿》中说:"一个父亲,他生了孩子并把他们养大,他借以还只不过完成了他的任务的三分之一。他对人类有生育的义务;他对社会有培养合群的人的义务;他对国家有造就公民的义务。凡是能够偿付这三重债务而不偿付的人,就是有罪的,要是他只能偿付一半的话,也许他的罪还要大一些。"②这意味着,假如他尝试培养一个没有法治国家公民意识的有道德的个体或一个没有个人道德的忠诚的公民的话,就是有罪的。《爱弥儿》后来被作为自然教育的教科书来理解,并在这一意义上对教育和教育科学产生了作用,这同卢梭自己对其教育小说的目的的说法是有明显矛盾的。因为在其中他明显

---

① 卢梭:《爱弥儿》,第 113 页。
② 卢梭:《爱弥儿》,第 131 页。

地确定："这些看法很重要,有助于解决社会制度的一切矛盾。有两种隶属:对物的隶属,这产生于自然;对人的隶属,这产生于社会。对物的隶属不含有道德的意义,因此不损害自由,不产生罪恶;而对人的隶属则非常紊乱,因此罪恶丛生,从而使主人和奴隶互相败坏了。医治社会中的这个弊病的唯一手段也许就是要用法律来代替人(各个人——D.本纳),要用那高于任何个别意志的真正力量来武装公意。假如国家的法律也像在任何时候从不会被人的力量摧毁的自然的规律那样不易改变,那么对人的隶属则又可以变成对物的隶属(在我的《国家法的原理》里已经指出,任何个别的意志都是不能规定到社会中去的)。在共和国中也许可以把所有长处统一起来;人们也许就可以把使人免于所有罪恶的自由和培养节操的道德互相结合起来。"[1]

紧接着这一处,卢梭直接提出了我们前面已经分析过的关于消极教育的那种观点。一方面,消极的以成长者自身经验为导向的并排斥像惩罚、表扬和指责作为负责任的教育措施的教育;另一方面,建立一种在《社会契约论》原则意义上的共和国,这两者似乎能有助于消除社会制度中的矛盾。不过,光靠教育就像光靠政治一样,不太可能独自完成这一任务。就未来不会再有道德和权力相互矛盾的社会看,只有两者共同努力才能促使人类更高发展。假如尝试对这处关于在社会制度中可能消除矛盾的意义作人类学——人类起源的解释,并尝试迫使自然状态、野蛮、社会状态和文明的变种纳入以后时代的模式,那么就会误会:社会的人和道德的人之间的矛盾直到今天还继续存在,并且不可能轻易被消除——按 M.朗的见解。由于卢梭认为消除旧政权的社会中的矛盾取决于那种基于公意的社会的实现,而且使教育学作为参与这一任务来领导那种使成长者从其对许多人的意见的依赖中解

---

[1] 卢梭:《爱弥儿》,第 197 页。卢梭对该处的注释已写在这引文的括号中了。

放出来并使其行事以自爱而不是以自私为导向的教育,因此他决没有对教育工作不能承担提高人类更高发展的主要责任这一点产生误会。即使其教育小说的出发点一开始可能会造成人们对其希望的失落,但是这种失望在进一步审视后表明是完全没有理由的,因为这种失望误会了教育的局限性及其对政治实践的依赖。因此我们似乎必须从两种视角来对卢梭的教育学说作评判,一是应当探讨一下,它作为教育学说对组织理性决定的教育是否有用;二是应当探讨一下,卢梭的教育理论是不是没有忽视其他的、同样有必要提出的教育学问题,并简单化了教育的可能性和任务。第一个问题涉及所有那些解释,它们的出发点是认为卢梭的教育理论只适用于自然人,其并未对社会人的教育说了什么。第二个问题同卢梭的论点有关,即认为他主张的教育的目的是自然,并从这个教育理论问题出发指出了教养理论问题。

至于第一个问题,这是容易回答的。我们的解读清楚地说明,把卢梭的教育理论限止在自然人的教育上的尝试是得不到卢梭自己的支撑的,反而会陷入困境,只有通过人类学的概括才能排除这种困境。假如说卢梭的教育理论只看到了自然人的教育,并认为其原则只对自然人具有重要意义,那么他的教育理论对组织理性决定的教育就完全无用了。那样,卢梭自己认为这种理论对解决社会矛盾所具有的作用非常有限,尽管十分谦虚,也便充其量是一种没有恶意的自欺欺人。但是,毫无疑问,通过自然、事物和人的教育原则以及消极教育的准则不仅对个体的教育而且对社会人的教育都是适用的。在《对波兰政体的思考》(*Considérations sur le gouvernement de la Pologne*)一文中,卢梭写道:"教育……必须给予每个心灵打上爱国主义的烙印,并这样来引导他们的见解和鉴赏,以使他们成为出于创见、欲念和必要的爱国者。儿童张开眼睛必须看到祖国,并最终除此之外眼中别无它物。每个真正的共和国公民从小就要学会爱祖国,这就是说,学会热爱法律和自由。假如少年人学习阅读，他就应当阅读同其祖国有关系的读物；到十岁时他应当认识他的所有证书；到十二岁时他应当认识祖国的所有省份、道路和城市；到十六岁时他应当认识所有法规。"①在这里，我们又看到了《爱弥儿》中的分段，尽管这篇文章所写的是肯定性原则。第二教育阶段就是使成长着的孩子在所有同日常生活直接有关的情境中能够自立并具有生活能力；第三教育阶段，是与前青春期在时间上一同到来的阶段，帮助其练会具有公益性的行为和思维；而第四阶段，以青年为标志的阶段，应当为其教育的结束和自我负责地安排其生活作好准备。

上面的引文就从教育理论的视角看，同卢梭在《爱弥儿》中的考虑是不一致的，这同该文降低了卢梭消极教育方案的要求有关。此外，就关于人和公民的教养理论上的调和的困难看，也产生了分化。也就是说，尽管要求各种教育原则对异化了的社会中的各个体教育和公民教育或政治教育都适用，但教育理论和教养理论上可靠的和经过这方面思考过的实践还不足以使社会人和自然人的观念相一致起来。这一实际情况对说明第二个问题来说特别重要。这个问题涉及的是教育学中对教育理论进行分类的地方。

卢梭对通过教育促使人类更高发展实际的可能性产生的怀疑态度直接表明，教育理论和以其为导向的教育实践就其本身而言，无法克服在社会制度中的各种矛盾。但这样一来，问题是，教育意义和任务的确定是否可以同合理的国家的存在（这种国家在现实中还不存在），以及同各个体在其家庭和私人关系中的幸福联系在一起。假如——如卢梭自己确定的那样——不能在不存在有道德的个体的情况下教育出正义的公民，不能在不存在正义的公民的情况下教育出有

---

① 卢梭：《论波兰体制》，第 295 页。

道德的个体,那么有意义的选择既不能是以社会人作为理想的教育,也不能是以自然人作为理想的教育。谁能在其受了教育的基础上有道德地在私人领域和公共领域中行动,而在异化的世界必须向私人的孤立的生活逃遁,谁其实也恰恰像在现存社会的传统和统治结构的意义上的受教育者那样,不太能为人类的更高发展服务。就像卢梭在《社会契约论》中没有阐明公意的定义一样,当他一方面把人的天性或天性的发展作为目的,而另一方面把社会人作为目的的时候,他在其教育学中也没有考虑教育的定义问题。他从实践循环已经遭到破坏的前提出发来分析教育过程,而仍依靠在实践循环中业已存在的完好的自然制度或社会制度的假设来确定教育目的。于是,当他在理论上说明教育理论课题和与其一致的关于建立合理的国家问题课题时,他——正像裴斯泰洛齐等正确地批评的那样——梦想有一种现实的制度,在这种制度中可以事先回答人的存在的使命问题。

卢梭的教育理论在今天仍然具有重要意义,因为理性地组织教育过程的问题是必须重新在同受过"经久考验"的教育实践的对照中加以探讨的。卢梭把教育的场所和教育世界放在几乎同社会脱离的地方,以便说明对以理性原则为导向的实践作出的选择。实际上这即使是在18世纪也是不可能的,因为要理性地组织教育过程是同一种为实现富有理性的共同生活而奋斗的社会这一前提密切相关的。关于如何在现存社会的情况下使理性的教育成为可能的问题乃是施莱尔马赫教育学说的课题。下面我们就谈谈这个问题,以了解除卢梭早已达到的问题意识以外的关于教育理论及其同教养理论的关系问题的见地。我们已经提到过卢梭和施莱尔马赫在系统上的差别。这种差别在于施莱尔马赫不认可卢梭关于可以脱离社会进行教育的乐观主义,就像卢梭不认同施莱尔马赫相信似乎在社会异化中有进行理性教育的可能性一样。

（二）教育和更高发展：施莱尔马赫的教育辩证论

我们对卢梭《爱弥儿》的分析直接导向了施莱尔马赫的教育理论。即使卢梭并不停留在他关于人的两种不同的和不可调和的存在方式的无法克服的二元论的构思上，而是不但在其教育学著作中，而且也在政治理论或国家哲学著作中克服着他在其早期论著中确定的人类学二元论，然而他却并没有成功地指明在教育和政治行动方面令人满意的出路。在法国1789年革命推翻旧政权后，并且至少在创造了一些有利于在《社会契约论》意义上建立共同体和在《爱弥儿》原则意义上组织教育的条件后，卢梭关于一种负责的教育或者必须有一种合理的共同体的前提或者异化的社会必须消失的构想起初被实践的方式化解了。1792年的孔多塞计划描述了对理性地组织教育的启蒙思想进行的综合，这种对启蒙思想进行的综合，其作用尽管为时很短，但却不仅在教育实践领域，而且在政治实践领域决定了改革社会和社会的更高发展的具体工作。与法国不同，在德语区中，启蒙并没有取得可与其媲美的成果。由于缺乏政治上成熟的阶级，教育和政治观念的实现仍然离不开专制国家的社会关系。假如说法国企图在政治上扬弃卢梭关于个人教育和公民教育的自主性，那么在德国，人们通过对成长着的一代的教育来使社会得以更高发展。[①] 教育理论寻找着能够在现存关系中使负责任地组织教育和引导教育的决策获得成功的道路。

而对德国特殊关系的背景，J.保罗（Jean Paul）于1806年，比施莱尔马赫早，在其论著中展开了对卢梭教育学说的批判，尝试克服这种学说的片面性。在消极教育的准则方面，J.保罗认同这种准则想要避免使成长者向任何他律的标准化发展。但同时他也反对它，认为它会

---

① 参见 H. J. 海多恩（H. J. Heydorn）：《论教育与统治的矛盾》。

忽视这一点：真实的教育绝不仅仅是消极的，而必然始终同时也是积极的教育。成长者创造他自己的世界，他对世界的理解决不是从虚无中获得的，而总是生在特定的世界，这个世界向他和他的教育者提出了完全确定的要求。假如没有这种积极的要求，没有向孩子提出活动的要求，那教育是不可想象的。虽然成长者不应当成为那种向其提出的要求的简单产品——他不可能从虚无中创造他的世界，就像他不可以简单地把呈现在他面前的世界视为所有可能的最好世界一样——可是只有通过探讨现存世界及其对他的要求才能形成他的自我决定和自我发现。因此，假如消极教育的重要意义在于它想要保证这种探讨避免简单地接受和适应存在的世界及其要求，那么它同时有它的局限性，即它总是只有在具体的历史情况下才有可能，并且它在某种情况下始终同时也是积极教育："纯粹的自然人——卢梭有时或常常用理想的人来混合使用，因为两者都纯粹并同样地远离世俗人——完全靠刺激长大，只是卢梭首先宁可用事物而不用人，宁可用印象而不用说服来激发和提高孩子……假如只给予孩子的心灵真正的自由……那么天性就能自己发展（他似乎这样想）。这何时何地都这样，但只能在自然中，即在时代、国家和心灵的个性中。"①

关于消极教育始终同时也是积极教育的论点，或许卢梭也会按他的方式来表示完全赞同，只是他首先想要通过成长者的自我经验和世界经验而不是通过业已存在的社会关系的积极方面来达到教育导向的积极方面。卢梭在《爱弥儿》中由于不存在合理的共同体制度而因此要求教育要有一个教育领域的中间世界，而施莱尔马赫和J.保罗则要求成长者要在业已存在的社会生活关系中成长，并在探讨业已存在的积极内容的过程中找到自己的使命。这就说明了两种教育理论创

---

① J.保罗：《莱瓦娜或论教的学说》，第48页。

见的矛盾。我们接着回过头来分析施莱尔马赫教育理论的一些创见，以从两种模式的矛盾关系中把握教育理论的局限性和提出一种反思教育任务的教养理论的必要性。

撇开教育同业已存在的社会生活的关系来看，两种教育学说是紧密相联的，所以它们把教育学视为教育中应用正确的方式方法的实践科学。施莱尔马赫关于教育学概念的思考，对那些卢梭早已在发展形成其思想过程中探讨过的问题作出了系统的回答。这种回答适用于教育学关系问题，同样也适用于教育学和人类学关系问题。

在施莱尔马赫看来，教育理论的特殊对象的问题是："老一代究竟想要年青一代做什么？什么是教育活动的目的？活动的结果如何符合目的？"教育的理论应当建立"在老一代对年青一代关系的基础上"，并为此提出说明，"什么是一代对另一代的责任？"[1]有两种不同的条件是必须说明的，以便教育理论能实现其愿望。一是联系人的其他各种关系(如道德关系和政治关系)说明各代人的教育关系；二是指出用什么样的方式能取得对教育实践的理论指导。

关于第一个课题，在施莱尔马赫看来，当专门的旨在训练成长着的一代的行动在促进人对生活和世界的胜任能力的延续和保持有效的时候，作为"老一代影响年青一代"的教育实践在成人道德实践的历史过程中已经特殊化了：每个"个人(虽然必须)从早开始；但这取决于要多久才能使他能一起对促进人在世上的使命发挥作用；越要加速实现它，就越要激发心智发展的力量。但是，这完全同普遍的道德任务紧紧相联；对年青一代的影响是道德任务的一部分，即纯粹伦理学的对象。我们越不把这种加速着的影响视为微不足道的东西——但这方面不应当说它仅仅是一种加速——而且它越非微不足道，我们越不

---

[1] 施莱尔马赫：《教育理论》，第38页。

可以随意地施加这种影响。因此,教育理论同伦理学有密切关系,而且是一种同它紧紧联系在一起的艺术学说。"①像教育学作为关于道德完善的教育的理论要了解伦理学一样,就另一种视角而言,教育学也处在与政治理论和实践相联系之中,或者像施莱尔马赫联系古典表述的那样,是同政治相联系的。对下一代的工作不仅有助于更快地达到在伦理学系统中确定的和生活要求的完善,也有助于国家的维护:使"国家在各代交替中延续和在整体上得到提升"。因此在这方面,两种"理论即教育学和政治……会最完全地相互产生影响;两者都是伦理科学并需要同样地对待。假如教育学不是政治的统整部分,或不作为在政治旁边的同样完善的科学,那么政治就达不到其目的。国家的整个生活在实际上越受到干扰,在理论上看就越被误解,那么就越不可能有关于老一代影响年青一代的正确观点。因此,我们在这里有一个观点,要从这个观点出发探讨我们的对象。教育学是一门完全同伦理学联系在一起、从其引导出来的应用科学,是与政治并列的。"②

在这些地方,施莱尔马赫以他的术语把教育学和政治界定为相互联系的实践伦理科学,比各学科的特殊性更强调各实践科学的相互关系。在对道德完善的任务和内容像对合理国家的组织一样不存在共识的情况下,当施莱尔马赫在传统的道德、政治和教育的秩序观中有问题的地方看到教育学问题的根源,并提出教育理论如何能为老一代和年青一代的遭遇提供指导的问题的时候,上述这一点便引起了普遍的重视。这就是说,只要伦理学自身首先尝试探究道德完善的概念和政治自身首先尝试探究合理国家的概念,那么教育学恰恰由于所有行动理论学科的相互依赖性而不可能从它们中被推导出来。假如教育学尝试从伦理学中推导出教育的目的,那么它必须了解对老一代道德

①　施莱尔马赫:《教育理论》,第 41 页。
②　施莱尔马赫:《教育理论》,第 42 页。

的实在的界定及其对下一代的制约性。但是,出于两点原因,这是不可能的,一是假如对实在的道德制度的回归成了问题,那么对实践理论的需要恰恰便产生了;二是对下一代的实践制约性根本不是来自伦理学,恰恰首先应当通过教育才有可能。因为实在的价值观的实际制约性在道德行动领域像在政治行动领域一样,总是只有通过教育才能实现,因为对道德和政治秩序观的共识是必须以教育业已完成为条件的,所以教育学既不是从伦理学也不是从政治中直接获取其自身的理论的。

教育学同人类学的这种关系也与此相似。如同关于教育目的的立论不太能从伦理学和政治中推导出来一样,关于教育的可能性和界限的立论也不太能从人类学中获取。因为人类学只考虑教的经验和事实的可能性,而不考虑的教的理论和原则的可能性。教育领域的改善导致新的人类学认识,而这些认识给予教育学关于业已实施的教育的实际情况的重要信息;可是它们恰恰由于人类学事实包含的各种教育条件而不可能直接有助于教育行动的完善。因此,施莱尔马赫断言:"如同我们上面必须对伦理学作出假设的那样,只要在人类学中身体条件必须是确定的,那么这里也必须对人类学作出假设。但在人类学方面我们想说,我们觉得其比在伦理学方面更不如意。"①

我们已经通过卢梭在后期著作中对关于行动理论思想的早期论著中的论及人类学发展阶段作出的说明指出了这种关系。施莱尔马赫对这种关系作了系统的研究。因为可以确定,教育学问题由于人类学论据中包含的教育前提而不可能期望从人类学中直接获得关于教育可能性的解答;而且因为从伦理学中不可能推导出关于教育任务的足够的说明,所以施莱尔马赫要求:教育学必须"另辟蹊径寻找对

① 施莱尔马赫:《教育理论》,第 48 页。

(其)……问题的答案"。"这就是说,假如这同各种人类学假设有关,而且伦理学的目的也由于不同的伦理学体系而不是完全确定的:那么我们的理论到底有多少普遍性呢? 有可能提出普遍适用的,即何时何地都适用的教育学吗? 这个问题是我们必须否定的。"[1]教育学作为实践科学,在能够规范正确的教育行动的意义上是并不可能有制约性的。确切地说,其适用性涉及在理论上说明教育决策和理性的安排等方面的可能性和目的,并始终借以指明在完成教育活动中使理论变为实际的方向。教育学说不可能,也不可以对教育实践给出不考虑当时历史—社会状况的指导和按要求对各种能够想到的状况都适合的指导。就像关于理性决定教的可能性问题总是从成为问题的教育实践方面被重新提出来那样,对教育实践的指导也总是只能在把由行动者对教育负责放在首位的考虑中作出回答,或者如施莱尔马赫表述的那样,"从好的想法"来作出回答。[2]

假如说卢梭是通过设计虚拟的教育情境,从区分三种教育或教育原则中推导出他关于教育经验的富有启发性的准则的话,那么施莱尔马赫阐明了与教育实在的真实关系紧密关联的辩证启发学。这种启发学要为日常教育原则问题提供解决方法,并限制行动者必须以其自身的教育责任心在其中作出决策的空间。施莱尔马赫把"辩证法"理解为一种通过指出如何能够使思想同存在和思想者相互达到一致的道路以探讨获得可靠知识的思维艺术的学说。作为艺术学说的"辩证法",其任务是使各种对立的出发点,在教育理论方面即各种对立的教育观相互得到调和和接近,或者指出这样一种接近是不可能的。施莱尔马赫的教育学说作为理论提出了旨在获取教育经验的辩证启发学。它从日常教育知识和教育理论知识的各种对立的出发点出发,并试图

---

① 施莱尔马赫:《教育理论》,第44、51页。

② 施莱尔马赫:《教育理论》,第52页。

通过相互划清界限的方式以使它们相互接近。对立的教育观念划定应当说明教育者在其中能够负责地作出决策的活动空间。这并不是要为理论上推导出的针对教育实践的决策服务,而是要为在如何建构教育情境的问题方面对教育实在决策作出理论指导服务。

在这里,我们不可能深入探讨施莱尔马赫教育理论方面的辩证思想活动,而只能聚焦于同我们研究有联系的最重要的部分。这就是关于传统和改变①的辩证法。这在说到卢梭时就是关于已经指出的自然人和社会人这一二元论的克服问题,以及关于支持和阻止的辩证法,它探讨消极教育和积极教育的问题。两种辩证法在施莱尔马赫的教育理论中占据了中心位置,并共同决定了进一步的辩证思维活动。

支持和阻止的辩证法对在教育上应对具体的教育情境作出指导,而保持和改善的辩证法则决定教育决策的范围。同时保持和改善的辩证法包括对法国革命作出"德国的"回答和反应。它是在不可能像法国推翻旧的统治制度一样导致政治上改变社会制度的行动的历史状况中,维持人类更高发展可能性的一种理论尝试。施莱尔马赫对伦理学、教育学和政治的关系的界定已表明,教育不可能对服务于实质性的政治准则的应用实践起作用,而同时又作为政治目的是否可实现的试金石:"教育应当培养个人类似培养其所属的较大的道德整体一样。国家从教育者手中接受各个人,对各个人像他一样来培养,以使他们能像在他们自己的生活中进入整体生活。……教育把个人接受到这种同国家一致的培养中,并在这个国家应当造就一种受过独特培养的个体。……因此教育工作可分为较普遍的方面和较个性的方

---

① 本纳在阐述施莱尔马赫的第一个辩证法时,有时用"Bewahren und Verändern(保持和改变)"两个词,有时用"Bewahren und Verbessern(保持和改善)"两个词。——译者

面。"①但把个人培养为个体和共同体成员的教育究竟是什么样的呢？是否有可以把其任务限止在向成长着的一代展现像老一代行为中已有的那种进行个人实践和公民实践的可能性？这一问题正是保持和改善的辩证法的内容。

施莱尔马赫对此作了如下表述："假如……（但是）出现误解，那么什么是教育学的任务呢？我们说，教育应当如此来培育成长着的青少年，使他们能干，并适应国家，正像国家所是的那样：因此教育所能活动的也许只不过是这些，不完善也许将永存，而且改善也许是完全不可能的。整个年青一代也许以他们的全部天性欣然同意进入这些不完善中。"②施莱尔马赫完全在其辩证启发学的意义上对这种观念提出了对立的看法，以便使两者相互划清界限："假如我们愿意接受这种对立法则，并从不完善的意识出发说，教育的目的是让每一代在结束教育后就有在公共生活所有方面改善不完善性的冲动和技能，那么我们……就进入了这种不确定性……此外……这种公式带有众多危险。因为，假如人们着眼于把青少年教育成纯粹的改革者，那么这就又处在最尖锐的矛盾之中，以至他们自动地被拉入到现存的社会中，并也许会以十分危险的方式去干涉它。"③

这里所说的相互矛盾的选项，既是 18 世纪末和 19 世纪前半叶德语区的理论状况，又是其实践状况的反映。因为经济地位上升和争取政治统治的资产阶级由于力图建立民主政体的失败而没有取得根本性的政治成果，所以教育的行动领域在越来越大的程度上成了利益的中心。在对社会更高发展的希望主要指向教育以后，"保持或改变"的选项获得了重视，也获得了政治意义。仅仅以保持为目的的教育的决

---

① 施莱尔马赫：《教育理论》，第 68 页。
② 施莱尔马赫：《教育理论》，第 63 页。
③ 施莱尔马赫：《教育理论》，第 63—64 页。

策事实必定会使现存的不完善——用施莱尔马赫的话来说——永久化，相反促进革命热情的教育一方面肯定会激发统治者们的矛盾，另一方面会导致教育行动领域的独立化。这一领域在没有政治活动的情况下本来会是真正得到更高发展的场所。这样就可以理解，施莱尔马赫不仅从实践的原因而且也从制度的原因对两种可能性作了区分。一种以保持为导向的教育不可能作出任何改善，而另一种单单以改变为导向的教育也许仍然不会获得任何成果，因为这种教育也许由于过高地估计了自身的作用，以及过低地估计了政治行动领域的作用而误会了自己的可能性。

一方面，在政治的种种关系背景下，另一方面，在批判说明教育学和政治的关系或者说教育行动和政治行动关系的背景下，施莱尔马赫要求教育必须尝试"使两者相互结合起来"。① 这一论断更确切地说是对这一时代的实事求是的让步。在这一论断中，施莱尔马赫对有关教育的期待和对其可以取得的成就的期待作了自我限制。一种单纯以保持为导向的和一种以追求改变为导向的教育在业已提出的教育观念的意义上同样是不可能排斥的，因为在这两种情况下，教育是在追求一种说教，不是对盲目接受现存的东西的说教，就是期望未来社会的说教，这种社会的改善通过教育似乎是直接可期的，但是，事实上它是不可期的。这种带有改善特征的预期，在根本上改变不了这样一点，它不仅仅在教育学方面是不被许可的。因为在这两种情况下，事实情况——一方面在其现实中，另一方面，在其预期的现实中——是作为教育目的来设置的。以使社会更高发展的教育通过尝试把成长者引入对改善的实际讨论中而同上述这种活动区别开来。

施莱尔马赫在这一意义上扬弃保持和改变的自相矛盾，确定："这

---

① 施莱尔马赫：《教育理论》，第 64 页。

样,我们可以说,真正的目的似乎是改善不完善,以使革命的东西的对立形式根本不可能出现。凡在其尽管如此仍出现的地方,其原因就是由以前就存在的不道德的东西产生的。假如从一开始起就道德地对待,那么革命的东西就不会出现了。因此,我们要提出这一公式:教育应当这样来办,使两者尽可能一致,使青少年变得能干,能进入他们发现的事情中;但也使他们变得能干得能尽力投入到正在出现的改善中——两者越完善,矛盾越能得到克服。"①

　　在探讨进一步明确这种教的各种可能性的第二个辩证法以前,我们应当对第一个辩证法作更详细的了解。假如我们把施莱尔马赫的观点同卢梭的作比较,那么关于保持和改善的辩证法的深远意义就一目了然了。卢梭把理性决定的教的可能性同并不存在的人类自然状态或同样不存在的合理的社会联系在一起,而施莱尔马赫则尝试通过既贫困又有能力的社会来说明理性决定的教的可能性。他借以拓展了卢梭关于展望未来的历史意识的思想创见。他通过把组织理性的教育和合理的共同体理解为现在关系的更高发展,既不使理性决定的教的可能性取决于业已存在的完善的社会制度,又不从并不存在的合理的共同体中推导出这种教的不可能性。随着施莱尔马赫的优于卢梭的教育学说的彰显,他的教育理论的独特的局限性也同时闯入了我们的视野。这就是说,可能的和要求的更高发展不仅应当从已经"正在出现的改善"中产生,而且从中也总是能够产生的。这表明保持和改善的辩证法是有前提的,这个前提就是,改变着的更高发展的可能性始终已经出现并似乎是从自身彰显出来的,因为只有这样,才不会造成保持和改善之间的可能出现的矛盾。施莱尔马赫一方面由于不完全排斥这种矛盾,另一方面,却使教育为达到保持和改善的可能性

_____

① 施莱尔马赫:《教育理论》,第64页。

承担责任，因此他使理性决定的教的可能性取决于那种与更高发展和改善倾向亲合的社会存在。这一前提在他看来是没有问题的。因此他在讨论教育和阶级决定的社会不平等的关系时确定，教育虽然在根本上要求消除阶级特享的优待或特受的亏待，但必须恰恰为了可能从业已存在的社会状况出发，以便能够为其自身中已有的改善服务。而这是可能的，因为"在我们这里"这种"分化……在减少"。①

尽管这种充满希望的假设也许至少在贵族和资产阶级的关系范围内是非常正确的，因为资产阶级可以通过参与工业化的过程在政治上有节制地分享权力，但这种假设对于贵族和资产阶级为一方面和成长着的无产阶级为另一方面的关系来说却是不太正确的。② 在这种背景下，施莱尔马赫的论点也可这样来评判，即基于这种论点，他鉴于阶级对立的减少而希望假如"从一开始起就道德地"行事的话，就会"根本不出现革命实践"。道德实践的这样一种延续性的假设比卢梭希望在社会异化下可能进行教育的希望更具空想性。施莱尔马赫的教育学说的依据是，"教育……假如符合社会的道德观，就是好的和道德的"，③这就是说，它要求有一种始终推动着更高发展的社会的存在。这里重新表明了把教育理论问题扩展到教养理论问题的必要性。施

---

① 施莱尔马赫：《教育理论》，第 78 页、第 159 页及以下几页。W. 施米特-科瓦齐克（Schmied-Kowarzik）把施莱尔马赫的进步乐观主义的教育理论同马克思主义的教育观作了对照。后者虽然并不怀疑从资产阶级社会的视角来看这种乐观主义，但却是从教育学和政治的良性辩证法的假设出发的，而施莱尔马赫决不会赞同马克思主义的教育观。因此，假如把施莱尔马赫的教育理论作为一种最后肯定性的教育理论，而且将此与好像非肯定性的马克思主义的教育理论作对照，那么我觉得这种理论并没有在继续发展。确切地说，同马克思相联系的讨论在我看来进一步发展了可追溯到卢梭对市民社会的批判，但同时却忽视了那种施莱尔马赫尽管决未说明社会批判但他仍从卢梭出发阐明了的行动理论问题。对肯定性教育学的批判可参见 W. 施米特-科瓦齐克的《论批判理论与革命实践，关于马克思主义教育理论和教养理论的观点和展望》，以及本纳：《普通教育学》第 115 页及以下几页，第 160 页及以下几页，第 178 页及以下几页。
② 参见：H. J. 海多恩（H. J. Heydorn）：《论教育与统治的矛盾》，第 65 页及以下几页。
③ 施莱尔马赫：《教育理论》，第 60 页。

莱尔马赫的教育理论尽管批判地反思了保持和改善的选项，却毕竟是有其局限性的。它仅仅是通过教育决策的启发准则来确定理性决定的教育可能性的，并把教育的任务和意义的确定指向生活的实践循环、直接存在的更高发展和生活。卢梭对在实践循环中保持着的合理社会的状况的文化批判性的怀疑因而像卢梭对一种限制在实践循环中的神圣的中间世界的虚构可以解体一样而得以消解。卢梭的文化批判动机在施莱尔马赫这里更加退居次要地位，以至施莱尔马赫对教育场所的天真的虚构陷入了更加天真的虚构，即认为这种教育场所是可以存在于现存的社会制度中的。

保持和改善的辩证法尝试划定教的可能性界线，而支持和阻止的辩证法则旨在确定教育作用的具体可能性。卢梭的消极教育的准则是依据下一代的主动性来组织成年一代和下一代之间进行切磋的，而且是尝试用这种方式在教育开始起已经为其结束作了准备的。同时，卢梭把教育的积极使命交给指望在自然和社会秩序内的成长者有所习得的自我经验和世界经验，以在消极教育准则的意义上促进这两种经验。保持和改善的辩证法要求完全不同地决定消极教育和积极教育的关系。这就是说，假如确定，社会及其成员就自身而言不能保证成功教育的条件，那么就要求对明确必须对成长者实施的"教育影响"作出决定。这就有一个问题，老一代处在他们保持和改变的倾向上应当如何对年青一代施加影响。阻止的教育和支持的教育的辩证法尝试给予这个问题一个回答。施莱尔马赫通过类似他对保持和改变的关系的确定提出了关于教育影响的两种相互对立的然后相互联系的不同观点或模式来阐明这个问题。

一种观点的出发点是，教育仅仅必须"阻止不道德的行为和消除环境的不良影响"。它坚持把教育活动置于阻止的影响措施上。另一种观点要求以"有意影响"的方式采取教育措施，因为"任何进步取决于练习"，他坚持把教育活动置于支持的影响措施上。① 各按人们倾向于哪一种观念和哪一种模式，教育措施不是列入阻止的就是列入支持的活动"行列"："因此人们完全可以提出相反的准则。假如教育在最大程度上是对自我发展的支持，开启人的天性的心灵窗口，那么教育就能够摆脱任何阻止。但它只能作为阻止。——两者的前提的根源不在于事实中，而在于意识中。……按一种观点，我们的准则是，教育应当而且可以激发善和支持善，而且是同为进入更大的道德生活范围作准备有联系的和同发展个人特性有联系的。这样，抑制恶便成了教育的自然结果。——按另一种观点，我们的准则是，教育只应当而且只可以阻止，即抑制恶。在普遍具有和个人具有的性格中，向善的胚芽存在于人本身之中，并只要完全阻止教育干扰它，便就能得到发展。"②

卢梭在消极教育准则中知道教育行动的两种形式，不但知道阻止的形式，而且也知道支持的形式。两种活动的共同作用在他看来是没有问题的，因为在自然秩序和社会秩序范围自身中，这种作用已经被整合在一起。施莱尔马赫的态度则不一样，因为在他的教育理论中，按照保持和改变的辩证法的教育应当是同各时的现存关系的状况相联系的，不是完全在这些关系中产生的。这里就有一个问题了，必须如何造成支持和阻止活动的共同作用："因为在任何时候，人们可以从事一种活动，但也可以从事另一种活动。假如我们找不到任何确定的准则，在什么情况下可以选择这一种或者那一种，那么理论就会消退，随心所欲就会冒出来。但我们必须对它们进行组合；因为教育的本质在于两种能力的交织（这里的"两种能力"可能是指"两种活动"——本纳）；支持和阻止必须是一起的。我们认为任何一种能力各自为政都

---

① 施莱尔马赫：《教育理论》，第 89 页。
② 施莱尔马赫：《教育理论》，第 90 页。

是欠缺的。"①这里显示了区分和联系的两种可能性。我们可以按照它们对个体的教育的作用和对社会人的教育作用来审视这两种活动。我们也可以探讨它们在多大程度上有助于积极教育或消极教育。施莱尔马赫密切关注说明支持性教育和阻止性教育的关系的两条道路。

至于教育的个人定向,个性的培养,他断言,"每一个人的禀赋对于存在的特性……根本不需要阻止……只要求支持性的活动;教育只可以阻止地反对阻碍特性发展的东西。"②在个别教育领域看来,只有支持性的活动才合适,而在群体的和社会的教育领域应当采用两种行动模式:"相反,在其他教育领域,在为生活共同体培养人的领域,可以采用双重模式,而阻止的模式优先。在大的共同体中我们到处发现(也在涉及对不再可教者方面)各种包括阻止恶的活动。假如国家必须提出惩罚法规,那么其理由在于传到它耳里的个体不够好。……任何涉及对个人的指责都归咎于教育时期,因为这个时期一定阻碍了防止后来可能导致对社会干扰的一切教育。因此,教育必须采取反其道而行之的阻止措施,以在学生进入生活时不至于用法规才约束得了他。"③因为在社会教育领域,只有在个人进入现存社会制度受到失败威胁的情况下才采取阻止措施,所以在其中采取阻止和支持措施的情况是由社会的特殊状况和制度及其子系统得出的:"一种大的生活共同体的组织越完美,而且全体和个别成员之间越和谐,教育就可以越少采取阻止措施;而反之亦然。因此,我们的任务和那些道德生活领域的总体情况处在最精确的关系中。"④

必须借以评判支持性教育和阻止性教育的标准不仅涉及个别教

① 施莱尔马赫:《教育理论》,第91页。
② 施莱尔马赫:《教育理论》,第93页。
③ 施莱尔马赫:《教育理论》,第93—94页。
④ 施莱尔马赫:《教育理论》,第95页。

育对象和群体教育对象方面,它一方面包括支持性教育和阻止性教育的分派,另一方面,同时也包括积极教育和消极教育的分派。因为支持活动通过它促进成长者积极的行为方式的发展而为积极教育服务,而阻止活动为消极教育服务,后者虽然阻止或抑制错误的发展,可是不能激发积极行为的发展。我们在这里不可能再进一步探讨在个别教育领域放弃阻止性教育措施是否值得期待。我们只想提醒,卢梭在基于建立在智慧地规定的自由之上的消极教育之准则完全承认在个别教育中采取阻止性教育措施的可能性,而同时不违背人的自主和学生的主动性的原则。比对阻止和支持的辩证法的真正兴趣更进一步,施莱尔马赫只在它们关注支持活动的情况下,允许在社会教育领域内采取积极的教育措施,而在必须阻止社会倾向或趋势的情况下明确拒绝积极教育措施:"个人对整体越不适应,在个人和整体观念之间越会出现冲突,阻止就越有必要;体制的完美性越缺少,就越有必要使在群体中没有的东西进入年青一代的思想中,以使体制更完美;但这就落到了支持活动方面的肩上。"①值得进一步审视的这一事实是,阻止措施作为消极的或者说压制的措施是同个人缺乏"适应性"同整体观念和现存社会之间的冲突相联系的。这一点进一步表明了前面已经揭示的施莱尔马赫教育理论的局限性。

这就是说,施莱尔马赫对阻止性和支持性教育之间关系的界定同保持和改善的辩证法是有直接联系的。假如说施莱尔马赫把社会更高发展的可能性限止在当时存在的保持性改善的倾向上,那么他在这里只认定支持性教育才有促进积极行为的功能,而把阻止性教育排斥在更高发展的任务之外,并把它限止在协调性的惩戒的阻止性教育上。当施莱尔马赫——在把保持和改变的辩证法同支持和阻止联系

---

① 施莱尔马赫:《教育理论》,第95—96页。

起来的同时——从社会生活自然进步运动来说明理论的作用时，十分明确地指出："在理论中……我们除了提出阻止和支持活动并证明它们的相互关系之外，没有什么可做的了；此外，我们可以把每时每刻应当做什么交给生活本身。理论只效劳于深思熟虑的意识在实践中到处要效劳的工作。"①当他把实践和理论纳入随时的和基本的追随关系中时，这一点就变得更加清晰了："理论只有当实践已经得到证明时，才必须（即同时：能够——本纳）获得空间。假如它通过其自身的力量获得空间，并在进行实践的人那里渐渐取得不受约束的认同，那么理论和实践将会取得一致，实践由自己作出改变。这是唯一正确的形式。……这样我们就只要关注我们提出的这样一种理论，它虽然始终同现实相联系，但同时也一定符合进步着的发展道路。我们越成功地做到这一点，我们就越不必担心实践，因为我们有信心从中推导出实践的纯粹的不断前进性，而实践自身同时包含着理论的不断发展。"②

施莱尔马赫一方面通过在教育中排斥积极阻止的可能性，另一方面，通过把现存实践直接置于理论之前，从而在很大程度上排除了教育影响措施及指导它的理论为成长者批判地对社会更高发展的任务

---

① 施莱尔马赫：《教育理论》，第 92—93 页。
② 施莱尔马赫：《教育理论》，第 173—174 页。（是我摘引的），F.布吕根（Friedhelm Brüggen）在他的论文《自由和主观互证》中提到了这个文本和其他文本。他把康德和施莱尔马赫的伦理教育对同施莱尔马赫的其他论著和康德的"理性的事实"相联系，并说明，施莱尔马赫对实践地位的理解是以行动中任何理解和审视的基于先验—注释学的自我不能证明的条件为导向的。在明确这样一种解读时，可以看出，施莱尔马赫的详细说明尽管我的批评仍然具有完全批判的意义，这种意义自然仍可追溯到我们在具体的历史状况下对其先验—解释学的意义和其教育理论意义之间作出的区分。在 1820 和 1821 年度施莱尔马赫关于阻止、惩罚和训育的讲座有一处显示，施莱尔马赫完全允许教育实施针对不许可的社会规定的积极的阻止措施：习俗也要服从变革；凡在其中，出于过去的、已经过时的一切，因为没有内在地与它们相符，所以不应当保留，至少不应当用来教育青少年。但是，假如它们用在习俗形式中出现的大家所具有的力量对青少年产生着影响，那么教育应当阻止；而冲突不会停止。青少年应当为生活而受到培养，但不是为生活的不完美而受培养，对这一处的解说参见"对可塑性和历史性关系的详说"，见 F.布吕根：《施莱尔马赫的教育学》。

作好准备的可能性。卢梭的文化批判把实施理性教育的可能性同道德共同体的存在联系在一起,并借以把教育直接同空想的条件紧紧连结起来,而施莱尔马赫作为自称理想主义的乐观主义,竭力把教育同当时存在的社会关系联系在一起,以至几乎不可能从中期待原来的理论能对这种关系的更高发展作出贡献。因为施莱尔马赫排斥积极阻止的可能性并阻止社会对教育的批判转向教育对社会的批判,所以他的教育理论沉湎于这样的构想:社会整体始终能够并应当作为个人的道德代表。因此对教育意义和任务的问题就根本不再被提出来了。

其深层次的原因在于,施莱尔马赫像卢梭一样,假定教育意义和任务的确定问题已经解决。卢梭把教育任务的确定一方面同神圣的自然秩序这一前提紧紧联系在一起,另一方面,同正常的社会制度的功能紧紧联系起来;当施莱尔马赫说到理论与其紧密相联的"实践的纯粹的不断前进性"时,就根本不首先提出教育任务的确定问题,以便使其像符合"自然一定不断前进着的发展"一样符合"存在着的"现状。施莱尔马赫启发辩证法标明他的创见是尝试把理论教育学所有问题解释为教育理论的问题。像他关于保持和改善、支持和阻止的矛盾的思考,强烈证明只有从当时存在的社会关系出发才能进行教育一样——在这里他完全修正了卢梭的教育学说——卢梭相对施莱尔马赫(卢梭也许可以规劝他)正确地强烈坚持:"谁想要在市民制度中保持纯朴的自然感情,谁就不知道他想要什么。"①毫无疑问,施莱尔马赫也并不想要教育出"资产阶级"来。卢梭关于资产阶级曾说:"他什么也不是"。可是,从分析和建构困窘的辩证法出发尝试解决教育意义的确定问题,这一定会导向目光短浅,因为其出发点是,关于提出教育行动任务的教养理论问题在假设存在的、并始终已经辩证地不断前进

---

① 卢梭:《爱弥儿》,第 113 页。

着的历史发展道路上得到了解答。

假如我们尝试通过以施莱尔马赫拒绝的为标准的革命实践服务的革命者教育代替为存在着的状况及其改善倾向负责的教育,来避开上述说明了的施莱尔马赫关于保持和改善的辩证法的界限的话,那么我们无疑会落在施莱尔马赫的后面。因为这样,由于我们事务主义地草草解决教育行动的意义问题,并盲目信赖另一种实践,另一种不断地前进的实践,我们不仅会在教育理论上追随没有基础的展望,而且也会陷入教养理论的迷途中。

这说明反对革命实践的原则上的可能性就像反对保持现状和认可的实践的可能性一样。因为从教育理论问题出发是不足以对确定教育意义的可能性问题作出回答的。教育学说指明了探讨教育意义的确定及其任务的教养理论。而教育实践不仅需要在教的可能性和界限方面的科学指导,而且同时需要指出教育的意义方向。因此,我们下面就探讨传统教育学的两个问题,同时将说明它们是以类似的方式把教育课题作为导向的,并且当后者在自身中不断尝试扬弃它们时将陷入困境。这种困境是可以同我们揭示卢梭和施莱尔马赫教育学说具有的困境相比拟的。

二、教养理论

在传统教育学的三个问题中,教育理论的问题得到了最多的研究。在这方面虽然有非常细化的问题意识,但是对那些教育学问题仍没有获得满意的解答。这些问题除其领域之外还延伸到教养理论问题。教育理论就其指导在具体教育情境中的实践经验来看,是在分析教育交往的可能性,而教养理论力图确定教育的意义和为教育实践的意义定向。如同关于提出教育意义和任务的教育学说要求指明教养理论那样,教养理论也在所有具体教育的意义建立问题上要求阐明教育理论。

两者只有结合在一起才能说明理性决定的教的可能性和任务。我们将在下面以赫尔巴特和维尔曼的教育学体系阐明教养理论的特殊问题。

(一) 实践哲学和教养理论:赫尔巴特关于教育机智和教育性教学的学说

教育除了需要教育理论的指导以外,还需要教养理论为意义和任务指明方向。赫尔巴特用他的"思想范围"这个概念来说明这样一种理论。这个概念不仅涉及通过经验、交际和教学使成长者发展形成的思想范围,而且除此以外,也可以解释教育者和教师必须通过经验、实践和理论形成的思想范围。一旦作为教养理论的教育学力图说明教育的思想范围,就会面对新的困难。把阻止的教育措施和支持的教育措施区分开来,并根据各种社会势力(国家、教会、经济、科学和艺术等)的情况来确定阻止的教育措施的使用数量,像施莱尔马赫所做的那样,这在现在已经不够了。假如对教育任务的探讨不再被对生活、教育和生活这一循环关系的假设排除在外,那么教育科学的反思就不可以再把道德化和更高发展的自然过程作为前提了。确切地说,教育科学的反思必须为教育提出理性标准,使教育学理论和教育实践对社会生活保持严格的距离和重新确定理论和实践之间的关系。假如实践循环不仅在教育经验领域,而且在教育意义建立的领域被摧毁,那么就会出现对一种为教育行动作出批判导向的而不再被置于对现存教育实践的一时的或根本的依顺关系中的教养理论的需要。

赫尔巴特的关于教育机智的理论对理论和实践的关系以及教养理论的意义导向成为实际的可能性作了探讨。他在1806年的《普通教育学》和1835年及1841年的《教育学讲授纲要》中假定对教养理论的定义的论证问题已经得到解决;他在早期的论著,即1804年的《论对世界之审美描述是教育的首要工作》和1808年的《一般实践哲学》

论著中探讨了这个问题。①

赫尔巴特的教育学涉及对教育任务的论证,借以研究卢梭在虚拟的自然秩序和社会制度中和施莱尔马赫在关于保持和改善的辩证法构想中某种意义上所排除的那些问题。赫尔巴特像卢梭和施莱尔马赫一样,把教育理解为一种过程,在这种过程中"人类……不断地通过其自身产生的思想范围来教育自己"。② 在这方面,"把迄今尝试中的全部收获,不论是教训还是告诫,集中地献给年轻的下一代,这就是人类在其繁衍的任何时候所能作出的最崇高的贡献。"③可是,教养内容的集中,思想范围的提出,不再应当直接托付给生活,而需要理论指导的科学分析。这种分析要使没有经过分析的、不断产生着的思想范围摆脱随意性和偶然性,并以教育行动的一般任务为导向。因此,赫尔巴特反对把教育学简单化为教育理论:"传统的教育试图延续现在的这种邪恶。培养自然人意味着尽可能从头开始重复一系列业已克服了的邪恶。把教训与告诫范围局限在这里,乃是那些既不了解其他办法,又不懂得去提出其他办法的人的本身的局限性所造成的自然结果。"④一旦提出了教育任务的见解问题,就不允许把天性或天性的发展作为教育目的,或者责成教育使成长者为忍受和战胜人类自我异化的"冬天世纪"(J.保罗)作准备。因为:"通过教育要想得到什么,教育要求达到什么目的,这是由人们对事物的见解决定的。大多数搞教育

---

① 对赫尔巴特最新解读特别参见:D.本纳、W.施米特-科瓦齐克《关于教育学基础的导论》,D.本纳:《论赫尔巴特的教育学》,J.L.布拉斯(J. L. Blass):《论赫尔巴特教育学理论的形成》,G.布克(G. Buck):《论赫尔巴特教育学基础》,E.盖斯勒(E. Geißler):《关于赫尔巴特教育性教学的理论》。

② 赫尔巴特:A II(A II 即 W.阿本穆斯编的《赫尔巴特教育论著选集》第二卷——译者),第29页。

③ 赫尔巴特:A II(A II 即 W.阿斯穆斯编的《赫尔巴特教育论著选集》第二卷——译者),第19页。

④ 赫尔巴特:A II(A II 即 W.阿斯穆斯编的《赫尔巴特教育论著选集》第二卷——译者),第19页。

的人起初都忽视形成对这种工作的见解,他们是在工作中逐渐产生这种见解的。他们的这种见解是由他们自身的特点以及学生的个性和所处的环境造成的。……但是,教育者不停地抱怨:来自仆人、亲戚、玩伴、性的冲动,乃至大学的种种麻烦,使他们的工作受到何等大的损害!假如儿童的精神食粮不是由人的教育艺术来决定,而是随便让人来决定的,那么,本来能够抵御恶劣环境的强健体魄,在这种情况下因常常提供简陋的伙食而不能茁壮成长起来,这是不足为奇的。"[①]

赫尔巴特在他的《教育学讲授纲要》和《普通教育学》中阐明了教育的教养理论的意义定向。他在《普通教育学》的副标题中说,《普通教育学》是由"教育目的引出的"。赫尔巴特的所有研究几乎都对这一说明作了概括。假如我们认真地审视这一说明,那么值得一问的是,赫尔巴特是如何把教育的定义同教育目的联系在一起的。在赫尔巴特这里,包括伦理学和政治的实践哲学是论及教育目的的。因此,《普通教育学》和《一般实践哲学》的系统关系是什么,这是值得探讨的。首先我们来探讨实践哲学的一些基本使命,以便理解作为"从教育目的引出"的赫尔巴特的教养理论。赫尔巴特在其早期论著《论对世界之审美描述是教育的首要工作》中已经阐明了这些使命。

在该论著中他探讨了德行的概念,这一概念不仅把德行或道德作为"最崇高的",而且同时也作为"人和教育的全部目的"。[②] 假如把德行只设为教育的"最崇高的"教育任务,那么德行虽然是一种特殊目的,但毕竟仅仅是除了教育其他目的之外的一种特殊目的,而各种目的的关系问题却并没有得到说明。赫尔巴特的教养理论就是尝试把私人和社

[①] 赫尔巴特:A Ⅱ(A Ⅱ 即 W.阿斯穆斯编的《赫尔巴特教育论著选集》第二卷——译者),第 17 页。

[②] 赫尔巴特:A Ⅰ(A Ⅰ 即 W.阿斯穆斯编的《赫尔巴特教育论著选集》第一卷——译者),第 105 页。

会人的德行确定为包括所有教育任务和目的的老一代对年轻一代施加教育影响的目的。为了满足这一要求并领会以德行为人的"全部"目的的观点,值得我们这样来把握"道德"的概念,使教育能够设定的所有目的都集中在其中,从维持和进一步发展社会所必要的文化技术开始,直到学会在人类存在的各种行动领域中负责地作出自我决定。

赫尔巴特在对"实在的可能性……条件"进行的现象学分析中作出了他把道德作为人的全部目的的决定。同时他对德行的两种基本的条件作了区分,即对应当的要求的认知和服从。赫尔巴特把对应当的要求的认识作为对倾向和行动机的"原始意愿"的判断,而作为德行的实在可能性的第二个条件的服从必须补充到它里面去。假如要使德行成为现实:"服从是善良意志的第一个称号。与服从相对的必然是命令,或至少能是某些作为命令出现的东西。命令就有某种被命令的东西作为对象,但并非对任何一个命令的服从都是道德的。服从者一定对命令检查过、甄别过、评价过,这就是说,他自己必须把它提升为对他的命令,有道德的人自己命令着自己。——他命令什么? 这就是普遍的困惑! 康德对这一困惑体会最深,经过长时间的犹豫之后,他终于匆匆忙忙地将命令的形式、普遍性(它由此区别于暂时的专横)塞到了内容中。其他人将他们的理论概念——对神灵、纯粹的我、绝对的接近——还有国家的道德和法律,甚或愉悦感,推进到这里。谁没有偏见,谁就会把空的地方视为空的。他会得出结论:我们大家都知道德行的概念,假如概念包含命令的一个特定的内容,我们也许会凭这个概念认识它。也就是说,概念不含有一个特定的内容。但概念却涉及预先假定的命令,也就是涉及预先假定的意志。……这意志一定是原始的、首要的,随后是服从。假如这原始意志不是特定的,但却是真实存在的,那它显然就是不确定的、多方面的。这就是我们不从服从出发被引导到意志上去的原因;因为作为命令,它面对的只是普通概念;毕竟可能会有这么一种意志,它不同于一切倾向和个人的、偶然的欲望,而作为命令出现。"①

赫尔巴特早期论著中的这些思考包含了他后来教育学著作和实践哲学著作的基础。它们的出发点是,直接传承的道德的实践循环已经被摧毁,道德行动的反思性导向的必要性已经显现。假如道德已经成了问题,那么就会在实质性的道德观方面呈现"普遍的窘境",而且重提"国家的道德和法律"也不再会有出路了,这样服从也就丧失了其直接支撑和确保道德的作用。对实质性道德规范的服从便停止了作为负责地作出自我决定的条件。虽然道德还继续对自己发出命令,但这种自我命令需要重新彻底作出决定。

只要一个人已经习惯于在道德中业已存在的"善",认识"善",并且假如他服从道德,在善的意义上有道德地行事,那么认识和习惯还是会在实践循环中重合的。在道德和对道德的服从分离之后,德行不再能作为对道德的认识和对实质性命令的服从来定义了。鉴于实质性规范成了问题,认识一退缩为意念,服从就变成盲目的顺从了。关于什么是德行的问题在这一意义上始终假定,认识和服从在实践循环中不再是可以相互协调的。因此对这个问题的说明也不能通过对认识和服从的重新统一的构想来获得。认识和服从的实际协调只能让位于和交给"人的活动"②,赫尔巴特因此把对那种作为道德第一条件作出的道德行动的伦理学的认识同从道德行动中产生的认识区分开来,就像把作为德行的第二个条件的服从同在行动过程中实际上的服从区分开来一样。

实践哲学不再像道德一样直接研究关于对自我和世界作出说明

---

① 赫尔巴特:A I(A I 即 W.阿斯穆斯编的《赫尔巴特教育论著选集》第一卷——译者),第 108—109 页。
② 赫尔巴特:A I(A I 即 W.阿斯穆斯编的《赫尔巴特教育论著选集》第一卷——译者),第 120 页。

的任务,而是与道德有区别的。实践哲学尝试根据道德行动的普遍原则对行动动机作出评判,并督促行动者对自己的行动理由作出评判和服从自己的认识。了解其同道德和德行实际上有本质区别的任何实践哲学必须承认,取代成问题的道德并弥补随之产生的漏洞会使其不能达到批判地对道德实践作出理性导向的目的。赫尔巴特非常明确地指出了道德同行动理论导向和反思之间的区别。他就实践哲学说道,实践哲学"根本不作判断,但他在进行判断。"①同道德不同,实践哲学绝不适合对道德应当如何作实质性的规定,以前把其同实践循环的摧毁联系在一起是成问题的。新的道德不再可能直接同旧的道德联系起来,或者说从旧道德中产生出来,而必须首先通过道德实践来形成。在这种情况下,实践哲学的任务是以道德行动任务的批判概念为导向对不同的行动动机作出判断。

在他的实践哲学中,赫尔巴特以现象学的分析方式阐明了对一切可想到的意志关系的基本判断。他对于针对自身人性的行动动机的评判提出了作为行动导向的"完善的观念";对于涉及同其他可想象到的理性的行动动机提出了"仁慈的观念";对于针对一些相互有影响的理性的意志关系的评判提出了"法的观念";对于针对行动及其有关的理性之间的行为关系的评判提出了"公平的观念"。这些涉及个人自己和个人之间的意志关系的实践观念被作为类似行动导向,用来对社会意志关系的判断作出这样的分类:即"法的社会的观念""工资制度的观念""管理制度的观念""文化制度的观念",并作为综合所有基本判断的"有灵魂的社会的观念"。我们在这里不能详细探讨所有的实践观念,而只能集中探讨与赫尔巴特教养理论直接有关的观念。这就是"内心自由的观念"。它表述了最普通、同时最概括的导向,并在其

---

① 赫尔巴特:H VIII(H VIII 即 G.哈腾施太因编的《赫尔巴特全集》第八卷——译者),
　　第 4 页。

他观念中各有具体的说明。假如说这一点并没有得到过明确的解释，那么内心自由的观念也已经在以往的思考中阐明了。因为以各种实践观念对行动动机作出判断的尝试已经有一个基本的前提，即我们能够对行动动机作出保留并能借以作出判断。这前提告诉我们，判断和作为同一种理性的表达的行动动机是不能直接相互确定的，否则我们只能想要和做我们总是感到被驱动的事情。为了能够从根本上认识道德上给定的事物，理性系统必须作为完全能够支配其行动动机的系统。赫尔巴特以内心自由的概念表达了这种使人的行动导向的问题能有意义的前提。内心自由的观念并不是说任何人实际上都是自由的；赫尔巴特明确反对使自由成为人所具有的实在的头衔，并在理论观点上把它解释为自由的本质。确切地说，内心自由的观念认为人能对他的行动动机作出评判，并能在行动上为了真正的自由而不去服从行动，而必须服从他的判断。内心自由像其他自由一样也——用康德的术语来说——并不是经验的根本性原则，而是实践理性的调节原则，这一原则要指出回归道德更高发展的方向，以使自由和德行能成为实践，即成为现实。

内心自由并不是说人事实上的自由，而是要求人根据内心的自由来确定其行动动机，搞清在实践哲学中提出的还不能解决的既是广泛的又是原则性的问题。虽然作为调节的观念的内心自由观念并非直接以个人的事实自由为前提，但为了使它作为人对行动理由的评判作出自决的调节观念能成为实践，内心自由必须为其成为实践的目的而始终同人的事实自由紧密相联，否则事实自由就根本不可能受内心自由引导。赫尔巴特完全了解这里所说的观念论的界线。也就是说，他不仅以其实践哲学的观念论作为其教养理论的前提——它是从教育目的中引出的——，同时明确地肯定实践哲学也是以教养理论为前提的。他对于其《一般实践哲学》和《普通教育学》之间的关系清楚地表示："假如问到应当做什么,那么这就是教育学的入口。"①实践哲学毕竟只能要求承认它的基本判断;政治(赫尔巴特在这里没有对它作较深入的探讨)和教育学必须关心的是,其观念也在实际上为行动的实践回归指明方向。

这里对赫尔巴特的实践哲学及其同教育学的关系所作的简短说明,也许足以说明赫尔巴特是在什么样的意义上来谈论他的教养理论问题的。它是从教育目的中引出的。赫尔巴特的教养理论,像他在《教育学讲授纲要》中说明的那样,依据的是学生"可塑性"的概念;他的《普通教育学》把根据成长者的可塑性采取的教育行动的基本形式分为"管理""教学"和"训育"。在可塑性原则和教育行动基本形式之间存在着一种系统关系。这种关系可以从道德的实际可能性的条件和那种对于认识和服从关系适用的内心自由观念来加以说明。②

关于可塑性原则,赫尔巴特说："教育学的基本概念就是学生的可塑性。"③只有在成长者的可塑性的前提下,教育才能促进其德行和内心自由。只有在成长者的本质是可塑的情况下,他才能支配他的行动动机,获得道德认识,并在行动中服从这种认识。通过使内心自由追溯到可塑性前提,存在的自由和存在的不自由这现象的二律背反就可以得到克服。假如人天生就是自由的和有道德的或不自由的和恶的存在者,那么它就不需要教育。在这两种情况下,教育便是多余的和不可能的。只有有能力实现内心自由的存在者才有可能受教育。因此,赫尔巴特在其《教育学讲授纲要》的自我报告和这本书中断言："或者接受宿命论,或者接受先验自由观的各种哲学体系,其本身都是排

① 赫尔巴特：H VIII(H VIII 即 G.哈腾施太因编的《赫尔巴特全集》第八卷——译者),
　第 127 页。
② 参见本纳：《赫尔巴特的教育学》,第 58 页及以下几页、第 146 页及以下几页。
③ 赫尔巴特：A III(A III 即 W.阿斯穆斯编的《赫尔巴特教育论著选集》第三卷——译者),第 165 页。

斥教育学的,因为它们都不可能毫无疑义地接受这种显示由不定型向定型过渡的可塑性的概念";"我们不能弯曲事实,也不能束缚自由。"①

"学生的可塑性"作为"教育学的基本概念",不仅包括儿童在教育措施影响下得以转变的实际可能性,也包括儿童在教育措施影响下得以转变的理想可能性。首先,它认为成长者这种实际可能性的界限,因为"儿童的不定型性是受其个性限制的。此外,通过教育使儿童定型,这是受环境条件和时间制约的。"其次,它认为教育必须与"人的心智的活动性"紧密联系在一起,以有助于内心自由的实现和使德行成为可能。内心自由的观念,第一要求教育要以使意志支配行动动机成为可能为导向,第二以建立观念引导的认识为导向,第三以激发作为德行第二个条件的服从为导向,从而来确定教育的意义和任务。赫尔巴特通过对管理、教学和训育的区分阐明了从可塑性概念和内心自由的观念出发确定了这三种教育任务。

"儿童管理"的任务是关心儿童的意志和行动动机不沉沦,以便使其"能下决心"的意志得到培养。假如管理要尝试决定儿童意志本身的话,那么它就是要使儿童依从教育者的行动动机或教育性环境。在意志能够下决心之前,它是被决定的;通过"儿童管理"是不可能使儿童产生对德行的给予性的认识和对自身意志的服从的。因此赫尔巴特就"儿童管理"的任务断言:"总而言之,这种管理并非要在儿童的心灵中达到任何目的";"实践哲学的原理就是要求这样活动的",②后者把行动动机和意志的判断作了区分。

一旦儿童显出"对真正意志的服从",他就不再能和不再可以被管

---

① 赫尔巴特:A III(A III 即 W.阿斯穆斯编的《赫尔巴特教育论著选集》第三卷——译者),第 165、157 页。

② 赫尔巴特:A II(A II 即 W.阿斯穆斯编的《赫尔巴特教育论著选集》第二卷——译者),第 31—32 页。

理了。但为了发展儿童的意志,当意志通过管理产生以后,教育需要有别于管理作出的导向的其他理性导向和任务导向。必须使儿童的认识得到发展,这就是教学的任务。教学为实现德行的第一个条件的目的而努力培养成长者的思想范围。德行的第一个条件是指行动动机和判断的关系。这种关系是应当通过各种实践观念中表达的基本判断的意义来确定的;因此它不仅涉及能下决心的意志,而且也涉及对行动动机的评判。因此,教学在培养思想范围时有两项任务,因为它为在实践观念意义上必须实现的内心自由的目的,不仅必须考虑行动动机,而且在培养思想范围时也必须考虑对行动动机的评判。对此赫尔巴特断言:"那些举证⋯⋯将会离题太远的原因证明,教学是要将其分开的⋯⋯但始终是同时延续的两个系列,以使两个系列最终⋯⋯结合在一起;这两个系列可以用认识和同情两个名词区分开来。"[1]在认识的系列中,教学尝试启发成长者在世界秩序关系中认识世界;在认识系列中,教学激发成长者的对人在当代和历史中行动的兴趣。那借以首先能使思想范围达到统一的两个系列的结合,将使成长者能够把认识和同情、知识和对社会的参与相互联系起来,以能够从认识和同情的关系中形成那种对德行可能性和任务的、以实践观念为导向的批判认识。教学只有在其两个系列中有助于发展对行动动机的批判性判断,才是真正的"教育性教学"。教学的任务就是,激发成长者的"多方面兴趣",在实践观念的意义上评判世界,并按照从这种判断中产生的认识树立对社会生活的同情。

教学在其两个系列的结合中并不超出对开启良知的要求。它作为教学仅仅要培养成长者的思想范围。一种只知道教学(除非是赫尔巴特所要求的教学)的教育仅仅有助于德行的第一个条件的形成。因此,在教学知道它在德行的第二个条件,即对认识的服从方面有它的

---

[1] 赫尔巴特:ＡＩ(ＡＩ即 W.阿斯穆斯编的《赫尔巴特教育论著选集》第一卷——译者),
第 117 页。

界限的情况下,它必须出于自己的目的指明对教育行动的第二个任务。这一任务跨越教学互动和交际两个领域。假如要实现对思想范围的培养,那么就不允许教育停滞在对思想态度的培养上。假如教育要为其目的,为使德行成为可能服务,那么它必须使成长者能够服从其意志的认识,即不仅仅根据在教学中获得的思想范围对世界作出批判性评判,而且还要能够在实际上改造世界。激发对这种认识的服从和确保德行的第二个条件就是"训育"的任务。训育一方面具有阻止成长者任性及其匆忙行动的消极作用;另一方面,有要求成长者实现其认识,即准备服从的积极作用。鉴于在实践哲学中指出的不可能从德行的第一个条件认识中,引出德行的第二个条件,即服从,因此训育提出了这一消极任务;假如说训育不能使学生把通过教学获得的认识直接转化为德行的实践,但它却能尝试阻止学生从错误的认识出发行事和通过把错误认识付之行动而巩固一种同实践观念相矛盾的性格的产生。训育的积极作用产生于这种思想:德行只有在认识和服从结合时才能实现,因此,学生实际上必须自己建立并实现他的认识,以成为有道德的人。当成长者遵循他的认识并实践这种认识时,教育就达到了终点,训育便向自我训育过渡了。

在成长者的认识和服从结合方面,在实际行动方面,不但是训育而且教育都是有其界限的。在成长者自身行动中形成着的性格既不会在通过教学必须培养的多方面兴趣中升华,也不会在通过训育必须有所影响的性格力量中升华。因此,赫尔巴特反对把教学和训育贬低为灌输手段的任何被视为准绳的教养理论。他写道:"使学生自己发现自己在从善弃恶:这正是性格的形成,抑或根本不是性格的形成!这种自我意识到的人格升华,毫无疑问应当自动发生在学生心里,并通过其活动得以实现。假如教育者想为此创造一种真正的本质力量,并把它注入到另一个人的心灵中,这将是徒劳无功的。但将业已存在的……力量置于学生的心灵中,使它准能可靠无误地实现那种升华:这就是教育者必然会认为是可能的,他所必然碰到的、必须探索的、实现的、推广的和将此视为他所尝试的伟大任务。"①

就像教育在成长者行动方面有其界限那样,教养理论在教育者行动方面也有其界限。假如说卢梭和施莱尔马赫把教育理论课题放在首位的教育学还将理论为其服务的实践置于第一位的话,那么教养理论却要求对理论和实践的关系重新作出根本的界定。撇开教育组织的问题不说,一旦教育在社会情境中的状况成了问题,就再也谈不上实践的领先地位了。教养问题与其说是针对多少聪明地建立起来的老一代及其代表的教育关系的,不如说是针对社会状况本身和理性地改变这种状况的需要和必要性的。理论由于对实践不是追随关系,因此不承认实践是第一位的。作为教养理论的理论必须把一种由自己同时要求和预设的实践置于优先位置。赫尔巴特关于"教育机智"的学说分析了改造过的实践关系的问题。

批判的教养理论通过把管理任务、教育性教学和训育进行区分想形成教育者以教育行动合理任务为导向的思想范围。只有当教养理论知道其对教育者行动具有积极性和消极性时,它才能有这种导向功能。赫尔巴特关于"教育机智"的学说尝试论证理论和实践的关系,在这种关系中,理论能够具有其批判导向的功能,而不让实践标准的地位绝对化或回归到单纯的对实际生活的了解上去,并使实践既不对作为准绳的理论负责,也不直接对所过的生活负责,而是保持其独立性。通过教育者以教养任务为导向来行动,教养理论就得到了实践。赫尔巴特以"教育机智"的概念表达了这一点。这一概念像认同实践对于理论的不可支配性一样,认同理论的指导功能:"对每一位相当出色的

---

① 赫尔巴特:ＡＩ(ＡＩ即 W.阿斯穆斯编的《赫尔巴特教育论著选集》第一卷——译者),第108页。

理论家来说,当他在实践其理论时,他只要不像学生对计算例题一样慢条斯理地处理出现的事件时,在理论和实践之间完全不由自主地便会出现一个中间环节,这就是某种机智,一种迅速的判断和决定,而这种判断和决定又不像陈规那样总是一成不变,但也不允许至少好像完善了的理论那样炫耀:自己结论严谨,对规则进行过深思熟虑,同时完全针对个人情况提出切实要求。"①教育机智,教育者在其实践中养成的性格既不是理论的直接结果,也不是实践的直接产物,因为理论在其指出教育方向时并不直接支配教育活动的具体内容,而实践迫使教育者不断作出决定,而不能从出于行动状况的紧迫性中引出其决定的理智来。这就是说,教育机智虽然首先是在实践中形成的,但是它在实践中作出的决定却同时依赖于理论、理论导向和教育者的思想范围的形成。因此赫尔巴特确定:"不可避免⋯⋯机智要占据理论的空白处,实践的直接当事人也会这样。⋯⋯假如这位当事人同时是理论的真正服从者,那无疑是幸运的。⋯⋯只有在行动中才能学到艺术,学会机智、技能、机敏和灵活;但是即使在行动中,也只有那些在思考中已经学习和掌握了科学并受到科学的影响,预先把握了那些经验已经给予他的未来印象的人,才能学会这一艺术。"②

　　这表明赫尔巴特通过区分服从和作为道德前提的认识并从中揭示作为认识和服从结合产生的实际服从,不仅在其行动理论和实践哲学中认同实践的区分,而且从这一点出发,在行动理论的意义上真正接受这种区分。赫尔巴特的"教育机智"论是他教育科学体系设想的最初部分;这一理论在他 1802 年的讲授中第一次得到了阐述。借以人们可以

---

① 赫尔巴特:A I(A I 即 W.阿斯穆斯编的《赫尔巴特教育论著选集》第一卷——译者),第 126 页。

② 赫尔巴特:A I(A I 即 W.阿斯穆斯编的《赫尔巴特教育论著选集》第一卷——译者),第 126—127 页。赫尔巴特的教育机智论及其探讨的理论—实践模式也可参见,本纳:《赫尔巴特的教育学》,第 31 页及以下几页。

检验他后来对教育行动意识和任务的分析是否能满足理论对教育责任的导向要求。从赫尔巴特自己的教育机智论中显现了对他教养理论的三点异议。对其中一点还可以在赫尔巴特学派体系中找到满意的回答，而其他两点则促使我们要在其教育学之外寻找答案。

第一点异议是针对教育理论和教育机智的关系的。假如教育行动同时以教育性教学和训育的任务为导向而并不可局限于单纯的对思想范围的培养的话，那么教育学作为科学，就不能满足于使正在起点上的教育者仅仅把握关于今后行事的科学观点。因此，除此以外，教育学还必须要认真地对待给训育提出那种任务和把在实践中对机智的培养提升为教育学分析探讨的对象。当赫尔巴特在柯尼斯堡计划建立"师范研究班"——今天我们称之为"教学论研究班"——"在其中学生们将通过观察和自己练习了解教育艺术中最重要和最难的部分"时，他在某种程度上已经先感觉到会有上面所说的异议了。[①] 这一部分得到了实现的计划将使科学地培养教师从直到今天还有的局限于教育学观念培养的原则中解放出来，并把对自己的实践作出理论—实践分析列入科学教学中。

可是教育机智——而这是对此的第二个异议——不仅可以从同教养理论的联系中看出来，而且据此在赫尔巴特学派的教育学中缺少的东西也直接显现出来了。这就是说，教育机智不仅"进入"了教养理论鉴于其原则上对教育实践的消极性作用而必须留出的"空白"之处，而且同时也一定能弥补赫尔巴特学派教育学中的缺漏。教养理论虽然知道这种缺漏，但是它却是在更大程度上从教育理论问题中概括出来的。然而，鉴于要适应教育情境，教育机智除了需要教养理论导向外，也需要教育理论的指导，像卢梭和施莱尔马赫尝试论证的那样。

---

① 赫尔巴特：A Ⅲ(A Ⅲ 即 W.阿斯穆斯编的《赫尔巴特教育论著选集》第三卷——译者)，第 24 页。

在赫尔巴特顺便提到的这个课题上，他尝试把具体的教育情境的建构建立在关于合适的"教育手段"的心理学知识的基础上。我们在这里集中探讨赫尔巴特的教养理论，而不进一步深入讨论其教育心理学理论，因为这一理论大部分把教育理论课题简约为心智机制的课题，从而略逊于施莱尔马赫对教育理论和人类学的关系作出的批判。

第三个异议，而且也许是重要的异议，是针对赫尔巴特理性分析和导向的。我们对实践哲学观念论的简述集中在对内心自由的推论上，并在很大程度上略过了其他几个观念，因为这些观念在赫尔巴特的《普通教育学》和教养理论中只起附属作用。但在这种情况下必须指出，假如内心自由观念不通过其他涉及人类行动所有领域的实践观念而得以具体化的话——就像赫尔巴特至少在实践哲学中尝试说明的那样，那么它就是空洞的和无价值的。如同内心自由观念若不通过进一步界定来说明那就是形式的和抽象的一样，可塑性原理如不以由其他观念指明的任务规定的行动作为方向，其作为实现内心自由的原则也仍然是欠明确的。可是赫尔巴特的教育学在很大程度上聚焦在内心自由的说明和实施上。其他观念几乎根本不受重视。这表明了赫尔巴特的教养理论的真正界限。在赫尔巴特的系统性范围中真正应当要求对他那个时代文化、经济、社会和政治关系作出的批判分析既在他的实践哲学中（尽管他的实践哲学和其他论著提到"法的观念"和"法制社会""工资制度"和"有灵魂的社会"）也在关于人的教育学中并没有得到必要的重视。代之赫尔巴特教育学尽管其教养理论不仅探讨了教育性教学的任务，同时也探讨了训育的任务，而且提出了教育机智论和承认服从作为道德行动的第二个条件，最后却仍陷入到了两个世界的理论之中。观念的理想世界和事实的现实世界未被调和，而且似乎不可调和地相互对立着。

在明确由实践观念提出的关于教育、政治、道德、经济和宗教行动的要求下分析批判既定社会实践的任务和问题,对此赫尔巴特指出,"道德观念虽然唤醒了一代人,但它却让个体缄默,只要他还是个体;它对他的下一个障碍一无所知,它指责、羞辱,但无济于事;它要他达到目标,他正在寻找,但它对道路一无所知,它能指引他的实在太少。"这表达了 19 世纪市民的顺从。其由于自己的阶级局限性只是隐约感到本来必须由市民阶层来实现的人类理想受到的阻碍。按其思想态度,他赞同观念的理想世界,而按其行动,他像其他所有人一样是时代的牺牲品。虽然"道德尝试行动,但其行动很难能满足它。行动被束缚太甚,以至不能在道德意义上完全展开。"①

尽管赫尔巴特对其时代的这种分析是那么贴切,但他从中得出的结论却很糟糕。由于他避开了这样的任务:揭示适应实际要求的制度和其时代实际关系之间的矛盾,并使对这种矛盾的认识不仅有利于实际要求在教学内容方面的具体化,而且有利于通过教学使成长者产生思想范围,因此他使自己的理论失去了本来能够有的意义,即通过分析社会矛盾来说明个体和社会更高发展的任务。赫尔巴特并不从实践观念出发批判实践的实际要求,而是顺从地满足于这一点:"行动始终应当作为未完成的观点的表达,以使它⋯⋯真正产生自己的价值"。② 出于可以追溯到缺少把实践观念同现存关系作对照的原因,赫尔巴特学派的创见在这方面显得本末倒置:面对虚拟的同观念一致地存在的纯粹意想的德行,从通过意义确定的实践第一来论证的那种既不可和不能规范也不可和不能简约具体实践的必要的消极性理论中产生了实践的分化。各别个体由于其陷入实际关系中而成了实现道

---

① 赫尔巴特:A I(A I 即 W.阿斯穆斯编的《赫尔巴特教育论著选集》第一卷——译者),第 119 页,H VIII,第 117—118 页。
② 赫尔巴特:H IX(H IX 即 G.哈腾施太因编的《赫尔巴特全集》第九卷——译者),第 351 页。

德理想的障碍。这种道德理想因此在人类行动的思想导向范围内丧失了它本来该有的作用。

赫尔巴特学派教养理论的真正意义在这方面变得明显的颠倒,这表明了超越赫尔巴特对管理、教学和训育任务作出的分析的必要性,以使教学在行动导向的意义上产生教育性,并使训育能获得赫尔巴特赋予它能够培养道德性格的意义。为了实现内心自由观念起见,以思想导向的教育必须把握成长者现在和未来生活和行动的全部领域,以使其按照更高发展的要求学习判断自己周围的关系,并积极参与对这些关系的改革。赫尔巴特教育学只能在思想培养或观念培养方面突破各种教育学说构建的天性的道德化的关系;坚持把实践观念的理想世界与现存关系的现实世界作对比,这就是说,假如不能应付社会关系的矛盾,就必须忍耐。可是,只有在教养理论以实现人类更高发展的现实可能性为成长着的一代的教育机智和思想范围指明方向的情况下,它才能认识其使命。①

因此,下面我们来探讨传统教养理论的第二种创见。这一创见虽然不能满足对批判赫尔巴特学派体系提出的要求,可是借以却刻画了其认真接受的赫尔巴特关于管理、教学和训育任务的区分,并论证了一种正视社会关系的思想范围。

(二) 教养和文化财富的理论: O.维尔曼的《作为教养论的教学论》

随着维尔曼的理论的发展,传统教育学达到了顶峰,尽管不是从

---

① 赫尔巴特对顺从的评价的原因不在于他的过分的理想主义,而基于对教育学和政治关系的批判分析。参见其对学校作为机构的批判,A I(A I 即 W.阿斯穆斯编的《赫尔巴特教育论著选集》第一卷——译者),第 143—151 页。也见:J.鲁洛夫(J. Ruhloff):《学校民主化?》和 H. 肯珀(H. Kemper):《学校和市民社会》第一部,第 109 页及以下几页。

系统问题意识来看,但是从课题宽度来看就是如此。维尔曼既熟悉教育学说的问题,他把卢梭、J.保罗和施莱尔马赫等算作这方面的代表,也了解他自己研究的教养理论。他尝试通过把前者称为"教育学"和把后者称为"教学论",从而将教育理论和教养理论区分开来。他没有在教育科学中把这种尝试用来为自己服务。[①] 今天教学论和课程研究涉及这两个课题领域,不但研究学习过程在教育方面的组织问题,而且也研究学习内容在教养方面的问题。

维尔曼的历史意义说可以追溯到他把教养理论置于历史科学和社会科学基础之上,并借以尝试作为社会—历史科学来论证。[②] 他的系统意义产生于他的教养论对赫尔巴特教育学采取的特殊态度。赫尔巴特的教育学首先通过 T.齐勒尔(T. Ziller)的形式阶段理论在教育理论领域获得影响和认同,同时其对思想范围的教育任务提出的实践观念的批判意义却越来越被人们遗忘,而维尔曼在其于 1883 年和 1888 年出版的《按照其同社会研究和教育历史的关系作为教养论的教学论》中提出了与古典文化财富的学说紧紧相联的教养理论。这种教养理论以把成长着的一代纳入历史地形成的成人生活世界中去的社会任务为导向来对教育作出理性的决定。

维尔曼批判赫尔巴特的教育学,说它不考虑教养的客观要素、教养同整个生活共同体(家庭、国家、文化和宗教共同体)的关系以及由它们体现的文化财富。说它是建立在道德的个体—伦理学观点上的,并且对教育不仅基于两个个体而且同时也基于两代人的关系上这一点有所误解。[③] 对赫尔巴特教育学的这些批评一方面涉及赫尔巴特学派的弱

---

① 参见维尔曼:《作为教养论的教学论》,第 49 页及以下几页,第 54 页及以下几页。
② 参见 W. 布雷钦卡(W. Brezinka):《从教育学到教育科学》,第 25 页。
③ 参见维尔曼:《作为教养论的教学论》,第 24 页及以下几页、第 51、52 和 61 页,此外参见维尔曼:《教育学论文集》,第 34、48 页。

点(我们是把这作为缺少实践观念同社会关系对照来批判的),但另一方面,通过对文化财富的学说援引证明了自己的合理性,而赫尔巴特实践哲学已经指出这种学说对指明教育方向是非常欠缺和无用的。下面我们就从这一点出发阐明我们对维尔曼教养论的详细研判。首先我们从他合理的批判出发,然后阐述他的教养论。我们的阐述把他的教养论诊视为赫尔巴特学派教养思想的必要补充,即对那种自赫尔巴特以来的赫尔巴特学派教养思想能够和必须提出的异议的补充。

维尔曼在他的《作为教养论的教学论》一书中分析了以教育同社会和历史关系的视角确定教育任务的问题。在这方面,他像施莱尔马赫一样,把"社会生活革新和传承"解读为借以将"成长着的分子"在社会影响下整合进预先确定的文化制度中去的过程。"就像人不能超脱学习和对其思想范围的扩展和改造一样,他也无法超脱各种社会机构对他的生活产生的持续和实在的影响。所有社会联合体都通过训育或训诫对待其成员,不仅对待正在加入联合体中的人,因为这适用于引导他们进入现存制度,而且也对待已经接受进来的必须被保持在其中的人。"[①]从社会同化的观点看,教育和教养首先只是像"精神生活普通功能的一种特殊方面"。社会制度通过对其各别成员以同样方式进行的那种不仅针对成人也针对成长着的人的训诫使自身保持下来。"……为社会革新服务的传播仔细说来对成长着的分子不具固有的特殊关系。"[②]因此,教育和教养的特殊地位并非是直接从社会存在的功能中获得的,教育和教养工作的特有使命在更大程度上产生于它们"在人类生活任务的整体中"的特殊安排和任务。[③] 在维尔曼看来,教养工作的特有功能产生于它(具有的)"这样的任务:以正确的方式整合文化价

① 维尔曼:《作为教养论的教学论》,第 11 页。
② 维尔曼:《作为教养论的教学论》,第 10—11 页。
③ 维尔曼:《作为教养论的教学论》,第 65 页。

值,使其成为个体精神生活可以自由应用的要素并从而保障文化的传播。……当教养工作以全部文化财富为目标并给予其地位时,社会教养工作就能发挥正确的作用。"①像 E.韦尼格后来一样,维尔曼在他的教养理论中也从这一点出发:"假如文化的地位在人类全部生活任务中事先被正确地确定了的话,那么不再有什么困难……来确定教养在文化系统中的位置了。"②维尔曼关于教养工作的"正确作用"观点重新在韦尼格那里以要求的形式提了出来,"假如教学大纲按世界要求表达了参与教养的诸因素的力量的着落,那么它就是正确的。"③韦尼格假定,通过社会斗争达到的权力平衡先验地都是好的,而且以正确的方式方法证明各种社会势力和利益集团对社会的进一步发展的影响是合理的。维尔曼同他一样假定,存在着能够赖以作为决定教育任务准绳的文化"财富的全部"。在这方面,文化"财富的全部"从社会理论来看可以理解为未来教养工作的规章的决定因素,从历史上看可以理解为人类在历史上努力从事教养工作的结果。维尔曼先于后来的精神科学教育学对这方面的考虑断言:"把教育学和教学论扩展到其领域的社会和集体现象中的要求同把其视界同时扩展到历史方面是最紧密地联系在一起的,是的,假如正确地理解的话,两者只是对同一种原则的不同把握。在整个社会革新过程中探讨教育和教养,意味着只是力求认识它们作为在历史生活运动中所具的身份对人类事件的历史连续性的作用,而把它们作为代际关系、作为传播和使其相适应来理解,意味着它们处在历史观点之下。因为这里传播的东西和存在的适应的力量,精神道德财富和人类的联合体,完全是一种历史形成的,并只有通过历史才能得到解释的东西,所以探究在教育和教养中综合在一起

---

① 维尔曼:《作为教养论的教学论》,第 663—664 页。
② 维尔曼:《作为教养论的教学论》,第 663 页。
③ E.韦尼格:《作为教养论的教学论》,第 49 页。

的各种力量和关系就意味着研究历史现象和价值。"①

通过历史和社会科学问题的这种联系,维尔曼相信为此找到了研究的足够基础,即"教育论和教养论获得了科学的建构并可以同研究其他人类活动领域的相近学科相提并论了"。② 对教育财富历史性的认识可以说有助于说明当时发生的社会革新过程,这种认识产生的革新过程将保障未来精神发展的连续性。无可置疑,假如构建从历史到教育意义的确定、再到历史这样一个循环圈能在社会生活中实现的话,那么这对教养财富和价值观的连续性的提出是有益的;其次,无可置疑的是,由这种活动产生的实践在以后的历史上可以作为连续性来看。但问题是,对预先确定的历史连续性、作出的实践和进一步发展着的连续性这一循环圈的假定是否能对教育在理论定向问题上给出满意的答案。维尔曼借以提出了决定后来对历史—社会科学的欠缺展开讨论的问题。我们将在下面分析历史诠释学成就、研究精神科学教育学、经验科学教育学和解放教育学时进一步探讨这些问题。在这里只是提一下维尔曼的基本观点:"旨在使青少年的精神和道德适应社会的工作是根据历史和通过历史进行的。"③这一观点一方面超越了历史认识的适用性,另一方面,以历史观念替代了对教育意义和任务的科学分析。这种观念有助于尊重当时存在的经验的,按 W.菲舍尔正确的解释,这有助于"意识形态对教育体制的占领"。④

假如我们考虑到,关于教育任务的问题始终需要科学地对待的话,假如这个问题不再能用预先确定的连续性的实践循环来回答的

---

① 维尔曼:《作为教养论的教学论》,第 35 页。
② 维尔曼:《作为教养论的教学论》,第 49 页。
③ 维尔曼:《作为教养论的教学论》,第 46 页。
④ 连续性不是分析历史发展的决定性原则,而是分析历史发展的调节原则。维尔曼的根本性误解是在于把连续性的调节性原则同作为历史认识范畴的持续起作用的意义等同起来。参见本纳:"论历史科学论问题"。

话,那么这就清楚,"旨在使青少年达到道德适应的工作"不能"根据历史"来进行,因为它更是一种没有被批判过的历史的产品,而作为适应它并非必然是道德的。不管什么时候提出教养问题,教育都不"通过"历史来进行,因为历史知性中的历史既不是为人类更高发展提供的手段,也不是其财富。因此,历史发展的连续性不可能是负责的行动的充分标准,因为这种标准必须对传统价值观的意义和问题作出判断并按照判断进行工作。维尔曼通过把连续性提升为价值标准,否定非连续性的事实,从而误解了经验的非连续性是能够作为提供新的连续性前提这一点。历史学所要指出的那种历史的连续性是既有经验的连续性,又有经验的非连续性的。它总是只能在事后被把握的,但永远是不能用之于可能的未来的。维尔曼的论点,对教育任务作的社会科学分析和对教养传统作的历史说明是"对同一原则的多种版本",没有考虑到如下这一点:历史中的自由恰恰是建立在判断社会和集体现象的理性的可能性基础上的,这种理性并不出于某种传统。他的论点可能有的意义表明,这样的自由需要对社会制度结构的历史作出说明,而其意义只有在历史超越其概念接受实践理性的判断的情况下才能达到。虽然维尔曼有时对历史适用性和行动理论适用性作了区分,比如,当他承认,那种"指向历史的道德科学的说明,正确理解的话,既不涉及历史的思辨性,也不涉及历史的规范性,通过接受历史因素,道德科学提出了自己的任务——不仅说明是什么,而且说明应当是什么……——决不被异化"[1];但这种区分在社会和历史发展的循环圈内仍然没有进行,因为它在连续性的本体论范围内不可能有多大意义。

这一点在维尔曼对教育改革尝试的总体评价上显得特别明白。比如,当他断言:"教育学思考(绝大多数)是由实践驱动引起的。……

① 维尔曼:《作为教养论的教学论》,第 44 页。

改进现存教育习惯和教养形式,假如并非彻底革新的话,与其说是针对起源和发展,不如说是针对未来的建构的。……但改革的努力从来都不能正确地评价过去;由于是从改造现存教育出发的,因此无法不带偏见地探讨和评价现存教育中存在的各种力量和价值,因而不能保证对其中积聚起来的历史工作的理解。"[1]改革努力不能对过去作出正确评价的论点在这里是被用来作为反对从实践驱动中产生的改革尝试的理由的。但由于至少承认改革是由实践驱动的,因此论点同时也包含了其自身的悖论。因为无论什么时候由实践驱动引起改革尝试,显然过去既然是过去,就不再能同现在相符了。而抱怨过去自然同样是无益的,因为这如同指责现在一样,对现在并不公正,因为这不是正确地对待过去的价值观,因为改革努力不以过去为其标准,就像过去不可能是现在的裁判机关那样。但是,维尔曼通过尝试作出天真的选择,在援引传统和经验连续性作为价值的情况下作出随潮流或反潮流的决定,对在教育改革尝试中出现的实际需要和对其作出理性判断的必要性进行了概括。这样,他对卢梭批判道:促使这位"拿起笔的是,吐故纳新以求意外成果的努力。从这种新的尝试中,更多的是从第一发言人用来为自己服务的流行的思考中,为现代教育学留下了一些什么。"[2]

我们不想也不必在这里为卢梭对付维尔曼辩护。我们对卢梭的教育学说的阐述已经指出,不能对它作出这样的指责。维尔曼没有深刻地认识卢梭教育学说的意义就说其革新尝试是盲目的,而不说其教养理论问题的缺失,这使他忽视了他同卢梭的共性。像卢梭尝试通过援引神圣的自然来回答决定教育任务的问题一样,维尔曼对从传统到教育的理性确定到未来历史这一循环圈的构想,与其说解决了教育任务问题,不如说掩盖了教育任务问题。当他想科学地说明教育任务问

---

① 维尔曼:《作为教养论的教学论》,第36页。
② 维尔曼:《教育学论文集》,第39页。

题时,虽然不再像施莱尔马赫那样回避对实践循环的假定,但他以历史的连续性取代了生活、教养和生活这一实践循环,并始终通过和借用历史来回答,并认为似乎可以用历史来回答人类教育行为的取向问题。但是,理性地确定人类在历史上的教育行为的前提,人类精神和道德生活目的或财富的全部事实和制度的前提单单通过历史分析是不可能达到的。历史的自我辩护的尝试对确定当前任务来说往往可能是盲目的。由于他把现在仅仅理解为历史的暂时的终结,而不是未来历史的起点,因此他跨越了确定人类行动任务的问题,并把大概具有的传统价值的存在同业已证明了的传统价值存在混淆在一起。

尽管有这种基本的误解,维尔曼还是能有理由把他的尝试《作为教养论的教学论》同赫尔巴特的教养理论作对比。这两种创见对于今天指明教育行动方向的问题可能具有的意义首先通过它们相互的制约表露出来了。就它们本身而言,不论是赫尔巴特的还是维尔曼的教养理论,它们都没有深入到对教育意义作出定向。赫尔巴特的教育学似乎耽误了成功地利用可塑性原则使观念的理想世界与现实世界之间的裂缝对实践观念同具体的社会关系作出批判对照,而维尔曼之所以不可能作出这种对照,是因为他只从经验知性上了解教养观念,他突出的是历史发展,并通过援引一种以历史发展的连续性把其视为真理的财富论,从而认定这些教养观念的适用性。尽管维尔曼正确地批判了赫尔巴特的教育学,说其不考虑客观的教养因素和教养因素同整个社会关系的联系,但当他认为可以借用历史事实来确定未来教养努力方向时,他却同时误解了赫尔巴特阐述的实践观念可能有的意义。同样,赫尔巴特正确地批判了任何企图以财富论谋求确定人类行为意义的尝试,但他最终也耽误了成功地对实践观念对培养理性的思想范围的意义作出说明。

赫尔巴特反对任何财富论的理由也就是认为,这种理论把财富具有适用性作为前提,而不对它进行论证。这也适用于作为反对维尔曼教养理论的理由:"假如某些东西是渴望和追求的品质,那么其高贵的根本原因恰恰就在于这渴望和追求本身。但是这种对善的渴望比任何对恶的渴望的高贵难道来自渴望的这种善本身吗? 我们在这圈子里转,一切仍然不确定;而实践哲学既没有理出头绪,又无内容可言。"财富论在价值评估的事实中已经看到了自我辩解。仿佛赫尔巴特预先就要阻止维尔曼的教养论尝试似的,他反对关于价值评估只要存在就已能获得持久的适用性的假设:"假如在人世间,有一位名门望族长者用其祖先的业绩向其儿子说明其家谱,那么可以理解为,在儿子身上勇气和奢求两者都在增长,要防止祖传的能力被一种比一般更甚的个人的恶习所压倒。不过,谁不讥笑这种愚蠢的妄想呢? 谁在这种妄想情况下,有时只让他的儿子认识其家族的精神和家族的核心特征,而不让他对家族的精神和特征的价值进行判断呢?"①

赫尔巴特把他自己观念论理解为论证那种对判断人类所作所为的任务作出批判校正的尝试。他的教养理论确定的教育任务既在于传播对伦理学校正的认识,又在于对这种认识的实际服从,维尔曼关于不能忽视教养的客观因素的要求值得同赫尔巴特教育学的校正性定向创见结合起来。这种尝试至今仍是人们所期待的,这一点表明了教育科学的现状。假如针对现在提出我们的问题,那么我们面临的问题和任务是,要把同赫尔巴特关系密切的、同时超越赫尔巴特的 F.菲舍尔和 J.德博拉夫的范畴教养理论的理论创见与 H. J.海多恩的那种从自由观念出发分析教养发展史的新马克思主义教养理论创见作对照研究。因为要如此进一步阐述我们的问题似乎超出了本书探讨的范围和有限的问题范围,所以这里仅仅指出了它们的可能性。

在我们转向现代教育科学的创见(其中包括前面提到的维尔曼的

---

① 赫尔巴特: H VIII(H VIII 即 G.哈腾施太因编的《赫尔巴特全集》第八卷——译者),第5页及以下几页。

问题)之前,值得对评判这些同样重要的传统教育学的第三个问题作出补充。这个问题研究教育学及其教育理论和教养理论这两个项目。在不考虑一切对象理论问题的和认定政治具有决定性作用的实证主义科学观实际上对科学占有重要地位的时期,通过教育、道德和政治活动,并为了这类活动而发展实践科学的努力碰到了特别大的困难。传统教育哲学研究有理论指导实践教育科学的可能性。尽管教育哲学不去努力为教育研究重大策略奠定基础,但其在不考虑传统教育学本身的局限性的情况下也完全可能具有批判意义,因为现代教育科学在期间比原来传统教育理论和教养理论更远地脱离了实践科学的问题和要求。

三、教育学理论

教育理论和教养理论广泛应用了诸如"消极性教育""保持和改善的辩证法""内心自由",从而已经不把它们作为教育学基本概念来论证了。这一点也表现在如下方面:不仅在教育学说和教养理论内部而且在它们之间也出现了冲突和矛盾。这种冲突和矛盾是它们自己无法解决的,只能要求其走出教育理论和教养理论思考来获得诠释。假如应当对教育理论和教养理论的这些基本概念进行反思,对它们两者之间的关系作出说明的话,那么就必须探讨教育学知识的根本原由。科学地论说教育和教养可能性的条件,在传统教育学范围内,特别是在联系康德和费希特的情况下得到了分析。下面我们来探讨教育学理论的两种创见。一种是接任费希特的学生们在他于耶拿时期提出的,首先是力图为教育理论奠定基础。另一种是接任康德的 R. 赫尼希斯瓦尔特(Hönigswald)发展形成的。其主要探讨对教育行动任务作教养理论分析的根本论证问题。

(一) 可塑性和主动性要求：早期费希特追随者的教育哲学原理

在耶拿时期(1794—1799 年)的费希特学生们中间,特别是里特(Ritter)、绍尔(Sauer)、哈尔(Harl)、约翰森(Johannsen)、许尔森(Hülsen)和克拉默(Cramer),力图为教育学奠定科学基础。[①] 下面我们集中探讨绍尔 1798 年的《论教育问题》这篇论文中的几段和约翰森 1804 年版的《裴斯泰洛齐教育和教学方法批判,兼论教育科学的主要概念》。对绍尔和约翰森来说,同样典型的是他们联系在费希特的《科学论》和《自然法基础》论文中提出的有限理性存在者[②]的概念,力图通过回答如下问题为教育科学奠定基础：如何从单纯的可能理性存在者中产生实在理性存在者? 教育学能否提升为关于教育和为了教育的作为理性存在者的人的科学? 按照费希特追随者的见解,这个问题取决于对有限理性存在者这个概念的说明。

绍尔的思考的出发点是理性存在者的如下定义："理性存在者是一种带有意识在活动的存在者,因为他毕竟不仅在活动,而且在他进行作为活动行为者的活动时也仔细观察着。……理性存在者的活动和同意识结合的活动完全是同一种表达。"[③]"理性存在者是一种活动的存在者"是说,任何归于作为理性存在者的他的确定性是通过其活动获得的。理性存在者是"带有意识"地活动的,就是说理性存在者的这种确定性必须作为通过其意识获得来想,这意味着,任何活动的意

---

① 参见本纳:《早期费希特的追随者的教育哲学创见》,R.拉森(R. Lassahn):《关于作为教育家的费希特之影响史研究》,J.舒尔(J. Schurr):《可靠性与教育,用科学论探讨费希特教育学说的基础》。
② 费希特把人称为"有限理性存在者",认为人是一种理性存在者,但其理性是不完备、未定型的,因此是有限的。——译者
③ 绍尔:《论教育问题》,第 268 页。

识就是意识使活动成为他的事。按活动是针对理性存在者自身还是针对他之外存在着的东西的世界，可以区别出两种活动和两种意识方式。理性存在者在他针对自己的活动中是直接意识到他自己的，而他在针对非我的世界活动中，只在某种程度上，即当他思考其活动的时候是带有意识在活动的。从而"理性存在者是带有意识在活动的存在者"。这样的命题各按理性存在者活动的针对性而获得两重意义："在某类活动方面……理性存在者通过观察他自己，在某种别的情况下通过思考自己，意识到他自己。在前一种情况下可以有许多区别，因为活动的主客体是同一理性存在者，他们两者同一地同观察者合在一起了；在后一种情况下，活动的主客体完全不同，只是思考的主客体是一个同自己一致的存在者。"[1]

两种活动的关系说明，理性存在者作为第一种活动的主体，通过对作为第二种活动的主体的自身进行反思而同作为第一种活动的主体的自身相互作用，从而达到其确定性。或者换言之，理性存在者通过他在反思其对世界展开的活动中认识作为第二种活动的客体的世界，从而获得其从经验世界中产生的观念。因此，理性存在者同世界的关系是以理性存在者同其自身的关系为前提的。只有在这一前提下作为针对非我的活动的主体的我才能成为其思考的客体。因此，绍尔断言："对理性存在者的培养……除了通过同其自身相互作用来进行以外没有任何其他方式了。即使外界可能对这种培养有促进作用，但对他的培养根本上仍归功于自己，因为就像这永远不能超出自己一样，也没有什么能够深入到他之中，除非他掌握同一种什么。"[2]

理性存在者作为思考的主体同作为活动的主体和思考客体的自己的相互作用形成了人的概念的先验前提，这一点也重新出现在约翰

---

① 绍尔：《论教育问题》，第 284 页。
② 绍尔：《论教育问题》，第 272 页。

森的如下表述中:"人的概念不是关于同他自己无关地在那儿的和存在的东西的概念,而是人只有通过他自己才能成为一个人。他不是是,而是成为。他只能成为他为此所活动而达到的什么,他若不作为,那么他什么也成不了。假如仔细地考虑这个概念,那么通过在这方面指出人的行动,即对自己作为这种行动的对象的活动,就可以区分出人在其本质方面的双重性;这是借以使一种有限的理性存在者能够想象的唯一的方式方法。……但是,人的这种双重性是永远不可分的,而只能构成统一的整体,而这种行动和被行动的同一是理性存在者的终结概念。"①

活动和思考之间的、作为行动者和行动对象的理性存在者之间的相互作用各按是反思过去还是思考未来而有所区分。比如绍尔断言:"关于过往的活动,主体性(即理性存在者作为思考的主体——本纳)是由客体性(即理性存在者作为思考的客体——本纳)决定的。"相反,关于未来的活动客体性,即理性存在者作为思考的客体和作为未来活动的主体,是由主体性决定的,即由作为一种对达到活动目的的"目的、方向和手段"推敲着的理性存在者决定的。"在主体性由客体性决定的思考方面,理性存在者感到是受束缚的,因为它只能像其所感到的这样来理解其处境;在针对接下来活动的思考方面,即这时客体性反过来由主体性决定,理性存在者感到是自由的。……因此,任何当前的状况和任何眼下结束的活动对接下来的活动具有决定性影响,而在对未来的行动作出自由选择时,理性存在者看到自己是由所有前面发生了的行动决定的。"②

在约翰森看来,针对未来或过去的活动的自由或逐级约束的思考

---

① 约翰森:《裴斯泰洛齐教育和教学方法批判,兼论教育科学的主要概念》,第 10 页及以下几页。
② 绍尔:《论教育问题》,第 275 页及以下几页。

之间的区别同"发音"和"意义"的区别是一致的。后者是同费希特《论科学论原理之自然法的基础》的§5和§6中的有关说明有联系的,并在这概念中连同吸收了有限理性存在者的躯体—先天论。有限理性存在者的发展在两种论证尝试中是作为自由思考和受约束的思考之间或发音和意义之间的相互作用来理解的。因此,自由问题的确定就有了可能,即自由不能作为人的存在的称谓来理解,而要当作那作为理性存在者的人的概念的先验原则来理解,并通过把人理解为一种实际的要求其自决的和实现自由的存在者来克服自然因果性和自由的二律背反。

活动和思考、自由的思考和受约束的思考或发音和意义的相互作用的原理决定了实在理性存在者的概念。教育理论关系到科学地引导可能的理性存在者实际上成为真正的理性存在者的问题,需要超越真正的理性存在者的概念而在原则上确定纯粹可能的非真正的理性存在者。绍尔和约翰森通过从有限理性存在者的概念中推论出相互作用的暂时起点的概念,并探讨使可能的理性存在者成为真正的理性存在者的概念的前提,获得了这样的认识:"随着时间的推进,通过相互作用不断前进的教养必须随时间的减少而逐步减退。从不太完善到完善的进步,只有在我回到不太完善的某种程度上时,即不允许再继续退回去时,才可想象,因为如不这样,我在有限存在者水平上似乎会有无限的逐级前进的时间,而且我似乎将按其相互作用的有限性作为无限的来把矛盾的东西设定下来,这就是说我在某时段停止对相互作用的假设,只是为了能够理解它。而且我必须考虑有限理性存在者发生相互作用的起点,即还根本没有开始相互作用和相互作用的力量……还没有相互作用的时间。"[1]

---

[1] 绍尔:《论教育问题》,第284页。

从中得出的结论是,可能的理性存在者必须作为这样一种存在者来考虑,这种存在者虽然还未曾同其自己有过相互作用,即还未活动起来并因此还未思考过,可是必须承认他天生具有"对他自己的绝对倾向"(绍尔)、"主体对自决的确定性"(费希特)和"对自主的欲望"或"对自由的欲望"(约翰森)。没有"主体对自决的确定性"这一原则——假如我们想要使用那种自阐述赫尔巴特以来就熟悉了的概念,那么也可把它称作可塑性原则——若没有这一原则,教育作为使可能的理性存在者成为真正的理性存在者的培养是不可想象的。自然,这同时表明,可塑性原则就其本身来说还不足以构成教育学的基础,因为可能的理性存在者也许早已基于其具有的自决的确定性进入了相互作用之中,即开始行动和思考,因此似乎可以考虑,他不仅仅是可塑的可能的理性存在者,而且始终已经是受过教养的、从而是真正的理性存在者。假如可塑性是教育科学概念的唯一原则,那么这一原则是说教育既无可能又无必要。可是,只要可塑性被当成一个教育学科学概念的原则,那么它就必然要求揭示其他原则。所以,绍尔断言:"······不可理解的是,它(可能的理性存在者的能力——本纳)怎样能在没有外在驱动的情况下自己进入相互作用,因为应当从什么开始,这必定一反我们的假设,在其静止状态中可以考虑到他已经在对其他发生作用地活动了。但因此,假如他应当从其静止过渡到相互作用的活动的话,那么其原因只能归为一种外在的驱动。"[1]

作为教育第一个原则的可塑性要求有第二个原则。这个原则必须为通过指出"外在驱动"的必要性使纯粹可能的理性存在者确实可能变成真正的理性存在者奠定基础,并必须回答如下问题:"究竟必须怎样思考对理性存在者的这种外在驱动?"[2]对可能的理性存在者施加

---

[1] 绍尔:《论教育问题》,第 284—285 页。
[2] 绍尔:《论教育问题》,第 285 页。

的驱动使其进入相互作用和进行思考活动。这种驱动必须是这样来确定的，"按照那种不确定的倾向标准对可能的理性存在者施加影响"并借以在对其的教育期间把他作为一个天生理性者并能够自由的存在者来对待。"假如无视那种可确定性（即那种可塑性——本纳），那么也许会……像对一个生肉团一样对这个存在者施加影响，但是，对理性存在者来说从中远非获得了什么，他仍处在迄今的不确定性和空白状态。"①假如说可能的理性存在者受到的是外在驱动的教育，那么这种驱动必须"作为物质的、富有内容的、把倾向（或可塑性——本纳）提升为活动的追求来考虑。（这种驱动的内容）……因此必须重新由自己的活动作这样的决定和安排，使内容涉及到的不确定的理性存在者能够通过内容开始活动。这就是说，同内容联结在一起的倾向不仅是一种对理性存在者的活动，而且就对其作出可能的解释来说它也是那种在其中和对其本身进行活动的前提。但一种对外界合目的同时在其自身中进行的活动是理性存在者的活动，因此我们必须把那种倾向赋予别的在其对面的理性存在者去驱动。因此可以得出这样的命题：不确定的理性存在者并不会同其自身产生确定的相互作用，假如不通过其他确定的理性存在者明显地对其作出确定的驱动的话。"②③约翰森通过探讨那种使不确定的驱动成为自决、发音和意义般的相互作用、成为一种确定的驱动这种可能性的先验条件，得出了

① 绍尔：《论教育问题》，第286—287页。
② 绍尔：《论教育问题》，第287—288页。
③ 绍尔的这一段话比较晦涩，总的意思是，作为不确定的或者说不完善的、未定型的理性存在者的人，其可塑性只有通过与世界和自身相互作用（互动）才能获得教养。绍尔在这里提出了这样的问题：这种相互作用是怎样开始的？在他看来其开始必有一种驱动，而这种驱动应当是外在的，来源于已经进行过相互作用并获得了教养的理性存在者，即来源于已经进行过相互作用并获得了教养的人。用绍尔的说法，其结论大致上就是，未经过相互作用的不确定的理性存在者只有受到站在其对面的已经经过相互作用的理性存在者的驱动，才能开始与世界和自身相互作用，受到教育。这与康德所说的人只有通过教育才能成为人的观点是一致的。——译者

同样的结论。他断言:"所说的结论就是这个命题:全部教育仅在于应当使受教育的存在者通过外部对象被要求去自由行动,并从而激发其主动性。……这一目的、因此也是自由行动的概念和使被作用的理性存在者认识这种意图的可能性,必须以外部影响为基础,因此这种影响是由一种自己有了自由行动概念的存在者引起的,这就是说,有限理性存在者对自由的要求一定由来于其外部的另一个理性存在者。因此,人之所以能进行教育,只是因为他们有能力具有自由和理性的概念。"①

自由的主动性的要求和主动性的驱动(可塑性)是教育学的两个原则,就像在早期费希特追随者的教育哲学中阐明的那样。人们尝试仅仅从可塑性的原则出发来把握教育,因此教育似乎是一种只发生在学童身上的过程,这个过程归根到底似乎是不需要施加影响的。学童似乎始终在自我进行教育,他似乎不是一个具有可塑性的理性存在者,而是早已受到了教养的理性存在者,始终已经在这个词的意义上受到了教育,即根本不需要教育。相反,假如人们仅仅要从主动性要求的原则出发来理解教育是什么的问题,那么人们会假设教育属于一种原始的创造过程,这一过程似乎首先必须"从无"开始创造学童的可塑性。因此,可塑性和主动性要求作为教育学的原则,它们是相互依存的。假如说主动性要求是教育科学的原则(因为它指明作为可塑性的存在者的受教育者,他应当通过自己的活动实现他的使命),那么学童的可塑性则是主动性要求的原则,因为只有在可能的理性存在者被要求去进行自由活动并以对其行为方式不作规范的规定进行这种活动的情况下,可塑性作为这种存在者的自由活动的倾向才能得到发展。早期费希特追随者的教育哲学的贡献就在于指明了教育科学概

---

① 约翰森:《裴斯泰洛齐教育和教学方法批判》,第 61—62 页。

念的这两个原则。

　　教育科学的先验原则并不对教育实践具有直接意义,因为它们不去探讨教和教育的具体可能性和任务,而只探讨提出教育科学理论和教养教学理论可能性的条件。假如人们不去认识存在于它们之中的教育科学概念的先验条件而要把它们假设为教育存在使命,那么人们就会陷入难以估量的困难。康德对先验哲学的论证正是力图消除这种困难的。我们在这里至少想提醒一下,因为这种困难往往被教育哲学忽略了。

　　比如,假如人们把主动性要求的原则作为人的存在的确定性,那么证明上帝存在的虚构就可以建立在这个原则之上了,因为人们也许只能把世代系列中较老的一代假定为对年轻一代提出主动性要求的一代,从而一直追溯到第一代,把上帝作为第一代的第一个教育者。这样一种对先验解说有效性的违背,通过它——各按对人类道德状况——对魔鬼如同对上帝的推论一样也就能够成立了,虽然这种违背并不存在于费希特的追随者中,但却存在于费希特本人那里。[①] 这方面那种先验思考的假设特别关注早期费希特追随者的论著中关于教育科学的条件。绍尔误解了由他指出的原则的意义。他在被我们引述的他的论文的第二部分中尝试以五个思想步骤说明纯粹可能的但可塑的理性存在者是如何根据主动性的要求成为真正的理性存在者的。在这方面他阐述了如下构想:第一步,理性存在者首先根据向他提出的要求了解其教养的缺陷;最后出于结束目前可恨的无教养状态的愿望而产生这样的看法:服从自己的驱动,服从对他提出的要求,接着仿佛为他自己的举动而吃惊似的,获知他不是在服从自己而服从一个陌生人的要求;通过他后来把这一认识变为自己的认识,他进入

① 参见费希特著作第 1 卷,第 43 页。

了同自己的相互作用，并把自己提升为真正的理性存在者；这种对存在对象的先验条件①如此假设的胡说在如下构想中表现得特别清晰：不确定的理性存在者应当意识到自己教养的缺乏和他的教养欲望，以作为具有不幸意识②的存在者去实现自主的要求，然后把这作为理性的计谋来理解和维护，但同时假设这构想应当说明什么；因为这构想根本没有说明有限理性存在者的形成过程，构想不得不始终把他假设为真正的理性存在者，以便说明他毕竟是能够意识到其是缺乏教养的。

在教育哲学把由其揭示的关于教育科学知识原则颠倒为教育存在的确定性的地方，它失去了其对教育科学的真正意义。于是它便尝试自己指导并在实践上管控教育。对教育科学作科学原则论证原本是教育哲学的任务，现在教育科学有同教育哲学本身合在一起的危险，而教育哲学却为能使教育学成为科学服务，而不去为科学教育学奠定基础。这一点在绍尔阐明的使可能的理性存在者成为真正的理性存在者的五个阶段中典型地显示了出来。

早期费希特的追随者有时提出的关于教育的每种理性的科学的原则的假设自然并不是偶然的。这就是说，早期费希特的追随者只知道教育的理论问题；像卢梭和施莱尔马赫一样在很大程度上从教育意义导向问题概括出教育理论问题。假如说，这种片面性在卢梭那里导致了对神圣的社会制度或自然秩序的虚构，在施莱尔马赫那里导致了人类自然道德化的假设，那么它会在这方面诱使人们把主动性的要求

---

① 据本纳本人的解释，"存在对象"是说存在的教育结构；"先验条件"是从康德那里借用来的，这里是指理性地谈论教育的条件，而不是指要处理的教育本身的条件。本纳认为费希特及其学生不了解康德关于理性概念同自在之物的先验区别，在这里就是指谈论教育的条件和教育本身的条件的区别。——译者

② 据本纳本人的解释，"不幸的意识"是黑格尔的提法，指人处在启蒙过程的某阶段时知道自己的某种认识是错误的，但不知道什么是正确的，故这意识是不幸的。——译者

作为可靠的准则,并相信教育意义和任务的确定就是在变成理性存在者和真正理性存在者中发生的活动和思考、发音和意义的实际存在的相互作用。[①] 在不了解早期费希特追随者阐明的教育科学原则可能具有的意义的情况下,赫尔巴特反对与费希特有关的教育学理论的片面性。也就是说他指出,对先验原则的存在解说在费希特的追随者的哲学方面助长了对教养理论问题的忽视。[②]

(二) 集中和限定:[③]R.赫尼希斯瓦尔特的教育哲学原则

下面我们来探讨 R.赫尼希斯瓦尔特教育哲学,借以揭示早期费希特追随者的教育哲学不加考虑的教养理论的先验论证问题。在这里我们也只能谈谈与我们的探讨有关的重要内容。我们将此局限于赫尼希斯瓦尔特 1913 年出版的《关于教育学基本概念之理论的研究》、1918 年和 1927 年出版的《论教育学基础》和 1917 年出版的《集中教学的理论》中的重要段落。[④]

---

① 参见本纳:《早期费希特追随者的教育哲学创见》,第 40 页及以下几页,第 63—69 页,第 101—102 页。

② 参见赫尔巴特,A I(A I 即 W.阿斯穆斯编的《赫尔巴特教育论著选集》第一卷——译者),第 99—100 页;反对先验原则的本体论化,同时出于对其有效性的误解,赫尔巴特提出异议:或者纳入作宿命论或者采纳先验自由的哲学体系自身排斥了教育学。因为它并不坚定地接受那种表明从不确定性向完善过渡的可塑性这一概念(A III(A III 即 W.阿斯穆斯编的《赫尔巴特教育论著选集》第三卷——译者),第 165 页);关于赫尔巴特与费希特的关系也可参见 G.布克(G. Buck):《赫尔巴特教育学基础》,第 65 页及以下几页,第 156 页及以下几页。

③ 根据本纳的解释,这里的"集中"(Konzetration)和"限定"(Determination)是赫尼希斯瓦尔特对教育实践任务提出的两个教育原则。简单地说,"集中"的原则是针对教学内容的原则,它要求教师在教学时集中于教学主题,与学生一起探讨科学认识及其应用问题;"限定"的原则是针对学习者在老师的帮助下掌握核心知识的过程,要求教学把集中的教学内容由教师分段地传授和学生分步骤地学习和掌握,教学过程在时间上是要有划分的,或者说限定的;同时要求对教学内容的意义作出限定。

④ 下面我主要援引 W.斯密特-科瓦契克(W. Schmied-Kowarzik)的"赫尼希斯瓦尔特的教育哲学探讨",见:D.本纳、W.斯密特-科瓦契克:《教育学基础导论》,第 2 卷和"关于新康德主义教育学最新讨论"参见:J.厄尔克斯(J. Oelkers)、W. K.舒尔茨(W. K. Schulz)、H.-E.特诺特(H.-E. Tenorth):《新康德主义——文化论、教育学与哲学》。

在赫尼希斯瓦尔特看来,哲学教育学或教育哲学要探讨如下问题:"什么是'教育学概念'的本质? 此外,什么是教育学科学的独特结构? 其在科学中有什么样的地位? 其同其他科学的关系有什么样的特点?"[1]我们在这里首先分析前两个问题。

按照赫尼希斯瓦尔特的观点,"教育行为"就是"通过暂时领先者的传授,根据计划要求向下一代传播当前科学和科学以外的文化内容。"[2]从第一眼看,这一定义同施莱尔马赫和维尔曼的定义是一致的,但仔细看,可以发现两个重要区别。一是赫尼希斯瓦尔特并不像施莱尔马赫那样要求把教育整合进生活潮流,并使在其中包含的倾向实现自然的道德化,而是主张"根据计划要求传播";另一个是,这种传播不是包括科学和科学以外的文化内容的偶然的东西,而是受文化概念的适用性理论制约的。因此,赫尼希斯瓦尔特教育哲学探讨的是传统教育学说不考虑的问题,并力图说明教养理论。

从植根于赫尼希斯瓦尔特哲学并同适用性理论或客观性和单子理论与主观性理论之间的区别相联系的原因出发,传播文化内容的概念从两种视角确定了教育学的系统地位。"'文化'这个词……首先意味着作为其(即科学、艺术、习俗、法、宗教)客观适用价值的体系"。然则,它意味着一切教育学规则观念中的文化表征,人类'更高发展'的表征,并最后意味着在著作和思想中这些观念的具体化。它们是三种处在相互不可分割的条件关系中并纳入所有教育学概念中的诸因素。"[3]假如说"文化"这个词的第三种意义是指反映历史—社会的真实的人类作品和思想——施莱尔马赫和维尔曼首先看到了这个文化概念,他们自然同时赋予其客观的适用性——,那么第一种意义是针对科

---

[1] R.赫尼希斯瓦尔特:《论教育学基础》,第16页。
[2] R.赫尼希斯瓦尔特:《论教育学基础》,第18页。
[3] R.赫尼希斯瓦尔特:《论教育学基础》,第43页。该引文转换成了现在时。

学、美学、道德、法和宗教价值的适用性的，而第二种意义是指文化通过教育和教养的进一步发展和传承的。鉴于教育使传承人类作品和思想方面的文化内容真正成为可能的实际任务，教育学一方面需要对客观适用用价值（客观性理论）作出适用性理论的定向——赫尼希斯瓦尔特尝试在"集中"原则中探讨这一点——，另一方面需要就个人态度（主观性理论）中对适用用价值的具体化任务以单子理论①来奠定基础——赫尼希斯瓦尔特在"规定"原则中探讨了这一点。文化内容的传播的定向通过客观适用价值体系的原则确定教育的方向，并借以确定了一切教育的"集中任务"，也即"对学生生活态度的有意识动机的一切可能适用领域建立和谐的'真理'体系的观念"，②而对文化内容传播的单子论引导使教育根据"作为事实的教育影响的……条件来作出安排"，并把"教育学规定"的概念作为"一定时期具有适用价值的写照"。③

首先让我们来探讨赫尼希斯瓦尔特在他的著作《论教育学基础》的第一章"教育学与适用性思想"和其论文《集中教学的理论》中阐述的第一个问题。

为了理解客观性理论或适用性理论同主观性理论或单子论的区别以及由这一区别推论出的作为科学教育学概念的原则的集中和限定的区别，这里有必要简略地说说赫尼希斯瓦尔特的适用性概念。"具有适用性和适用价值并不意味着某人认同它是适用的，或完全取决于某人的认同和赞成。相反。这是说它同任何认同和拒绝是无关的，或者说确实应当是无关的。除非在科学、艺术和宗教的角度看是作为'真的'东西，则始终要求赞同，而且各按不同标准和原则要求赞

---

① 根据本纳的解释，赫尼希斯瓦尔特的单子理论不同于德国哲学家莱布尼茨的单子论，前者是关于主观性的理论，强调的是关于具体的人的个体问题。——译者
② R.赫尼希斯瓦尔特：《论教育学基础》，第 30 页。
③ R.赫尼希斯瓦尔特：《论教育学基础》，第 35—36 页。

同。但在其真理方面,这里的真理无非意味着适用价值,同样面对所有赞同和拒绝保持不变。但正因为如此,‘真理’意味着与那种赞同的事实情况不一样。我们也可这样说,真理是赞同的对象。赞同并不是真理的原因。有许许多多的例子可以证明,真理不‘是’因为人们赞同它,而是因为它‘是’,所以人们应当赞同它。然而,它的‘是’始终是其适用性。……并非通过许多人,甚至所有人认同有适用性价值的事实可以证明其适用性。但也许应当被认同的思想,乃至能够被认同的思想就是它的概念。”[1]

因此,传播并不承担就其本身而言确保获得必然抽象的认同和其传承的任务。它首先通过其同适用性价值的关系获得其意义,这种适用性价值的真理性同获得认同无关,并恰恰由于这种特征能够要求获得普遍的赞同。“适用性价值,即按照适用性价值确定的适用性,是教育学上所传达的。只有使所有对传播内容本身不加关注的行动成为教育行动的情况下,才能称得上教育行动。”传播和教育的概念就这样在适用性概念中定位下来。而因为传播的概念始终要求有一种集体的概念,所以它可以从适用性中推导出来:“关于适用性的传播的概念……确定了按原则在评判着的存在者的集体的观念。作为教或教育财富的文化财富成了这种集体的思想的中心。”[2]只要在适用性概念中确定了传播的概念和集体的概念,赫尼希斯瓦尔特就可以断定:“因此,教育学全部可能有的事实情况确实真正同涉及适用性价值的、由其决定的集体的概念相一致的;因此也同‘文化’本身的概念的条件相一致。假如现在我们观察一下这整个关系,那么我们可以说:不但在这一意义上,适用性价值的概念对于作为科学的教育学来说是它(尽管它同教育学有关,但其所有功能并不取决于教育学)能得到阐明的

---

[1] R.赫尼希斯瓦尔特:《论教育学基础》,第 20 页。
[2] R.赫尼希斯瓦尔特:《论教育学基础》,第 22 页。

前提；而且首先在另一种意义上，即在作为科学的教育学提出的以适用性价值问题本身设定的问题的意义上得到了阐明。……只是'哲学的'这个词能够指明这些确定教育学事实情况的前提的全部。作为科学的教育学提出的任务就是科学哲学的任务。"①

对教育学是哲学的科学的论点我们后面将进行深入的探讨。这里我们首先关注适用性、传承和集体的联系。也就是说，从中可以推论出作为教养理论原则的集中的概念。如同适用性概念包含集体的概念一样，传播的概念包含"个性的概念"。后者是"那种适用性价值体系的客观统一的教育学相关概念。"②因为适用性要求得到认同和赞同。但对在思想和作品中的适用性价值的认同和赞同标志着个性的概念。同时个性在某种程度上是"适用性价值体系"的教育学相关概念，作为基于这体系的教育、文化内容传播的确定要求对成长着的主体使适用性"适用"起来。这样作为教养理论原则的"集中"概念就得到了补充，因为他说，教育的任务就是使适用性价值的集中体现在需要受教养的主体那里。以使他借以为方向认识和行动，从而成为人才。在适用性和人的关系中，集中原则的双重使命得到了论证。这一方面是指科学领域的实际关系及其对诸如道德、法、艺术和信仰等科学以外的适用性价值的关系。在这一意义上赫尼希斯瓦尔特谈到了适用性领域的"集中性"。另一方面是指"教育行为统一'集中'的可能性"。赫尼希斯瓦尔特是在根据学生的可塑性提出的"教育目的的可集中性"概念中探讨这种行为的前提的："这两个因素（指适用性领域和"教育行为"的可能性的实际关系——本纳）恰恰表明集中的理论问题的关键：知识材料的集中性和教育'目的'的可集中性"。③ 在这两

① R.赫尼希斯瓦尔特：《论教育学基础》，第 22—23 页。
② R.赫尼希斯瓦尔特：《论教育学基础》，第 30 页。
③ R.赫尼希斯瓦尔特：《集中教学的理论》，第 208 页。

个因素中,集中的概念是与适用性的概念相一致的。"应当被认同"的思想像"能够被认同"的思想属于适用性概念。教育和教学内容的集中性符合"应当被认同"的思想,而教育行为的的可集中性符合"能够被认同"的思想。

在作为教养理论基本概念的集中原则中,赫尼希斯瓦尔特提到了赫尔巴特和维尔曼思考过的问题。"集中性"和"可集中性"两个因素早已在赫尔巴特基于实践哲学的观念论和从中推论出来的教育意义定向这一方面和作为教育性对待的可能性原则的可塑性基本概念这另一方面得到了阐述。可是,赫尼希斯瓦尔特不仅通过对教学的集中性的论证,而且同时通过以适用性理论,即客观性理论或内容性理论对教学的集中性的论证给出了教养概念理由,这种理由不但同维尔曼批判赫尔巴特对教养客观因素的忽视相一致,而且也同赫尔巴特对维尔曼提出的异议相一致。因为赫尼希斯瓦尔特把集中的概念作为适用性、适用性领域系统和适用性价值的教育学相关概念,所以他能够避免赫尔巴特教养理论中存在的使教育的思想范围限制在道德和意识伦理上的危险,并探讨了维尔曼无批判地提出的现存财富的前提条件。然而与其说赫尼希斯瓦尔特详细地阐述了科学文化内容同非科学文化内容及其领域的关系,不如说他只是略略提示了这种关系。虽然他的集中教学的理论并不排斥道德、法、艺术和信仰等非科学的文化内容,但却直至少数口头讲话都局限于科学的适用性和集中性方面。在他的三种文化概念中提到的在社会—历史现实中进行那种基于适用性理论的文化批评的可能性也并不是很明确。这就表明了教学论内容研究领域的问题和任务。对人的存在精神因素作出基于适用性理论的分析对于系统地说明教学大纲的编制问题来说是不可置之不理的,这一点可以从今天的教学论和课程论的研究状况中得到说明。在很大程度上排斥对教养理论作思考的情况下,这种研究尝试通过援引上述各种意见和需求的基本关系确保大家对教育内容和任务的一致认同。①

现在让我们来探讨赫尼希斯瓦尔特在其论著《论教育学基础》的"教育学和文化概念"一章和《教育学基本概念理论研究》中讨论的第二个问题。适用性理论论证的结论本身直接导向对科学教育学第二个原则的分析："只有审视适用性价值体系才能谈得上教育行为。"②第一个问题通过文化内容的传播概念的定义对其作出了分析，并通过对适用性同人的关系的分析揭示了集中的原则，这一原则说明了知识材料在适用性理论上的集中性问题，同时也说明了其在教育行为中的集中性；而第二个问题探讨的是作为事实的传播问题："对教育学在真正胜任其任务方面到底要'做'什么，对此在科学上是十分明确的，——这无非是要达到科学认识这一首要的目的。"值得探讨的是，"……必须创设什么样的条件、条件系统，在其中能在事实上产生教育影响"，也就是说必须说明事实上产生教育影响的概念。③

在赫尼希斯瓦尔特的分析中，他是从"文化"这个词的第二种意义出发的，其中涉及——如我们已经提出的那样——"所有教育学准则的观念的表征，即人类'更高发展'的表征。"对作为事实的文化内容的传承只能作为"一定时期具有适用性价值的反映"来理解。这里有必要对传播行动说明"作为向他人通过教学或教育传授内容的关系；即对发生在涉及教师和学生行动关系中的过程作出说明。所教的或所学的东西首先缺乏时间上的确定性。由于它'适用'，它就'是'这要教的或所学的东西。它就是'真理'，它就能被作为'真理'来教或学。但由于它'是'的，即'适用'的，因此必须能够这样思考它，'理解'它和传

---

① 参见本纳：《教养理论和课程论》。
② R.赫尼希斯瓦尔特：《论教育学基础》，第 21 页。
③ R.赫尼希斯瓦尔特：《论教育学基础》，第 32—33 和 35 页。

授它。或者谨慎地说：传授它的目的必须是有意义的。……无时限的真理性内容及其在教学和教育行动时期上安排的条件之间特有的相互关系表明了这里要讨论的问题"。①

这表明作为文化概念和作为文化内容传播的教育的基本因素的"时间"问题。只有从时间概念出发，文化才能不仅在其对超越时间的适用性的原则关系方面，而且同时作为适用性的实现和具体化的事实来理解："因此……时间因素看来……是文化概念不可或缺的因素，是它的基本的决定因素，是条件；由于这种条件，文化价值系统的关系才能变得可理解，即可产生经验的、恰恰是教育的价值作用。"②

"文化作用"作为"价值作用"，教育作为传承，在文化概念中就是原则上作为"有时限的适用性价值的反映"的"未来关系"。教育作为在一定时间内通过对文化内容的传承使适用性价值的具体化不能只致力于确保历史上既有的"作品和思想"。教育只能作为使人类得到"更高发展"来考虑。适用性与人的关系，如在作为教养理论原则的集中概念中说过的那样，在涉及对传播概念作出说明的地方同超越时间的适用性和这种适用性在主体一定时间实施中的具体化之间的关系是一致的。

集中原则包括教学和教育材料的集中性及其在主体实施中的可集中性，而它在这里涉及教育概念的确定，涉及一种在其适用性中同主体认同或指摘无关的真理的可教性和可学性。在这一处，赫尼希斯瓦尔特的单子论或者说主体性理论使他的《论教育学基础》获得了重要意义。他的这种理论用三种确定性，即自然客体、有机体和反思性存在者分析了人的主体性。人作为自然客体是可激发的，作为有机体他不仅能生存，而且能"学会生存"，作为反思性存在者，他能对自己说

---

① R.赫尼希斯瓦尔特：《论教育学基础》(第二版)，第86页。
② R.赫尼希斯瓦尔特：《论教育学基础》(第二版)，第38页。

"我",他不仅是经历的中心,而且同时也是认识的中心:"这个'我'意味着对自己说'我说';意味着作为事实在思想。但这同时也意味着对象的'可能性',进行判断的形式,从其实施条件方面来看的适用性要求,即所有事实性的原则。"因此赫尼希斯瓦尔特能够说:"在'我'中,持续经历着的单子把原则和事实结合在一起。"因为人的单子不仅是思想的事实,而且是所有事实性的原则,他虽然不是适用性本身的原则,却是适用性的事实性原则。[①]

一切经历都是作为有机体的肉体传播的。只要他是反思着的基本上能自我把握的存在者的肉体,那么他同时也是认识的中心。只要人的单子是认识的中心,那么反过来,认识的中心就是人的单子。人的单子作为认识中心是能够改变的,因此是能够通过对他人的单子产生的新的理解来传播理解的。教育就是人与人之间理解的特殊案例。在这种理解中施教者的单子传承着适用性价值的肯定性,而文化内容在文化内容适用性的意义指向下被往下传递。我们用这种理解的概念说明了教育科学的第二个原则,而赫尼希斯瓦尔特是用"限定"这一概念来说明的。这个概念同"集中"的概念一样包括两个因素。其中一个涉及"'意义'上的限定",另一个涉及"'时间'上的限定"。[②] 教育必须总是把这两个因素作为事实来关注,并把它们联结起来:"一般的知识获得"和"特殊的知识传播"必须被作为"两个典型的规律性的交错"来思考,其中一个必须作为与时间有关的规律性,另一个作为一种纯粹与意义有关的条件。"只有在这种教育行为本身具有'时限'上'有意义'的功能的情况下,两个因素才能一起建构……探讨的客体(指作为事实的教育的客体,即教育行为的条件——本纳)"。[③] 作为事

---

① R.赫尼希斯瓦尔特:《论教育学基础》(第二版),第119、89页。
② R.赫尼希斯瓦尔特:《论教育学基础》(第二版),第81页。
③ R.赫尼希斯瓦尔特:《论教育学基础》(第二版),第9页。

实的教育,必须满足两个决定因素的条件,必须同施教者的经历连续性衔接起来,同时服从其意义的逻辑说明。把单子的经历的连续性和意义认识的连续性这两项综合起来,教育才能作为事实得以成立。

赫尼希斯瓦尔特用限定这个教育理论的基本概念来探讨广阔的教学方法研究领域的课题。他以直观教学的概念较详细地阐明了教育限定的实质,并指出,始终必须不仅把"直观"视为对获得适用性认识具有方法上的作用,而且视为对把握这种认识具有助产术的作用。在教学中的直观的作用不仅必须同各科学领域或客体的适用性条件相一致,而且必须同人的单子的心理结构相一致。假如我们要尝试进一步探讨决定这个概念对教学和教育时间上分段和内容上分段的意义,那么我们就必须转向方法研究和教学研究。基于教育决定原则的进行方法研究的必要性首先可以从其目前的现状看出来。这特别表现在,这种研究几乎只停留在心理学和社会学范畴,和不考虑应当由适用性理论限定、由单子论具体化的、有利于提出学习成绩有效化和最佳化的理论标准的人类更高发展的任务。①

如赫尼希斯瓦尔特阐明的那样,"集中"——作为教学内容按适用性的"集中性"同教育内容的"可集中性"的综合——和"限定"——作为"意义"上的"限定"同"时间"上的"限定"的综合——是教育科学的两个原则。假如人们尝试只从集中原则来理解教育任务的话,那么就会看不到真正的理性存在者(即受过教育的理性存在者)同可能的理性存在者(即必须受教育的理性存在者)他们群体之间的道德和政治的集中任务的区别。而假如人们只想从限定原则来确定教育任务,那么就必须把所有对成长者施加的影响称为教育,教育就因随意性而丧失了无数措施。

---

① 参见 W.菲舍尔:《教育科学——经验研究对奠定教育学基础的意义》。

因此,集中和限定作为确定教育意义的原则是相互依存的。如同为确定教育集中任务的集中原则需要限定原则一样,限定原则也需要人的存在的适用性或新意义领域的集中性,以把教育的限定任务作为一个整体来理解。对集中概念和限定概念这两个互补的科学教育学原则的提出,是赫尼希斯瓦尔特的教育哲学的真正功绩。

这两个原则像费希特追随者提出的原则一样,对教育实践没有太大的直接意义,因为它们提出了科学教育学的概念,但并非其教育举措。与费希特的早期追随者认为其提出的原则对教育举措有直接适用性不同,赫尼希斯瓦尔特一再指出先验条件思考的严重局限性。比如,在此仅提一下有关说明,他在探讨更高发展的概念和针对个人和人类未来的教育决定任务时断言:"假如这个概念(指更高发展——本纳)适用和必须适用的话,那么教育举措应当'能够',即能够得到维护,而那种系统(指适用性和时间上的决定的相互依存的系统——本纳)也必须适用。而为了排除所有误解,似乎应当强调指出:那种人类'更高发展'不是一种事实……不是一种在过去中寻找其证明以便为未来采用的行为,而是借以为前提才能理解教育学本身是事实的一种思想。"[①]这一引文也许足以说明,赫尼希斯瓦尔特并不如早期费希特的追随者们一样错误地看待其教育哲学的意义。然而他也使自己对其教育哲学的假设承担责任。在这方面我们联系代表赫尼希斯瓦尔特观点的上述引文说明,在他看来,教育学是一种哲学科学,因为它研究的任务就是哲学科学的那种任务。这一说明在这方面对于赫尼希斯瓦尔特关于哲学同教育学关系见解来说是代表性的。根据这一点以及其他几处都表明,在赫尼希斯瓦尔特看来,先验哲学对教育学作为科学的可能性条件的思考是同哲学本身联系在一起的,因此教育科

① R.赫尼希斯瓦尔特:《论教育学基础》,第54页。

学的概念同哲学科学是分不开的。教育学是哲学科学,这无非是说它根本不是一门特殊科学,而是哲学的一部分。

把作为一门我们赞同的教育科学原则上必要的一部分的教育哲学同作为整体的教育科学相提并论,表明他们的关系非常密切。也就是说,当把教育学理解为哲学的一个特殊部分时,哲学对不在哲学中存在的教育学本来的作为教育科学的任务是不加考虑的,而是从其前提来加以论证它的。由于这种相提并论,作为教育哲学的来理解的教育学丧失了所有由经验可得知的同实践的关联。虽然决定和集中的概念并没有说是作为事实的教育实在始终和处处是为人类的更高发展和一定时期中适用性价值的实现和具体化服务的,但正是由于这种本体论上对它的无法可证性,这些教育概念的原则就其本身而言不能提出这样的要求:在它们之中穷尽作为整体的教育科学,确切地说,这些原则只有首先通过由它们论证的教育科学才能作为教育和教养的概念获得积极作用。这种教育科学致力于作出批判分析、确定意义和指导实践,以使人类更高发展的观念不至于变成空洞的原则,而通过基于教育哲学的教育科学使这种观念作为对实践的具体任务真正在实践中得到认真的贯彻。

教育哲学的原则既不可以——如在早期费希特追随者那里一样——被具体化为教育举措的实际决定,从而不考虑适应那种历史—社会状况的任务,也不可以——如在赫尼希斯瓦尔特那里一样——被提升为教育概念,否则教育在具体实际中会变得盲目任性。在这两种情况下,教育哲学会误会其本来对奠定教育学作为科学的应有的意义。尽管早期费希特的追随者和赫尼希斯瓦尔特并没有始终认识到这里揭示的在我们教育学问题系统中已经阐明的教育学理论的局限性,但要否定他们提出的原则具有的所有意义则似乎显得太过草率了。但这些原则只有在考虑教育哲学的界限的情况下才对教育科学具有积极作用。为了揭示这种作用,我们在下面尝试解读早期费希特的追随者阐明的自主和可塑性主张以及赫尼希斯瓦尔特提出的关于两个相互关联的集中和限定原则。

(三) 教育理论和教养理论的原则

早期费希特的追随者和赫尼希斯瓦尔特的教育哲学是奠定教育科学基础的相互补充的模式。

我们对两种创见的分析首先断定了它们各自阐明的原则相互依存的关系:主动性要求的原则作为所有教育理论的基本概念依存于可塑性原则,只要后者清楚地指出了非天生理性的存在者的概念不同于理性存在者的定义。同时可塑性原则也依存于主动性要求的原则,只要后者不认为单单教育可以作为使可能的理性存在者成为真正的理性存在者。同样由赫尼希斯瓦尔特提出的教育科学的原则也有相互依存关系:集中原则就自身而言还不能够把握面对道德和政治实践的教育作出的特别定义,它需要教育的限定原则,以能够确定教育专门的任务。限定的原则,作为事实的教育的基本概念就它而言也依存集中的原则,只要它能把教育首先作为整体来理解。这里指出的一方面关于主动性要求和可塑性的相互关系和另一方面关于集中和限定的相互关系,进一步看这表明了教育理论和教养理论的相互依存关系。就像按教育定义看,作为所有教育理论的基本概念的主动性要求的原则依存于可塑性一样,从作为事实的教育定义的可能性来看,作为所有教养理论的基本概念的集中原则也依存于限定的原则。

为了揭示早期费希特的追随者的教育哲学和赫尼希斯瓦尔特的教育哲学之间的关系,我们不能满足于就每一种模式指出教育理论和教养理论问题的相互依存关系,而必须揭示所有教育学 4 个原则的相互关系。我们将指出,"主动性要求"(费希特的追随者)和"限定"(赫尼希斯瓦尔特)是教育理论的原则,而"集中"(赫尼希斯瓦尔特)和"可塑性"(费希特的追随者)是教养理论的原则。①

早期费希特教育哲学主要分析可能的理性存在者成为真正的理性存在者的概念,分析教育理论的基础,在其中还以可塑性原则论及了教养理论课题。赫尼希斯瓦尔特的教育哲学主要致力于研究教育定义的概念,因此着重研究教养理论问题,其教育理论课题完全可以与早期费希特的教育哲学媲美地是以教育学上限定的原则为标志的。为了说明两种教育哲学创见的相互依存关系,值得详细指出主动性原则和限定原则各就其自身而言都不太足以奠定教育理论的基础,如同可塑性原则和集中原则各就其自身而言不能奠定教养理论基础一样。

主动性要求的概念产生于可能的理性存在者成为真正的理性存在者概念的逻辑结构,限定的概念产生于对适用性价值系统反映进入人的单子的经历连续性概念的逻辑结构。两者都各自表达了教育作为事实的一个方面。这一个方面必须作为自主的要求来考虑,以将它能够作为通过真正理性的存在者使可能的理性存在者成为真正的理性存在者的教育来理解。主动性的要求同时必须作为教育限定过程来考虑,以将它能够作为内容上结构化而不是随意的事情来理解。假如人们企图把教育仅仅理解为对主动性的要求,那么教育理论就会陷入卢梭教育学说的困境之中。这种学说以自然系统或社会制度的形式预先确定了教育实践方面与经验有关的内容分类;而假如人们把教育仅仅理解为教育学上的决定,那么就会陷入施莱尔马赫教育学说的困境之中,这种学说尝试通过保持和改善的内容论证维度来理解与经验有关的内容分类。教育只有由一种不仅基于教育学上限定原则而

---

① 在我的《普通教育学》中,我保持了教育学思想和行动的 4 个原则这个数字。但同时,通过教育学论证把集中原则改为人类实践的基本形式和领域的不分等级的秩序关系的思想,把决定原则改为社会对教育过程的影响的迁移思想。

且也基于主动性要求原则的理论来加以指导,才能具有促使人类更高发展的可能性。这里,我们通过提出在我们对卢梭和施莱尔马赫的教育学说的述评中指出的作为主动性要求原则同限定原则之间的矛盾的卢梭立场观点和施莱尔马赫立场观点的矛盾,并对其系统根源作出回顾,以对教育理论诸原则作教育哲学分析结束我们的述评。如同教育理论要求为满足主动性要求原则和教育学上的决定原则奠定基础那样,教育者需要一种在两种原则中得到证明的、说明给教育定义可能性的和首先在教育责任方面能指导建构教育情境和在实践中作出决定的教育理论。

对早期费希特的追随者和赫尼希斯瓦尔特提出的教育理论原则的对比得出的结论自然没有什么可惊讶的,原因恰恰在于它们重复了卢梭立场观点和施莱尔马赫立场观点之间的矛盾,因为在这里我们看到了对我们在开始讲述传统创见时提出的分类的证明。假如教育学说确实应当具有我们对教育学问题分类中提出的论证功能,那么在教育哲学中必然会重复出现各教育学说的争论。在教育学问题分类以教育学说的传统立场观点和说明其前提条件的教育哲学证明是正确的以后,现在值得从早期费希特的追随者和赫尼希斯瓦尔特提出的教育理论原则出发,补充一下教育科学的第二个问题。因此下面我们探讨一下可塑性和集中这两个原则的关系。

集中的概念产生于既对应当被认同又对能够被认同的思想提出挑战的适用性价值系统概念或人的存在的意义决定的系统概念的逻辑结构。可塑性概念也产生于使可能的理性存在者成为真正理性存在者的定义的逻辑结构。两个概念各表明了教养任务的一个方面。一面作为集中的任务,把使适用性价值成为适用作为文化传承的根本限定来理解。它同时必须从可塑性原则出发来加以理解,以使集中的任务不简单地和文化传承和传播的任务等同起来,而应当看到其同使可能的理性存在者成为真正理性存在者的教养任务的关系。假如人们尝试只从集中的原则出发来补充教养的概念,那么就会使教养理论陷入维尔曼学派教养论的困境,这种教养论把人类更高发展的任务归纳为文化传承的任务,而在很大程度上不考虑学生成长的问题;而假如人们只尝试从可塑性的原则出发来补充教养的概念,那么就会陷入赫尔巴特教养论的困境,这种教养论试图在忽视内心自由观念同其他观念的关系的情况下把主要从可塑性概念出发的教育任务作为怎样使内心自由成为可能,从而在很大程度上排斥了从教育思想范围出发确定人的存在的一系列因素。因此教育需要不仅基于教育学上的集中原则,而且基于可塑性原则的意义导向。这里,通过指出和说明我们对赫尔巴特和维尔曼教养学说的述评中指出的他们两个学派的教养理论的矛盾是可塑性原则和集中原则之间的矛盾这一点,我们可以在对教养理论原则作出的教育哲学分析中结束我们在对它们教养学说述评中开始的思考了。如同教养理论要求得到依照集中和可塑性原则的论证一样,教育者需要这样的教养理论,它能从两种原则出发分析理性确定的教育任务,并能把实现这种理性确定的教育放在首位,对在实践的教育者具体工作作出方向指导。

只要重温一下教育哲学问题中教养论的传统立场观点的争论,那么从早期费希特的追随者和赫尼希斯瓦尔特提出的教养理论原则的对照结果看,对传统教育学的三种问题的分类证明是正确的。当我们在我们关于作为关于教育和为了教育的实践科学的教育学的概念范围内,从作为科学的教育学的分类系统视角解释了传统学派之后,下面我们就来探讨现代的各种教育科学创见。作为教育科学的任务,我们迄今的全部思考表明了这样的论点:教育学必须进一步阐明教育理论、教养理论和教育学理论的各种不同的问题,同时必须在我们指出

的方向意义上尝试揭示各种传统立场观点的分化。然而,稍稍知道20
世纪教育科学就足以认识到教育学并没有走这条路。为创立一种作
为科学的教育学,今天它在很大程度上完成了同其自身传统的决裂。
因为我们并不想通过对今天各学派进行述评来批判这种决裂和对它
作为教育学史上的难以置信的厄运感到遗憾,所以提出了这样的任
务:理解在教育科学中这种决裂的必然性和把今天众多的创见纳入还
必须阐明的已经放弃统一的作为科学的教育学的概念中。假如教育
学说的各种立场观点的冲突确实具有在我们对教育学问题分类中阐
明的论证作用,那么这种冲突必然会在教育哲学中重复出现。这样一
种解释并不是把这种同传统的决裂视为仅仅可以归结为对今天各学
派缺乏了解的随意确定的事实,而是指出传统教育学同今天教育科学
学派之间的决裂好像是由两方面决定的。在这种意义上,应当在结束
对传统的分析时,鉴于教育科学今天的情况对传统教育学理论的特有
可能性和局限作出探讨。

第二节 传统教育学创见的意义和局限

　　假如我们在这里探讨传统教育学的意义和局限,那么我们要做的
不再是分析其不同的创见,而是要说明其超越历史的和有历史局限性
的意义。这种探讨自然始终是以两个方面为前提的,一方面超历史意
义只有在探讨的对象是同一的情况下才谈得上;另一方面,专门的局
限只有在对象即使同一,但也作为历史的对象的情况下才能谈得上。
这两个方面对于我们的对象来说,即对于教育学作为科学或教育科学
来说是直接的前提,因为教育学在20世纪的新创见大部分出于同传
统的有意识的决裂,即它们根本不把这种传统视为它们的传统,并强
调教育学的起点是因为它们才开创的。这种对传统的态度在教育学

史上当然不是什么新鲜的事,然而这已标志着建立教育科学的传统的努力。所有我们探讨的创见都以某种方式断言其是科学教育学的新创见。可是,传统的各种创见认为自己毕竟延续了教育学的思想方向,新创见始终不仅出于其传统,而且整合到了这些传统创见中,而一些今天具有很大影响的教育学新创见特别表明,它们在很大程度上是对传统的否定,并代表那种往往基于不理解甚于确切理解传统的论点。这种论点认为教育和教养的传统学说总的来说是不科学的,因此人们必须把它们同真正的科学区别开来,比如把它们称为教育学,但把自己称为教育科学。

即使没有理由把这种否定传统的创见只以这种态度而视为教育科学,但这种论点,即认为教育学或教育科学(我们使用两种概念,像以往一样,在下面也这样)在历史上是同一种东西,其实要求对也包括现代各种创见在内的传统创见作出分析。因此出于探讨传统教育学创见的意义和局限问题的前提中存在的原因,对这个问题的回答似乎根本不可能,至少在现在节点上和在以往研究问题的视野范围内是不可能的。在这种情况下,假如认为传统创见的超历史的意义和特有的局限性通过同现代教育科学的新创见作简单比较就可以一目了然,以至这些新创见在声明和实施同传统决裂中忽视的两者之共同性可能被作为传统的超历史的意义和它们认识到的区别作为传统特有的局限性被抹杀掉,这乃是错误的。不同立场观点的比较不可能穷尽。这种比较始终是以各按立场观点所指的和不同看法的对象的概念为前提的。假如要作比较的立场观点之一认为有问题的对象首先被它作为科学的课题,那么这是特别正确的。

我们在教育学问题分类中分析传统学派前就已经概括了我们的教育科学概念。这种概念必须通过对现代教育科学学派分析来加以验证,应当表明是真正的教育科学概念,而不仅仅是一些立场观点中的某一个的标志。在我们当然还没有对一个概念既概括各种传统创见又概括各种现代创见的前提可以作出补充说明的情况下，我们也可以尝试从这个概念出发，对传统创见的可能性和局限作出分析，同时可以表明，不仅本世纪的各种创见作出了同教育科学传统的决裂，而且在传统自身内部也有这种决裂。只有在可以指出各种现代学派提出的决裂同对传统的意义作出系统限制相一致的情况下，才能有理由谈得上传统创见的超历史的意义。

在这种意义上和联系前面几节阐明的教育学探讨方式的分类，下面我们将尝试确定传统的超历史的意义及其今天对教育科学还具有的贡献。

一、传统的超历史的意义：教育学作为基于各种原则的实践科学

我们建议对教育科学问题所作的分类，只要能够借助于它来理解传统的各种创见并使它们相互得到归类，就证明是正确的。经典教育家的一些教育作品在这里表明了它们在教育学问题分类系统中所具有的意义。这种意义只是部分地被那些相互多少不相调和的教育学理论创见所认识到。但是，传统不仅可以纳入分类的解释模式中，而且在其教育作品中促进了这样的分类，这表明了它的超历史的意义。这说明传统教育科学几乎完全被理解为一种起源于实践问题和成为课题的日常教育经验的实践科学了。

只有当教育学在其结论方面能够返回去注意日常经验的视野时，它才能作为超越日常教育经验的思想获得它在教育学问题方面指望的肯定。像伦理学和政治一样，它对实践而言必须是一种具有独特结构的实践科学。

假如教育学仅仅是关于实践的科学，即就像认识科学有其对象一

样,它有教育作为对象,那么它就要按照教育的任务和可能性,使教育从它同各种成为问题的日常经验中产生的教育学问题的关系中摆脱出来。这样一来,教育学就把教育简单化成了理论认识对象,并把说明教育可能性和任务让给了意识形态的争论和关于教育过程的实际设置和建构的随意的共识。于是它就不再是本来意义上的作为实践的教育的科学,而是在教育实在中关于生物、心理和社会事件的科学了。作为理论认识科学来理解的教育学,其出发点或者是,关于教育的任务和意义的确定性问题在教育者和受教育者一代的实际认同中始终已经解决,或者这个问题已经排斥在必须科学地说明的对象范围之外。这样,教育学就变成了实用营养学或心理学和社会学。今天所谓教育心理学和教育社会学的说法只是掩盖了这种实际情况,因为它们不考虑真正的任务,即通过直接认同心理学和社会学对教育实在的见解具有教育学见解的属性,说明认识科学关于教育实在的见解对理性建构教育过程可能产生的意义。自然,如同不能把对关于自然的不同意见和统计上的概率以及形成这种意见的条件的社会科学分析视为自然科学本身一样,错误的是把社会科学对教育实在的条件的分析作为教育科学本身。①

不管什么时候,只把教育学理解为实践科学,就会使它同作为其对象的教育实践失去联系,并把教育实践简单化为生物、心理和社会事件的条件。同样,假如在标准意义上把教育学理解为为了实践的科学,并这样来进行研究,认为可以直接指导实践和给教育作出理性的导向,那么这也许同样是错误的。无论在什么地方提出这种要求,教育就都会被以科学的借口用来为具体的政治、道德、神学和经济服务。②

---

① 参见本书第二章第二节,教育事实研究阐明的问题。
② 参见布兰凯尔茨(Blankertz):《教学论的理论和模式》。

　　作为关于教育和为了教育的实践科学的教育学的这两种简单化相互是不排斥的,确切地说,在某种情况下它们是相互补充的。也就是说,当教育学被归纳为一种纯粹理论认识科学是不考虑所有意义问题的,而教育学被归纳为规范科学,这对在其中纳入了教育实践和解答了意义和导向问题的一般规则事实作出了假定。尽管两种简单化相互一再有表面上的争论,同时认识科学的教育学反对规范教育学而提出了价值判断中立的标准,并以教育学同教育实践的特殊关系为理由反对它,但规范教育学在认识科学教育学实现其意识时始终对其提供着技术帮助。前者之所以符合后者的这种需要,因为它表明在自己选择的价值判断中立的标准的情况下容易受到需要其作出结论的意识形态的影响。

　　传统的超历史意义在这种背景下的特别依据是,它在某种意义上超越了表面上对认识科学和规范教育学作出的选择。这种选择归根结底完全不是一种选择。这一点一方面表现在:在认识科学和规范教育学之间,尽管两者由于缺乏行动理论和科学理论的论证而发生表面上的冲突,相互却仍然有不断的合作。这一点另一方面表现在:认识科学教育学,即基于价值中立的教育学,在这种合作中成为了规范学科,鉴于其是包含它的各种意识形态的抽象,表明其是这些意识形态的助手;而规范教育学在这种合作中发展成为技术性学科,在其实现其意识形态时利用的是认识科学教育学采用的手段。在这样的合作中,认识科学教育学转向规范教育学和规范教育学转向认识科学教育学的这一事实一再被误解,比如,当仓促地相信认识科学教育学需要意想的价值判断中立和为规范系统的失败提供保障时。假设规范教育学的失败和坚信认识科学教育学的提升并不是偶然遇到的,而是表明了今天的这种情况:规范教育学有时接受认识科学的教育科学和规范意识形态隐藏到了所谓的实际压制的后面。①

认识科学教育学和规范教育学这两者都不考虑作为教育学理论读者和使这种理论变成现实的中介的教育者,这是它们两者的共性——而且它们合作的可能性基于这一点;认识科学教育学把教育者归纳为教育实在的一个因素,或作为世界观确定的个体而把其排斥在分析之外,而规范教育学通过跨越教育动机提出能够对材料的决定性作出决定的主张。即使规范教育学好像被化解为隐藏在实际压力②后的兴趣也无济于事,因为这样一来,教育动机由于被驱使解决所谓的实际压力,而将不由自主地屈从于这种处在其背后的兴趣了。

传统教育学在其系统的顶峰时期的不可磨灭的功绩在于把教育者作为理论的读者和使理论变为实践的主管。它把教育学理解为教育者的教育的科学。一方面,教育本身一旦对其提出任务和对具体情境建构的可能性发生疑问,就需要理论来导向和引导;另一方面,这种科学引导和导向依赖教育,因为它只有依靠它设置并以它来定向教育实践,才能取得其实际意义。教育学作为理论和教育、作为实践,因此处在双重教育学的区分中。理论既不能把实践提升到其自身中,也不能提供实践使其自己得到实践。实践既不能期望理论成功地解决实践中的问题,也不能期望从理论中获得能够解决问题的直接指示。由

---

① 参见 H.冯·亨蒂希(H. von Hentig)的《制度压制和自决之研究》中的"实际压制和制度压制的区别"。根据这一研究,包括社会制度压制性的制度压制就是实际压制,而制度固有的压制就是制度压制。其间 H.冯·亨蒂希的观点有所改变。他在 1965年至 1969 年认同控制论的关系模式是对没有结果的关于人类存在目的问题的探索和毫无意义的决定论和自由的二律背反的解放(参见:《关系中的学校》,第 13 页。),而在 1977 年他得出了相反的结论:这个模式是骗人的。它答应给人减轻负担,某种程度也包括自由,而同时却使人失去自由的土壤,即责任。把责任交给(所谓——本纳)那种以字面意义上的控制艺术控制的制度。但人们将为它服务!(参见:《有教养者的辩解》,第 54 页。)

② "实际压力"根据本纳的解释,是指类似如下这种状况的压力:下层居民对其孩子说的往往是不完整、不规范的词句,这有损于这些孩子的智力发展。本纳认为教育的任务不是在于消除这种压力。——译者

于理论这种对教育实践的原则上的消极性,只有在其看到其任务在于向教育者说明教育的可能性和任务,并不去要求使教育行动可能性和任务成为科学的规范时,才能具有受教育期待的正能量。

教育学作为教育的理论并不在于使教育过程规范化,而在于对那种要求教育者从教育责任出发建构具体教育情境的教育经验作出科学引导。同样,作为教养理论的教育学,并不在于使教养过程规范化,而在于对教育进行理论的导向,使教育者个人根据其实践中的情境将这种导向具体化。作为教养理论的教育学只有在把实践放在首位并为实现理性决定的教育服务时,即只有给出具体的理性导向,而不是先将教育规范化,旨在提出理性教育的任务时,才能实现对实践提出科学解释的要求。最后,作为教育学理论的科学教育学并不在于对教育实践进行抽象的说明和完全把握教育实践,而在于揭示对教育作出科学解释的可能性的条件。同时,教育哲学只要在把教育责任放在首位的情况下说明对建构教育情境作出科学引导的原则和在把实现理性决定的教育放在首位的情况下说明对教育任务作出科学导向的原则,那么它就是认同把真正协调教育责任和理性决定作为实践的首要任务。

因此,假如传统教育学的超历史的意义在于在教育的各种问题中把教育科学作为关于教育和为了教育的实践科学,那么这表明其系统的局限性就在于:它虽然已经阐明了我们指出的传统科学教育学问题,但在其系统关系中还看不出来。传统教育学说就像传统教养理论否认把教育理论课题限制在实践中自己修正着的教育艺术上一样,在虚构的分类系统中排斥了教养理论课题。同时教育理论和教养理论有时不考虑其以教育哲学为基础的必要性,这是由于教育学的哲学理论错误地把自己作为全部教育科学或产生能够论证教育的本体论概念的误解,有时又无视其基础理论分析的界线。

二、传统创见的局限性：专业教育学研究实践的缺乏

假如人们要问，教育理论和教养理论各应当用什么方式获得其对某种历史和社会的状况的确定的认识，使其教育动机和教育行动的理论对实践产生重要影响，那么传统教育学就会陷入巨大的窘境。虽然其教育学说和教养学说并不标榜自己具有超历史的意义——施莱尔马赫和赫尔巴特明确地说明其见解的普遍适用性在这方面是有限的——，可是传统几乎没有对教育理论和教养理论是否有必要不断发展的问题进行研究。施莱尔马赫承认实践和生命同理论相比处于首位，他正是希望从实践和生命所给予的礼物中获得教育理论的进一步发展；而赫尔巴特当他把教育的具体可能性作为对真正的观念作释义性的表达时，尽管他对于那种对实践来说意义重大的判断所具有的普遍适用性提出了批判性概念，却在很大程度上并不考虑使理论上由理性确定的教育的具体化。

尽管传统教育学把自己理解为关于教育和为了教育的科学，却并不理解如何使自己得到实践，这一点无疑是同它所处的历史和社会状况最紧密地联系在一起的。直到 19 世纪后期，德国社会在很大程度上是受承担它的机构和团体统治的。这一点清楚地表现在：国民教育思想在几世纪中一再地在改革方案中重新活跃起来而从未认真地实现过，直到 19 世纪末才成为现实。在 1850 年，大部分国民学校教师的主要职业工作是作为教堂司事，直到 19 世纪后半叶，国民学校教师培训才通过师范学校的建立在组织上得以规定。迄今在高等学校传授的教育学——特别是由于把还没有通过理论也没有通过经验和研究结合的教师培训分为所谓"科学"教育的第一阶段和"实践"教育的第二阶段——并非是这样组织的：使它能够在一种实践科学概念的意义上得到实现。生活—教育—生活这一实践循环圈的摧毁为在研究

和教学中组织对实践具有重要意义的教育科学的教授创造了可能性，而这并没有被充分加以利用。社会与其说真正关心其批判改革，毋宁说要让自己得到管理和相信在这种管理后面具有的利益。因此教育科学丧失了对社会更高发展的任何影响。由于其组织的狭隘，它自己多少成了管理和维持种种现状的工具，有时甚至诋毁作为革新的改革创见。只有指出旨在维持社会的改革是不可避免的，社会才能找到通向教育科学讨论的入口。因此传统教育学历史既是维持和管理各种社会的工具的历史，也是人类更高发展思想的历史。传统教育学对教育实在和社会的实际影响自然一直是缺失的。

可是，只说各种促使传统教育学对教育实在产生影响的社会关系对这里已经说到的教育学观点负有责任也许是错误的。教育科学本身耽误了创立对实践具有重要意义的研究模式。假如没有一种把社会更高发展放在首位的研究，教育学无论作为教育理论还是作为教养理论，都不能完成在教育思想分类中表达的实践科学的任务。教育哲学指出的科学教育学的原则只有通过基于其中的对教育实践的可能性和任务的教育学研究，才能获得其对教育科学重要的调节作用。

教育理论只有在教育经验的计划中提取对教的引导措施和在认同对其引导理性的教的尝试的分析作为不断纠正其理论引导的情况下，才能对理性的教提供引导。只有在教育理论对理性的教的可能性分析及其对实际经验引导同批判分析教育理论、对教育经验的引导和被引导的教育实践的三者关系"耦合"起来时，教育理论才具有作为一种实践科学学科的意义。如同没有教育理论和没有根据理性的教的可能性安排的教育实践不可能有对教育实在进行理性的研究一样，没有这种研究就不可能有完善的、把对教育负责放在首位的教育理论。教育理论只有在教育实在中检验其对教育经验的引导作用，而使其对教育实践的批判分析卓有成效地促进其对教育经验的科学引导的进一步发展,它才能使自身得到进一步发展,从而获得对实践来说的重要意义。

教育经验的获得和对教育理论、教育经验和教育经验的科学引导之间的关系的说明是今天教育科学最重要的问题之一。即使传统在很大程度上回避了这一任务,但其对教育理论的各种创见却对解决这一任务具有直接的、重要的关系。因为通过把认识科学经验措施纳入教育科学中是并不能完成这一任务的;这一任务的解决在很大程度上取决于教育科学在建构教育理论中依赖行动理论的引导和对教育实在的分析。我们将在以下探讨现代教育科学流派的几章对教育经验问题、教育科学经验及其同认识科学经验的关系进行讨论。

同样,教养理论只有在从教养内容的计划中提取其对赋予教育以意义的引导措施和在它认同对依据教育任务使其引导理性的教育得以实现的分析作为不断纠正其理论引导的情况下,才能达到对那种把实现理性教育放在首位的教育任务的引导。教养理论只有在依据对教养理论关系的批判分析,把它对理性决定的教育任务的分析同它对赋予教育实在意义的引导在具体的教育情境中“耦合”起来的情况下,才能使教育获得它作为实践科学学科的意义。如同没有教养理论和没有依据教养理论安排的教育实践就不可能进行理性的教养研究一样,没有这样一种教养研究,就不可能有把实现理性决定的教育放在首位的教养理论。教养理论作为赋予教育意义的理论只有依据教育实在来检验其对教育的引导和卓有成效地为进一步发展其对教育的科学引导对真正理性决定的教育作出批判分析,才能使自己得到进一步发展,并从而获得对实践的重要意义。

阐明这种教养研究、说明教养理论和教养研究及对教育实践作出科学导向的关系是这里要说的今天教育科学的第二个问题。即使传统对这一任务几乎根本没有研究过,但其对教养理论的各种创见却对解决这个问题具有重要的直接意义,因为这不是为了使教育内容适应多变的根本不考虑其任务的需要,而只是为了使教育内容适应管理它的社会的需要,并且不是为了将教育科学出于这种目的的研制的计划技术纳入教育科学中,而是为了考虑教养理论对教养研究的依存关系,从而依据人类更高发展的任务对教育作出教养理论所要求的引导。人类的这种更高发展不是通过技术所能管理的,而是所有管理必须为它服务的。

我们在教育学问题分类中提出的对传统所作的批判界定决定了我们对 20 世纪教育科学主要流派分析的进程。这就是说,现代教育学各种学派是以它们致力于促进教育研究实践为标志的。在不抢先对下面的思考作阐述之前,这里似乎可以指出对康德《论教育》的一些说明。这些说明早在我们对传统作界定中所要求的关于教育科学研究的阐述中及其同认识科学的区别的确定中提示过。康德非常清楚地看到教育理论和教养理论应当去了解学校实践研究,以获得在其中所具有的对教育实践和人类更高发展的重要关系:"一种教育理论的方案是一个美好的理想,即使我们不能马上实现它,也没有什么害处。即使在实施它时出现重重障碍,人们大可不必马上就把这种理念视为妄想,并把它当做一个黄粱美梦来败坏它的声誉。一个理念无非是关于一种在经验中尚不存在的完善性的观念。"[1]这就是说,假如理性决定的教和理性决定的教育的观念在教育实践中没有得到实现,那么它就不会受到伤害,因此,教育实在就其所是的那样也不能被提升为教育观念和教养观念是否正确的标准,那么对教育的理论引导和方向指导作为在经验中还不存在的完善性的观念就要求获得实践的认同,并能改变教育实在。使施教者动机和行动的理论成为实际的困难同样

---

① 康德:《康德著作》第六卷,第 700 页。

不是说明理论是正确或错误的标准,而是说明把使教育观念和教养观念成为实际视为人类更高发展过程本身的必要性。康德早已明白其成为实际的困难:"孩子们受教育不应当是为了适应人类当前的状态,而应当是为了适应人类未来更好的状态,也即适应人性的理念及其整个使命。这个原则至关重要。……不过在这方面有两个障碍:一是父母一般只关心自己的孩子是否在世界上生活得好;二是君侯们只把自己的臣民视为达成自己种种意图的工具。父母关心家,君侯们关心国。两者都不把世界至善和人性被规定要达到且也有相应禀赋去达到的那种完善性作为最终目的。"①

康德在这里——同他那个时代的教育实验相一致——把建立富有理性的教育的可能性同力图达到使其自身更高发展的社会的条件结合在一起。在这种社会的现实中,他看到了使教育观念和教养观念成为实际的必要的但并非是唯一的条件。在康德看来,在教育理论和教养理论中必须得到进一步发展的教育观念和教养观念更要求进行一种能使其具体化的研究。这种研究首先要把它在具体化中进行的经验纳入理论中:"人们在能够建立标准学校以前,必须先建立实验学校。教育和教导必不可单纯机械性的,而必须是基于原则之上的。……虽然人们总以为实验对教育来说似乎并无必要,人们仿佛从理性出发就已经能够判断什么将会是好的或是不好的。但是,人们在这一点上产生的误会是极大的;而且经验表明,我们的试验经常出现与我们的预期截然相反的效果。因此,人们看到,教育要靠实验,没有哪一代人能够制订出一个完美的教育计划来。"②

这里不用对康德作进一步探讨,我们就能够从上面所述知道,不能把教养理论和教育理论所要求的研究以及康德在这方面所主张的

---

① 康德:《康德著作》第六卷,第704—705页。
② 康德:《康德著作》第六卷,第708页。

实验归人到认识科学研究和经验研究的概念中。确切地说，这里把教育科学的研究同使人类更高发展的实践实验结合了起来，以从教育应当作出贡献的角度来探讨这种结合。但因为人类更高发展只是一种在经验同其不一致的地方实现人的理性存在的观念的尝试，所以康德把这种既通过其实践因素又通过其对教育科学研究来说具体的措施进行的尝试称为实验。就像使作为教育理论和教养理论的教育学得到实现不能直接在理论上得到论证，而属于行动者的努力的责任的那样，教育学作为教育理论和教养理论，在把教育责任和实现理性教育放在首位的情况下给依其设置的教育实验留有了空间。理论的进步是同人类存在的进步联系在一起的。因此处于这种存在实验首位的教育科学必须进行这样的教育实在研究，即它不仅把现实中的教育实在作为对象，而且也把任务中的教育实在作为对象。教育理论和教养理论必须符合那种同理论上引导人类更高发展并对此指明方向的实验结合在一起的研究。

因此我们的分析提出了这样的目的：探讨今天教育科学的各种不同的研究创见，看看它们能够对康德早已看到的而传统却往往忽略的这个任务作出什么贡献。

三、教育思想的结构转折

H.霍恩施泰因在他对"教育思想的结构转折？"的探讨中断言："由于历史变动过程而对教育体制，特别是对教育体制的改革和建议提出的迫切的问题"和"经验观察方法和个别科学方法对传统教育思想的渗透"标志着20世纪教育科学状况的改变。这种状况导致了教育科学重点的转移，即从"主观教育学""理想的教育者、个性的教育关系、教育行动的伦理"等课题向"客观教育学"课题的这种转移，后者包括"'公共'教育行动、那种机构的……改革……设置……规划……，在这种机构中的上述教育方面作为直接的个人交往关系才有可能。"①

自然,特别是在德国,人们很长时间都在探讨主观教育学。这同德国的工业化比法国和英国晚有关。因此德国对历史变动而须作出规划的必要性出现得相当晚,而另一方面,其工业化进程与英法有本质的不同。德国的早期资本主义阶段不仅比英法短,而且没有给不成熟的居民造成痛苦,因为帝制德国这一阶段是由国家参与的,它比英法在更大程度上由国家资本主义而不是私人经济的特征决定,特别是自从俾斯麦以来,德国被打上了福利国家的社会措施标签。② 此外,德国君主制和贵族统治或者专制向民主的过渡首先不是由成熟公民的自决意志确立的,而是在失败的世界大战中完成的。对于教育和教养体制规划来说迟来的和相对无痛的工业化和缺乏成熟的公民,这两者都具有很深远的意义。一方面对规划和检验教育实在变化和改革的客观教育学的需要直到后来才出现;另一方面,教育改革的各种创见——受主观教育学的激励——像它们自世纪之交在所谓的教育改革运动中发展起来的那样,由于两次世界大战和纳粹都各自过早寿终正寝了,它们没有能够超越提出实验和开展模式实验的阶段,并就其对公民自我理解的意义来看似乎没有能够得到评判。假如说德国的教育思想结构的转变在 20 世纪前半叶已经显现,那么它直到 50 年代中期,当联邦德国重建第一阶段结束和合理的规划技术得到使用并成为制订教育政策的必要工具时才真正完成。

在今天,我们的"客观教育学"已经开始排挤"主观教育学"了。我们说的是"排挤"而不是"取代",以此表示我们在分析现代教育科学创见中所思考的问题。在分析传统学派结束时,我们提出了传统教育理论和教养理论对于教育科学研究的依存性,下面值得确定在教育科学

---

① H.霍恩施泰因:《教育思想的结构转折》,第 98 页及以下几页。
② 参见 R.达伦多夫:《德国的社会与民主》,第 43 页及以下几页。

研究各种创见的见解中关于主观教育学和客观教育学的关系。这首
先要求探讨对主观教育学和客观教育学作出比照的背景问题。

　　在理论方面，对主观教育学和客观教育学的比照是同在实践方面
对个体教育行动和公共教育行动的比照相一致的。假如说个体教育
实践及其相配的理论是针对具体的适应教育情境的，那么公共教育及
其相配的理论是把个体教育行动在其中运作的机构范围作为对象的。
可是，主观教育学和客观教育学的区分乍看起来至少确切说明了如下
两种理论之间的区分是站不住脚的，即作为对教育实践的可能性及其
任务作出分析的个体教育行动的理论和对规划和改革各种个人教育
交往作出限定的机构的理论。这就是说对主观教育学和客观教育学
之间的一种激进的区分同个体教育行动和公共教育行动之间的激进
的区分必须是一致的，因此公共教育行动及其理论限定了个体教育行
动及其理论。

　　对理论的这种限定至少是不许可的，这是显而易见的，因为只有
在客观教育学在对教育机构作出分析的同时把在其中进行的教育作
为其对象的情况下，它才能证明自己作为教育学的合理性。假如它只
探讨教育体制和教养体制的外部组织，探讨其在建立所希望或不希望
的行为方式的效果及其对再建或改变某种社会关系方面的适用性，那
么它就简单化了围绕着其教育学思想本意的要点从而对理性地建立
教育体制问题的探讨。教育交往的内容和方法，教育的任务和可能
性，对机构上固定教育体制及其课纲和学制具有重要影响。教育体制
的规划和改革不能只是使其机构的框架和机构的可能性确定个体教
育实践，而且它们同时必须符合个体教育行动的可能性和任务，它们
应当是教育的规划和改革，而不是教育学的规划和改革。反过来，主
观教育学和客观教育学之间激进的分割也不能受到来自主观教育学
方面的支撑，因为主观教育学的内容，教育实践任务和可能性的理论

的内容并不是主观的,而且社会更高发展的可能性和任务并不直接产生于师生教育关系的主观性。"主观教育学"的不可能性可以用另一种话来改写：教育者和学生之间的教育关系不是确定这种关系可能性和任务的主体。这种关系是需要科学引导和理性的方向指导的,以不使它作为主观—个人的关系成为自身的目的,而是为教育的可能性和任务服务。

正如不能坚持对主观教育学和客观教育学进行呆板的比照那样,个体教育行动和公共教育行动之间也是不能严格地作出区分的。假如把公共教育行动理解为犹如关于具体教育实践的和通过机构管理控制的实践,那么它面对的是建构一种违背教育学的区分的规范的机关的教育实践。公共教育行动假如要被作为实际的教育行动来理解,就必须从其同个体教育行动的关系出发来加以理解,后者处在担负教育责任和实现理性决定的教育的首位。因此它不太能冒充个体教育行动的主管上级,像给它设置一个决定其可能性和任务的上级机关那样。这里不应当为教育实践的任意自由说话,不应当否认教育作为公共事务的事实和任务。但是,公共任务既不能被设定为事先规定或附带规定个体教育任务的一种主体,也不能被设定为一种多少可以决定个体教育努力的规定范围的主体。确切地说,具体的教育实践本身是可以被视为既对教育经验作引导和对教育任务的作理性的方向指导又确定其规定范围的公共教育事务。机构化的国家公共教育行动和教育者针对各个体教育情境进行的公共教育行动,这两者都有遵循同一种理论和同一种实践的义务。机构化的教育者之公共教育行动在把教育责任放在首位的情况下承担着实现理性决定的教育和使理性决定的教育得到更高发展得到实现的任务,而国家机构化的公共教育承担的任务,是从教育体制的组织及其教学大纲和教师培训和职业培训等方面使社会更高发展成为可能。同时,公共教育行动的两种方式,即使处在各种不同的具体阶段,却都有遵循同一种理论的义务,即在教育理论、教养理论和教育机构理论问题方面的教育科学的义务。①

在今天我们应用客观的、经验的决策和规划技术的教育学有排挤作为教育者和学生内在关系的教育关系的主观教育学的威胁。假如我们从这一点出发,那么这一论断是可以联系主观教育学和客观教育学臆想的对立较深入地加以确定的。这一论断,一方面意味着经验教育科学面临要失去作为关于教育和为了教育的实践科学的教育学的问题和视野的危险,假如它把传统努力归纳到一种纯粹主观的教育科学的构想中去的话。另一方面,这一论断意味着经验教育科学恰恰能够有助于克服种种传统创见缺乏任何研究的特有的局限性,假如它作为关于教育和为了教育的教育科学是建立在教育经验观念基础之上的话。因此,假如主观教育学和客观教育学的比照不适合于对 20 世纪在越来越大的程度上转向教育科学研究课题的教育思想的结构转变作出满意的回答的话,那么可以由其自身从其原本的课题上对这种转变作出说明。虽然各种传统创见不能简单地被归入主观心灵教育学的结构中——卢梭希望他的教育学说有助于克服制度中的社会矛盾,尽管是有限的有助;施莱尔马赫把教育理解为人类社会更高发展的实践;而赫尔巴特以基于理性行动的调节原则对教育目的的批判分析为方向提出教育任务——,可是在社会变革的影响下,不仅教育的可能性和任务而且其在其中必须得到科学说明的规定范围成了问题之后,教育学必须成为研究和教授理性决定的以教育责任居首位和实施居首位的教育的学科,应当满足对实践科学提出的要求。假如它今天耽误了进一步发展成为实践性的和研究性的科学,那么自然便会沉

---

① 教育理论和教养理论的行动理论问题同教育学机构理论的行动理论问题一起如何能够归入教育思想和行动的 4 个原则中,这在本书中是远未说明的问题,这个问题的解决可参见我的《普通教育学》第 3.3 节。

溺于对主观教育学的建构,而传统是不能被纳入其中的,因为它不能在我们的意义上根据其时代社会的状况提出教育科学研究的问题和任务。相反,假如教育学以放弃在其经验科学部分作为关于教育和为了教育的科学来换取它所努力争取的研究学科地位,那么它就不再是教育科学,并沉溺于为其在失败中选择的一种所谓客观教育学的建构了。这表明,事实上在主观教育科学和客观教育科学的比照中我们学科的生存问题被提出了。

这种生存问题贯穿本世纪教育科学的所有取向和流派。下面我们开始分析经验教育学,并通过它探讨它对发展作为实践科学的教育学成为一种人类行为学的研究性学科的贡献。

第二章 经验教育学

经验教育学早已有了自己约上百年的历史。它以同传统教育学的争论和力争在教育科学中获得认同为标志。我们恰恰不能说,同传统亲近的各种学派似乎支持为经验教育科学所作的努力。凡它并不明显力争的地方,人们充其量容忍它作为真正教育科学的辅助学科。这又造成了这样的结果:教育科学渐渐开始分解为几种辅助学科,同时在 19 世纪,由经典教育学家争取得来的至少在表面上的统一丧失了。教育哲学、教养理论、教育理论和在教育经验领域的经验研究直至最近还远不能协调相处,或毋宁说是对立的。二战后,联邦德国由于社会的需要和外国教育科学自我理解的转变越来越清楚地表明了学校实践研究的必要性,这终于促使经验教育学有所突破。假如它以往被传统教育学所质疑,并充其量作为辅助学科,那么现在它把各种传统的学派推向教育科学的前院,并认为多少只有它自己才有理由要求获得科学这个名分。这种部分肤浅和固执的争地位的斗争就像对教育实践一样对进一步发展教育科学是没有多大帮助的,因为不考虑教育可能性和任务只把纯粹的"事实"作为对象来对教育实在进行的经验研究无助于实践中的教育行动者,这就像既不能在需要改革的教育实在和社会实际中对自己的具体化作出规划又不能通过对科学引导和定向的改革实验的分析使自己的体系得到进一步发展的传统教育理论和教养理论无助于实践中的教育行动者一样。

在首先由教师角色和学校功能以及教学大纲、教材和教学方法等问题表现出来的教育实践问题的影响下,自 50 年代以来,人们进行了无数努力来克服传统教育学和经验研究并立的无所作为的状况。我们将首先联系对各种力图得到传播的创见的分析深入探讨这些问题。自然,有一点是这些传播尝试所共同的:一方面,当它们有时不分青红皂白地把整个传统概括在扭曲了的规范教育学或哲学—思辨教育学中时,它们不考虑在传统中存在的和由我们阐明的教育学问题的分类问题。另一方面,当它们或多或少接受教育科学经验研究工具并尝试把它同传统教育学联系起来时,它们回避了由原理指引和通过教育行动者实践获取教育经验的必要性。因此,H.罗特在其带有纲领性的调和尝试的《经验研究对于教育学的意义》(1958)一文中(这一探讨对后来的调和尝试具有重大影响)指出:"我认为……可以首先强调的是,过去和现在恰恰都是哲学探讨的教育学——而这是今天值得认识的——,它提供给我们思想知识,使我们比以前在完全不一样的范围和更有意义的程度上进入教育研究,也包括进入经验研究。凡在哲学道路上通过思辨、推论和辩证的思想在教育学中能够取得的成就,都已经取得了。自然,不断有需要哲学解说的新的经验和问题出现,但是,凡是原则上必须为教育研究理论获得的认识都已经获得。现在必须认识的是,科学教育学对于研究来说已经成熟。"①

我们不同意传统教育学已经解决了为自己提出的和同教育研究理论有关的问题的说法。不仅卢梭和施莱尔马赫教育学说之间的矛盾、赫尔巴特和维尔曼的教养理论之间的矛盾以及早期费希特的追随者和赫尼希斯瓦尔特的教育哲学之间的矛盾都要求一种调和,而且,特别是传统根本没有从事过对教育研究理论的探讨,因为它的局限

---

① H.罗特:《经验研究对于教育学的意义》,第 28 页。

性——如我们已经看到的那样——特别在于：它回避所有三个问题中的这个任务。同时从我们对传统的批判态度可以知道，我们也并不能认为，科学教育学早已在研究方面成熟了，因为不管怎样，研究要求在基于行动理论的经验意义上的教育科学研究的前提不但在原则上而且在组织上应当得到澄清。确切地说，对在经验教育学的阐述中提出的问题今天还缺少满意的答案。

下面我们把经验教育学的创见分为三种，即实验教育学创见、教育事实研究创见和技术—实证创见。我们将从它们对行动科学经验的贡献出发进行探讨。

第一节 拉伊和梅伊曼的实验教育学

当实验不仅在物理学和化学而且也在生物学中经受考验后，自 19 世纪向 20 世纪之交时期以来，它在越来越大程度上也在心理学和教育学中得到了应用。W.A.拉伊完全称得上是德语区实验教育学的真正创始人和先驱之一。1896 年，他的《正字法教学指南》出版，接着他关于"低年级的算术教学"的论文在 1898 年发表。在这些论著中，他第一次尝试通过有目的的实验详细评判了正字法和算术教学的技术，检验了新技术和确定各别技术的特有效应。拉伊在其他两篇论著中，即在 1908 年的《实验教学论》及其节本《通过活动对教育进行特殊观察的实验教育学》中，揭示了实验对于教育学的意义。除拉伊以外，E.梅伊曼也称得上实验教育学的创始人。实验教育学及其对后来经验教育学的研究的持久的影响要归功于他的工作。①

① 我们在下面集中探讨拉伊的实验教学论和实验教育学和梅伊曼的实验教育学的概论。实验教育学在今天经验讨论中的意义可参见 J.佩特森(J.Petersen)和 H.W.埃德曼(H.W.Erdmann)：《经验研究过程的结构》。

即使拉伊和梅伊曼相互否认对方实验教育学的创始人的头衔,以至他们的共同努力有时由于个人的相互不服气而变得黯淡无光,但他们的努力却是互补的,"实验、统计和精确的或系统的观察在富有特点的符合教育目的的建构中……可以被利用来解决教学和教育问题"。[①] 拉伊更是一位伟大的实践家,他既在他的研究中又在他的深入思考中强调了实验教育学和教学实践的关系,而梅伊曼更称得上是一位伟大的理论家,他反思了实验教育学同传统教育学和他在 W.冯特那里熟悉的实验心理学的关系。同时拉伊和梅伊曼在下面一点上是一致的:实验教育学作为经验科学学科,尽管同实验心理学和社会学有某些共同之处,但是应当把它们严格区分开来。比如拉伊把作为对儿童的理论认识科学的儿童学同作为教育实践经验科学的实验教育学区分开来:"教育学探究只受理论观察角度引导而不受实践观察角度引导,而实验教育学研究始终关注实践问题,即教学和教育问题的解决。"[②]梅伊曼把作为青少年教育研究的儿童学从儿童心灵学或儿童心理学中提取出来,他断言:"教育学观察儿童的心智,比如心智是如何在教育的帮助中完善的、工作的、追求或错过目的和目标的,然而教育学探究的是这种追求和错过的原因,而根本不是儿童心理过程的原因——这是它让儿童心理学去探讨的。"[③]——我们在这里不可以误解拉伊和梅伊曼使用的不同的语言,拉伊把实验教育学作为关于实践的经验科学同作为理论经验科学的儿童学作对比,而梅伊曼把作为教育学的儿童学同作为心理学的儿童学区别开来。他们对"儿童学"的概念作了相反的应用,与其说这表明了他们立场的实质性区别,不如说表明了他们两者的互不服气。至于对有目的的观察、对这种观察应用

① 拉伊:《实验教育学》,第 1 页。
② 拉伊:《实验教育学》,第 1—2 页。
③ 梅伊曼:《实验教育学概论》,第 4—5 页。

的统计、对关于教育因果关系的假设的实验验证的应用,他们两人之间在很大程度上是一致的。在经验科学的基础上重新建立教育学的努力,在很短的时间内导致了几乎无法估量的经验研究结果的产生。人们研究成长着的一代的身高体重的增长、肌肉的强弱、大脑大小、脉搏和体温等,计算各种年龄阶段的平均值,对学习优良或聪明的儿童和差生的这些数值作出比较,正常学生平均体温是 37.1 摄氏度,而弱智儿童的平均体温仅为 36.7 摄氏度;学生越矮小,往往越会留级;儿童出生在好的社会阶层,其肌肉较强壮,相比不好的社会阶层身高高出7%左右,胸围大出 7%,体重超出 6%,出身中下社会阶层的儿童中5%多脊椎弯曲,4%多贫血,23%以上有蛀牙,8%接受力和记忆力差;出身于酒鬼家庭的儿童相比出身于其他家庭的儿童,较多成为小偷、谋杀者和妓女。——人们计算了年日时间的成熟曲线,指出了肌肉力量、气温、光线、气压和背诵成绩之间的关联,发现弱智儿童近 25%患重听,并学习区别不同的直观、记忆和表象类型。——人们获知,农村儿童比城市儿童能更好地观察,有许多农村材料的插图课本增加了城市儿童学习读写的难度;人们认识到,假如要促进而不是阻碍儿童学习的话,教学必须适应不同的表象类型,并确定,儿童知道的远比他们能够说出来的多,而且证明通过考试来给最好的和最差的学生确定平均级别,其差距定得太小了。

我们在说世纪之交和 20 世纪初这些经验研究结果时有意识地作了三组分类。第一组包括了基于身体测量和生物—医学的判断;在这些判断中没有考虑具体的教育实在,所以对教育关系的探究没有多大意义。第二组纳入了其中的结果,它们虽然不能说明对教育具有的重要关系,但却指出了要求教育学来作说明的问题,因而第二组比第一组更具优势。比如,倘若在某些学校情境中确定近 25%的弱智儿童患重听,就有这样的问题:这些儿童的弱智是天生的还是某种教育影响的结果,比如这样,不考虑成长着的一代有患重听的,或假如表明,某种教学有利于某种表象类型的学习,如"听者","视者",而不利于"动者",那么就接近获得对这一事实的认识从而来找到能避免不利某种类型的表象的教学模式了。结果的第三组——至少第一眼看——不仅指出了需要教育学说明的问题,同时也更确切地提示了其确定的可能存在的对教育的重要关系。比如,倘若表明,在读写插图课本中的农村教学材料加大了城市儿童读写学习的难度;假如教学适应各种不同的表象类型,那么它就更有成效;某些考试措施不太能区分出最好和最差学生的等级,儿童知道的通常远比考试中能给出的多,那么这些结果似乎说明应当在读写插图课本中纳入使读写学习变得容易的内容,教学就应当适应各种表象类型,并应当改变考试措施,使它给出"公正的"分数。

对实验教育学的一些结果的粗略考察似乎足以说明,至少第二组、第三组经验科学的认识首先在实验教育家自己那里,但也在许多有自我批判思想的、把他们的学生学业成绩不仅仅作为自然结果而同时也始终作为他们自身努力的尺度的实践者那里,激发起了由实验和经验来检验和按照教育学观点来进行教育和教学改革的巨大希望。在我们分析这普遍希望和在第二组、第三组中概括的特殊结果对教育学的重要意义前,值得我们首先较详细地探讨一下实验的概念及其同传统教育学的关系和对其进一步发展成为研究学科的意义。

拉伊像梅伊曼一样并不把实验视为唯一的,但也许是最精确的,除了观察和统计以外能够用来认识教育过程和教学过程的手段:"教育学要成为科学,必须把每一种教育现象作为在现象中持续存在的原因之效应。效应及其原因在教育学中构成极其错综复杂的情况。因此观察和统计——还有一些习惯经验——在许多场合不能把原因从偶然的情况中分离出来,并可靠地认识和确定各别原因对于效应的作用。因此人们不再像感知和观察那样等待现象的出现,而是有意使它引发出来……人们观察有意和在简单化的情况下引发出来的现象,即,设置实验。……实验结果产生教育学认识、教育措施和必须在实践中证明正确的科学经验。因此,教育学实验表明有以下阶段:1. 形成假设;2. 设计和实施试验;3. 在实践中得到对其的证实(验证)"。[①]

对作为获取教育学认识的手段的实验作出的这种定义——如我们在拉伊那里发现它的那样——值得我们首先对三个因素作出探讨:第一是论点,教育学是科学,必须把"任何教育现象作为因果关系"来解释;第二是期待,实验是暂时的结果,揭示了"教育学认识和(同时——本纳)教育措施";第三是论点,即认识和措施必须作为科学经验就其正确性在实践中得到检验。

作为教育科学经验的原则标准的要求,第三个论点说的是,只能在具体的教育实践中对教育经验知识作出验证,而且教育科学认识的意义反过来是同其在日常实践中得到维护联结在一起的。因此拉伊和梅伊曼在教育经验科学为一方面和心理学或社会学认识科学为另一方面之间作了区分。实际问题、成问题的日常教育经验激发了对教育可能性和任务的经验研究。只有在这种研究结果通过赖以作出的教育情境分析和决策有助于解决那些实际问题的情况下,才能作为教育和教育科学经验的结果。这就是说,这些研究结果作为教育科学经验的结果必须指明同教育情境建构和决策的关系,而既不允许不考虑这种关系,又不允许满足于单单技术性地在处方意义上提出它来。教育科学经验验证的观念必须符合行动科学经验知识的结构。教育科学的经验验证要在教育实践中完成。它不是教育科学经验的直接产物,而是一种针对教育动机和对经验知识反思的结果。我们在对教育

[①] 拉伊:《实验教育学》,第8—9页。

学问题分类中阐明的教育学的区分从其对教育科学研究意义出发说明了这种教育科学或教育学的经验同教育或实际经验的区别。这种验证对教育经验来说是绝对基本的。它的"证实"是同虽然通过它引导而不是在技术上标准化的、虽然通过它成为可能而不是通过它直接引出的对教育实践负责任的建构联系在一起的。

然而,我们对拉伊第三个论点的分析同拉伊和梅伊曼对经验科学结果作出的实践验证的理解显然是不一致的。因为它们如同在第二个论点中明显提出的那样,应当作为科学经验同时包含有教育学认识和教育措施的。教育科学结论被认为是具有技术标准性的。使这些结论在实际中得到应用并不反映在教育性情境建构和教育性决策上,而是在于要求能够用它们督导教育实践。假如在对教育实践的这种监控中出现了实验预计的效果,那么——至少拉伊和梅伊曼这样相信——这通过具体实践证明了在实验中存在的因果关联。而假如没有出现在实验中预计的效果,那么这就是对研究的一种提示,表明这种研究在其简单化了的情境中进行实验时没有考虑到决定性的变量,这些变量在具体教育情境中影响或阻止着所期待的效果的产生,并只能在实验情境中得到控制。这里表明了拉伊和梅伊曼最终根本没有把实践(即在教育行动中解决成问题的教育经验产生的问题)视为验证教育科学经验的场所,而希望在实验情境和严格的情境中的因果关系是同一的,并把这设为教育科学经验适用性的标准。

借此我们在对第三个论点的逐步进行的概括中对第一点作了补充。就是说任何教育现象是必须作为因果来解释的。事实上这一论点就是技术验证的前提,借以能够通过对涉及在复杂的教育实在作出的检验的第二个论点中谈论认识和措施,并在第三个论点中能够谈论在简单化了的实验情境中获取的各种变量关系。因此,第三个论点就其同其他两个论点的关系看其实纯粹是同义反复的:它说,任何教育现象必须作为原因的结果,只要因果关系包含教育实在的事实情况的话。可是由于实验教育学误解了它涉及的出于同义反复的论点的论证,因此回避了其自已对问题的论证。就像我们在解说着了解并反思着在它与教育经验之间存在的区别的第三个论点的教育学真理性内容中已经指出的那样,这个问题就是对了解教育科学经验的论证问题。然而,假如就这一点而不分青红皂白地否定实验教育学的全部努力,似乎太过仓促了。确切地说,实验教育学的出色之处恰恰在于,它通过从教育科学经验有所提取来把自己理解为一种由实践兴趣引导的和把由行动科学说明的实践放在首位,从而是一种行动科学的研究性学科。此外,这也可以从如下一点看出来,它并不从否定传统教育学中获得其存在的理由,而是基于这样的认识,传统教育学必须进一步发展成为教育科学的研究性学科。但恰恰关于对传统教育学的必要补充及其对经验科学研究的关系,拉伊和梅伊曼的观点在一些本质问题上存在着区别。他们的区别也有助于经验教育学的进一步发展,并对实验概念具有重要意义。

在拉伊看来,实验教育学同旧的只"通过在教学和教育领域中应用的新研究方法"是有区别的。[①] "实验研究方法……决没有瞧不起对教育的审视和观察、现在和过去的经验以及教育学见解和思潮。"[②]因"实验教育学的假设构成……提出了'新旧'教育学的关系,而指责它是无益的。这种指责认为它形成了同旧教育学的敌对。旧教育学并不是这样的。实验教育学始终在利用旧教育学的学说。……它无非是旧教育学的有机的发展。而一旦实验研究方法得到普遍认可,'实验'这个别名也会像在自然科学中一样作为不言而喻的和多余的而消

---

① 拉伊:《实验教育学》,第1页。
② 拉伊:《实验教育学》,第9页。

失掉。"①同样,梅伊曼也否定旧教育学和新教育学之间的任何敌对。可是拉伊把传统教育学对假设构成的影响视为是有限的,并借以尝试将传统教育学提升为实验教育学,而梅伊曼则更具批判性地确定了传统教育学和实验教育学的关系。在梅伊曼看来,"实验教育学"给教育打下了"经验基础,只要这基础乐于接受缜密的研究的话。……这种研究包括,一,在教育中由儿童天性决定的一切;……二,依靠本来的教育工作直接由尝试决定的一切。凡我们通过系统的比较试验把不同的教学原则、方法和手段用于简单而严格控制的条件上,使这些条件便利于对结果作出测量的地方,作出这两点区别都是可能的。"但为了阻止把作为科学的教育学归纳为模仿自然科学经验来建构的实验检验措施,梅伊曼明确强调:"但在这方面并非纯粹涉及追求作为这种把教育学贬低为技术性艺术措施的集大成的东西的最合目的性的措施和方法的试验。确切地说,我们在这方面始终追求洞察心理原因关系和较合目的性的这个或那个方法——这个或那个手段——基于之上的所有的根本原因,并从中获得对教育实践的科学论证。这种对狭义的教学和教育领域的实践准则的科学论证是使实验教育学获得教育科学的实验基础的第二个重要的研究领域。"②

拉伊相信在实验教育学中既可了解个别科学教育学又可了解整个教育学,而梅伊曼与拉伊不同,他把实验教育学的意义限制为:服务于把教育科学建立在传统教育学在很大程度上缺少的经验基础上。按照他的见解,特别在两个方面是可以应用实验方法的:1."教育一般目的的确定"——这"绝大部分仍然是哲学教育学的事情"——2."教科书中教材的制作和建构——只要它们纯粹从材料的观点出发

① 拉伊:《实验教学论》,第 53、69 和 70 页。
② 梅伊曼:《实验教育学概论》,第 10 页及以下几页。

确定的话——。"①我们在这里不能深入探讨原因分析—实验研究是否一定是排斥其他各方面的,例如方法方面,也就是说根据主动性要求原则和教育限定的观念安排的教育性教学的教的方面。我们觉得特别重要的是,梅伊曼在两种意义上修改了拉伊认为教育学只有把教育现象解释为原因的结果时才是科学的并要这样来提出科学认识和教育措施的论点。一方面,梅伊曼按照如下思想来限制科学地解释由原因造成的结果和造成可能的结果的论点:实验解释在其有可能的地方只为科学分析和实践分析和解决教育问题提供基础;另一方面他在实验教育学认识和教育措施之间作了区分,他只说教育实践的科学论证,而不说教育实践的科学验证。

这里梅伊曼回避了拉伊关于实验解释和教育实践理性的关系的结构。也就是说,拉伊对实验教育学的期待竟然大得使他许诺可以从实验教育学中获得一种"基于生物学基础的……世界教育学",这种教育学应当揭示,"所有民族的教育必须如何达到终点,一方面关于形式,另一方面关于内容,只要这种内容涉及自然科学而不是社会文化中每一民族独有的特性。"②我们接着简述实验教育学创见必须分析的问题,就是梅伊曼对实验教育学的适用性的限制是否足以避开关于原因分析解释和教育实践的理性的技术关系? 在这种自我限制的情况下,实验教育学能具有其想要的和我们断定其缺少的意义,使传统教育学扩大对教育实践的经验科学引导和方向指导吗? 这些问题在实验教育学内部虽然没有被明显地讨论过,但却间接地在实验教育学的创始人相互提出的批评中说到过。这一点可以通过拉伊和梅伊曼之间分歧的那些争论点指出来。这些分歧与其说是针对个人对抗,不如

---

① 梅伊曼:《实验教育学概论》,第38—39页。
② 拉伊:《实验教学论》,第72页。

说是针对他们实验创见碰到的基本理论之困难的。

拉伊对梅伊曼的实验教育学的解释提出了异议,说这种解释把作为整体的教育学人为地分割成"实验教育学和系统教育学",并把"事实研究归入前者,把系统构建归入后者,也就是把假设和理论的构建归入后者";但是"事实研究和假设及理论构建是通过千千万万的相互作用交织在一起的";把教育学专断地分为系统的和实验的是带有"严重错误"的,以至使"实验心理学和实验教育学"最终就分不开了;从而使实验教育学和教学实践之间的紧密关系丧失了,并因此使研究"始终从实践的生活真实出发而又回到原地"。① 拉伊对梅伊曼提出异议,他把实验教育学和实验教育学家贬低为纯粹的"辅助者",他的出发点是"实验教育学决不包括整个教育学,而仅仅包括教育学的经验基础",②而梅伊曼批评拉伊过度夸大了实验教育学的可能性和将它绝对化:"W. A.拉伊提出了关于经验研究的逻辑基础的许多不正确和不严密的观点,他认为我缺少假设,借以反对我关于实验教育学只含有教育学基础的证明,他的这种说法构成了不正确的顶峰。必须反对这种完全混乱的说法……通过假设实验教育学再也不能成为包括整个教育学的科学了。"③

这种争论的有趣之处是,拉伊和梅伊曼两人在他们的相互批评中都是完全正确的,他们批评的总和——这是事实本身的另一方面——迫使超越实验教育学的创见。拉伊断言,一方面假设和理论的构成同另一方面的事实研究是紧密联系在一起的,严格地说这像梅伊曼的论点:"通过假设实验教育学再也不能成为包括整个教育学的科学了。"拉伊的断言所说的基本上无非是事实研究再也不可能有作为用验证

① 拉伊:《实验教学论》,第 43、56 页。
② 拉伊:《实验教学论》,第 68—69 页。
③ 梅伊曼:《实验教育学概论》,第 27 页。

或证伪它们来替代的假设的价值了，而只有在这些假设经受认真进行的验证或证伪，它们才是关于事实研究尝试说明的那些事实的假设。谁在教育领域就心理学和社会学假设展开事实研究，谁就像那在教育领域就所谓教育学假设进行非教育科学范畴的事实研究的人一样不是实验教育家。凡在误解假设和理论构成为一方面同范畴决定的事实研究为另一方面之间相互依存关系的地方，教育事实研究同非教育事实研究就有混合在一起的危险。假如拉伊彻底地思考过他的论点，那么他也许刚刚才觉察到，他的论点与其说是反对梅伊曼对实验教育学的理解的，不如说是反对他自己对实验教育学的解释的。也就是说，拉伊的出发点是，教育经验只要是科学的经验，就必须把任何教育现象解释为原因的结果。因此他所进行的只好像是教育事实研究，因为他要求的原因范畴只对经验分析自然的现象或似乎自然的现象具有适用性。在某种程度上我们可以确定，说到底拉伊根本没有在他论点主张的假设构成和事实研究之间有依存关系的意义上进行教育事实研究。

　　自然拉伊的论点在那些地方是适用的，即在事实研究探讨不熟悉对象的范畴的地方。可是原来他并没有像他所主张的那样在教育实践领域进行教育事实研究，而是在原因分析的研究意义上进行了经验心理学的研究。拉伊关于假设构成、理论对象设计和必须探讨的研究对象之间的关联的论点，假如我们把它用来审视他自己的实验教育学创见，那它说的就是，他的创见根本没有把教育事实作为教育学事实，同时在这种情况下梅伊曼的断言是正确的，他认为通过假设实验教育学再也不可能成为包括整个教育学的科学了。这里必须问，假如两种论点不矛盾，实验教育学是否能作为自然现象或似乎自然的现象的经验可以作为教育科学真正的一部分。

　　拉伊对梅伊曼实验教育学的解释的批评——这种解释其实就实

验概念而言,同拉伊的解释在很大程度上是一致的——导致对梅伊曼的创见产生这样的结论:对教育学没有贡献,并使教育学经验研究和心理学经验研究相互错误地一致起来。尽管拉伊没有考虑到这种异议对他自己的创见同样是适合的,但他对梅伊曼实验教育学的批评却仍不失其意义。确切地说,教育实验的和对其作出分析的事实研究的设计问题处在十分尖锐的节点上。第二组和第三组实验教育学的研究结果清楚地表明了这一点。

在实验教育学自我理解中对第二组和第三组研究结果作出的区分说明,归入第二组的这种结果指出了需要接着作出解释的问题,而在第三组中总结了这些作为教育学解释结果的结果,因此可以提出其表明教育学上有重要关系的主张。在拉伊和梅伊曼争论和借以重新提出教育科学经验研究的论证问题的意义上在这里值得问一问,是否能保持第二组和第三组结果之间的区分。我们想从实验教育学研究的两个结果出发探讨这个问题。

第二组结果比如包含对疲劳现象的计算及其在时日和季节上的分布。因为学习成绩会随着学生疲劳加重而下降,所以我们也许可以尝试把对课程表和放假制度纳入实验中,将假期放在疲劳值特别高的季节,并在课程表中安排各学科时,把那些对所有学生或某类学生来说较困难的教学内容放在一天中不易疲劳的时刻,而把较不难的教学内容放在容易疲劳的时刻。或者我们举属于第二组的关于在阅读中学习成绩取决于阅读插图本内容的结果为例,这一结果同第三组实验中求得对阅读学习特别有利的内容是相一致的。毫无疑问的是,不但对课程表的科学编制,而且对阅读插图本文本的选择,这些都是重要的教育学问题,而传统教育学在说明这些问题时由于缺乏经验科学研究实践而必然会陷入种种困难。因此,应当承认,不但在设计课程表和确定日常上学时间方面,而且在确定阅读插图本方面必须考虑对疲劳影响的研究结果和不同内容对学习者的困难程度。尽管如此,课程表主要按照疲劳曲线、阅读插图本按照对阅读学习特别有效的内容来编制似乎是不恰当的。课程表和阅读插图本的编制确实不能通过把学习过程的不易疲劳和容易性提升为价值观,而应当通过提出同教育学上集中原则和可塑性问题以及教育学上限定原则和主动要求原则问题相联系的任务,从而使自己成为教育学的事情。

拉伊自己在一处发觉要按照疲劳曲线编制课程表是草率的。[①] 草率的原因,他没有举例说明。但看来他想要依照其他规律性来编制课程表,例如,遗忘曲线进程。但是,假如课程表的编制首先由于其同教育学上的集中原则和可塑性问题、教育学上的限定原则和主动性要求原则的关系而成为教育学的事情,那么不仅根据疲劳测量编制课程表,而且甚至把实验教育学结果分为第二组和第三组也都是成问题的。因果关系的技术应用不保证原因分析的研究结果的教育学意义。同样,教育措施在教育学上的合理性问题也不可以归纳为关于通过实验获得的因果关系所希望或不希望的题材,以使即便不是技术应用而至少对其的分析可能成为教育学的事情。确切地说,只要实验指明教育学上要求得到行动科学和经验科学说明的问题,那么原因分析实验结果是可能具有教育学意义的。然而,凡是在企图自认为实验分析结果具有教育学意义的地方,那就是把眼光缩小在要分析的教育行动方面,并将可能使经验论证丧失教育学的意义。

上述行动理论和经验研究获得的问题可能会导致新近回溯到传统教育学的思考形式,并交由它们对原因分析经验研究的结果是否具有教育学意义作出判断,目的是用这种方式同时证明原因分析的经验研究的创见作为教育学领域的经验事实研究创见的合理性。可从长

① 见拉伊:《实验教育学》,第39页。

期看,这对作为行动理论和科学的教育学和作为实践的教育几乎没有什么帮助。只有当对在技术假设中获得的原因分析的解释知识的假设避免作为教育实践知识和在对假设作出实验验证中不再考虑其限定经验研究对象的实践因素的功能时,才能开辟教育经验和教育经验研究真正问题的视野。[①] 这要求有一种教育科学的概念,这种概念不再把教育实在归纳为其与可以理解为准则变量的条件因素的关系。这样一种研究似乎必须把对在教育可能性和任务方面进行着实验的教育实践进行行动理论分析和经验科学检验统合在自身中。这种研究似乎不再需要把其结果付之行动的意义同对其在实验和实际情境中适用性的证明绑在一起了,而更必须在把教育理解为一种行动理论确定的实践的实际实验的关系中证明自己的合理性。

拉伊和梅伊曼之间的争论指出的实验教育学内在的矛盾表明,人们早已关心他们创见进一步发展的必要性。在这方面或者应当认真看待拉伊关于经验研究同实际问题和教育现实问题关联的理论和将原因分析实验进一步发展成为人类更高发展的实践实验——教育事实研究关注到了这种可能性;或者应当进一步关注梅伊曼关于实验教育学只是教育科学一部分和只能为教育实践奠定经验基础的的论点,借以克服实验教育学的内部矛盾。这一途径通过这种叙事教育学尝试达到对实证教育科学的理解。在这种理解看来,教育学最终就不是一种实践科学,而仅仅是社会科学的一种特例。我们分别探讨这两条途径,并首先转向涉及教学理论方面的教育科学的研究。在多次尝试以实证主义地"解决"实验教育学系统内的疑难的情况下,实验教育学

[①] 根据本纳的解释,他认为教育实验研究获得的结论由于还没有经过教育合理性论证,不能直接指导教育实践或限定教育实践,或者说,只有不考虑或拒绝这些结论对教育实践的这种限定,才能发现教育实践中的真正问题,并开展对它们的研究和获得新的认识。——译者

疑难的教育学的真正问题始终得不到考虑,而这里可以指出唯一的一个学派,它主张克服实验教育学中存在的教育科学经验研究的实际要求和认识科学采用的非实践的方法工具之间的矛盾。这个学派就是由 P.佩特森创建的事实研究。

第二节　P.佩特森的教育事实研究

教育事实研究是由 P.佩特森及其协作者,特别是他的夫人埃尔泽·米勒-佩特森,一起于 1923—1950 年间在耶拿发展起来的。这一研究开始于 1923 年,在这一年,佩特森成了赫尔巴特的追随者 W.莱因教席的继承者,并在佩特森进行多次修正后,于 1950 年结束。当时耶拿大学附属学校被关闭了,而在东德基于意识形态和实证主义的马克思主义教学研究发展起来了。这种研究一方面导致了对教育科学的政治性的不断强调,另一方面导致了它倒退到经验研究的技术观念上。①

佩特森称其教育事实研究的由来有两个源泉。一个是考试改革运动。这个运动在世纪之交同传统的和在德国主要以赫尔巴特学派决定的学习性学校的辩论。佩特森积极地参加了这场运动。"新欧洲教育运动"——像佩特森这样称它的那样——对其自己的'耶拿制'学校改革方案意义重大,如德普-福尔瓦特所指出的,'耶拿制'把在改革教育学中提出的综合教学和劳作学校构想结合在一起。另一个源泉

① 这里参见佩特森的学生 F.温纳费尔特(F. Winnefeld)在他的论著《论教育学接触和教育学领域》中关于教育学领域的目的论结构、教育学领域作为事实统一体以及教育事件的规律性,第 32—44 页,其次参见:1960 年东德 W.多斯特(W. Dorst)、G.克劳斯 G. Klaus)和 K.施拉德尔(K. Schrader)之间进行的讨论。这一讨论在某种意义上是实证主义争论的早期形式。关于佩特森的教育形而上学受到的意识形态感染和意识形态上随着时间对其"耶拿制"教育进行的说明,参见:D.本纳、H.肯佩尔:《新版耶拿制引论》。

是实验教育学提出的但还未实现的教育事实研究倾向。佩特森在他作为高级教师和校长在汉堡工作期间同梅伊曼一起合作,并在 1915 年梅伊曼去世后领导了由其建立的若干实验教育学研究小组之一。关于这时期他后来作了如下表述:

"参与教育学经验基础研究早已为我这个几乎年轻一代的教师并算得上是 W.冯特哲学和心理学学生的人展开了新的科学研究领域的目光。日常教学和青少年教育工作的实践活动明显地帮助我认识到,似乎有一种没有任何现存学科能够充分研究和解说'教育现实',但尤其是教育哲学对此几乎没有更多触及过。"[1]

佩特森早在他与梅伊曼合作时期就已经认识到,那是同把反映教育可能性和任务的教育科学和教育实践的经验论证区分开来没有关系的,确切地说,关键在于要对关注"教育现实"的"教育事实研究"的作出说明和论证。

"心理学曾怎样致力于教育学的任务,怎样致力于它的(教育学的——本纳)道路和手段、致力于其示范地达到其要求。曾经提供的心理学和新近的心理学通常不是别的,它们只是在边缘和表面上理解过去的教育学世界,是的,甚至误导了教育学和误导致使其同教育产生矛盾的结果。这种心理学通过其试验提供大量的依据甚至来支持旧式读书学校、旧式班级教学,而它也在方法上继续对学校教学法的试验深信不疑。在学校政策上,它支持四年制基础学校,尽管几乎不可能有比十岁时辍学更不幸的停止儿童学业的发展了。在这种心理学看来,没有出现可以反对旧学校禁锢制度的决定性东西和诸如此类。现在(通过教育改革运动——本纳)揭示的、教育科学研究充分反映的教育真实,在不久后证明以往的心理学不可理解,但同时为心理

---

[1] P.佩特森、E.佩特森:《教育事实研究》,第 95—96 页。

学提出了十分重要的新任务。"①

　　但恰恰由改革教育学运动对经验研究提出的任务不能由仿效心理学研究的经验研究来完成。认识科学经验研究不考虑真实的教育事实,因此获得的是其对教育学没有实质性重要关系的结果。即使事后比如通过教育学的解释也不能赋予这些结果以直接对教育学的重要意义。在经验研究创见甚至已不考虑教育事实状况之后,在经验结果及其教育学解释之间就只能提出科学技术经验研究和意识形态的关系问题了。实验—心理学经验研究既不能促进又不能督导教育改革,因此也既不能事前组织教育实践,也不能事后整顿教育实践。佩特森以这种观点说明了教育科学和认识科学的经验研究之间的关系,迄今不但哲学教育科学而且经验—实证教育科学从它们的基本解释看都还没有理解对这种关系的说明。②

　　在探讨教育事实研究以前,我们想较详细地谈谈佩特森对实验教育学经验研究的批评,因为他的新创见的建立是源于这种批评的。鉴于其在汉堡教师研究小组的经验,佩特森断言,依赖心理学的研究涉及的是这样一种研究,"它与其说是首先按照教育事实研究进行的,肯定不如说是伴随教育事实研究进行的研究。只要集合在梅伊曼周围的汉堡教师和教育者工作圈子首先为教育研究必要性起见投入其力量,也始终以偏爱其问题和方法思路把这种研究作为目的,那么这已经显露了这个活跃的工作小组的主要缺陷。受到不断指出和强调的是,对于进步教师和主张改革的教师来说,其燃眉之急的教育和教学问题找不到充分的答案,只是用各种建议的方法来搪塞。汉堡工作小

---

① P.佩特森、E.佩特森:《教育事实研究》,第 99—100 页。
② 这一论证在今天、即本书第一版出版约 18 年后不再成立了。在关于教育哲学、经验研究和教育实践关系的新近论著中似乎已经引述了 P.福格尔(P. Vogel)的论著《教育学的因果性和自由》。

组的教师和教育者对他们的学校生活和教学的现存教育环境提出异议，他们知道，把关心这方面的改革放在首位，即便不是决定性位置，那也不是他们的职责。假如一篇明确真实的教育改革论文呈现在面前，那么它同样可能用上述方法得到探讨并可能作为有趣的比较材料得到使用。换句话说，教育的优先及其教育科学的研究观点没有起到充分的作用。必须唤醒……新的教育意志，并使其全力发挥作用。这样教育学研究才能进一步澄清教育(教育实践——本纳)的特性和独立性以及澄清教育真实——而梅伊曼的这种特殊贡献似乎再次得到了强调——及其教育科学宝库的特性和独立性。但它超越了教育学。"①

佩特森毕生致力于这样一种在理论和实践上对实验教育学创见开辟的可能性的超越。他对梅伊曼经验教育学创见的批判包括了在他看来对克服这种创见和赢得教育事实研究来说本质的一切因素。一方面，教育科学研究是同在教育现实中以"教育优先"使其"全力"发挥作用的教育学"意志"结合在一起的。教育科学研究具有这种针对其对象的意志，它不是抽象的事实，而是从理论上推导出来的。另一方面，教育优先或对教育实践的理论引导和导向决定了教育事实研究的观点，使教育始终作为事实和任务同时成为对象。教育科学经验或教育事实研究只有在其把有问题的教育(按理性决定的教育的可能性和任务展开的实践)作为研究对象时才有可能。它是同教育情境的教育经验以及在具体的教育实在中的教育情境的情况联系在一起的。

下面我们逐一探讨这些因素，首先是"教育情境"的概念及其对在"教育优先"中存在的理论的依赖性，然后是在"耶拿制"提出的和作为在教育实在中全力实施的教育意志在耶拿实验学校实行的改革构想，

① P.佩特森、E.佩特森：《教育事实研究》，第101—102页。

最后是同"教育情境"和理论上引导和理性导向的教育实践结合的教育事实研究。在这方面我们远非考虑在佩特森学说背后及其事实研究背后蕴涵的"教育形而上学"。对它的分析似乎使我们回到了对在论及传统教育学时已提出过的教育科学的三个问题的讨论,并要求对佩特森如何理解"教育形而上学"作出批判界定。[①] 我们在这里用早已探讨过的教育学问题的见解取代批判界定,以能够用这种方式正确地评价佩特森对"教育情境"的理解及其同教育构想的联系和与之并列的作为进入为我们要求的行动理论—教育经验研究的重要一步的教育事实研究。

佩特森首先在他的论著《教学引导论》和《论对教育事实研究的教学尝试》中阐明了他的教育情境概念。在两本论著中他脱离了其早期,即 1927 年,在"耶拿制"中提出的教育情境的概念。在"耶拿制"中,他说教育情境就是"一个存在者必需的激发因素的全部,作为全部可以发生作用的东西",而在他后来阐明教育事实研究的论著中,在他的《教学引导论》中放弃行为主义情境概念后,他提出如下的定义:"教育情境就是那种有目的构建和实施的有问题的(即充满问题的)情境的生活圈,这种生活圈旨在向儿童和青少年的全面发展、礼仪形成(教养)和人的纯粹禀赋和智力的成熟提供最好的环境帮助。它使青少年处于被激发中和各种各样的任务面前,借以使每一个必需表现为完整的人,完整的个性,去活动、去行动,并用相当独立的见解和成绩作出回答。"[②]

---

① 对佩特森教育形而上学的批判见:I. D.伊梅曼(I. D. Imelman)/W. A. J. 迈耶(W. A. J. Meijer):《昨天与今天的新学校?》;P. 卡斯纳(P. Kassner)、H. 朔伊尔(H. Scheuerl):《回眸 P.佩特森,他的教育思想和行动》;H.-J.加姆(H.-J. Gamm):《讲台教育学的延续性或者关于法西斯教育学的分歧》;H.-E.特诺特:《错误的战线——论就教育科学史看批判教育学的悲哀》;参见 D.本纳、H.肯佩尔:《新版耶拿制引论》。

② P.佩特森:《耶拿制》第一版,第 38 页;P.佩特森、E.佩特森:《教育事实研究》,第 109 页。

佩特森首先通过三个使命说明教育情境:他确定,第一,它将富有目的地引入问题性交往;第二,这种交往目的关系到作为完整的人的成长者并要求他进行活动;第三,成长者在活动中以相对独立的见解和成绩作出回答。富有目的地引入教育情境表示它的目的并不包含在自身中,而是为实现教育目的服务;它是问题性的,这一点表示它包含的问题并不是作为在其中已经有现存答案来预设的,而是作为问题性的、充满问题的任务提出的,要求成长者作为完整的人全身心地联系世界和实现教育目的。因为教育目的本身因此是问题性地确定的,并不是作为目的事先固定的,所以成长者只能通过自己的活动和活动成绩来尝试达到它。同时,他所作出的见解或成绩各具有相对独立性,推动他重新进行理性的活动,而决不完全结束他的活动。佩特森是尝试通过解说问题性情境的界限性来说明教育情境的开放性的:

"我始终处在某些情境中的那种事实本身具有极重要意义,因为它表达了对作为可能存在的我的关系。这就是说假如我始终处在情境中,那么作为实存中可能存在的我总是处在限定的情境中。但限定的情境是同不变的(即永不停止作为限定的情境——本纳)而只是在其现象上有变化的实存本身有关系。"[1]

佩特森从对教育情境实质性因素的这种完全赞同费希特追随者教育哲学中提出的教育概念的原则的说明中推导出两点对教育事实研究具有重要意义的结论。一是,他确定:"根据限定情境我不能作出计划和思考,至少不能作出不考虑教育情境开放性和将其始终相对的确定性假设为绝对性的这种计划。二是,他在这种情况下重新提出那种他在分析梅伊曼教育学时已经表明的要求:"随着对一种情境的有意识的科学观察或处理,我早已处在一种新的情境中了;我完全只能

---

[1] P.佩特森:《教学引导论》,第18页。

不断地进入另一种情境。……这就是说,所有那些在心理学和社会心理学上等等按照活动和人来研究和解释学校、学生和教师的尝试无非是一种自然并非完全无意义的而是局部性的考察,诚然,这种考察在自以为可以决定教育行为而不是有限地为其提供服务的地方是危险的。自身的,即教育事实研究的必要性(在这里——本纳)得到了说明。"[1]

现在我们来探讨关于教育计划的第一个结论。假如教育情境基本上是作为限定情境来定义的,那么学校应当这样来设置,使它作为机构不破坏教育情境或不使教育情境成为不可能,而给出在其中使其可能成为教育情境的机构范围。对国民学校和高级中学留级学生的百分比的经验调查表明,只有 5/6 的学生能达到高级中学毕业;30％至 50％的学生以"辍学"离开国民学校和中间学校;3/4 的从国民学校退入辅助学校的学生本来属于普通国民学校学生。佩特森将此解释为"年级制的破产",并要求建立"普通小型国民学校",通过"提高班"、主体中学和中间学校等等取代国民学校,让优秀生在国民学校中学习,但以自由和不同的教育形式为他们创造更好的教育机会,就像"耶拿制"中所发展的和 25 年富有成绩地试验的那样。没有一个民族能够改变学生并按照读书学校教育方式从他们当中造就出更多什么来,因此学校体制——而首先是学校生活——自身必须改变。[2]

只有改变学校体制和学校生活才能改变学生,根据这一论点今天我们首先想到两点:一可以这样理解,在这一论点看来,改革不再只是学习方法和教学内容的改革,而同时也是学校生活在其中展开的机构内外组织的改革。二,在这一论点看来,"民族"或"社会"本身是被改

[1] P.佩特森:《教学引导论》,第 18 页。关于教育情境的概念参见德普-福尔瓦特:《论 P.佩特森的教育学说》,第 48—82 页。
[2] P.佩特森:《耶拿制》,第 17 页。

革排除在外的,改革意志集中在教育领域自主的学校集体生活上。在佩特森把"社会"视为始终由"权力利益"决定的"斗争集团"的同时,是相信"集体",特别是相信学校集体,能够摆脱其同社会利益的纠缠:"一个'集体'表明具有完全不一样的内在结构的能动性。由它团结起来的各个人以完全的自由为一种精神起见顺从它或服从一种精神思想。这种精神思想由一个领导者代表,使那些人像随从人员聚集在他周围。因此这里也没有任何社会等级,精神驱动人,并非因为他们属于特殊'阶级'、'党派'、'宗族'、'民族'、'部落'等等,而因为他们是人,而它授予人以领导的角色,不顾各种社会等级,它们对他来说始终是第二种秩序的产物。① 一个人的行动和思想之所以始终是好的,决不是因为像大家所说的那样,他处于高人一等的等级上,而假如这意味着贵族,这只是表达民众的感受,要有符合贵族行为的义务;而人,即处在没有贡献而较舒适生活中的人(这是社会的评判),应当为此而使其生活和思想经受特殊的训育。但具有重要意义的是,了解每个人都能够达到个人生活的和谐就像达到纯粹意想的贵族般的生活一样,不管其属于什么等级和智慧水平。因为没有人除了被要求在他个人范围内不弯曲他个人生活特性和补充他的能力之外,有什么更多要求了。"②

　　佩特森基于社会情境和在其背后的利益同在自由普通国民学校教育情境的区分把学校教育目的限止在非政治的个性培养上。他这样做是希望:通过这一培养,成长着的一代在考虑"由困境、利益、斗争、新经济、政治和社会条件"决定的未来的情况下把自己提升为有道

---

① 这里说的是:自然给予某些人领导的天赋,而这并不偏心某个阶层的(或社会等级的),阶层不是自然的产物,而社会的产物。这里的"第二种秩序",就是指"社会"。——译者

② P.佩特森:《耶拿制》,第 10—11 页。

德的人。"这样一种(在教育领域发生的——本纳)性格培养的结果便是造就同人民结合的自由人,'城邦的人',就本性而言他处在多样性的人民生活的社会、政治和精神秩序中,并为其服务,处在他的'等级'上。"①在这里佩特森不考虑学校机构组织不仅决定着教育情境就这一点在多大程度上可能做到,而且社会指派给学校的场所对学校生活、及其内容和方法、任务、目的和交往方式具有决定性意义。

即使佩特森就他自由普通国民学校和在其中有可能推动的集体生活的假设而言,落后于卢梭对人的更高发展中教育和政治—社会的相互关系的认识,并且没有认识到,不仅是学校事业和学校生活的改变,而且决定学校事业的社会情境的改变也都是理性地改变学生存在的必要的前提条件,但"耶拿制"中呈现的改革方案连同其组织结构特征完全表明了一种批判性学校模式的纲领——假如不考虑其将自己限止在教育领域以及缺少教养理论的论证的话。

"耶拿制"同传统学校和现代学校的区别主要体现在两点上,即取消年级制与学生和教师角色的确定。在"耶拿制"中,小组取代了传统班级,基本小组包括第 1 到第 3 学年低级组、第 4 到第 6 学年中级组、第 6、7、8 学年高级组和第 8、9、10 学年青年组。基本小组分为由学生自由约定的各种课桌小组,可以各按教学内容组成交换和包括不同年龄的学生——在传统学校的不同年级意义上。在三年工作后的所有孩子中,每个基本组约有三分之一的人升入下一组。留级是不可能的。在教师的激励下,学生出于自己的愿望也可以"跳级"。分数作为教师对孩子成绩的评价不再存在了,它们被自身评价或同学的评价所替代。此外每个学生每半年会取得对他所做的作业的报告。年长的学生起到帮助年幼的学生的作用,成绩较好的起到帮助较差的学生的

① P.佩特森:《耶拿制》,第 12 页。

作用。这就产生了分别按学科和基础小组进行交替的领导角色。这
里既没有一直最好的学生,也没有一直最差的学生。

因为小组中的工作在很大程度上基于学生的主动性,所以在"耶
拿制"学校中,教师的角色与传统学校中的不同。教师本身必须被组
织进各小组中。他必须尝试作为对话的领导起作用,特别是在低级小
组中。教师作为这种角色在中级、高级和青年小组中有时也由学生代
替。教师与其说具有直接的教育者的作用,不如说更多的通过对学生
提问,即有的放矢地帮助和要求他们独立活动,担负起促进的任务。
"教师必须完全感受自己是作为对话的领导者,因此要把他的提问组
织到学生圈子中自由升华的思绪中。问题也许导致疑惑,也许预先看
到答案,同时是对孩子的设想、问题和见解作出的反应,但——始终走
在孩子选择的道路上。这样,在这一点上完全是认真地认同学生的主
动性的。这一点在孩子或小组所走的路上显示出来。教师正是以他
的提问引领着这条路。这就是孩子们通向答案的路。"

除了基本课程,在纯粹学科学习领域还有所有小组学生可以参与
的各种适合儿童年龄和学习阶段的水平课程和选修课程。学生的学
习应当基于这种方式逐步推进,通过从学前学习的各种形式出发并达
到由自己和别人的信息传播过程获得更复杂的学习方式。同时——
佩特森明确指出——"必须放弃任何强制学生在各学科学习中采取同
样的进度"。[①] 学校应当让每个学生有时间确定其兴趣及其发展;在他
不感兴趣之前,不应当要求他;既不应当过高地要求他,也不应当降低
对他的要求。一方面过高要求,另一方面降低要求,这是年级制学校
不可避免的特征。在这种年级制学校中,学习步子由学习材料统一制
定,没有给学习者改变个人计划及其适应主动性学习留有余地。从传

---

① P.佩特森:《耶拿制》,第 37、45 页。

统和今天的学校为一方面和"耶拿制"学校为另一方面的上述两种区别中产生了具有同样重要意义的第三种区别。它就是"周计划"，它取代按学科分的和在各学科各自独立的课时计划。学校作业从水平课程开始，第一阶段为约 100 分钟的小组作业，此后是 30—35 分钟的休息，它用来安排在学校中的自由活动和做操以及大家在一起的早餐。接着又是一次 3 刻钟的小组作业，或是基础课和选修课。每两个下午各安排 2 小时上体育课和美术课。周工作计划明显地反映了这种工作方式。只是在各课程中表明有把教材分到不同学科中的做法，而在上午各基础小组的作业中和下午基础小组或选修小组进行综合课的教学，诚然同时也有从文化和自然方面来确定的小组作业的区别。

　　这种对"耶拿制"粗略的简述和在其各点上肤浅的简单描述，在这里也许已经足够了。假如我们尝试仔细地对此作出分析，那么我们似乎必须要深入到教学方法、内容研究和学校理论中，这是超出本书研究范围的。但有一点这里可以简短地指出，即"耶拿制"首先是针对教育理论问题和认识以及教学方法的，它在很大程度上是不考虑教养理论问题和教学内容研究问题的。比如，该制度是单方面从主动性原则来确定综合课小组作业的，并不考虑对综合课措施的内容合理性论证和检验有重要关系的教育限定原则和教育集中原则。教养理论基础的缺乏可以明显地从社会和学校集体的区分中看出来。这造成佩特森看不到分析学校内存在的和由统治利益决定的异化及其意义的必要性，而这种分析既是实现自由普通国民学校的条件，又是学校工作的课题内容。

　　紧接着我们对教育情境概念和在"耶拿制"中提出的改革设想进行分析，我们现在来探讨佩特森论证的教育事实研究。从这种研究中我们可以看到，因为它既是一种教育情境的教育学概念，又是一种设置教育情境的改革计划，所以是朝着我们要求的行动科学经验研究的方向迈开的重要一步。教育事实研究一方面在经验中是与教育情境预设联系在一起的,它能够和应当查明的不是偶然的教育情境,而去探讨其中对教育和教学过程作出了理论设计和准备的教育情境。就其同教育情境而言,即就其在可能性和任务方面作出理论思考和设想的情境而言,教育事实研究总是同某种教育和教学计划联系在一起的,比如 P.佩特森和 E.佩特森在"耶拿制"自由普通国民学校进行的教育事实研究。同时其面临的任务是使改革设想在实践应用中获得经验,并使这种经验对教育可能性和任务的理论确定进行自身反省,以及通过反省把经验纳入改革设想的进一步发展中。在这种意义上佩特森断言:"教育事实研究就是为有计划、有目的地进行各种形式的教化、教养和教育奠定科学基础,以把人对全部教育的一般兴趣提升为科学兴趣。"[1]

    P.佩特森和 E.佩特森完全清楚,在进行教育经验研究的努力中他们已经走入了科学的新大陆,其次,他们清楚,教育事实研究尽管经过十年之久的努力,但还始终处在开始阶段。G.斯洛塔在其对这种努力的分析中把教育事实研究区分为四个阶段。1924 年至 1928 年为第一阶段,这一阶段具有"耶拿大学附属学校实践的创见";第二阶段为1928 年至 1931 年,这一阶段集中在"作为教育事实'部分研究'的教育性格学上";第三阶段为 1931 年至 1934 年,并以 E.克勒"在教育情境中的心理学研究"为标志的;第四阶段又同第一阶段相衔接,并作为唯一的一个阶段至少在基本问题上完成了早已提出的对教育事实研究的要求。[2] 教育的性格学应当尽可能不受观察者主观判断束缚地去把握在耶拿学校的特殊情境中成长者和提出各种性格的类型。心理学研究,像 E.克勒自 1931 年来在耶拿领导的研究那样,首先是为阐明那

---

[1] P.佩特森和 E.佩特森:《教育事实研究》,第 9 页。
[2] 参见 G.斯洛塔:《P.佩特森、E.佩特森的教育事实研究》,第 20 页及以下几页。

种并非在人为的实验室中而是在教育情境中对教育实在作出的分析服务的。但这种研究通过最终集中在"只为心理问题设置教育情境服务"上,①恰恰表明通过对耶拿大学附属学校教育情境的心理学研究来了解在教育学范畴中的教育情境的事实研究的必要性。G.斯洛塔在他对教育事实研究发展的分析中得到了对他来说重要的结论:"E.克勒的心理学研究意义上的教育事实研究使教学意义上的教育事实研究得到了越来越大的发展。佩特森又将此同那种把耶拿大学附属学校教学和学校生活的观察作为中心的第一阶段结合起来。教学过程现在作为研究领域在一定程度上重新得到了重视。从这一点上看,教育性格学和克勒的研究似乎因此而可以被视为间接的途径。但另一方面它们……对研究方法来说无疑具有重要意义的。"②下面我们将集中探讨教育事实研究发展的第一阶段和最后一阶段。

佩特森后来在回顾教育事实研究发展的第一阶段时作了如下断言:"历史地看,这种发展是以如下的方式进行的,每天、每周的经验是如此丰富、如此珍贵,只能尽量记录下来进行思考,在教育科学上同过去自己的和他人的经验作出比较,仔细地进行检验和推敲,然后从中得出继续进行新学校的实验的结论、下面每新的一步的结论:什么是有益的,什么是有害的,什么是需要通过进一步经验、进一步试验和彻底的探究来证明的,什么是需要另外的、新的、有时是第一次发明的和想出来的念头,来借助别种激励引发另外的儿童活动或儿童积极的反应,乃至新的表达、儿童本性的表白? 不言而喻,首先值得尽可能在文字上记录下,作为最重要的记忆的帮助,以在以后回顾过去的观察和经验以及过去从中得出的实践和理论上的结论。"③

---

① 参见 G.斯洛塔:《P.佩特森、E.佩特森的教育事实研究》,第 39 页。
② G.斯洛塔:《P.佩特森、E.佩特森的教育事实研究》,第 41 页。
③ P.佩特森、E.佩特森:《教育事实研究》,第 104—105 页。

即使这里奠定的教育事实研究的基本概念——如 G.斯洛塔正确地确认的那样①——非常一般和不确切,但恰恰可以赖以了解教育事实研究的各种任务。这要求把教育经验研究纳入到教育理论和教育经验的关系中。这种经验研究特别有助于以教育学视角记录下以理论引导和以理性为方向指导的教育交往经验。它作为这种经验,由于它一方面通过它的记录使判断和评价业已进行的教育实践成为可能;另一方面为进一步的新的教育实践准备了通过批判研究和教育和教养的理论构想获得的"结论",而具有检验"新学校实验的进程"(即依靠教育可能性和任务的构想建立的教育实践的进一步发展)功能。在过去和未来之间的这种中介功能中它具有三方面的意义。它帮助实践工作者,即在教育情境中工作的教育者通过探讨其实践从实践的角度自我反思他的作为;帮助理论工作者,即从事进一步发展教育理论、教养理论和学校理论研究的教育科学家,使他有可能在其对教育可能性和任务作出科学分析时思考通过理论引导和方向指导进行的教育实践和使其理论能够作为纠正措施发挥作用;同时从其对行动者的实践的意义和对科学家的理论意义中产生了其对教师培训的意义。教师培训必须向未来的教育者传授对其作为进行不断自我反思的各种前提条件:第一,它必须使他通过教育理论和教养理论的学习了解其实践的理论思想;第二,它必须通过联系教育事实研究使他为对其作为做出理论引导的及其实践导向的批判分析作好准备;第三,它必须把他引入那种指向问题化的教育实践经验研究的教育理论和教养理论进一步发展的过程。

这里所说的对教育事实研究的不同说明虽然在其第一阶段中已经提了出来,但并没有作详细阐述。赋予第一批记录和报告的任务首

① G.斯洛塔:《P.佩特森、E.佩特森的教育事实研究》,第 20—46 页。

先是揭示耶拿大学附属学校进行的实践相比那些传统学校来说所具有的优点。第二阶段和第三阶段表明发展教育事实研究方法的努力。但这方面在求助于心理学经验研究技术的情况下，原来的教学过程却越来越脱离了视野。第一阶段本来认为的教育事实研究的任务同在第二阶段和第三阶段首先通过心理学研究在教育情境中取得的结果之间是有差异的，这种差异毕竟提出了发展专门的教育学上记录措施的要求，这是 E-M.佩特森自 1934 年来所谋求的。因为教育事实研究从一开始就尝试把教育理论和教育经验联系起来，所以特别值得制订出从这种联系出发提出来的"记录措施"和"应用措施"。

我们在这里不可能详细地探讨各种记录措施和应用措施，而代之请读者去阅读 E-M.佩特森对自己教育事实研究方法进行探索的阐述以及 G.斯洛塔论著的第三章。① 但这里至少提到了各种措施。个别的记录是针对个别儿童或两三个儿童小组的。它可追溯到 E.克勒在教育情境中的心理学研究，特别是它在小组教学中的应用。教师的记录在任何教育情境中都是可以的。这包括教师在小组中、在班级中和在课程中所起的作用的行为。最后，全部记录尝试记录下整个教学事件中的教学单元情况，即儿童的行为和教师的行为。它首先被用于面对面的教学情境中，因为非面对面的教学的整个记录由于其复杂的结构是特别困难的。所有这三种记录是从以下三个原则出发的，"教育情境的真实性原则"，它不允许教育情境为记录起见在技术上简单化或标准化；"目的菜单性原则"，它以教育情境的目的性来进行记录，并应当为区分教学事件的本质因素和非本质因素服务；"直观"和"详尽"原则，它要求记录能够重复教育情境，而非说明教育情境。此外，E-M.佩特森对不同的应用措施作了区分：描述性应用，它以时间顺序精确

---

① G.斯洛塔：《P.佩特森、E.佩特森的教育事实研究》，第 63 页及以下几页。

地总结个别交往活动和接受行为;现象学式应用,它把各种教学现象概括在不同的现象形式中;逻辑应用,它把各种现象形式相互整合在一起,并编制成事实格或事实表;对在逻辑应用中获得的结论作出数字应用;最后是因果应用,它尝试揭示原因和效果的关系。

我们不必对这里所说的和仅仅简短地指出的记录措施和应用措施作更详细的探讨,我们所作的粗略的简述已足以了解,这些措施充其量只是教育事实研究的起步而已,它们需要一种细化得多的、特别是更好地针对教育情境而提出的手段,以能完成从其同教育理论和教育实践关系出发对其提出的任务。对 E-M.佩特森发展起来的教育事实研究的记录和应用措施的恰如其分的评价,即使只有把其与同时代的各种经验认识科学的方法对照才能作出,但我们在这里至少想指出我们发现的一些困难,假如根据教育事实研究的任务来衡量上述措施的话。对个人的记录、教师的记录和整体的记录作出的区分只有在它们同教育情境观念一致的情况下才能表明是正确的。但恰恰只有在把这种观念同成长者与教师的交往联系起来的情况下,整个记录才能真正完全满足教育情境的要求。甚至在作为教育者的人可能在一定情境中理解各个学生的情况下,也毕竟只能通过整个记录来把握在这方面同时针对由老师角度来看的"学生教师"传播作用而整理的整个记录来把握教育情境。

其次,把教育事实研究的任务提出来看,E-M.佩特森对记录措施和应用措施作出的区分是不够的。假如这种区分是应当为在教育实践中检验理论的实际应用以及理论的不断修正和进一步发展服务的话,那么应用过程不能止步于数字和因果的应用。确切地说,这种应用过程研究恰恰在 P.佩特森终止教育事实研究的地方进入到了一个决定性的阶段。经验研究的结论的原因应用的问题已经在分析实验教育学中向我们指出来了。只有在记录措施和应用措施同时符合教育事实应当为其服务的那种目的时,即检验和修正理论和借以争取改变教育实在的情况下,这种问题才能得到满意的解决。

P.佩特森和 E.佩特森的教育事实研究没有完全满足行动科学经验研究提出的要求,这自然不仅是同尝试获得在实践中居于首位的经验研究工具特别困难有关,而且同时也由于 P.佩特森和 E.佩特森尝试把教育事实研究尽可能直接服务于维护"耶拿制"以及在很大程度上因他们几乎完全忽视教育理论的参考问题和教养理论的参考问题使然。其中潜在的问题就是行动科学经验研究在教育学上的区分问题。教育事实研究——这是佩特森的创见的主要贡献——只有在教育情境中进行才有可能,但是它决不可能验证教育情境中进行的实践和验证实践背后的理论。因为任何教育情境只要是一种实际的情境,就始终会比其背后的理论更丰富。它作为实践始终是早已确定的,而且它的这种确定是不能由理论来直接指导的。耶拿普通自由国民学校的改革计划在这种意义上并非是纯粹的理论产品。确切地说,它是一种在对学校实际进行实际研究中获得的和根据对教育任务和可能性的理论说明建立的新学校构想的模式。这种模式虽然决非是离开对教育观念作出理论分析而提出的,但它同时也把其确定的实在和实现归功于某种决策。

Q. P.佩特森和 E.佩特森的教育事实研究取代了耶拿大学附属学校改革构想的理论,并期待从教育经验研究中直接获得对它的验证。可是,代替对学校实际作出决策的验证或对其背后的理论的验证取决于教育事实研究服务于对理论和实践作出不断的自我批判检验,不再把理论和实践的进一步发展让位于随意性,而要把自己提升为在进一步发展中处于首位的研究的对象。尽管对耶拿教育事实研究作出的批判是有限的,但 P.佩特森倡议和领导的对实际教育的科学研究的尝试指出了未来的方向,这一点特别清楚地表现在我们把这种尝试同经验教育学的那种学派作对比的时候。这一学派类似教育事实研究可以追溯到世纪之交的实验教育学，但却尝试通过技术倾向代替行动科学倾向。

第三节　菲舍尔、洛赫纳和布雷钦卡的实证教育学

实验教育学为建立一种教育特有的经验研究的努力是注定不会取得多大成果的。恰恰是拉伊和梅伊曼之间的争论清楚地说明，实验教育学本身在行动理论的经验研究任务和因果分析的实验观念之间存在的矛盾迫使它们超越教育学的创见。或者应当认真接受拉伊的论点，教育经验研究同实际问题和教育现实问题有关，然而因果分析实验的观念必然脱离实际实验的观念；或者应当坚持梅伊曼的论点，因果分析—实验经验研究只能够对教育实践作出经验说明，因此只包括教育科学研究的一部分，然而实验教育学提出的对教育经验研究和心理学经验研究的区分有丧失的危险。

首先撇开经验实证主义和批判理性主义的区别不说，我们在这里总结一下那种作为实证主义教育科学的，旨在提出解决实验教育学内在矛盾的两种可能性的尝试。它们首先以两种特征为标志。一方面它们倾向于使经验科学研究从实验教育学还承认的同实践中迫切问题及其理论上的问题化的关系中摆脱出来，并把教育科学限止在脱离价值判断的经验科学水平上。另一方面，它们相信能够通过把教育科学包括在社会科学中而中止缔造直至建立经验教育学的相当自主的教育科学的努力。从我们系统地对传统学派作出的界定出发阐明的理论、实践和经验研究的关系因此被丢失了，而它在实验教育学中虽然没有得到什么反思，但至少有所提示。就实证主义理解而言，教育

学不再是实践科学,而是"纯粹的"认识科学,它只能在技术和意识形态上同实践中的迫切问题建立联系。

　　实证主义和技术教育科学在描述性教育学中有其先驱。如 A.菲舍尔 1914 年在一篇文章中提到的和 R.洛赫纳在 1927 年进一步阐明的描述性教育学在一开始说到的特性上同实证主义教育学是一致的。它尝试使教育科学从其同实践中提出的课题和问题那里摆脱出来,但还坚持教育科学的自主主张。我们在描述性教育学中看到实证主义教育科学的先驱,这是从我们对教育学问题方式及其对基于行动理论的经验研究的意义的分类中得出的。也就是说,假如作为科学的教育学的起源存在于成问题的日常教育交往经验中的话,假如教育科学确实从这一点出发具有从实践到实践的科学要求,就像赋予作为从教育到教育的实践科学的它对于其他实践科学和认识科学的相对自主的话,那么随着把它简单化或降格为认识科学,它的相对自主的要求也就丧失了。相信能够保持相对自主的描述性教育学逐步发展成了实证主义—技术教育科学。这在 R.洛赫纳的论著中对教育和教育学理解的转变中可以指出来。洛赫纳在 20 年代首先把自己同 A.菲舍尔将胡塞尔的现象学引入生活的关于对教育现实不受理论约束的描述的构想相联系①,并在后来表明赞成 W.布雷钦卡关于实证主义教育学的说法。下面我们想简短地说说这种同梅伊曼相关联的内在必要性的阐述,以便像洛赫纳和布雷钦卡在他们科学理论的论著中阐明的那样来探讨教育科学的概念。

　　A.菲舍尔在其关于描述性教育学的纲领性论文中是从下面那种

---

① 参见 E.胡塞尔:《纯粹现象学及现象学哲学的观念》,第 54 页:真正纯粹地讨论纯粹的存在相对探究所有经验立场的目的性的超验性来说并非小事……谁对现象学熟练,谁就会直接看到所有心理学的出色描述几乎都恰恰是表面的,且甚至对表面其实也是搞错了的。

对作为事实的教育和作为任务的教育作出的区分出发的："谁进行教和教学，教育和教化，对此无所认识，他不必科学地知道任务，既不必知道他要教导和教育的儿童，也不必知道他要采取的方法。但是，不言而喻，要求他作为其工作前提的是，他具有科学认识，知道他应当传授什么；也不可避免的是，他在教育工作方面应当掌握某些知识和认识，比如关于儿童个性的差别，以及他应当收集关于其教育措施的各种经验，又能从直觉出发应用这些经验。……重要的是，过去和现在的教育实践，没有在其任何一种形式上是认识，而且在其应用、使用和包含认识的地方也不是。"①

　　A.菲舍尔在这里——于教育改革运动期间——刻画的实践者的形象是一个教育着、教化着、惩罚着、表扬着的行动者的形象，他做着，但并不认识，而他在他行动时不可避免具有直觉的行为方式，简而言之，即那种赫尔巴特不否认办事习惯中的教育机智。他把这种在实践中提高着的并非认识着的实践者同理论家区别开来，他继续说道："假如我推进教育理论的话，这种教育实践对我来说肯定成为问题，它是研究对象，也许是教育理论家应当想认识的首要对象。教育学作为科学的确是理论，是对教育事实的科学研究。"②当实践者直觉地进行行动、判断、表扬、惩罚，无论如何都在进行教育，而不是去认识，尤其不去提出教育问题进行探讨时，教育实践便成了理论家的课题。提出问题进行探讨是理论家的事情，而且只是理论家的事情。这里必须问，假如实践者没有问题，而只有行动，那么究竟是什么应当成为理论家的问题。让我们再一次把话题转向 A.菲舍尔，因为他直接接着刚刚引用的一段继续说："假如我们以这种观点来思考一下行动和理论的关系，那么就要去完成对所有教育研究和科学来说不可回避的重要和基

---

① A.菲舍尔：《描述性教育学》，第 83—84 页。
② A.菲舍尔：《描述性教育学》，第 84 页。

本的任务。我想把它以描述性教育学的名字来接受。……我视为必要的是，在当前以其强烈实际—改革倾向反复去指出这种在我看来关键的、为纯粹的、尽可能不带利益关系的认识服务的教育理论的任务。"①这里就实践者对其活动缺乏理论观点提出了一种理论，它以没有利益关系的认识方式与实践发生联系，以便将其在撇开实践者已有的观点的情况下作为纯粹的事实来理解。一种没有利益关系的描述被认为是比各时代改革倾向更迫切的。"每一人一旦知道事实（教育事实——本纳）的存在，就会认为已经了解它"，这反过来导致"各种新的建议、批判本身比充分地理解存在得到更高的评价"。②

A.菲舍尔并不想以这种观点对"教育学问题中的停滞不前"现象发表看法。确切地说，他想通过对作为事实的教育作出没有利益关系的描述来缓和过热的改革努力。使这种描述走在对实践所有批判和所有改革尝试的前面，目的是能够在深入认识作为事实的教育的基础上改变教育体系和教育实践："正是这一确定一个领域的事实的基本任务，而且是以这种方式来确定，即使它构成理解问题的前提，像在解决问题时必须依靠的终审裁决一样，要以其现象学的完善作出描述"；对于"这种描述来说，……科学上可用性和有用的不可缺少的前提是，它不依赖理论，在这种意义上它是无条件的"。③ 描述性教育学通过无利益关系的以及不依赖理论的描述要为形成理论提供基础。这种理论将基于对作为事实的教育的（即教育是"真实"的）完整认识，摆脱事务主义和改革倾向，说明教育的可能性和任务。对是什么的认识，自己话说对象，应当在这方面保障和确保理论基础，以使对象作为对象来把握、理解和作为问题加以探讨，并使对象在说明、理解和作为问题

① A.菲舍尔：《描述性教育学》，第84页。
② A.菲舍尔：《描述性教育学》，第85页。
③ A.菲舍尔：《描述性教育学》，第88—89页。

来探讨中不在理论上被扭曲和误解：

"一切科学的开端都必须作描述，这就是说，要问，什么是用有关领域的话语描绘的事物和真相，而且这种真相在自然的理论前的现实中才有可能作为包含随时要探讨的科学问题的'事实'得到描述。我们必须把对象是什么的问题一直追问到使进一步发问显然变得无意义为止；同时我们必须将问题始终对准作为存在的存在，在实在的范围内，不让它转入或陷入别的'是什么'的问题中，即理解着或解释着的理论问题中。所有解释着'是什么'的问题，所有发生的问题只有在'是什么'的描述性的问题最终得到了回答的情况下才能获得严格的科学的思想观点……'必须先知道要说明的是什么，然后才能尝试说明是什么，我也许才能利用'是什么'的问题的原则上的双重意义来说话。"①

这里表明了菲舍尔想承认描述和描述性教育学具有的真正作用：描述性的，以其纯粹非扭曲存在来把握对象的方法，应当在各种不同的理论探索方式之间、在原因分析和诠释以及各种不同的实践探索方式之间，在改革的和保持的东西之间作出介绍。任何理论或实践的探索都是要通过用已有的理论来衡量对象，从而尝试把握它，使它规范化。假如这种对对象的规范性探索应当把握在其本源的存在状态的对象，假如这种探索不应当错过它或甚至弯曲它，那么这种探索必须以对对象的描述为基准，只有这种描述才能了解对象的不被扭曲的实在。洛赫纳后来在这种意义上把描述性教育学和规范教育学作为两种相互依赖的教育科学学科作了对照：

"因此，毫无疑问纯粹的描述……在教育学领域也具有其独特的意义。而我们的科学的完全新的发展恰恰走在这个方向上，即通过充

---

① A.菲舍尔：《描述性教育学》，第 91 页。

分的描述为原本的规范领域打下基础。……而教育时时处处都作为原始的事情存在着：这种事情究竟是什么？它是按什么样的规律进行着？教育的作用在人类生活中能延伸得多广，多深？什么是这种'生活的原始功能'的真正独特的性质？什么是人类发展中的这种主要现象的基本特征？……在教育科学能够和可以建构一种价值和目的、方法和措施的体系之前……必须尝试认识和描述原本意义上的教育的事实和观念，这是重要的。我们必须……要求有一种教育学自身的对象学说，它必须能够从对事实情况作现象学描述出发提出和认识教育的结构规律，借以逻辑地确定和在概念上说明教育科学的对象和任务。……人们看到我们的要求首先指向何方。并不是我们仿佛不重视规范领域，也仿佛不重视教育技术或觉得它们不重要，相反，我们希望通过打下充分的描述—经验研究基础，在教育科学领域使规范研究取得新的成果，我们希望借以也使技术和实践的价值最大地丰富起来。"①

　　这里可以对描述性教育学的这种创见提出各种问题：教育究竟是否是以理论前的对象方式呈现在我们面前的？教育是否真的是"纯粹地"，在远离一切认识情况下发生的实践？与理论无关的、没有利益关系的描述究竟是否可能？是否存在可以通过没有利益关系的描述来弥补的和使其提升为规范理论的不被扭曲的前理解？与理论无关的描述到底是否能够把握对象的实在？对象自己会具体地和真实地呈现给这种与理论无关的和没有利益关系的描述，这是否是真的？

　　为了说明这些问题，下面我们将探讨 A.菲舍尔用来解说与理论无关的描述的那个例子。在前面已经提到的论文中，菲舍尔自己描述了一个体罚的个案："一个父亲(一位教师)逮住他的小儿子(他的学生)，

―――――――――――――
① R.洛赫纳：《描述性教育学》，第 6—7 页。

因为他儿子(他学生)正在学他的样子;结果自然是给儿子一巴掌,对此他也觉得自己缺乏同情心。受这种发现的震惊和没有更多思考的影响,被模仿的负有教育的权威者就用一耳光来惩罚这种行为(各按场合施予巴掌、耳光、粟暴或诸如此类)。"[1]为了说明"何时"和"在什么意义上"体罚是"一种教育的事实构成",菲舍尔先把这种事实解说为法律上的、然后作为心理学的、最后作为教育学的事实构成。当"对某些人的可测性:动机和法的观念"使我们对体罚的事实感兴趣时,对他来说法律上的事实构成便呈现出来了。当探究"这一事实""是否在感知模仿和实施打之间有过考虑,或打是否所谓反射反应"时,便产生了心理学的事实构成。最后,当问到体罚的事实在父亲这里是否有获取效果的意图在起作用,在儿子那里是否表明有效果,或者什么因素激怒父亲作出所说的反应或所说的打击,这时便发生了教育学的事实构成。

对这个引发,A.菲舍尔通过与理论无关和没有利益关系的描述来说明什么是"教育学中的描述,同时是'教育学事实'的概念"的例子可以提出这样的问题,这里究竟是不是一个与理论无关和没有利益关系的描述案例,是否真能用这种方式说明,什么时候,在多大程度上这是一种"教育事实"。首先我们看到,这种事实看来分别是不同的事实构成,也就是说菲舍尔对事实本身提出了疑问,但谈到了各种不同的事实构成。因此这个例子恰恰表明,体罚的事实根本不是被作为纯粹的事实提出来的,其次它表明,各种不同的事实构成决不是通过非理论和没有利益关系的描述而是通过其各种专门的问题意向和考察方式建构起来的。这决不是可以从似乎不曾被扭曲的对象中描述出来的,而是被作为那种在其中使对象首先成为心理学、法学或教育学经验客

---

[1] A.菲舍尔:《描述性教育学》,第 95 页。

体的前提条件被深入描述的。这揭示了这样的论点：与理论无关的和
没有利益关系的描述是确切了解对象的前提条件，这就是一切。任何
描述、任何经验是以特定的通过描述不能获得的而在描述中作为前提
条件的范畴进行的。这一点明显地也可以通过 R.洛赫纳致力于对
"（教育的）客体的相对终结状态"的描述揭示出来。我们代之只指出
他的副标题《描述性教育学》，它把这种教育学作为"从社会学观点出
发对教育事实和规律的描述"。事实上，凡在描述应当服务于反映对
象纯粹没有被扭曲的实在，为对其作出理论说明提供基础的地方，它
始终没有考虑到，它在假设其作为对对象的与理论无关的描述的情况
下，其"无条件性"其实是其对自己的前提条件的盲目性。因此臆想的
与理论无关和没有利益关系的描述决不能有助于为作为科学的理论
打下基础，而只能掩饰自己的观点。

　　洛赫纳通过他对作为两门分支学科的描述性教育学和规范教育
学的比照来尝试更深入地把握臆想的非理论和没有利益关系这一
点①；而 A.菲舍尔是基于他对作为没有疑问的和不针对认识的实践的
教育行动同没有理论关系的认识性的描述作出比照来论证它的。在
实践者被如此降格为一个在教育实在中本能地行动着的人以后，他能
够面对的就是一种作为事实的教育成为其问题的没有利益关系的描
述。这样一来，就把那种对作为适合价值判断对象的盲目实践作出的
假设交由价值判断来评判了，因为科学活动恰恰由于其臆想的与理论
无关性而在与实践分开来的认识范围内同其观点有关系。由这种见

---

① A.洛赫纳对描述性教育学和规范教育学作出的解释认为，描述性教育学是不作价值
　判断的，而规范性教育学是由价值判断决定的。本纳对此进行了批判，认为：（1）如
　果简单地接受洛赫纳的解释，那么实践就不必对自己的价值判断进行检验了，只要盲
　目地遵循规范教育学的判断即可。（2）在洛赫纳看来，描述性教育学进行的描述同
　价值判断没有关系，纯粹是客观的，但其描述的实践却是同价值判断有关系的。本纳
　认为前面举的父亲打儿子耳光的例子的描述并没有脱离价值判断。——译者

解产生的结果表明,我们把描述性教育学解释为实证技术教育科学的前阶段是正确的。也就是说,假如把实践和科学相互比照就像把非科学的价值判断同值判断中立的科学作比照一样,那么描述性教育学对作为科学的描述性教育学分支学科和规范教育学分支学科作出的区分就不成立了。没有利益关系的描述被提升为唯一的科学,而规范教育学被归入进行价值判断的和进行决策的实践本身,这同时也就使专门的教育经验研究问题消失了。经验研究的问题同样被交给了实践和科学这两个相互无形地对立的领域。实践致力于对什么适合作为教育富有意义的可能性和任务作出决断,而对经验研究来说,教育实在作为单纯的事实成了科学认识的客体,其结果并不包含对教育实在的认识,而只能在实践中得到应用:实践和真正的认识相互关系就像意识和科学一样。它们的关系不再在行动理论上和行动科学上得到反思,而是由技术决定。教育学的区分停止作为在实践中居首位的关于教育和为了教育的科学的原则了。代之是科学和实践之间的绝对区分。这种区分只能通过实践在技术上应用科学研究结果和科学在技术上生产可用的成果来克服。

菲舍尔指望描述性教育学对关于教育可能性和任务的各种理论和实践观点作出调和,而洛赫纳在其 1934 年版的《教育科学——高等学校用简版教科书》一书中完成了不考虑教育实践问题的教育科学转向。他在《描述性教育学》中仍然主张这样的论点:教育学有两个学科,即描述性教育学和规范教育学。因此他保留对描述性—经验教育学具有科学性的主张:"呈现在面前的学说大厦中提供的教育科学必须同任何教育学说严格区别开来。教育科学的目的并不在于影响教育行动,而是像任何真正的科学一样认识实际存在。在这种情况下它只针对存在;它表明赞成对其对象作纯粹基本理论观察的方式;它有意识地排除任何对目的和用途的思考;从中它只是看到如何保证保持其科学性。……教育科学的价值不应当从其对教育的实际行动的意义中发掘出来;没有一种严肃的科学是从其成果的应用角度获得其生存权和意义的。"①这里把教育科学同教育理论或作为意识形态对教的指示的教育学说作了比照。对于实践教育学来说仍然只是更多希望随着时间"能够建成为一种'人类工程学'";因为假如"一旦教育科学变得像理论物理一样老,那么它将可能拥有比今天更加完美得多的关于教育过程的认识,然而它几乎还没有到半个世纪的历史;到那时它也许将更能够有益于教育学说。"②洛赫纳以这一希望结束了他 1963 年出版的《德国教育科学》中的历史—系统描述。就它不但在传统学派而且以行动理论为基础的经验研究创见方面尽力回避对教育过程作出因果分析的说明和经验研究结果在技术上应用之间关系而言,它同德国教育科学本身不太一致。

　　我们对描述性教育学的分析指出了其受到束缚的双重矛盾。一个是描述性教育科学和规范教育科学之间的矛盾,洛赫纳早就看到了这一矛盾并认为应当通过把关于教育的认识科学同教育学说区分开来消除这一矛盾;另一个是与理论无关和没有利益关系的描述同描述对各种对象的预先确定的依赖关系之间的矛盾。两个矛盾不但要求对没有利益关系的经验研究的适用性作出批判限定,而且也要求对在没有利益关系的经验研究背后的理论作出科学理论分析。在过去的几十年中,有两种说明这些问题的科学理论倾向。一种是严格地同维也纳学派相联系的,并尝试在所谓没有理论要求地对经验存在提出见解的记录原理的基础上有逻辑地论证与理论无关的科学描述的可能性。其间这种创见被波普尔在对传统的,特别是对康德哲学分析阐明的批判理性主义创见所取代。后者能够克服建立在臆想的主体间可

---

① A.洛赫纳:《教育科学》,第 2 页。
② A.洛赫纳:《德国教育科学》,第 522 页。

检验的记录原理的基础上的与理论无关的描述的幼稚,并回到了过去的观点,即经验研究的经验是由业已存在的理论假设建构起来的,因此其成果也只能联系这种假设展开讨论和诠释。今天在德语区称得上教育科学领域这种新近的科学理论的最重要代表是 W.布雷钦卡。他的立场观点并不能清楚明了地归入批判理性主义或逻辑经验主义。布雷钦卡的立场观点同批判理性主义的区别在于,他对波普尔的开放社会理论没有进行充分的反思。他同维也纳学派认识理论的分歧基于他完全知道科学认识的理论建构和认识到科学经验研究始终是在应用理论的条件下获得经验的。

W.布雷钦卡在许多论文中参与了教育科学的概念的讨论,如 1966 年的文章《在新教科书中反映的科学教育学的危机》、1967 年对龙巴赫以《论教育学的科学概念及世界观教育学的异议》为标题的一文提出的各种异议的回答、1968 年的论文《从教育学到教育科学》和 1969 年的文章《教育哲学》。在这里我们不对龙巴赫同布雷钦卡之间的论战进行深入讨论。代之我们请大家去阅读 R.伦纳特的《论'教育学'的科学性问题,问 W.布雷钦卡》和 J.舒尔的《其自我误解反映的科学教育学的危机》。这里我们依据的是 W.布雷钦卡在其论著《从教育学到教育科学,教育元理论引言》中提出的对其早期论著中阐明的论点作出的总结、补充和详细说明。这本论著后来的几个增补版以《教育元理论》为书名面世。同时,当我们的探讨围绕着布雷钦卡克服描述性教育学的矛盾的尝试展开时(以便接着对教育科学和教育的实证主义概念进行批判讨论),我们对教育和教育科学的实证主义理解的分析是从对描述性教育学的探讨出发的。

描述性教育学并没有能够达到其通过与理论无关和没有利益关系的描述调和教育科学的各种理论创见及各种相互竞争的实际教育模式这个目的。一方面,与理论无关的描述的结果表明是不切实际的；另一方面，描述—经验研究教育学同规范教育学作为教育科学所谓平等的分支学科表明了它们之间的不可调和性。布雷钦卡的实证主义科学理解以最简单的方式克服了描述教育学中出现的两个矛盾。这就是承认什么是对对象或对象方面的科学理解乃是不能通过描述来说明的；其次，其出发点是从对是什么的问题的经验研究论断出发决不能认识应当是什么的问题。但代之说明描述性教育学始终认真对待地探讨教育学特殊科学性的问题，以避免所谓的与理论无关的描述及其事实条件之间的矛盾，以及代之进一步探讨教育实在的行动科学经验的问题，实证主义科学学说将通过教条式的绝对命令解决一切认识理论和行动理论的问题。它宣称，关于什么是科学的问题是可以随心所欲地争论的。因此关键根本不在于说明什么是科学；对于科学问题的理解和统一更多的是对科学应当是什么的问题取得一致的和抉择的事情。虽然对应当把什么样的见解体系视为科学的问题取得一致和抉择是可能的和不可能的，但不管在什么情况下，都应当清楚地表述关于科学应当有什么作为的期待，以对某一见解体系作出抉择。

"为了能够检验臆想的认识，我们需要一个尺度，区别的工具或标准。这种尺度不可能通过经验在事实世界中找到，而只能作为人类自由的规定被引入。取决于我们要把什么作为认识。而认识的概念像科学的概念一样是一种规范的或标准的概念。作为尺度来用的标准由它来规定，以能够对见解作出判断……。认识的概念确定必须取得些什么能够来作为认识。认识的标准可以各按目标来定义。有鉴于此，存在各种各样的认识（前科学认识、美学的世界经验、评价性认识和科学认识等。）"[1]

---

[1]　W.布雷钦卡：《从教育学到教育科学》，第 22 页。

这种解决认识适用性问题的陈词表现在这方面强调臆想的认识可以通过设置一种能够区别臆想或非臆想的认识的规范或标准成为非臆想的认识。规范的使用在这里本身应当不是认识的结果而是一种决择的行动。假如人们一旦作出决择,这至少促使形成想法,那么接着就能在臆想的认识和非臆想的认识之间作出区分。在真理中这样的一种决择不能以决定性的行动为依据,这样一种行动充其量适用于从许多种认识中发现那种有人对其作出决择的称之为臆想认识或非臆想认识的认识。

布雷钦卡不考虑这一点,即基于决择对臆想认识和非臆想认识作出的区分仅仅能为把各种认识概括在那种决择中服务,但决不能为说明那些人们决择的或区分的认识是什么这个问题服务。但是,认识却在决择之前肯定已经是臆想的认识了。由于实证主义科学理论认为,按已经作出的决择不仅仅可以把各种认识概括在决择之下,而且可以根据决定对臆想认识和非臆想认识作出区分,因此误解了决择和区分之间的区别。对什么应当是认识,什么不是认识的问题,其任何区分是以决择为前提的。这一论点只有在把决择和区分这两者区别开来的情况下才有意义。但是这样,对决择和区分的区别本身就不再是决择的对象了,因为通过决择获得对决择和区分的区别在其本身中是同决择和区分的区别相矛盾的。当布雷钦卡在上述引文中把前科学认识、美学世界经验、评价性认识和科学认识称为不同认识种类时,恰恰可以问问,这里是否涉及对认识的不同决择,各种决择和认识的不同性本身又是否是从对不同性的决择中产生的。假如不同性产生于决择,那么就谈不上各种不同的认识;而假如它产生于区分,那么什么应当称得上是认识,这也不能是决择的事情。因此实证主义的观点根本不能在各种认识种类之间作出区分,而只能对认识和非认识作出区分。可是,只要对象应当就是认识,那么这样一种区分当然错失了其对象。但对不同认识种类作出区分,恰恰说明这种区分不可以归到抉择上来,而应当归于一般而言和就其特殊的解释或表明而言什么是认识这个问题上。

布雷钦卡仍然相信,在不同的认识种类中能够选择出一种作为科学的认识。也就是说,他在我们刚刚引证的一处继续作了如下阐述:"在这些认识种类中最有贡献的是科学认识。"假如各种认识种类中最有贡献的确实是科学认识,这是正确的话,那么关于什么是科学认识的说明也许就是区分的事情了,而只有这样才可以谈得上认识的种类。但这样一来,所谓科学的认识就不是最有贡献的东西了,而无论如何是最符那种对在认识领域"贡献"意味着什么作出的抉择的东西了。只有在认识贡献之间作出区分,人们才又能对在认识领域的"贡献"作出抉择。在抉择和区分之间作出区别的全部问题反反复复。但布雷钦卡继续说:假如人们一旦对科学应当有什么贡献或对他来说是什么这个问题作出抉择,那么他已经对什么称得上是科学这个问题作出了抉择,这样就值得对条件给出"方法论准则或规定","在这些条件下能最出色地达到科学认识的目的。它们是研究者想要取得成果而应当遵循的规范。只有在它们得到应用的情况下才能表明它们是有用的。它们只有在研究实践中经受考验,才能被保持到发明有用的准则为止。在这些前提下我在考虑不同认识概念和科学概念的结论之后选择了最广义的分析哲学的科学学说。"①

这里在什么样的前提下对什么作了抉择?至少根据布雷钦卡的主张,各种不同认识概念和科学概念的结论的结论就其判断而言,取决于为认识和科学设置什么样的目的。假如抉择了目的,那么就可以提出达到目的的准则了,它们必须是能经受考验的,或其经受的考验取决于是否找到了达到这个目的的更好的准则。但是鉴于这种情况,人们根本不能按"各种不同的认识概念和科学概念的考虑"来选择"分析哲学的科学学说",因为就达到某种目的的准则的有用性而言的前提的先决条件是:人们早已对目的和为目的服务的科学模式作出了决择。对各种不同科学理论的考虑并不是决择的基础,而是教条的主张,即什么应当称得上是科学这一点就某种目的来说,似乎才是决择的事情。

在用这种方式说明实证主义的教条之后,值得一问的是:实证主义对科学理解的目的到底是什么。就什么是科学的这一点乃是决择的事情而言,这个问题同时包括了实证主义科学标准和实证主义科学概念的问题。在实证主义理念中,科学的目的就是对实在作因果分析的解释。适合于这个目的只是这样的一些措施,第一,"发明"对实在的规律性的假设;第二,检验对这种规律性的假设在多在程度上能经受实在的考验;第三,"把那种经受过考验的假设……组合成一个多少有点复杂的体系……,一个关于对象方面作逻辑整合的假设等级或一种'理论'。"①假如我们较仔细地来领会这一事实情况,那么他是说,科学的目的就是因果分析解释。这种解释必须在假设提出、假设验证或证伪和理论形成等过程中进行。这个过程导致假设的分级,借以可以在对什么称得上是科学的这个研究目的和结构作出决择的意义上,获知解释的状态和因此获知对实在的科学认识的状态。

进一步探讨实证主义科学理论的决择性似乎根本不值得一谈。这种理论在其提出控制研究过程和认识发现的要求方面似乎不会被迫去违背其适用性要求,研究者似乎是认识这种违背问题的。一旦以决择的名义提出科学应在实证主义科学理念意义上去认识实在的主

---

① W.布雷钦卡:《从教育学到教育科学》,第51—52页。

张的话,对什么称得上是科学的抉择的教条就不可避免了。也就是说这样一来,人们将会忽视在世界和对世界的解释之间以及实在和对实在的解释之间必须作出严格区分这一点了。关于什么"是"实在这一点,以实证主义为优先的科学不能说出什么来,也不能说出作为现象的实在"是"什么;而且只要实证主义的理解选择了因果性并只选择因果性,那么在它看来,实在只不过属于因果范畴,但是这并没有对因果范畴的适用性说了什么,因为根据实证主义的理解因果范畴不是自然科学经验的决定性准则,而是获得认识的标准和规范。由于因果性不作为确定的认识世界的决定性准则,而被假设为认识世界的认识手段,因此以抉择为基础的实证主义科学理论丧失了衡量自己的任何一种尺度和检验自己的任何一种措施。它不仅对什么应当是科学的目的作出抉择,它不仅对为达到这个目的服务的措施作出抉择,而且始终对什么是作为认识对象的实在早已作出了抉择。因为除了引导抉择的目的外,不存在对什么称得上是科学作出抉择是正确的标准,所以对实证主义理解来说也不可能存在关于什么是具体的实在的标准。

在布雷钦卡看来这自然不成问题的情况下,十分坦然地谈到这种事实情况的糟糕结论。他承认"传统教育学"向在实证主义抉择意义上的"教育实在科学"的"过渡""······不可避免地为自己引来了对问题的狭隘处置,问题的丧失",[1]但是他忽略了,问题的丧失允许达到多大程度——假如对问题的狭隘处置并不导致作为科学对象的教育的丧失的话。他知道,实证主义对什么是科学的一致看法会导致对"是"和"应当"之间激进的分化,这种分化"在逻辑上是不可逾越"的,"科学家虽然因此可获得认识,而(但是——本纳)不能塑造世界或影响人类"。[2] 可同时,他认为教育科学的任务是:探讨"实现可通过行动去

---

① W.布雷钦卡:《从教育学到教育科学》,第 15 页。
② W.布雷钦卡:《从教育学到教育科学》,第 21 页。

影响教育目的的条件",①然后他对这种任务的提出作了如下说明,"应当在为解决技术问题作出贡献中看到艰难的核心"。② 他承认教育科学是"从实际利益、从(实际——本纳)问题出发的",但他认为"谁思考如何能最出色地实现教育的某些目的,谁就会不得不开始探索在教育行动中必须考虑的规律性",③在这种情况下,他又使这些问题服从于非理性的强制。其次,他承认,价值判断中立的要求并不是说价值判断对科学知识的获得是可以或缺的,并指出,价值判断不但始终已经深入到了实证主义的科学决择中,而且也始终深入到了"科学方法的普遍的准则中"——"不言而喻这种价值判断表明是适用的价值判断",但他尝试把"作为过程的科学"的价值判断同"在科学陈述系统内"的价值判断中立区别开来;在这里,他没有认识到我们提出的"科学"教育学的技术性问题包含了人们通过意识形态的价值判断事前已经对教育任务和可能性作出了决择。④

"在教育科学中特别重要的是,不能混淆'是'与'应当'之间的逻辑区别,不能混淆事实陈述和价值判断之间的区别。假如有人想影响教育实践,那么他就得把应当做什么的信念作为科学认识提出来,这种尝试真是了不起。但事实可能会被作出不同的评价,规律可能被用于不同的目的。假如这样指出事物,仿佛它只能允许有唯一一种实际看法,那么这就违背逻辑原理和科学反映的内在准则了。相反,教育科学具有在十分广阔的程度上解释教育上有意义的实在的任务和可能性以及教育行动的各种可选择性。由于它是不偏不倚的,因此它能为许多不同的目的提供有关的信息。它能被用来为各种抉择作好准

---

① W.布雷钦卡:《从教育学到教育科学》,第 33 页。
② W.布雷钦卡:《从教育学到教育科学》,第 40 页。
③ W.布雷钦卡:《从教育学到教育科学》,第 47 页。
④ W.布雷钦卡:《从教育学到教育科学》,第 67—72 页。

备,但它不能说应当如何抉择。"①

假如教育科学陈述系统内的价值中立不再意味着在科学上决不能事先作出抉择的话,那么教育科学的伟大传统比技术—实证主义认识科学在更大程度上符合任何实践科学的原理。既不是卢梭也不是施莱尔马赫,既不是赫尔巴特也不是维尔曼分别尝试过把抉择置于教育行动前面。传统符合教育实践和科学的区分,那不是在它以技术来限制教育科学陈述视野而是尝试以作为实践的教育事实为方向的情况下,对其用非常细致的和明确问题的方式作出的区分。当布雷钦卡强调教育科学具有在十分广阔的程度上解释教育上有意义的实在的任务和可能性以及教育行动的各种可选择性时,他没有看到技术—实证主义认识科学在这方面是极少有可能作出解释的,因为这种认识科学在事先作出的教条主义抉择的意义上把教育上有意义的实在限制在因果分析结构指定的方面,把教育行动"十分广阔"的选择可能性简单化为科学技术变量的狭隘方面。科学性的实证主义标准同时包含了使什么应当是教育实在这个认识的标准化,这一点清楚地反映在布雷钦卡事先对教育事实构成下的定义上。从这个定义可以看出,我们必须在多大程度上简单化教育现象的范围,以使它符合布雷钦卡实证主义科学标准和实在标准:

"'教育'意味着尝试使成长着的一代投入到……成长着的人性的成长的行动中,以支持或开启引导他们获得被成人视为应当有的或所希望的素质和行为方式的学习过程。"②然后他对这个论点进一步作了如下说明:"其实之所以有教育行动和教育机构,只是因为人们期待它们是能够达到某种目的的合适的手段,也就是说,使必须受教育的人

---

① W.布雷钦卡:《从教育学到教育科学》,第73页。
② W.布雷钦卡:《从教育学到教育科学》,第26—27页。

性达到被视为十分有价值的状况的合适的手段。从中得出，研究达到教育目的的条件就是教育科学的核心课题。教育科学并不是只描述事实的一种科学，而是一种以技术—因果分析为导向的科学。"①这里清楚地表明，我们能够早已在分析只能通过决择确定什么应当是科学这个论点中指出的是什么：实证主义科学观念涉及对什么是人类行动和认识目的的标准的决择，这种决择首先激进地限制认识的视野，乃至行动的界限，把它们简单化为技术主义的世界观。布雷钦卡对教育科学对象和认识方式的说明不需要怕同教育学伟大传统早已克服了的那些标准体系作比较。在这一点上我们同 K.莫伦豪尔对布雷钦卡关于教育的反规范认识科学构想的可信度的评价是一致的："但对布雷钦卡的理由的嘲讽恰恰是，他要排斥的那种科学目的作为其结果包含在他自己的科学观念中了：也就是说恰恰是经验—分析科学观念使'教育行为的标准—情感的控制'能够发挥十分巨大的作用；只要教育科学对象由根据要求理性地相互交往的教育主体决定了，那么教育科学的'对象'就将产生。经验科学教育学和规范教育学在这一点上比其相信的更接近。"②

　　实证主义科学理念固有的矛盾特别明显地表现在布雷钦卡为了将其科学决择用于教育学并能够掩饰其技术性标准（简单化各种经验对象的标准）而必须求助的那种臆想上。实证主义科学理念把科学理论描述为各种假设的组织范式，这些假设包含对经验规律关系作出经验科学可以检验的陈述。对各种假设的检验是否导致对它们的证实或证伪，这取决于能否确定其设定的规律关系。各种经验研究的理论的形式建构一方面取决于形式逻辑规则，另一方面取决于对这些理论中包含的各种假设的证实或证伪，其本身是并不考虑各种假设分别针

---

① W.布雷钦卡：《从教育学到教育科学》，第 31 页。
② K.莫伦豪尔：《教育和解放》，第 14 页。

对的研究对象的理论构成的。假如理论建构成功,并表明在对象范围的经验实在中适用,那么在实证主义科学标准意义上有可能对它获得科学的认识了;而假如不成功,那么就意味着,在分别呈现的对象范围内没有或不可能取得在实证主义意义上的科学认识。J.哈贝马斯对这种状况作了如下评判:"各种理论(在实证主义意义上——本纳)是我们在一种句法上有约束力范围内任意建构的组织范式。假如实在的多样性是顺从它们的,那么表明它们对某种专门的对象范围是有用的。因此分析科学理论也能通过统一科学①纲领的考验。推导出来的规律假设与经验同一形式在事实上的一致原则上是偶然的,并在外表上仍然是理论的一致。"②自然,就各种对象领域范畴的决定性而言,什么可能看上去是偶然的,这不是因果分析研究者的注意点;实在并不会顺从他去适应证实或证伪范式。他有时花极大精力去寻找适合使因果分析探讨范式能够了解各种对象的技术和处理方式,使建构针对实证主义科学观提出的目标的结构成为可能。布雷钦卡也抱怨在实证主义对世界的经验和范畴上论证对某种对象的经验之间作出区分造成的困难,他承认教育实在由于其有限的规律性很难适合由其选择的科学理念:

"即使……能成功地提出内容上相当丰富的社会行为的一般理论,但并不能期待能够借助这种理论就教育实践个案作出完满的解释和可靠的说明。一般理论作出规律性假设只适用于'纯粹的'或'理想的'个案,个人在复杂情境中的具体行为由于巨大的有关变量而同这

---

① "统一科学"是指把各种科学学说统一起来的构想,这些学说包括亚里士多德的目的论科学学说、培根的科学学说、马克思主义科学学说、实用主义科学学说、波普尔的批判理性主义科学学说等。统一科学希望使各种科学规范化。本纳则主张科学学说多元化,分别用它们解释不同情形下的不同事物。——译者

② J.哈贝马斯:《分析科学和辩证法》,第292页。

种个案多少是有所偏离的。"①在分析科学观念意义上,从在布雷钦卡看来将被迫接受"微小(Bescheidenheit)而非放弃"②的认识中其实必然会得出这样的结论:实证主义科学决择承认,由于其可建构的和可指出的规律性是罕见的和内容贫乏的,因此对于教育对象来说多半是不可用的,无论如何意义不大。但布雷钦卡并没有得出这种显而易见的结论,他说到了微小,而不是放弃。但微小只有在它后面藏着其程度会随着其进一步努力而渐渐缩小的希望时,才是对于放弃的一种替代。这样一种希望是建立在这样的基础上的,即技术知识至少在适可的理论领域可能会成立。③

K. O.阿佩尔希望因果分析经验至少能够逐步成功地使教育结构化,使它为教育所用,并以法则社会学的目光作了如下描述:"经验—法则社会学必须在其形成的理论把人作为客体时阻止使理论无用的这种反应。"④实证主义本身具有的这种倾向可能导致教育科学顽固的技术核心思想的滋长,只要每个"考虑如何能最出色地实现某种教育目的的人……都迫切地开始寻找保证他取得所期待的成绩的规律性的这种迫切心在增长的话"。然而这种迫切心的反作用是促使非技术理性的视野变得狭窄,而使在布雷钦卡关于操作技术概念意义上的教育得以完善,以用这种方式帮助实证主义科学观念中的技术理性有所突破,并确保它的应用领域。

① W.布雷钦卡:《从教育学到教育科学》,第 84 页。
② 布雷钦卡也确认实证主义对教育研究得出的结论对教育实践的影响是微小的,但不能放弃其结论。——译者
③ 本纳在这里引用了波普尔的论点,这个论点认为科学对实在的研究像织网一样,开始时网眼较大。然后随着研究的深入,像织网一样,网越织越紧,网眼越来越小,即越来越逼近真理。同样,对于布雷钦卡所确认的研究结果对教育实践的影响是微小的,是有限的,但通过努力会使影响的微小得到缩小,即对有限的缩小也就是使影响范围的扩大。——译者
④ K. O.阿佩尔:《科学作为解放?》,第 183 页。

在这种情况下,布雷钦卡决没有认识到他的科学观念所具有的内在的准则,确切地说,他对其认为的充满希望的微小作用作了如下说明,它恰恰排斥了对教育对象确定的技术控制和支配:"一种……(在分析哲学意义上——本纳)关于影响个人经历和行为的条件的完善科学也许同我们关于人的尊严和自由权利的价值观不相容,但是,事实上我们决不能超越原则上不完善的统计规律的假设体系。"①

在不由自主由对象方面似乎被迫造成的有限性("Bescheidenheit")中存在着教育科学道德及其技术应用可能性问题。由于按自然科学方式建构的理论观念在教育实在中仍然得不到它本来必须要求的完全承认,因而产生了假设等级,从关于这种假设等级的实证主义理论观念的不完善性和开放性可以看出这种未来也能坚持像人的尊严和自由权利这样的价值观的合理的可能性。因为不给出自由的经验理性标准,在经验—技术理性标准不起作用的地方便可能有自由行动。旨在对主动原则和教育限定原则提出各类要求的研究理性决定的教育可能性的教育科学分析在这里通过技术经验研究被推到了真正科学的前沿。被作为合法性根据得到引用的命题是:什么是科学的问题,这是一种抉择的事情。事实上实证主义关于教育科学经验研究的可能性的教条的抉择导致它不可能成功。只有在允许更多地对这些已经在其视野内引向技术解决的实际问题展开科学研究之后,实证主义教育科学才表明是一种虽然很少有效的,但却始终是对实现目的有帮助的思想助手,有助于为贯彻其目的和使用其技术理性力量服务。鉴于假设—技术知识的假设性价值判断中立和其缺乏对符合这种知识的标准的了解,实证主义教育科学处在工具上支持各种把教育用来达到和贯彻教条目的的意图的危险中。这重新表明了建立基于行动

---

① W.布雷钦卡:《从教育学到教育科学》,第84—85页。

理论的关于教育和为了教育的实践教育科学的必要性,这种教育科学把理性地确定教育作为实践的任务,同时将其提升为教育科学研究的对象,也就是说不作为技术研究的对象,而是将其作为处于实践首位的研究对象。

我们借以对实证主义教育科学理念的分析得出了这样的结论,实证主义教育科学理念并没有克服描述性教育学的两个矛盾,代替臆想的理论自由的是教条科学观,其技术理论的理念以对其对象的,对作为实践的教育的抽象性出名;代替臆想的没有利益关系的是把教育科学同使教育实践的思想意识上的规范化区别开来。后者将同时确保实证主义教育科学在其科学陈述体系中的价值中立和得到多方面的技术应用的可能性。可是技术知识从来不是价值中立的,而是取决于意识形态对其的占有和应用的;因此它是一种缺乏判断的知识。

假如我们在今后不想放弃对经验—实证主义在教育科学领域中研究的论证,那么必须对它作出同布雷钦卡所说的不一样的意义上的证明。此外有鉴于此,也许可以提出这样的事实:经验教育科学至今还未取得成功,即没有取得技术上可用的结果,也许“只是”在统计上是重要的。路曼和肖尔最近提出这样的见解:上述的原因不在教育实在,而是可以在追溯到康德的哲学教育学。200 年来它一直在担心不能达到其他科学的技术水平。他们没有注意到这样的观点,在我们的传统中正是康德在对象理论上、行动理论上和认识理论上说明了也为布雷钦卡注意到的因果性和自由之间可能存在的矛盾;此外他指出,只有在假设知识方面限定经验陈述的广度和适用性才能避免这种矛盾。这样的知识对于广义上的道德行动来说根本不具有那种贯彻规范选择的工具性意义。在社会科学领域中的经验研究也许知道这一点,不必久久地对“技术欠缺”感到羞愧。它也许只能在道德和教养理论上避开对目的的设想来消除这种欠缺。

代替对那些显然对人的教育和教养根本不存在的自然法则的探索，经验—分析研究应当把注意力集中在揭示和分析广泛的社会行动的规律性和不规律性上，并帮助发展也许可以用多种多样方式（用其他手段和问题）来解释的经验研究知识。最后，由路曼和肖尔对在教育实在中技术欠缺提出的抱怨完全可以在 J.迪德里希在其《安排的时间是教育行动的条件》一文中详述的那种意义上得到遏制。按照他的看法，路曼和肖尔非难的技术欠缺在教育实在中其实是根本不存在的。代之有许多补充技术，这种补充技术虽然对达到有意识简单化了的目的理性教育行动的积极教育目的不太有帮助，但仍然是不能放弃的，因为这些技术虽不能绝对肯定或在统计概率上保障在个案中取得成果，却能够有助于减少教育互动失败的机会。

分析和重建补充技术的经验—社会科学研究，如迪德里希建议的那样，也许能够在教育领域取得启蒙成就，而不因其范式遭受在教育实在中或在批判教育理论和教养理论的行动理论原则方面的失败。在科学理论讨论中往往被元理论简单化了的波普尔的证伪原理也许也能够在这种研究场合取得那种行动理论在各种实践的实验中赋予它的质量。从其前提条件和目的的设定来看，这意味着它们必须谋求保持自由的活动余地和解释余地。[1]

我们在说明实证主义教育科学的理论和经验观念的矛盾和局限

---

[1] 参见下列论著：P.福格尔：《教育学中的因果性和自由》，N.路曼和 K. E.肖尔：《技术欠缺和教育学》，D.本纳：《技术问题可以由技术补充技术事解决吗？——与 N.路曼和 K. E.肖尔商榷》，N.路曼和 K. E.肖尔：《教育学解决了技术问题吗？——评 D.本纳的论文》，D.本纳：《它由自己代替自己，它就不再是自己？——评 N.路曼和 K. E.肖尔的答辩》，N.路曼和 K. E.肖尔：《在技术的自评之间，质疑教育学，尤其对 j.迪德里希关于《安排的时间是教育行动的条件》和 J.厄尔克斯的《论意图和效果》的质疑，教育行动理论的前思考》。

性方面可以依据的理由早已在对经验科学—行动科学的经验研究的各种尝试的述评中得到了阐述,这指出了值得进一步思考的方向。首先应当介绍在 20 世纪以同样方式(即使完全不一样的方式)谋求教育经验和建立教育学研究学科的第二个学派。

第三章　精神科学教育学

精神科学教育学是 20 世纪的探讨教育经验问题的第二个新创见。实证主义教育学在错误判断佩特森在教育事实描述中说明的行动科学经验研究的可能性的情况下,导致了教育问题的丢失,并把教育学简单化为"关于人的社会行为和心理普遍化的特殊学科或综合科学的从属学科",把人类的存在更多地归功于这样的事实构成,即其教育已经成为"非常显著的和越来越重要的社会文化实在的'稠密区'",[①]而精神科学教育学的发展恰恰相反,它首先同狄尔泰相联系,把传统的诠释学派,特别是施莱尔马赫的教育理论构想吸收到了其创见中,从而从历史诠释学发展成为积极能动的诠释学。根据 H.博克尔曼把"存在—建构"精神科学教育学同"历史—重建"精神科学教育学的比照,[②]我们在这里区分出了三个学派:诺尔的历史诠释学、韦尼格的结构诠释学和弗利特纳的积极能动诠释学。

不考虑经验教育学和精神科学教育学之间的差别,教育实在既是经验教育学思想又是诠释学思想的出发点。可是,经验教育学旨在对教育实在作出因果分析的解说和尝试为目的理

---

① W.布雷钦卡:《从教育学到教育科学》,第 38—39 页。
② H.博克尔曼:《教育学:教育、教育科学》,第 207 页。关于传统教育学、狄尔泰的精神科学、精神科学教育学和新近社会科学理论讨论的基本思想参见 F.布吕根:《论教育行动理论的结构》。

性行动提供技术知识,而精神科学教育学则致力于对教育实在作出历史—诠释的分析,这种分析与其说是想为其技术改变服务,不如说是想为解说现存的教育和教养观念的历史发展服务。因此经验研究和诠释研究的区别不只是在于它们研究教育实在的途径,而且也在于它们各自对教育实在的理念是由它们对传统教育学及其行动学说的不同评价决定的。经验教育学在很大程度上不考虑其研究对象的实际因素,它只把教育实在理解为必须从因果分析角度去把握的事实构成,而诠释研究恰恰是要分析教育实在的行动理论的和实践的前提条件。

H.布兰凯尔茨在其《教学论理论和模式》一书中描述作为精神科学教学论特殊性所提出的定义,同时也可以作为整个精神科学教育学的定义来假设:"可以作为第一的是教育实在的出发点······,作为第二的是与同实践及其意图有联系的观念的形成,作为第三的是对'实在'和'实践'作出普遍的历史解说,作为第四的是统一体的前提,从而放弃从少数最高原则、公理或基本真理引导出来的尝试。"[①]假如我们总结第一和第三以及第二和第四个观点,那么就会呈现精神科学教育学的双重定义:其出发点是作为成了历史出发点的教育实现,并放弃对教育实践作理论上的规范化。鉴于这两个观点,我们对精神科学教育学的三个创见作如下分析。我们首先探讨最早的诺尔的思想。接下来将指出精神科学教育学从历史的一派发展到积极能动的一派决不是偶然的,而是可以追溯到诠释学思想体系固有的问题,它们决定了这一创见不断的进一步发展,成了这一思想的批判对象,并最终导致精神科学教育学终结在解放教育学中并转变为新的起点。

---

① H.布兰凯尔茨:《教学论理论和模式》,第31页。

第一节 诺尔的历史诠释学

诺尔同 E.施普朗格尔、M.弗里沙埃森-克勒和 G.赖希魏因一起称得上是精神科学的真正缔造者。[①] 他们的贡献是把狄尔泰的历史精神科学用来解说教育学。

狄尔泰在其《历史理性批判稿》第二部中对历史意识和主观经验的关系作了如下解说:"对每一种历史现象的终结的历史意识,对每一种人类或社会的状况的历史意识,对每一种信仰的历史意识,它们都是通向人类解放的最后一步。人类用这一步获得从其经历中取得养分的自主。……生命通过概念从认识中获得自由;精神对于一切教条主义思想之网来说是自主的。……以前人们尝试从世界出发了解生命。但只有一条解释通向世界的生命之路。而生命只存在于经历、理解和历史的领会中。我们并不把关于世界的意识带入生命。我们就首先从人类及其历史中产生的意识和意义的可能性而言是开放的。"[②]

诺尔早已指出了对各种实在作出这种历史分析可能对于说明教育可能性和任务具有重要性的条件。假如说历史意识一方面揭示了一切规范的暂时性和相对性,另一方面把人描述为就其可能性而言是一种开放的存在,那么这种意识给出了"人类解放的最后一步",只要它不是简单地使这一步停留在那种对完全不确定的开放性的可能性的空谈上,而同时通过对历史的分析来确定这种开放性的思想的话。因此诺尔要求对教育史的系统分析必须指出,"不断明白地在这种历

[①] 参见 M.弗里沙埃森-克勒:《哲学和教育学》和 G.赖希魏因:《精神科学教养理论批判纲要》。

[②] W.狄尔泰:《狄尔泰全集》第 7 卷,第 290、297 页。

史关系中……找出教育工作的意义;使其纯粹的本质、特性和内在价值变得越来越清晰,……同时也包括其在一般文化关系中的地位、及其同其他文化体系的联系、对它们的依赖性和反作用。……但只有在这种客观世界不断地回归到自己的教育经历、青少年自身的积极的经验以及自身的教育热情和其中包括的各种因素的情况下,这一客观世界才能获得生命和意义。"

在这个前提下,即教育历史也就是提出其理性使命的历史,诺尔认为"在教育经历和教育普遍化这双重性中的教育实在就是……作为科学理论出发点的具有充足原因的现象。从这里得出了教育学史的意义:教育学不是教育珍品的汇集或对各式各样大教育家的有趣的公告,而是他们经验的教育思想的连续。我们所理解的真正的教育,假如我们不想始终停留在有限的个人经历中的话,那么它只是从对其历史作出这种系统分析得出的东西。"①

通过历史启蒙获得解放的观点构成了精神教育科学的出发点。这一教育科学思想并非因为其后来被纳入教育学才像批判理论一样具有解放的要求,而是从一开始就被确定了的。但这种要求本身是怎样的呢? 在诺尔看来,它是建立在"作为充满理性的整体的教育实在事实的前提上的。教育从生活中、从生活的需求和理想中产生,它作为成就经过历史……是一种相对独立的文化体系,并不依赖在其中活动的个别主体,他们被自己的思想所支配,这种思想在每一个真正的教育举措中起着作用,但又只有在其历史发展中才能被理解。"②这里并不是指一种调和的模式,确切地说,这里认为,完全应当在教育实在的历史开放性中给予"改革的意志"一种合理的功能。诺尔认为从教育改革运动史中可以看出教育运动的规律性,并能够确定改革意志的

---

① H.诺尔:《德国的教育学运动及其理论》,第 119—120 页。
② H.诺尔:《德国的教育学运动及其理论》,第 119 页。

功能："每一次教育运动经过三个阶段——这就是它的规律。① 第一阶段始终是同过去的教育形式对立的阶段。这种教育形式已经过时了，只是被呆板地继承下来，是为自主的靠自己力量生活的个体所反对的。……接着是第二阶段，这一阶段要使由各高贵个体在这里赢得的东西有利于所有人，即向社会化和民主转化。……于是就产生这样的问题，在不给各种力量具体内容的情况下，能否唤醒他们？是否允许他们无约束地膨胀性发展，或者说无须把其束缚在较大的整体中？这些内容和方向是什么，是什么约束这些力量及其个人的利己主义？这样就进入了第三阶段"，在这一阶段中"这些单纯的力量面对各种思想的真理……而激进地对各个人提出要求的国家又面对自由的个体"。"现在我们一代的教育运动也进入了第三阶段，这一阶段又要求内容、方向和对各种力量的约束，这看上去常常像纯粹的反应，这常常也正是如此，但在真理中优越的整体意味着其具有客观的势力，要求个人的力量负起责任。第三阶段的关键词不再是个人和集体，而是'服务'，即对客观的东西的活动的献身精神。"②

1933 年发表的这些原理决不缺少某种预言性。诺尔本人作为格庭根大学的教育学教授于 1937 年被开除了。1948 年他在其论著《德国的教育学运动及其理论》第三版的后记中明确声称，"现在不再可能简单地将 1935 年停止的工作重新接着进行下去了。"诺尔确定的教育改革三阶段同他的许诺不一样，这条单纯继承不能达到破除矛盾的道路并非必然会由矛盾的普遍化通向社会的更高发展；这条道路同样可以归结到对在矛盾中预示的新东西的反应上，它要求对客观世界作出

---

① 诺尔的三阶段理论是一种历史哲学的构想。这种构想认为，在第一阶段，由先知先觉者提出改变旧体制的主张；在第二阶段，这种主张的内容为大众所接受；在第三阶段，这种主张得到实施，起到服务的作用。——译者
② H.诺尔：《德国的教育学运动及其理论》，第 218 页。

服务和贡献,尽管它只是历史发展的一种结果,但不是在客观上变成人类的更高发展。因此改革运动历史进程的三阶段理论表明同实证主义对科学理解的理论观念一样是抽象的,为在行动理论上对教育实在作出反思性认识是无用的。即使诺尔对狄尔泰1888年的尝试,即从精神生活的目的论结构的认识出发,"从认识是什么推导出'应当是什么'的规律"①作出了正确的批判,即假如"正确地认为这种教育不能说它培养的是彻头彻尾的犯罪者还是完美的好人",那么这同样也切中了诺尔自己的思想。他的思想并不以狄尔泰对心理基本过程的分析为出发点,而是以狄尔泰对实在的历史分析为起点。想通过把实际生活放在其历史传播性首位来避免规范教育学的矛盾的尝试在某种程度上表明是有问题的,恰恰因此使教育实在的规范倾向进一步脱离理论批判。

后面我们将仔细地探讨规范性问题②。这里首先值得指出诺尔在其关于教育学关系理论中揭示的那种由历史分析获得的关于教育实在结构的论见。像在诺尔看来教育实在就其通过教育经历和教育客观化形成的双重决定性而言,乃是教育科学理论的基础和对象一样,"教育者对儿童的关系……始终也是由双重性决定的:在其现实中对他的爱和对其目的——理想的儿童的爱"。③ 教育是以这三种在教育因素中的结构成分的关系(即教育者的成分、学生成分和事物成分关系)为标志的。这三种结构成分中的每一种都是首先通过对其他两种成分的关系成为教育的一种结构成分的,这一点正表明了上述论点。教育者处于双重的责任之中。一是对儿童的维护;二是对整个社会生

---

① W.狄尔泰:《论建立普遍适用的教育科学的可能性》,第16页,关于狄尔泰的教育学参见 U.海尔曼:《论 W.狄尔泰的教育学》。
② 关于精神科学教育学、经验科学教育学、解放和先验批判教育学中的规范问题参见:J.鲁洛夫:《论没有解决的教育学规范问题》。
③ H.诺尔:《德国的教育学运动及其理论》,第135—136页。

活的维护,他应通过教育把儿童纳入这种社会生活中。诺尔把这两种责任的获得称为以教育关系为标志的"教育生活的基本二律背反":"这里是我,这个我由自己发展起来,发展其力量,其目的首先是自身;那里是客观内容、文化和利用这种个体和具有自己那些不考虑个体意志和法则的法规的社会集体。教育学的转折意味着:儿童不仅仅负有自身的目的,而且也负有受教育去掌握客观内容和达到它的目的;这些内容不仅是个人成型的教育手段,而且具有本身的价值,而儿童不仅可以为自己受教育,也可以为文化工人、为职业和为民族集体受教育。"①根据这种教育结构,社会生活的客观内容本身还不是教养内容,因此要求其关注教育关系、关注作为可塑的和要求自主的存在者的学生。

教育关系的结构,如诺尔赞同狄尔泰关于教育学作为科学必须"从描述教育者同其学生的关系开始"的论点所揭示的那样,一方面可以作为对教育实在进行历史分析的结果,另一方面可以作为对教育实在进行历史分析所针对的那些因素的标志。这表明了教育运动的结构分析和教育关系的结构分析的联系。教育运动的历史分析必须针对教育关系的结构因素,而后者恰恰通过历史分析"使个别因素变得清晰起来,并揭示教养过程的典型可能性和各种形式,如同它们从历史条件及其这样那样的决定因素中产生的那样,"②从而获得其细化的可靠的定位。撇开在诺尔阐明的教育结构因素背后隐藏着的那些原理和问题(这曾是传统教育学探讨的对象)这一事实,对教育关系进行历史分析来说存在这样的问题:它对教育实在作出那种可以强调其结

---

① H.诺尔:《德国的教育学运动及其理论》,第127页。诺尔在对其时代教育改革运动的探讨中阐明了他关于教育生活中基本矛盾的论点,但在他的教育关系的学说中并没有坚持这一论点。他在这一学说中把矛盾化为希望,即成长着的一代始终同时能够为自身得到教育并对社会的客观内容和目的负有责任。

② H.诺尔:《德国的教育学运动及其理论》,第120页。

果对教育学有重要关系的经验科学分析的贡献是什么。诺尔提出的论点,即历史地说明教育实在有助于解说在历史发展中明朗起来的教育思想,不足以促使对教育形式和教养内容或教养理想的历史分析成为行动理论上适用的东西。因此,H.博克尔曼强调:"H.诺尔的方法入手"是以他认为的"当前'教育生活'是历史的获取有关范畴的假设的出发点为标志的;……诺尔的方法创见就对实践来看仍然是会引起矛盾的。"①

这就说到了对精神科学教育学进一步发展具有生存意义的问题。假如要克服诠释学分析的矛盾,那就在对教育任务和可能性作出分析的方法方面面临扩展历史问题视野的任务。E.韦尼格和W.弗利特纳在这方面首先作出了努力。下面我们就来探讨他们的创见,以阐明精神科学教育学在多大程度上获得成功的问题和超越历史科学深入到对教育实在作出行动理论和行动科学分析的问题。

第二节　韦尼格的结构诠释学

E.韦尼格最重要的著作是《在理论和实践中教育的独立性,学术性教师教育的问题》。② 其中汇集了他在20年代、30年代和二战后不久发表的文章。如文集名字所云,其汇集的系列论文集中在两个问题范围内,它们相互紧密地组合在一起:教育行为和教育科学独立性问题或相对自主性问题以及理论和实践问题。这两个问题已由诺尔、赖希魏因和弗里沙埃森-克勒作出过说明。韦尼格独特的成绩首先在于区分了自主和理论的概念。他借以尝试把精神科学教育学从其对历史诠释学的依赖中分离出来,并使精神科学对教育实在的分析建立在

---

① H.博克尔曼:《教育史在诠释学理解中的意义》,第78页。
② E.韦尼格:《在理论和实践中教育的独立性,学术性教师教育的问题》。

一种基础上，不再仅仅作为"历史调查的假设性出发点"，①而是作为诠释学分析本身的结构。

在其 1936 年的论著《论教育问题的精神史和社会学，教育理论史的绪论》中，E.韦尼格关注教育和教育科学成为相对独立产物的独立过程。他指出，教育和教育科学的独立化首先并非是从非教育的领域出发的，而且这些领域对"教育开展的批判"最终转变成了"教育对世界的批判"。在这种情况下他断言："我们总是可以……大体上指出教育问题在历史上产生的和教育理论从而开始通过一系列中间阶段产生的地方。我们可以指出通向教育问题，然后通向理论的各种条件。"②

教育理论像教育问题一样有其自己的历史。教育问题在实践和理论上达到的独立总是出于现存教育和社会状况发生了的问题情况。因此，教育问题的解决不再可能通过对教育理论的史前史的追溯和其中早已表明的教育思想来达到了。在教育问题中那种构成教育理论的史前史的教育理念恰恰是有问题的。因此，历史分析并不能从说明各种成问题的东西的历史条件出发对解决教育问题作出贡献。这样来理解的教育和教育科学的独立性表明了精神科学教育学的系统固有的困难：教育问题的独立性不仅关系到如神学、政治、经济和艺术等其他文化领域，而且同时决定了同它们史前史的关系。这就重新提出了历史诠释学对教育可能具有的重要关系。韦尼格通过说明史前史的关系来尝试回答教育问题及其解决方案，想借以不仅正确说明对在教育实在中面临的任务作出历史分析的原则上存在的消极性，而且正确说明教育问题对教育理论的史前史的开放性。他相信在深入研究

① H.博克尔曼：《教育史在诠释学理解中的意义》，第 78 页。
② E.韦尼格：《论教育问题的精神史和社会学》，第 348—349 页。

教育在理论和实践中相对独立性的问题以及在深入研究理论概念中找到了克服单纯进行历史诠释的思想苗子。这种思想苗子将确保教育实践既考虑其史前史又超越其史前史而做到其独立性和对未来的开放性。下面对自主概念的理论概念的分析将检验是否能够通过这一途径打破诠释学在对教育实在进行行动理论分析方面的局限性。

韦尼格把教育学的自主问题理解为我们早已在分析经验教育学中说明的问题。不同的认识科学，特别是心理学和社会学，都强调其在人类行动的所有方面的重要性，也包括在教育中的重要性。它们获得的研究结果有助于对教育实在作出因果分析说明。它们对于作为社会的实际传承和革新场所的教育实在并不具有直接关系，因为出于获得法则知识的目的，它们对教育实在的实践因素始终是不加以考虑的。但假如教育实在要求对其问题和任务作出超越认识科学观察的分析，那么就产生了对教育实在作出科学研究的需要，即不仅要在研究中了解研究事物规律的知识的可能的对象，而且要了解实践行动领域，要了解充满问题的社会传承和社会革新的地方。"作为精神科学的教育学有双重根源：一方面它产生于其他科学的不可能满足教育实在和触及其真正的生活关系这一点；另一方面它产生于单纯的实践无助于完全胜任教育任务这一点，因为每一种实践都需要这种理论上的保障。但教育行为的自主并不是独立于作为科学的教育学的状况之外的，它只能受教育学的促进或阻碍。"[①]撇开认识科学对教育实在不可能作出完满分析为一方面和"单纯的实践的无助"为另一方面，教育行为的相对自主性，我们似乎可以说，教育实践的相对自主性，面对的是教育学作为独立的科学的相对自主性。教育实践中面临的问题，"对教育的批判"转化为"教育对世界的批判"，是教育学相对自主性绝

———————————

① E.韦尼格：《教育在理论和实践中的独立性》，第 76 页。

对的前提条件。在诸如经济、国家、教会和科学等教育外的因素在实践中使教育实践发生的问题由于教育外的这些因素的影响产生的问题而突现出来的情况下，作为科学的教育学的自主性从未使作为实践的教育的自主性受到过限制。教育学的自主性仍然依赖教育实践的自主性，后者在其自主中并不受规范的干预而受到限制，在其发展方面并不受科学阻碍，而是受到"促进"的。

　　但是，在这种情况下，教育的自主性和各种社会力量对教育的影响以及教育学的自主性之间的关系是怎样的呢？"教育学的自主性不可能排除教育实在和教育思想对诸如教会和国家等精神力量及其背后的人的最终态度的相对关系，但也许能够将这种关系置于新的教育关系中，并作为……在世界观制约的教育内的自主性。因此教育学的自主性就其本身而言——抽象地说——既不是反对（世界观决定的）……教育的理由，反过来，教育或机构受世界观的制约性也不是反对教育自主性的理由。"假如实践的自主性是科学的自主性的前提，假如科学的自主性只能促进或阻碍实践的自主性，那么独立的教育科学不可能提出关于实践自主的要求。确切地说，它必须了解始终业已存在的"教育行为自主是存在着的事实"[①]并必须通过这种了解来促进它。

　　像诺尔认为在历史上教育思想的自我表白的假设就是在很大程度上毫无疑问的设想一样，韦尼格相信"教育行为的自主性存在的事实可以作为可靠的假设"。至少这引发了这种假象：仿佛卢梭关于每种公民教育依赖在社会契约论意义上合理的国家的存在的问题通过历史进程早已解决了。虽然韦尼格也看到教育实践的自主可能受到教育机构方面的阻碍，可是他认为在实践自主性的事实构成中对不自

① E.韦尼格：《教育在理论和实践中的独立性》，第75—76页。

主的"对教育的批判"服从"教育对世界的批判"具有可靠性。比如他断言:"显然很清楚,从教育所作所为的自主性中会产生机构的自主性,类似各文化领域使一定行为方式加固成了习惯的普遍发展。然而这一方面是力量问题,另一方面也是合目的性问题,即组织问题和广义上的政治问题:教育行为的内在自由和独立性是否也将找到在组织外的表达;……尽管教育体系和教育者在制度上是不自由的,但教育学的自主性是必要的和可能的。"①韦尼格没有把关于教育实践的自主性为一方面和自主的教育科学为另一方面在某种意义上要求教育机构的自主性这种可能的推论提升为一种要求,这有两个原因。

一方面,他一再指出,教育行为和教育理论的相对自主性决不能理解为其摆脱各种社会力量的绝对独立。教育既不能按各种社会力量那方面的要求来进行,也不能在对它们提出的要求中来展开。但假如教育既不在教育学领域有其场所,也不可以被视为纯粹是各种社会力量的利益的延伸,那么教育行为和教育理论的相对自主性的这种思想多半只在如下情况下才能被证明是正确的:那种对社会赋予教育的和在实践中实现的功能作出的分析不但在实践上而且在理论上促成了对教育的批判向教育对世界的批判的转化。此外,关于教育机构的自主性的可能的结论不能提升为一种要求,这是同如下一点联系在一起的,即像 I.达默在其论著《作为批判理论的教育科学及其在教师教育中的功能》中正确地论断的那样,"在精神科学教育学中……自我批判反思太少"和"在很大程度上"是缺少的。②几乎每一次社会反思的缺少——这方面第二个原因是,相对自主性的思想不可能实现——可以归根于精神科学理论的特别狭隘这一点。

E.韦尼格不仅尝试通过其对教育自主性结构的分析来修正诺尔

---

① E.韦尼格:《教育在理论和实践中的独立性》,第 76—77 页。
② I.达默:《作为批判理论的教育科学及其在教师教育中的功能》,第 24—25 页。

关于历史中教育思想自我表白的乐观假设,而且同时揭示了以诺尔的
教育运动规律性模式为基础的理论和实践的关系问题。这种关系的
确定在诺尔的著作《德国的教育运动及其理论》及其中的"理论和实践
的关系"这一章中早已说到了。在他的论著《教育理论和实践中的独
立性》的第一章中,韦尼格分析了"教育理论和实践"的关系结构。在
其中他对理论概念作了三级分类。他把理论分为"一级理论",指教育
情境中的行动者的没表达出来的前观点;"二级理论",包含实践者说
出来的行动知识;"三级理论",其对象是"实践中的理论和实践的
关系"。

　　甚至在实践者拒绝任何理论和坚持他自己个人的教育经验的地
方,理论也在起作用。"什么叫做⋯⋯教育经验?⋯⋯经验其实始终
是问题的结论,即一种理论的结论——即使并不很明确。每一个在经
验的实践者都有一种前观点,借以从事工作,展开教育行动。这种前
观点像在实验时的试验规则一样起作用。每一种实践,即在我们的看
法中就是'教育行动'中的教育影响,都是以理论武装的,从理论出发
的,受理论支持的,但这是实践者的理论,是他拥有的理论,是他获得
的和探究出来的,他周围把它注入进来的,出于他的岗位、学校和他的
民族等等。实践者确实始终出于理论在行动,毫无例外,这是完全正
常的。"[1]从教育经验始终通过理论促成的这一事实中并不能得出实践
者的教育经验具有"正确性和适用性"。[2] 假如把那种作为问题在实践
中起作用的理论提升为理论分析的对象,那么上面一点是完全可以肯
定的。在这种意义上,教育行动"前前后后⋯⋯被理论武装和支持。
实践包括作为其行事的条件理论,并包括通过理论达到作为行事的结

---

① E.韦尼格:《教育在理论和实践中的独立性》,第11—12页。
② E.韦尼格:《教育在理论和实践中的独立性》,第12页。

果的经验。"①

实践前前后后被理论裹挟,可以作两种解释:一种涉及一二级理论之间的关系;另一种涉及三级理论的功能。一切实践经验都是以行动者对其行事、任务和实施的观点为前提的。这种理解教育实在决定性的观点就是一级理论。实践者通过它进行经验,这种经验又强化为理论、"教的原理""经验原理""教的规则"和"谚语",简而言之,通向第二级理论。因为实践者进行的经验和从事的行动并不仅仅取决于打上新的经验观点的烙印的二级理论,而且同时是由一级理论决定的,所以"可以要求实践者在其真正理论中正确处理好我们称之为一二级理论的关系。也就是说,实践者拥有的明确的在语言上构成的'经验原理'对我们可以说与他占有的原始理论不构成矛盾。他的经验原理必须是教育者世界观和基本态度的表达。教育者的实际驱动力及其明确的理论之间的差距往往是很大的,并会在客观上对教育工作造成不确定性。"②

这里很明显,韦尼格希望一二级理论之间的完全一致是必须通过科学分析达到的目的。但这种希望是基于错觉之上的。也就是说一二级理论之间的区分表明对两者直接进行比较是不可能的。假如一级理论指那种不可言喻的,即不可用语言来表达的直接观点,那么这种理论同二级理论的比较的前提条件恰恰是要在语言上说明它,即要提升到二级理论这一级上。人们充其量可以把深入教育情境的经验的理论同那种教育者在评判基于其观点进行的经验时引用的理论作比较。假如可以确定实践前的思考和实践后的思考之间的差距,那么这不太能说明什么;基本上就是表明教育者并非是从事先确实其行动

---

① E.韦尼格:《教育在理论和实践中的独立性》,第 16 页。
② E.韦尼格:《教育在理论和实践中的独立性》,第 17 页。

的观点出发来评判他的行动的。究竟是否如此,假如是这样,那么这些观点中的哪一种是正确的观点,用这种方式是不可能知道的。即使在实践前和实践后的理论之间存在一致的情况下,这也并不能说明教育者的观点是正确的。

事实构成能够得到的第二种说明,即实践的前前后后被理论裹挟着,导致了这种双重裹挟的理论问题,从而通向第三级理论。第三级理论有助于对实践者的培养,并使他能够对单单在实践中有可能进行的经验作出判断。第三级理论或者说"理论家的理论"应当说明"实践中的理论和实践的关系。"它是同不断地分析教育实在联系在一起的。这种分析探讨的内容是实践者发展着的理论构成,是对实践者的培养和进修有用的。韦尼格至少这样阐述了第三级理论同实践的关系——"教育学科学理论……对说明事实情况不仅具有……纯粹客观的分析的功能,而且也具有直接在实践本身中发挥作用的余地。它把实践中的理论功能作为代表性的思想、作为在实践中具有的理论的说明,作为有意识的事前的思考和事后的解释。它作为理论的理论说明理论和实践的整个情况,可以说能够自成一体,从外面和上面观察着教育领域中发生的一切;它同实践有内在的联系,是完全取决于实践和教育实在的。它为实践服务,并只有当它有助于实践时,当实践者能够以其结论开始工作时,它是适用的。在这方面由理论武装的实践是第一位的,其本身恰恰是不依赖作为科学的教育学的。"[1]

在一二级理论之间成问题的关系中恰恰产生了探索理论和实践关系的要求的同时,我们发现,正是在要讨论第三级理论问题的地方,又表明了实践的绝对首要性。第三级理论——如同韦尼格参考施莱尔马赫表述的那样——只有在它使实践变得更自觉的情况下,才是有

---

[1] E.韦尼格:《教育在理论和实践中的独立性》,第19—20页。

帮助的。这样一来,理论和实践的关系就反过来了。在实践中似乎实践前前后后是由理论裹挟着的,而在这里,在第三级理论中,理论前前后后是由实践裹挟着的;如同出于实践被双重裹挟而不可能对实践的这种裹挟进行批判评价一样,这里也不可能,即从理论被处在它前面的和遵循它的实践的双重裹挟中得出对理论的批判评价。在韦尼格看来,第三级理论像实践表明以它为前提的理论"正确地"反思了教育的可能性和任务一样仍然表明,以理论为前提的实践是理性的实践。

精神科学教育学在作出实践和理论互为条件的这种循环的设想的情况下,基本上倒退到了对关于实践和为实践服务的理论的、作为任何教育和教养理论的出发点的问题意识的后面。它基于理论和实践的这种实际循环的设想不考虑对作为科学的教育学的需要首先是要打破这种循环的。只要这种实际循环还没有受到怀疑,也就是说只要关于现有实践中教育可能性和任务的问题还没有得到回答,关于这种实践的理论足以能帮助未来的实践说明其自己的经验。但一旦这种循环不再适合的话,那么任何同前面的实践结合的理论就面临盲目修正和多少会忽略实践中存在着的问题的危险。韦尼格的论文《论今天教育学的自我理解》清晰地指出了这种危险。韦尼格对在分析当代教育学自我理解中得到的和应当通过对青少年的教育进一步传播的人的榜样作出了这样的论断:

"教育者知道,他不能强行实现这种人的榜样的培养目的,因为除了教育的意志,还有许多其他因素参与进教育和生活之中。首先,这方面有越来越多的青少年自身的意志和决定在起作用,如他们的自由。教育者毕竟完全不能预先知道,假如当青少年有一天完全担负起了生活责任,那出现的实际情况会是怎样的,及其导致的真正任务又是怎样的。……教育中人的榜样的功能和教育理想因此不是要强加于未来的现实;它是另一种东西:教育者或教育工作的负责人的这种榜样纳入同青少年的遭遇中，他要把这种遭遇导向为这种榜样，并尝试在教育集体中，即在教育本身范围内预先树立这种榜样。青少年处在同教育者及其提供的内容的如此导向的遭遇中，进行探讨和接受，在遭遇中完成这两者，渐渐达到他们自己的可能性，形成模样，直到有一天能够完全自立。他们到底是否能按照教育者和老一代可能树立的榜样来塑造自己，或者他们是否恰恰形成同这种榜样相反的自己的样子，这仍然是完全开放的。"①

这里清晰地表明，韦尼格始终把成人和教育者一代作为前提，他们是在关于青少年的可能性和任务方面具有目的上预设的和规范的榜样的，并相信能够预先确定②通过教育来按这种榜样进行培养的目的。这种前提不会由于如下原因而改变，即以后将让青少年来对这种预先确定的目标作出最后的决定，因为青少年在进入成人年龄后都会重新作为预先确定的导向为以后的青少年提出他们的（不管有什么样的变化）榜样。因此教育仍然是同对教育者一代来说不成问题的传承的循环联系在一起的。传承成为教育的基本因素的时期是可能有的，但在这时期中恰恰几乎没有对作为科学的教育学提出难的问题。可是，由于精神科学教育学在很大程度上把自己置于传承着的预先假定和重复的循环中，而同时只承认青少年一代具有可以作出另外决定的自由，因此幼稚地相信各种社会预设的人的榜样的适用性，理论是没有责任质疑这种榜样的，因为按照这种榜样来教育的青少年或许会使它成为问题。③

尽管理论对于新的实践具有开放性，但鉴于理论对于实践来说原

---

① E.韦尼格：《教育在理论和实践中的独立性》，第 161—162 页。
② 韦尼格在教学大纲理论中把国家对青少年未来的培养目标作为"预先确定"。——译者
③ 参见 E.韦尼格：《作为教养学说的教学论》，第 64 页。

则上是处于后面的,因此在这方面理论会降格为对那种社会关于自己未来的前理解的诠释。比如精神科学教育学虽然把在教育运动中出现的文化批判称为它的根源,但它表明没有能力进一步推进这种批判。那种作为文化批判场所的神圣世界的观念误导它——这里再一次引用 I.达默的论著——忽视"所有不适合纳入榜样的文明现象,尽管人们却想把握它",并坚持关于一种"健康的、清洁的作为真正德意志的、可以通过教育不断更新的生活"的观念。①

韦尼格尝试理解诺尔从其对教育思想本身的开放性的问题假设出发,历史地再构在历史中显示的教育思想的倾向,而 W.弗利特纳却要发展和制胜历史—诠释学创见。

第三节　W.弗利特纳的积极能动诠释学

我们对诺尔创建的历史诠释学的教育学的分析得到这样的结论:对教育实在作出历史分析的结果决非能对教育具有直接重要的关系。关于它对教育的重要关系至少在历史—诠释学分析中还没有提到过。韦尼格的结构诠释学创见使精神科学教育学从它同历史分析的直接关系中摆脱出来,并把对教育问题的诠释整合到对教育实在的历史解说中。后者只能揭示教育理论和实践的历史条件。这样对教育行为自主性的事实构成的天真信赖取代了诺尔的乐观希望,即教育史将渗透到对历史上显示的教育思想的解说中。

基于这种信赖对在实践中起作用的一二级理论所作的诠释不能检验这些理论的适用性和正确性,而只能说明教育者对其历史—实践的观点。韦尼格的观点,即教育行为和教育理论的自主性植根于对教

① I.达默:《论作为批判理论的教育科学及其在教师教育中的作用》,第 26 页。

育的社会批判向教育对世界的批判转变中,这在结构诠释学创见内不可能取得成果。由于他把作为理论和实践的关系的理论的第三级理论在实践中置于一二级理论之后,从而把实践本身绝对置于理论前面,因此他剥夺了理论使理论和实践的实际关系和在实践中起作用的行动模式接受行动理论分析和批判的任何可能性。其结果是使他对教育学的理解不超越关于教育实在的科学的局限。

　　W.弗利特纳在许多论著中致力于说明和维护精神科学教育学的科学观。他从批判经验和规范学说出发提出了重新确定诠释学问题方式的要求,他在历史—诠释学问题和实用—诠释学问题之间作出了区分。[①] 不管经验主义者什么时候尝试说明教育实在的事实,以从中对实践得出结论和提出建议或启示,他们都是以了解教育的目的和任务为前提的,而不可能用其拥有的措施来保证这种了解。"不批判的态度(即经验的态度——本纳)在于缺少对发现'现存事实'形成概念行为的了解。"[②]规范学说用同样的方式从教育实在中作出概括,它们尝试从最高价值中推论出对实践的启示,同时把对在教育实在中行动者的教育责任简括为在现存标准意义上的纯粹技术方面的责任。弗利特纳从经验和规范学说观念的欠缺出发确定建立以精神科学为首的教育科学的必要性:"经验事实研究必须以首先在其中产生教育学观念的调查为前提。另一方面,规范产生的决定可能直接转化为对实践的各种教育启示。它们首先必须在教育学领域得到具体化并在其关系层面和作用层面得到理解。在经验者看到的各种事实构成和似乎由价值哲学或神学或政治支撑的标准化的事实构成之间存在着一个在其中发生负有责任的教育事件的中间世界。科学教育学的独立

---

① 参见 W.弗利特纳:《现代教育科学的自我理解》,第22页。
② W.弗利特纳:《教育科学的立场和方法》,第139页。

思考和研究就从这里开始。"①科学教育学在这种立场上只能利用有助于"解说过过的生活"②这种方法为自己服务。这种生活不但是经验学说而且也是规范学说不可逾越的前提。

"科学教育学始终依靠观察历史实在的思想内容,并说明教育行为、机构、制度和在精神的实存经验和精神共同决定的领域中的各种学说是如何运作和进行的。我们想在纯粹事实研究中说明的各种事实构成的分类,始终只有在作为事实构成基础的历史存在的决定情况和内容的思想结构能够作为不言而喻的前提的情况下才有可能。假如在这方面取得一致,那么可以不考虑对它作出解释。但不可以忘记,达到这种一致是教育科学教育学最要紧的任务;其最高功能就基于公众。"③只要经验方法只致力于对实在作分析说明和规范方法相反教条式地规范一致,那么两者都一样不可能使大家对教育的任务和可能性达到一致的认识。

我们已经在探讨佩特森的事实研究中科学教育学在这方面提出的疑难问题。这种事实研究探索各种并非致力于对教育实在作出因果分析说明而是致力于回过头来去经验由理论引导和理性导向的教育的经验研究方法。弗利特纳在这个问题上得出了不一样的结果。他鉴于两种在教育领域不起作用的方法探索建立精神科学教育学的可能性。"教育科学恰恰只有通过把两种创见,即经验的创见(技术创见——本纳)和推论的创见(规范创见——本纳)结合在一起,并从中获得第三种方法,才能卓有成效地用其自身的方法建立起来。"④

这里产生了一个问题,是否应当在其他两种方法中间获取第三种

---

① W.弗利特纳:《现代教育科学的自我理解》,第 23 页。
② W.弗利特纳:《现代教育科学的自我理解》,第 23 页。
③ W.弗利特纳:《现代教育科学的自我理解》,第 24 页。
④ W.弗利特纳:《现代教育科学的自我理解》,第 22 页。

方法,或者作为第三种方法同它们结合起来。教育行动领域中的经验
肯定始终是实践的经验,而不能降格为因果分析的经验研究,其次教
育行动领域规范理论之所以要被排除出去,只是因为它不考虑作为实
现理论的场所去推动教育和协调理论和实践,这个涉及面广泛的问题
是不可能单纯地通过两个抽象的说明的方法,即经验—技术的方法和
规范—技术的方法来解决的。只要精神科学教育学把自己理解为这
种科学模式(即根据自己观念作为非教育学的科学的模式)的传播者,
它就会无意识地和直接地为助长对行动科学经验研究问题所忽视。
这种忽视的结果直到开始尝试对技术经验研究和诠释学作出协调以
及不考虑由行动理论论证的、不受技术认识兴趣牵制的经验问题的解
放教育学才被揭示出来。

　　对于弗利特纳用来判断精神科学教育学不断发展来说,关系重大
的区分就是对历史—哲学诠释学和实用诠释学之间的那种区分。他
与诺尔和韦尼格的共同出发点是:所有诠释学的学科的"首要任务"是
"对从实用关系中显示的对其历史定位的各别问题的理解"。但诺尔
在对教育实在的历史分析中及其揭示的结构关系中早已看到了教育
科学的真正使命,韦尼格把对教育实在的结构分析作为精神科学教育
学的核心任务和认识源泉,而不直接把历史结构分析作为教育科学内
的核心功能:

　　"对为了我们实施的教育制度和在其中活跃着的教育思想进行结
构分析是作为诠释学学科的教育学的表面任务"。"然后在第二条路
线中就产生了这样的结果:将在这种历史实在中对法、纯真的国家制
度、社会的发展、真正的教养和出色的教育作出探讨,并必须对在一定
生活圈的哲学和神学思想中能够被强调的和对所有参与教育、政治、
经济和法律维护的人的责任作出说明的基本思路作出解说。鉴于这
第二项任务就可以说说诠释学学科问题。但是,诠释学涉及的解说和

理解在这里似乎不再针对人类存在的历史状况,而是针对人类存在的和规范的状况。"①

　　弗利特纳在这里不再从教育实在的自我理解中推论教育的可能性和任务,而是通过对教育依赖的理论和反思的引导的说明来探讨教育的"存在的和规范的状况"。他就这样得出了那种在传统中早已认识的主张:教育学必须同时是关于教育和为了教育的一种科学,并被精神科学教育学所承认。弗利特纳明确地断言:"对思想者的责任定位的……反思,是可以称之为严格意义上的教育科学的核心的。它综合了所有在共同生活圈中被实践者作为真理的教育学说。它把它们集合在一起,把它们整合在全面的教育学基本思路中,检验它们,把这种思路同科学整体反思结合在一起,从这一点出发对各种教育学说作出批判,使其从错误和束缚中得到净化,对它被实践的定位作出解说。在这种意义上,教育科学完全是积极能动的反思。具有精神定力的负责的思想解说着自己,从其前提出发理解着自己,并在其意愿和信念方面检验着自己。"②

　　在这里对我们提出的问题就是:由弗利特纳主张的对教育和教育科学思想、对教育实践和教育科学引导和导向不断进行自我检验和自我批判的任务是否能通过对教育实在进行诠释来实施,或者这里由弗利特纳赞成的科学教育学提出的任务恰恰是否要求从精神科学教育学的立场出发? 弗利特纳的出发点是对教育实在的诠释能够满足向实践行动科学提出的要求,而且不仅能够在其历史因素方面解说行动的状况,同时也在关于教育实在中提出的任务和可能性方面作出引导和指明方向:"那种实用的真正的诠释……对那种同真理和超验性有

---

① W.弗利特纳:《精神科学和教育学的任务》,第 90—91 页。
② W.弗利特纳:《现代教育科学的自我理解》,第 18 页。

联系的生活作出解释,并尝试在人所处的实际状况中为行动确保方向。"①像先前诺尔和韦尼格一样,弗利特纳在这方面也假设,可以从对实际生活的解释中获得对行动的导向,并使教育始终"同在打上传统烙印的真正精神的体现联系在一起"。② 这种精神在历史中有所显示,并因此能够从它出发得到诠释。

　　在诺尔到弗利特纳在整个精神科学教育学背景下提出从对教育实在的诠释中获取对实践的合理导向的这种要求,最终可追溯到对历史理解的成就的估价上。这可以依靠对精神科学教育学不断提出分析的要求的那种生活—理解—生活的"诠释循环"来加以揭示。诠释学—实用分析发生在两种相互印证的步骤中。这种分析从各种现存的教育实在出发,通过对这种教育实在的前理解来审视其潜在的理论内涵,并对现成的教育实在及其理论内涵作出结构分析。意在通过诠释学—实用分析使实践成为有意识的实践而为实践服务,精神科学教育学把自己整合进生活(前理解)、理解(结构分析)和生活(反思前理解的实践)这种循环中。精神科学教育学一方面期待通过这种循环为其阐明见解奠定基础,另一方面通过这种循环确认其同实践的关联,以及对以往实践的依赖及其对未来行动构想的开放性。这一点在韦尼格对理论概念的分类上清晰地表明了。这概念不但指明了实践通过置于其前前后后的理论的造成的双重循环性,而且指明了理论通过置于其前前后后的实践造成的双重循环性。可是只有在这种循环一方面表明是理解的基础和另一方面奠定了被理解的东西具有规范的适用性的基础时,这种加入进所谓生活—理解—生活的诠释学循环中的整合也许能够赋予诠释分析的结果以行动理论上可以证明的适用

① W.弗利特纳:《精神科学和教育学的任务》,第91页。
② W.弗利特纳:《教育学道路和方法的理论》,第46页。

性。但它既没有做到这一点,也没有做到那一点。

诠释学的循环并不能够为理解奠定基础,因为决不可能期待从一种循环中得到证明。对诠释学循环的传统批判往往转向主观的态度和受制于理解的主体,并要求有一种控制主观态度的客观化的方法。这种批判在我们看来之所以太过简单,只是因为它对作为理解基础的诠释学循环没有作后续的探讨。只要每一种循环把那种首先可以说明有理由的循环结构作为已经证明了的,就都是有缺损的。表明诠释学循环不是有缺损的尝试是没有意义的,因为这必须证明诠释学循环不是循环。H.瓦格纳在他对诠释学的批判中得出这样的结论:"恰恰在循环理论被排除后的现在,历史理解的可能性问题表明难上加难了。因为现在是这样定义的:可以理解的东西只有基于理解着的主体才能理解,然而它恰恰必须作为一种与被理解的主体有区别的主体来理解。那么理解着的主体究竟如何能超越其有限的界线理解他必须理解的陌生的主体的陌生的东西呢?"[①]

假如诠释学循环表明对奠定理解基础是无用的,那么它对说明被理解的东西规范的适用性更无用。生活—理解—生活这一理解循环只有在得到满意的说明和可以不断地被纳入到处于其前前后后的实践中去的情况下,才能谈得上被理解了的生活对于未来生活具有指导性。生活—理解—生活这一诠释学循环因此只有在理解根本还没有成为问题和在过过的生活的实践的意义和任务呈现出来的地方,出于其传承的更新需要对在其前理解中包含的的思想内容作出说明的地方,才能"起作用"。

精神科学教育学坚持生活、教育和生活这一实践循环模式,并同时了解教育理论和教养理论对教育作用的合理可能性和教育行动的

---

① H.瓦格纳:《哲学和反思》,第 392—393 页。

理性任务提出疑问,其根源在于破坏这种循环。精神科学教育学关于作为诠释学科和同时作为实用学科的合理要求基于要为实践循环的失败承担责任和从中引出科学需要和科学的解说功能这一矛盾上。假如看到了这一现象,那么精神科学教育学从其理论创见角度来看,就真正是就教育问题对教育实在作出历史分析,而不是一种关于教育和为了教育的科学。

　　历史研究可以为解释教育实践的自我理解服务。可是,如同从对教育过程作出的因果分析式的说明中很少能推导出教育技术来一样,对教育实在的历史结构分析也很少能对教育任务和可能性问题得出理论答案。鉴于教育科学的要求,作为关于教育和为了教育的科学在这里重新提出了这样的问题:能否有一种得到理论证明的教育研究,如何来理解这种研究? 因果分析—法则学的研究和历史—诠释学的研究,如同 W.弗利特纳指出的那样,本身不可能就其研究诊断和结果对教育的重要关系提出有理由的陈述。确切地说,这方面要求进行一种以教育理论和教养理论为方向的研究。但只是通过经验方法和诠释方法的综合是不够的。代替把因果分析经验研究和历史诠释学综合出行动科学的经验研究,关键是在对教育实在作出基于教育理论和教养理论的分析和解说的"弯路"上了解经验和历史研究结果对行动可能具有的重要关系。佩得森建议的认识科学和行动科学经验研究并列也许远远比把因果分析和历史经验综合为教育科学经验研究的尝试更卓有成效。这样,教育研究的任务便在于观察和把握按教育理论和教养理论原则实验来改变教育实在方面的发展,并同时解说它们在并列的经验分析和历史分析背景下得出的研究结果。

　　而目前关于专门的教育研究实践问题的讨论首先是以如下尝试——各以不同的方式——为标志的,即把经验研究方法和诠释方法这样相互结合起来,从而使对教育实在的教育科学研究成为可能。

第四章 调和经验研究和诠释研究的创见

新近关于提出并论证教育研究策略的尝试是以解说经验教育学和诠释教育学的结合为标志的。这方面在分别追溯到了这样那样的创见和不考虑它们的争议的情况下强调经验分析和诠释分析的一致性。下面我们对 W.布雷钦卡关于教育的技术性经验研究同教育的历史编纂学研究的结合模式和 H.蒂尔许、H.罗特提出的关于调和经验方法与诠释方法的创见,以及基于法兰克福学派批判理论的解放教育学之间作了区分。我们将用特别的一章来探讨后两个创见。在这一章中,我们以批判理论为题开始阐述。此外,我们把 A.佩策特及其学派的系统分析算作致力于调和诠释学和经验研究的尝试。这一开始也许会使人觉得惊讶,但这恰恰不但阐明了对技术经验研究的批判,也阐明了对历史诠释学的批判。可是什么东西乍看起来把这一学派排除在调和经验研究和诠释学尝试范围之外,这一点较仔细点看是在其作出这种尝试努力的背景下把它归为了系统研究的场所。也就是说佩策特学派证明,经验—技术方法和历史—诠释方法的结合不能为作为实践科学的教育学提供帮助。在进行这种调和尝试以前,这一点已经部分地被揭示出来了,这并不贬低佩策特后继人展开的各种分析的意义,而确切地说,倒是对相互分歧很大的调和尝试的有限的问题意识产生了影响。

从一个学派开始分析这种调和经验研究和诠释学的尝试自

然是没有必要的。在认认真真进行这种尝试之前早已证明这种打算是荒谬的,假如佩策特学派对经验研究和诠释学的批判同调和尝试本身相互并没有什么矛盾的话。佩策特学派的批判首先并没有导致关于教育科学研究的什么观点,而且调和尝试指出了自己的任务,不管各种各样反对它的异议,这种批判仍然对作为科学的教育学具有重要意义。这就说明了上述这一点。

第一节 佩策特学派对经验教育学和精神科学教育学的批判

精神科学教育学一方面受到佩策特、W.菲舍尔、M.海特格尔和J.鲁洛夫的批判,另一方面也受到经验教育学的批判,这些批判与其说是它们的核心课题,不如说是这些教育哲学学派的副产品。佩策特学派主要研究领域一开始是在教育理论方面,后来才涉足教养理论。其激进地拒绝任何规范教育学,首先把目光投向要求主动性原则和教育限定原则的教育理论问题。与此相对,可塑性的教养理论观和教育集中原则后来才被关注。[①] A.佩策特以他关于三重活动概念的分类为分析经验—技术和历史—诠释学创见奠定了教育理论基础。他的《系统教育学基本特点》解说了这样的问题:"假如我们谈谈教学,如何来对它下定义,那么我们到底指什么呢? ……简而言之,教育要做什么?"

---

① 佩策特学派首先借助对教育概念和教学概念的分析,从这一点出发对作为机构的学校展开教育学批判。佩策特把对教育理论的基本概念的先验分类的探讨放在首位,而 W.菲舍尔、M.海特格尔和 J.鲁洛夫首先对分类逐一作出了解释。这可参见 W.菲舍尔主编的《学校与批判教育学》,W.菲舍尔和 J.鲁洛夫等的《性教育中的规范问题》,M.海特格尔主编的《教育还是操纵,教育手段问题》,J.鲁洛夫的《没有解决的教育学规范问题》和 P.福格尔的《教育学中的因果性和自由》。其间 W.菲舍尔把这一创见发展为基于先验的怀疑论教育学,其中包含了教育哲学的主张,探讨了那种回顾某些批判反思功能的教育思想和行动的奠基功能,参见 W.菲舍尔:《在通向怀疑—先验批判教育学的途中》。

而第三，"假如两者属于一个整体，那么它们处在什么样的关系中?"①我们来探讨一下在这里简短扼要地提出的这些问题，以补充关于"我"的活动的三重概念。它构成了批判经验教育学和精神科学教育学的基础。

佩策特把"教学"和"教育"区分开来。他以"教师—学生—关系"定义教学，认为教学的目的是由"知识"这个概念决定的，教学成果的评判是由"对"和"错"的标准决定的。他把"教育"从"教学"中提取出来，前者是由"教育者—受教者②—关系"定义的。其意图不是"知识"而是"行为"，而其成果不是按"对"和"错"，而是按"好"和"坏"来评判的。这里我们首先来探讨教学的定义。

佩策特在这方面详述："教学带来知识，想要某种知识。在教学中应当获取知识，各种已经确定的知识应当得到改进。这种直到作为知识的财富的知识获取是人的特有本性。计划、规章、对传统和文化的关注操纵着它。……这是时间上前后相继的必须完成的过程，在'我'的行动中进行的过程。必须获取的知识并不作为完成的'碎片'来接受的，而是被组织到相互对比分析中，整合为系列，被联系起来考察，被明白地，有时有漏洞地，有时一知半解被理解，有时并未得到消化。不管怎样，在教学中形成或造就着某些今后作为财富的拥有者。我们把这种作为从教师方面来看称之为教学，从学生方面来看称之为学习，更确切地说即必须把它称为教学过程和学习过程。"③

教学是以教师—学生—关系为标志的，这种关系是根据教学大纲

---

① A.佩策特：《系统教育学基本特点》，第 18 页。

② "受教者"，德文原文是 Zögling，其实原意也是"学生"，同德文字 Schüler。但佩策特为了说明教育和教学的区别，把受教学者称为 Schüler，把受教育者称为 Zögling，这里翻译时也为了把两者区别开来，因此把 Zögling 译成"受教者"——译者

③ A.佩策特：《系统教育学基本特点》，第 18—19 页。

中确定的教材组织的,并且针对"关于事物的知识同时总归是认识。"①假如佩策特谈到知识或认识造就"作为财富的拥有者",那么这就恰恰并不是指财富概念说明的东西,并不是由此来定义在其中作为教者财富的知识输给学习者的财富中的教学过程,而是借以使教者和学者,教师和学生自己对教学对象各具有对教和学绝对重要的掌握关系②:"在理解中各种掌握关系是相对应的。'我'的整个时间及其财富同'你'整个时间及其财富是关联的,我的行动与你的行动针对这样一些掌握关系。思想财富不是从一个人转化为另一个人所有,而是每一个我使他的财富活动起来,以把所表达的作为心理上个别的东西连同其所属的关系组织到其财富中去,使它不仅仅作为补充,而且是始终不断地对自己的整体进行新的组合。我并非以各种新的思想增加其财富,而是在自己的活动中使自己得到更新。"③

作为那种使知识变成认识过程的学习基本上是由学习的我或学生进入同对象的积极关系决定的,分配给处在教师—学生—关系中教师的任务是领导学习者活动,以使他们通过理解教学内容不断发展其掌握关系。佩策特用"问题原则"来解说教师教学任务及其学生掌握关系之间的关系。这种原则要求使在教师知识中已有的对对象的认识随着时间得到描述(赫尼希斯瓦尔特)。一般的教学和特殊的教学问题,这是由教师关于各种教学内容的知识联系学生的知识以要求更确切地认识那种分别表明其掌握关系的知道或不知道之间的界线和对象本身决定的。教学的目的,学生必须达到的对各学科中组织的教

---

① A.佩策特:《系统教育学基本特点》,第 21 页。
② "掌握关系"德文原文是 Possessivverhaeltnis,是佩策特专用的概念,表示学生与学习内容的处在一种掌握的关系中。这种关系是指,通常学习者已经先掌握了要学习的一些内容,才开始学习新的内容来充实已经掌握的知识,也即学习者总是用掌握了的知识去理解或掌握将要学习的知识的。——译者
③ A.佩策特:《系统教育学基本特点》,第 57 页。

学内容的掌握关系,是教师知识中预设的,这方面在各种教学学科的学科科学中是具有其标准的。教学成果的评价涉及学生所达到的掌握关系,它针对各种内容是否已经认识,在对与错区别的意义上作出分类。[①]

佩策特把教育从教学中提取出来:"教学和教育两者都对准我,但它们提出的要求是不同的,……人们通过其知识检验教学,通过行为批判或检验受教育者。……在教学中就教材而言,假如谈到对或错的知识,便涉及理解、洞察、漏洞或缺漏,而教育思想则提出关于勤奋和偷赖、散漫、草率等等。……教学针对认识价值,教育则同道德秩序有关。"[②]从这里产生了教育的特殊意向,"我们的问题不再探讨知识和已知,也不探讨作为这些内容的拥有者的'我',而是针对出于其知识动机关系的'我'本身。已知的尺度,在知识中达到的具体的条理,在这方面变得无关紧要了。假如我在知识中达到了这个那个高度,那么就会被审视。也就是说,我们问道,我本身就其认识来看他与认识处在什么样的关系中。我们想知道的,不是他怎样认识的,而是他就其完成的认识看起来是怎样的。"[③]教育与教学不同,教育是以教育者—受教者—关系为标志的。这种关系针对道德价值关系,目的是"引导受教者作自我观察,……关注他学习规范其行动,以在自己的良心面前为他自己负责。"[④]因此对受教者行为的评价不再在区别对与错的意义上进行,它不涉及内容和对其认识的真理性,而是涉及必须受教育者的自身—关系和你—关系的真实性。教育必须从是"好"或"坏"出发在道德价值意义上来评价行为。对行为的这样一种评价的前提自然

---

① 参见 A.佩策特:《系统教育学基本特点》,第24页。
② A.佩策特:《系统教育学基本特点》,第21—22页。
③ A.佩策特:《系统教育学基本特点》,第263页。
④ A.佩策特:《系统教育学基本特点》,第313页。

是教育者和受教者都承认同一种道德价值体系。凡在缺少这种认同的地方,行为评价就会陷入极大的困难中。

假如作为那种形成学生良心的过程基本上是由下面这一点决定的,即学生进入对自己的积极关系中,而教育者面临的任务是"要求对受教者有道德约束。假如教育者自己不受道德约束,那么提出这种要求是不可能的。……谁只有受道德约束地行动,谁才能指出这种约束意味着什么。假如缺少这个因素,那么所做的就不再是教育了。由于忽视这种要求而产生糟糕的结果,为此,人们必须更加明确地面对这种要求。不执行这种要求将在很大程度上助长我们日常生活的灾难逐渐形成,并导致教育的灾难。"①佩策特看到了所谓第三帝国中小学使教学内容多少受意识形态使用和价值方面的规范制约的以及把教育引导的行为直接或间接作为教学对象的实际。他在这里就这种中小学实际所确定的东西,在变相的方式上也适用于当前的尝试,即越来越按企业主需要确定的知识要求来设置教学,以及把教育确定为学会各种由知识应用水平决定的值得希望的行为方式。只有先严格地将归为教育和教学的各种活动区别开来,才能批判地确定教育和教学的关系。而把两种活动混合在一起不但会导致教育意识形态化,而且也会导致教学意识形态化。

教学是由学生"掌握关系"中要求的学习者的活动决定的。假如不考虑这一点,那么教学便仅仅导致词语—知识,而不是关系的认识。而教育相反,是作为"受教者"对其意志的"自我观察"或对基准点的有责任心的自我决定。假如不考虑其特有的活动,就会迫使它降格为在必须受教育者这里建立所希望的行为方式。从中得出,教学和教育关系必须由三个方面来确定:一是坚持教育和教学的区别,因为只有这

① A.佩策特:《系统教育学基本特点》,第296—297页。

样才能避免教育和教学的意识形态化；二是像佩策特所说的那样，考虑教师和教育者在教师—教育者方面，在"教者"方面的统一来确定教育和教学的关系。[①] 最后是揭示在成长着的"我"的学生和受教者的统一。上述关于教育和教学关系的三种决定因素导致第三种活动概念，对经验—技术和历史—诠释学的批判的基础就在这概念中。

教育和教学之间的区别产生于对我和对象的关系的各种不同安排上。学习着的我通过细化和扩展其知识来认识和掌握对象，而自我教育着的和必须受教育的我通过在其知识中给他提供的对象作出判断。在第一种情况下，学习者或者说学生的活动是靠对象安排的，目的是获取关于各种确定的对象的认识；在第二种情况下，对象按受教者的活动安排并由其行为来决定。两者行动的区别要求把学习和认识，尽管与行为有关，基本上作为掌握知识来理解，而把教育和自我判断，尽管始终同我的掌握关系有关，基本上作为把握行为来理解。知识和教学同行为和教育之间的区别不能否认一切知识同行为的联系和一切行为同知识的关系；确切地说，这种区别标志着实现既作为教学方面又作为教育方面提出的任务的知识和行为的调和。

在我们探讨这里提到的第三种活动概念和关注对经验教育学和精神科学教育学作出以其为基础的批判分析之前，我们要指出佩策特对教育和教学之间作出区分造成的困难和对其区分作出启发性批判评判的困难。

第一种困难涉及对教学成果评价的标准。虽然每位科学家通常在其领域对"对"与"错"的说法能够作出区分，并对在这种区分意义上的个别说法作出判断，但是，不仅教师而且作为教师的科学家不能对此满足，因为不能仅仅就掌握关系具体关联的真理性内容对一定的掌

---

① A.佩策特：《系统教育学基本特点》，第316页。

握关系作出评判,而同时必须反思这种掌握关系的产生。假如像佩策特本人详述的那样,每个教师总有"观察人和事的理由"的提问,只要教育决定过程不但是由提问中说到的知识而且也由在提问中必须考虑的学生知与不知来确定的话,那么就不可能对教学成果作出教育学评判。在这种评判中,对学生对与错的认识的评判并不涉及教师进行的教学的对与错。只有两种必须同时涉及学与教的评判因素得到考虑,才能最严格地提出对学业成绩作出教育学评分的问题,因为科学的成绩观念不可能作为唯一的评判标准。佩策特不考虑把教师的自我评判作为对学生评判的基本要素,这一点同他把教育和教学区分开来以及同他特殊的教育观念是极紧密地联系在一起的。

因此,第一个困难首先指向关于教育观念的第二个困难。假如佩策特把受教者行为可能的表达称之为勤奋和偷懒、散漫、草率的话,那么受教者自我观察视野就被大大地压缩了,因为这种观察不仅应当按照教学成绩要求标准针对其对教学内容掌握关系,而且同时涉及社会情况中的具体现实。作为学生的受教者是否勤奋地学完自然科学课、经济常识课、文学课和政治历史课,同他是否能思考自然科学在技术方面的应用水平、在社会制度的功能范围内经济规律的作用、对道德和政治问题的虚拟说法、对过去政治的把握和对未来的建构、形成和实际表达他同其思考和经验一致的态度,是有区别的。虽然在这两种情况下可以说行为同知识是有区分的,但只有在第二种情况下,正式规定的德行在内容上会受到检验。在佩策特看来,勤奋和偷懒、散漫、草率作为受教者可能的行为特征而处于首位,这一点自然不是偶然的。他的教学观念只知道针对事物理论认识的我—事物—关系,其中教学的内容(事物)是按照教学学科或各别科学组织起来的。作为依据学科专门知识安排的学习的总体行为,特别是与教学有关的规定的德行,在这里是合适的。而负责的行动的导向要求在把人的存在的各种行动和思想因素关系提升为对教学大纲决定作出教养理论合理论证的出发点的这种集中观念的意义上克服教学的科学学科单纯的并列在一起的问题。但如我们已经揭示的那样,佩策特忽视了对科学知识同行动和行为特殊关联作出说明的问题。把教育理论问题放在首位的结果在这方面不仅决定狭隘的教育观念,而且同时显示了牵涉教学和教育的关系的第三种困难。

佩策特通过对知识和行为、教学和教育的比照作出了把教育性教学(赫尔巴特)作为其对象的分析区分。事实上教育和教学是分不开的。凡在进行教育的地方,始终也在发生着教学和学习;而凡在学习的地方,也始终在进行着教育。不管怎样,这一点对于学前学习和学校内的学习来说是确切的。虽然在非学校领域,有一种学习是在没有进行教育的情况下展开的,比如成人的学习,但这种学习同学前学习和学校内学习有本质的区别,在这种学习中,学习者自己承担了教学者和教育者角色,教师—教育者的角色。这种学习并非开始于就学的结束,而是早在儿童早期就开始了。比如,谁学过抓握和看,谁便会抓握着和看着学习。这就是说,我们必须把学习学习同学习区分开来。前一种学习是教育性教学的对象和任务。但在学习学习中,学习和教育、知识和行为是分不开的。成长着的一代在学习学习中不但学习进行认识,而且学习对其认识作出行为反应。可是,把教育和教学、知识和行为分开来,会导致这样的现象,即教育性教学仿佛总是必须从两个方面来评判,一是观察学生的掌握关系及其知识,二是受教者的自我关系和同世界的关系,即他的行为。可是,假如我们把知识和行为分开来评判,那么就会考虑不到这种评判决不是在把成长着的我一面作为学生,一面作为受教者,而是作为整体的对象。教师在对知识作出对与错的评判时始终也在联系受教者及其行为;教育者在对行为的好与坏作出评判时也始终在联系学生及其知识。

　　尽管知识和行为在分析上是可以区别开来的,但知识作为这种区别的结果同其在行为联系中的知识有点不一样。而行为作为这种区别的结果也同其与认识联系中的行为有点不一样。教育性教学的目的恰恰在于联系行为来掌握知识和联系认识来掌握行为。它并非基于纯粹理论知识和纯粹实践行为的区别,而是基于同行为联系的知识和同认识联系的行为的一致性和分化上。而关于实证主义科学观意义上的科学知识同道德化意义上纯粹意识之间关系的构想不考虑在分析上不能得出的一切知识同行为的联系和一切同认识同行为联系。在这里我们只能简略地提一下超越了佩策特教育理论问题的教养理论问题。① 假如需要避免知识和行为的线性比照并使行为避免被限制在抽象的规定的德行方面,那么就必须探讨每一种知识同行为的特殊关系。自然科学同行为的关系与社会科学或行动科学知识同行为的关系是不一样的关系。因此对教育性教学提出的任务是从多方面说明知识同行为的关系,而这一点只有在知识同行为的关系作为教学对象像行为同认识的关系作为教育的对象一样的情况下才有可能。②

　　我们对教养理论的根本问题所作的简短补充似乎可以算是对由佩策特对教育性教学的分析的批判吸收作了铺垫,以便在下面能对佩策特学派对经验研究和诠释学提出的批判作出系统的评价。同时我们将在我们关于同行动有关的和科学和知识作出区分的观点意义上

① 我在这里指出 F.菲舍尔和 J.德博拉夫的教养范畴的创见。它涉及对科学知识和行为思想作出的调和以及对细分的运动基本视野的说明。运动基本视野一方面要对科学见解的适用性作出界定,另一方面要说明其同教养的关系,末了为批判分析科学的社会应用打下基础。

② 自然科学知识同行为的关系显然是一种同社会科学或行动科学知识同行为的关系不一样的关系,因为各种科学不仅由于其各种对象,而且也由于其同实践的不同关系而各不相同。这种同行动关系的区别是对教育性教学明摆着的和是它必须考虑到的。只有把知识同行动的关系提升为知识的对象和行为同认识的关系提升为教育的对象,教育性教学才能胜任这一任务。依据批判理性主义的认识、批判理论的认识和康德的先验哲学认识,我在期间对近代科学形成的解读提出了四方面的模式,以尝试能够说明这些要求。参见本纳:《普通教育学》,第 207 页及以下几页。

阐述佩策特关于三种活动概念的详细说明。知识和行为的协调问题不再是内容规定和道德规定(科学知识和道德规定)的协调问题,而一方面是同行为联系的认识和同认识联系的行为的协调问题,另一方面是同行为有联系的实践和同认识有联系的实践的协调问题。这样知识和行为的协调问题变成了实行认识(理论)和行动(实践)的协调问题。

佩策特是通过下面的方式获得涉及知识和行为相互关系的第三种观念的:"按照教学这个我通过掌握所学到的知识面对其对象的知识。按照教育方面这个我通过掌握自己面对自己。假如观察教学和教育之间的关系,那么按先前发生的事情立即可以看到,我的活动在这里是那种可以掌握这种关系和各按具体情况去实现我们要求(使一切知识同行为联系和使一切行为同认识联系的要求——本纳)的主体。在任何情况下,不管我知道不知道,我都面临要掌握知识和行为关系这样的任务。那是'他的'针对'他的'行为的知识。……换言之,行为和知识的关系只存在于学习着的我的权力中和探索着的我的行为中。这种关系既不能认为取决于教材也不真正取决于我,既不是先前行为的作用,也不是模糊的'无知'的结果,它必然是对象的一种'发散'。"①佩策特在这里尝试说明,建立科学认识同道德行为之间的关系是成长着的一代的任务和事情。可是他没有为说明在这里提出的问题谈些什么。这成长着的一代虽然可以作为我来表述,但作为这样一种我的成长着的一代既不是学生又不是受教育者,也不仅仅同时是两者。假如佩策特断言,只有"学生必须对为他提出的知识同行为之间的关系作出决定",那么他间接地证明了这种尝试的不可能性,因为作为学生的这个我——应当对教育和教学作出分析区分——不可能完

① A.佩策特:《系统教育学基本特点》,第 29—30 页。

成在这里对他所提出的要求。

不管我们对佩策特关于教育和教学的观念的质疑,上面引用的对第三种活动概念作的详细说明并没有因此失去其意义。确切地说,其在其中提出的要求表明了很深的意义,假如我们把协调知识和行为的问题理解为同行为联系的认识和同认识联系的行为之间和实践动机的关系问题的话。由于教育性教学并不满足于一方面开拓科学知识,另一方面促进行为,而是把对教学内容本身的态度提升为教学内容,因此它将开拓成长着的一代的包括"认识系列"和"同情系列"的"思想范围"(赫尔巴特)。但在这方面它不应当和不可能把意在培养成长着的一代具有以同行为相联系的认识为导向的意志作为教学的结果。恰恰因为教育性教学要为把培养批判性行为作为方向和使之成为可能服务,所以它必须承认道德服从已经让位和交给了个体的作为(赫尔巴特)。①

佩策特就这种对进一步阐明其创见来说关键的思想作了如下说明:"在这一处为负责起见,这是每个人自己必须担当的,⋯⋯学生的一切主动性或自主性的核心,教育学已经和常常要说明的事情,这是不用通过深入思考作出必要证明的。构成这种要求的本质则不是'主动的'做的机会,而是对知识和行为坚持不变的负责的决定。"②在我们解读的意义上,这可以理解为对同行为联系的认识和行为动机的坚持不断地作出负责的决定。

教育性教学本质上涉及反映成长着的一代的同行为联系的知识和动机的主动性和自主性,佩策特和他的继承者从这一点推导出了对我们来说在这方面重要的关于教育科学观念的和决定佩策特学派批

---

① 参见本书第一章第一、二节。
② A.佩策特:《系统教育学基本特点》,第32页。

判经验教育学和精神科学教育学的结论。[1] 假如知识的获得和行为的获得是通过成长着的一代的主动性实现的,那么这是同教育责任相矛盾的,"假如人们希望从相信可以确认的所谓教学作用中获得教育成果"的话。凡在知识和行为方式始终被作为教学和教育措施的作用并在其形成的可能性被作为教育性教学的成果的地方,是不考虑学生活动、受教育者活动和通过实践获得同行为有联系的知识和动机的活动这三重活动观念的。佩策特一再强调:谁"作为教育者通过他想发挥的所谓作用淘汰这些抉择,就误解了教育学(指教育——本纳)想要达到的目的的核心。他用误导代替点拨,他用引起效果代替开展工作并取得成绩"。"没有一个教师允许要'效果',而只可以为教材服务,以使学习者在他的引导下自己在本人的行动中对自己教学;没有一个教育者允许要效果,而只可以指出那种作为榜样的行为,学生按照这种榜样自己在本人的行动中建构其行为,即自己教育自己。"[2]

成长着的一代的活动的三重观念不仅不允许把教育者—受教育者—关系和教师—学生—关系作为因果关系来理解,它同时也要排斥"教育学的"关系的第二种错误形式。假如通过成长着的一代的主动性来达到对作为教学大纲内容的教材、文化财富和文化技术的掌握,那么这种掌握不可以被假设为自我发展和自身决定性的标准化的功能。更适合的是它可以被理解为主动性的结果:"任何文化都是价值的统一,但即使一种价值,不是最终的价值,因为它……是有时间性的。……文化作为事实,作为例子,仍然是相互有联系的被对付的教材,作为被生产的统一体的价值。各种教材就是这统一体,不管被怎样挑选出来。……文化财富……同教材并不是对立的。我们不能说

---

[1] A.佩策特:《系统教育学基本特点》,第 31 页。
[2] A.佩策特:《系统教育学基本特点》,第 158 页。

把文化财富做成教材。就其本质而言它们就是教材。我们还只能把不太多的文化财富改变为教材，而这似乎是教育者的任务。文化对于教育工作来说不可能是一种场所。……也就是说它是所有教养的结果，而不是教育学在其实践中创造的蓄水池。……文化是与时代有联系的创造了成人集体和成长着的一代的集体的这种集体的价值体系中的价值。文化被作为教养受到这种集体的不断再生产。各种学校就是这种生产性的特殊范例。就文化来看，它们并不证明自己的合理性，而证明自己就是文化。"①但假如文化在其历史性中通过思考者和行动者的主动性得到传承的话，假如对文化的反思和负责并不是直接从文化财富的传承中引导出来或推导出来的话，那么对生活永恒的和生气勃勃地更新着的文化的回溯是不足以确定教育任务的。

　　活动原则的两种结论指向对经验教育学和精神科学教育学的批判。佩策特早就说明了这种批判。其继承人 W.菲舍尔、M.海特格尔、J.鲁洛夫和 P.福格尔进一步发展了这种批判。对于"教育学的'经验'性"，佩策特已经断言："究竟什么是经验？它意味着作为经验就是我同自然的关系。'经验'成为自然科学……确定的东西。……经验包括空间自然的统一体，同样包括在感知中确定着它的我。当它确定自然对象时，它就在'经验'。经验的概念是由我同自然的关系定义的。照此说来，我本身决不是，原则上不是经验的对象或问题，因为不然我必将在物理、化学或生物上被解决。我仍然是经验的条件，不是其内容，是成为对经验概念下定义的人，而不是经验科学的对象。因此属于空间自然的一切问题都是经验性的。"但为了不会对如下一点产生疑问，即教育科学也许在另一种意义上可能作为自然科学把经验科学问题作为内容，佩策特继续写道："不存在两样的经验，如内在经验和

---

① A.佩策特：《系统教育学基本特点》，第 160 页。

外在的经验。'内心的'映象和'外面的'映象并不说出什么。我同自然的关系是根本的,而这就叫自然认识。我并不'出现'……,我是能够谈论现象的条件。"①

　　这一论断在作为先验的主体的我不"出现"的情况下是正确的。其正确性在于先验主体和经验主体之间的区分。从这种区分中也得出这样的结论:内在的经验和外在的经验的区分是不可能有意义的,因为经验的对象肯定始终在现象中已经存在了。佩策特论证的结论是"教育学必须成为哲学——或者说,我成为自然客体。"②但是这不能用这种方式来予以辩护。任何内在经验和外在经验的区分都没有意义,这并不对按照对象领域来区分经验能说明什么。虽然经验的我作为我并不能作为理论上的自然经验的客体,但从中可得出结论,说我因此不能是行动理论上的经验的对象,这至少似乎是草率的。

　　假如我们把佩策特关于"教育学必须成为哲学的——或我成为自然客体"的论点用于当前对经验科学的探索努力上,那么这错误地陷入了其本身的相反论点并要求"哲学教育学必须成为经验的,或者我仍然是自然客体。"这一点特别可以根据 W.菲舍尔对经验教育科学的尖锐批判清晰地揭示出来。在他的论著《教育科学—经验研究对奠定教育学基础的意义》中,W.菲舍尔以对惩罚问题的虚拟实验提出了这样的问题:认识科学的经验研究关于在教育领域通过因果分析研究能有助于解决教育问题的主张的合法基础究竟存在于什么地方:

　　"经验教育科学的主张,通过它取得的知识"说明教育学问题,诸如"惩罚的争议,这种主张首先源于它能通过惩罚的效果对惩罚作出解说"。③ 就这一点来看,这种主张根源在于佩策特揭示的教育学论证

---

① A.佩策特:《教育学与哲学》,第23页。
② A.佩策特:《教育学与哲学》,第24页。
③ W.菲舍尔:《教育科学—经验研究对奠定教育学基础的意义》,第54页。

的第一种错误形式。他指出了"活动原则"和"作用—意愿原则"之间的矛盾。W.菲舍尔在他就因果分析经验研究认为能获得对教育有重要关系的结果的前提条件的分析中,说明了 W.布雷钦卡公开赞同的技术思想的立场观点。后者谈到了教育科学的技术核心:"有效性……就是标准,一般而言,这不是一种任意的东西,而只有当它处在对一定的目的、价值或理想的积极关系中时才有这种有效性。换言之,假如根据目的设想一些东西在统计上有很高的和持续的效果的话,那么它在教育学上是合理的。……在严格意义上说,假如决定性的标准的效果没有前景的话,从经验研究上取得的证明……是不能获得对教育学争论作出解释的。"①

对这里阐明的反对技术性经验研究的理由,我们已在分析经验教育学的各种创见时引证过。鉴于当前对经验研究和诠释学调和的尝试,W.菲舍尔提出的由两种论点构成的结论赢得了大家的特别关注。一是说明"经验教育科学研究",假如它把"教育……理解为所有践行的总体,以便……培养值得希望的素质和行为方式",……发挥"教育学的完成意识形态占领的助手"作用,并"以其效果标准纯粹为出色地巩固受教育者对规范的和价值的思想"服务。二是菲舍尔把"从属性的、辅助性—促进动机的、教育上首先可以实现的和不能由无形的努力代替的成就"归为那些作为认识科学的经验研究的技术方面的结果。他断言:经验研究论著"就其适用性而言……无助于认识教育学基本概念和基本原则。确切地说,它们把这种认识作为其功能和对论据作出教育学解释的前提。提到这种假设性,放弃所有抉择要求的经验教育科学就是教育学的一种完全无关紧要的研究视角。它的研究只能是根据外来的考虑,这就是说,是在作为哲学学科的教育学

① W.菲舍尔:《教育科学—经验研究对奠定教育学基础的意义》,第 58—59 页。

的名义上进行的。"①

尽管我们认同这个结论的前"半部分",但我们觉得其后"半部分"是有问题的。而且出于两个原因,其中一个 W.菲舍尔本人已经提到了。只有在辅助性—促进动机的功能放弃所有抉择要求的情况下,菲舍尔才承认认识科学的经验研究的结果具有这种功能,而他在阐述作为认识科学的经验研究的创见方面断言,这种研究必须提出它要得出"同教育有某种重要关系的"结果的要求,因为假如不作"这样一种解释",那么经验研究的结果对于"教育学认识的努力来说是不感兴趣的",而且那"无非(按次说)是得出可想而知的断言:戴帽的男子更有礼貌"。② 两点论断是可以得到认同的:作为认识科学的经验研究的结论一方面具有"辅助性—促进动机的功能",尽管它并没有对其本身同教育的重要关系说什么;另一方面,教育科学研究必须同教育具有"不管怎样的"重要关系。但假如作为认识科学的经验研究应当具有同教育可能的重要关系,它在因果分析经验和对教育实在的解说方面本身不能说明什么,那么这种经验研究是"根据外来的考虑"和"在作为哲学学科的教育学名义"上进行的这一点是不可想象的,这学科恰恰表明技术经验概念对于教育科学研究来说是无用的。代替让那种作为认识科学的经验研究靠牺牲教育哲学来践行,关键也许不是说明教育科学—经验科学的条件而是说明行动科学—经验科学论证的经验研究的条件。事实上对于经验研究来说,效果标准不可能是绝对的衡量尺度。只有这样,作为认识科学的经验研究才能获得为 W.菲舍尔正确地认可的辅助性—促进动机的功能,因为这种研究在说明条件的情况下也许才不会从属于对其本身产生疑问的教育哲学,而附属于

① W.菲舍尔:《教育科学—经验研究对奠定教育学基础的意义》,第59—61页。
② W.菲舍尔:《教育科学—经验研究对奠定教育学基础的意义》,第57页。

教育哲学上论证的教育经验研究。

反对技术—"教育学的"经验研究的理由对论证作为行动科学的经验研究几乎没有什么用处，这一点可以被视为传统的、特别是由 A. 佩策特学派进一步阐述了的作为教育哲学的教育学的界限。对这样一种教学和教育研究的创见，我们恰恰没有在教育哲学中，而只有在经验教育学的各种流派的辩论中找到，如在拉伊、梅伊曼和 P. 佩特森之间的争论中找到。不管在什么地方，教育哲学或经验教育学把其对各种教育科学创见提出的本身合理的批判用于使自己具体化为教育科学方面，它并不考虑其作为实践科学的教育学的基础的真正任务。P. 佩特森对哲学教育科学提出的要求完全在于对传统教育哲学持续的自身误解。关于教育学必须成为哲学以不使"我"简单化为自然客体的假设，间接地有助于认识科学性的经验研究能够作为好像唯一可能的研究策略确定下来。这方面产生的结果是，这个我在事实上被降格成了自然客体，并且教育哲学越来越丧失影响。

不管这些批判说明如何，A. 佩策特学派对经验—技术教育科学提出的异议并没有失去其意义。确切地说，只要同时进一步尝试联系诠释学方法来克服技术经验研究的局限，那么这些异议就具有特别重要的现实意义。从 A. 佩策特学派赞同传统教育哲学而阐明的活动原则中不仅会得出这样的结论：作为认识科学的经验研究必然会误解作为教育科学对象的教育，而且同时会得出历史—诠释学创见概念化的结论。

W. 菲舍尔在其论著《对教育学之生命哲学创见的批判》中阐述了佩策特从活动原则引出的关于精神科学教育学的两个结论。精神科学教育学尝试通过对教育实在的历史因素的回顾揭示基于形而上学的一切教条主义教育学的相对性。它在这方面并不陷于"无边无际的相对主义的理论"中，而是尝试去理解一切把教育作为一种自成一体的连续统一体的相对性,对此 W.菲舍尔解释说:"关于一切精神的具体化,也包括教养理想的相对性的主张,并不是其最终的思想,即使是其最终的明确话语,因为多种多样的历史—真实的真正统一的这个原因应当是不可理解的'生命'。试问作为最终的确定性的生命是否适合作为源泉?"①

菲舍尔对尝试把"生命"或"生命的潮流"假设为所有意义理解的尝试及其获得统一性的相对性基础这一点提出了两点异议。第一点异议涉及相对性观点的永恒的问题,第二点涉及奠定其生命哲学基础的不合理性。精神科学教育学虽然宣称一切价值思想和秩序思想的相对性,但却忽视了这只能为其本身的观点服务,假如它把这种观点不用于其自身的话。假如我们最后考虑这种相对性观点,那么也似乎必须把"发现生命扮演主要角色的时间节点"假设为一种具有相对性的事实,②这自然有可能导致历史诠释学基础的解体。由于精神科学教育学不反思其生命哲学的含义,由于"胜利……不属于没有思想的人,不属于'生命'","真理……便成了在其世界观功能方面的多元心理因素。教育学被排除在各种科学的地球仪之外的结论是容易被接受的,因为这阻止了把狄尔泰及其继承者的'精神科学教育学只理解为一种类型:认为'它必须说明生命和一种有限……范围内的知识'(狄尔泰),而它使它的设想提升为普遍适用的东西。历史用它们来演出其他人必须观看的自鸣得意的滑稽戏。"③

因此,假如精神科学教育学的适用性要求是例外的话,即它就其对相对性假设观点来说需要对其本身的生命哲学基础提出例外的要求,那么这就应当揭示这一基础的形而上学前提。菲舍尔提出的第二

---

① W.菲舍尔:《对教育学之生命哲学创见的批判》,第31页。
② W.菲舍尔:《对教育学之生命哲学创见的批判》,第32页。
③ W.菲舍尔:《关于教养概念的一些思想供讨论》,第65页。

点异议就是这样做的:"基于假定的生命具有的丰富意义和因此在理性之外的真正自发性,⋯⋯生命实在,如教育实在⋯⋯便成了一切教育现象的牢固基础,作为值得阐明的历史价值的创造性综合的理想便被提升为始终在一定条件下适用的教育目的。建构普遍适用的教育学和建构具体的教育学这两者把其合理性仅仅归功于把历史生命假定为本身有意义的和在客观诠释方法上明显正确的这种观点。假如这种假定是不正确的,那么那种给出具体标准的理想也许暂时有限制地被宣称为具体的教育目的都不可以,除非它说明是正确的。"①但是,这里说明的对始终有意义的生命潮流要素的相对性的这种假定,只有在离开生命哲学论证的视野而对说明鲜活的教育任务的理由的情况下,才能在原则上被接受。因此这样一种合理性说明的尝试在精神科学教育学中其实没能践行。所以我们对其内在的发展的分析指出,精神科学学派出于这个目的本来是必须要否定其在历史认识的生命哲学假设方面的创见的。

　　W.菲舍尔通过他对历史—诠释教育学没有经过反思的前提的探讨得出了这样的结论:关于一切价值思想和规范思想的历史相对性的观点"最终改变不了什么⋯⋯除了对于'激进主义官腔'(狄尔泰)来说完成了接受改建的作为教育学住宅的意识形态住处"。② 我们不但作为理论概念而且也作为方法概念介绍的在生活—理解—生活实践循环中的重复既不能解决教育意义和任务的规范问题,又不能绕过这个问题。确切地说,在应当有助于用生命哲学解决规范性问题的实践循环中的重复,重新提出了对教育任务作出科学定向的问题。

　　这便谈到了各种重要问题。至少肯定显得更有疑问的是,这些问

---

① W.菲舍尔:《对教育学之生命哲学创见的批判》,第33页。
② W.菲舍尔:《关于教养概念的一些思想供讨论》,第66页。

题是否有可能通过建立经验—技术教育科学同历史—诠释教育科学之间的合作来解决。这两种创见都要提及教育实在,但这并不能对实践科学提供充分的基础。经验—技术教育学在把实践教育学理解为其技术规律知识的应用领域的情况下,意在把自己作为教育的科学,而精神科学教育学通过把教育实在假定为意义理解的适用基础将自己作为关于教育的科学。然而,一方面像经验—技术教育学作为对教育实在的技术把握的科学缺少其教育观念和实在观念的任何基础一样,另一方面历史—诠释教育学作为教育实在的科学也缺少解释在教育实在中呈现的意义的适用性的基础。同时,教育实在这两种创见中的意义是不一样的。教育实在对于经验—技术教育学来说是从因果关系的视角出发来作分析的认识对象,对于历史—诠释教育学来说是从获取意义的视野出发来作解说的认识对象。两种创见并不是通过经得起反思和检验的假设来建立同实践的联系的。经验—技术教育学的假设就是,可以通过因果范畴来把握教育实在;精神科学教育学的假设是,可以把历史上获取的和历史地呈现的意义同时作为社会传承和革新的材料和规范的基础。但是,假如两种创见中没有一种能满足对作为关于教育和为了教育的实践科学的教育学提出的要求,那么在两种创见的合作中去发现教育科学进一步发展的合情合理的可能性,这也许是多余的。与此同时,我们不能仅仅停留在对技术教育学和诠释教育学的创见的批判上。在完成对其形而上学的假设的批判之后,现在值得探讨一下它们在实践方面对发展教育科学研究策略可能的贡献。因此我们在下面来探讨协调经验研究和诠释学的尝试,希望对它们的分析能有助于进一步阐明早已提到的教育实验的观念、理论、实践和经验研究的关系,简而言之,说明我们要求的实践经验观念。

第二节　布雷钦卡关于技术学和
历史学的关系

布雷钦卡的观点是同佩策特学派明显对立的。后者拒绝把经验研究和诠释学作为教育科学思想内容的奠基性的主要部分,并尝试用教育哲学的原则科学来取而代之。我们在说明经验研究、行动理论和实践时早已通过分析经验教育学对布雷钦卡的观点作了探讨。假如说在那里指出了布雷钦卡不接受拉伊、梅伊曼和佩特森在实践经验概念方面为教育和教学研究奠定基础的努力,那么这里值得探讨一下技术学同诠释学的关系。布雷钦卡把这种关系理解为技术教育科学和教育历史学的关系。他的详细解说在这方面之所以不只是具有特别重要意义,因为其直接证明了我们对佩策特学派的创见的批判。这就是说这可以表明在把经验研究作为教育学辅助学科的佩策特学派的观点和布雷钦卡对教育科学的评价之间毕竟不存在矛盾。

佩策特学派的教育哲学把教育科学理解为一种实践科学,其拒绝一切作为认识科学的经验研究的直线式的统整尝试,并揭示了历史—诠释学创见的生命哲学的形而上学性。而布雷钦卡则相反,他把教育科学理解为技术性教育科学,并从中突出实践教育学和教育哲学。也许可以夸张地说他把佩策特学派所说的“系统教育学”称为“实践教育学”;前者称为“教育哲学”的东西,后者作为“教育的哲学”。扎根于前者首位的东西,即技术性经验研究和为历史诠释学“净化了的”精神科学,而在后者构成了教育科学的真正核心。假如说佩策特学派指明了无论经验—技术教育学还是历史—诠释教育学都满足不了实践科学的要求,那么布雷钦卡则尝试把理论教育科学定义为同实践教育学有严格区别的技术性实在科学,认为这种教育科学并不想要对教育的实践问题作出直接贡献,而仅仅想要帮助解决技术问题。这就确立了他的创见的特殊地位。在所有其他调和经验研究和诠释学的念头致力于为实践教育科学奠定基础的情况下,他则在自己没有任何经验研究的情况下致力于建立一种使技术问题和历史问题应当统一在一起并相互联系的技术性实在科学。我们早在探讨实证主义教育科学一节就阐述过布雷钦卡的经验研究观念,下面我们来集中探讨他对教育历史编纂学的理解。

在布雷钦卡看来,教育科学是对实证主义科学规范应用的特殊个案。它应当作为"关于人的社会行为和心理客观化的综合科学中的社会学科或从属科学",包括那些对教育这"浓缩领域"①提出科学论说的学科。关于教育学是从属科学的说法在这方面想要在实证主义科学规范意义上撇开关于教育学特殊性和它同其他科学的关系的问题。凡在将科学理论降格为科学规范化的地方,都失去了要揭示那些对于建构一种特殊科学适用的具有其特殊对象的重要学科的必要性。在实证主义理解中的统一科学的要求不承认各种科学之间的范畴差别,把因果分析的说明作为纯粹的认识"手段"来行使。将实证主义科学规范用于作为对布雷钦卡力求的从属科学这种教育学的潜在认识供货商的社会学、心理学和生物学是相对能够容易进行的,因为这些学科——即使会冒出其他各种问题——可以负责提供因果分析说明的知识,而实证主义科学规范用于历史科学则会碰到重大困难,这些困难特别是同在科学体系中的历史科学的地位有关。

J. G.德罗伊森早已指出了这一点。他断言,人们不仅要求历史学家掌握自己的科学,而且始终也要求他具有那种所要研究其历史的对

① "浓缩领域"是布雷钦卡本人用来描述教育科学领域的专用概念。在他看来,教育科学是浓缩了反映社会行为的各种科学的特殊学科。——译者

象的知识。① 现实的范畴关系是历史学的前提；历史学只有建立在现实的范畴关系上才能把握其历史。从这里稍作提示的历史科学②的特别的复杂性中产生了应用实证主义科学规范的最终无法克服的困难。当历史科学用一种无论如何会出现的和依赖科学家认同的惯例来代替对先验哲学知识和科学的论证时，就没有考虑范畴问题。从中就产生了必须通过同时对自身科学规范作出两种使用来对对象的科学和历史科学之间的关系作出确定的困难。这两种使用，一是用于对象科学，这里是教育科学，二是用于属于它的历史学科，这里是教育历史。

　　布雷钦卡直接探讨这种产生于科学体系中历史的特殊地位的问题。他对教育这"浓缩领域"中教育历史编纂学和因果分析的经验研究间的相互关系作了如下描述："在教养理论看来，在教育学的科学历史中……教育历史编纂学的意义被作了不同的评价。假如考虑到曾经存在和今天还存在着对教育学的科学性非常明显的相互不一致的观点的话，这一点是可以理解的。谁把'教育学'理解为一种哲学学科或一种'规范科学'，谁就会对教育历史编纂学的价值及其地位有同那种把'教育学'理解为教育的理论实科科学的人有不同的评价。可是对于持有后一种观点的代表来说不怀疑这一点：'把全部历史材料用于教育科学'是绝对必要的，以为理论打下尽可能广阔的基础。相反，教育历史编纂学自然也需要理论教育科学及其问题和概念，以能够选择有关的重要历史事件，作出详细的描述和说明。"③

　　认为"教育历史编纂学的价值"取决于是否把教育学理解为一种规范的科学或是一种哲学的科学和一种经验的科学，这个观点并不以为，一是使教育历史编纂学变成一种规范的学科，二是使它变成哲学

---

① J. G.德罗伊森：《论史学》，第 199 及以下几页。
② 参见 H.瓦格纳：《哲学和反思》，第 284—285 页。
③ W.布雷钦卡：《从教育学到教育科学》，第 95 页。

学科,三是使变成实科科学学科,而更是要通过使历史编纂学作为关于一定对象的历史科学同对象本身的科学联系起来,在上述三种情况下确定历史编纂学的价值和地位。这样,研究教育史的历史学家是否把教育理解为一种装备举措、适应社会过程或是一种根据可能通过自己决定和主动性要求来确定行动的过程,这具有决定性意义。布雷钦卡通过实证主义的科学规范预先对各种可能性作出了选择。这种对科学的实证主义规范认为对教育科学如同对历史同样是适用的,此外还指出了教育应当以何种方式成为科学论说的对象。①

布雷钦卡像在前面谈到把其科学概念用于教育学上一样,在这里也谈到了其科学理想在说明历史科学方面服从的各种修正和限制。首先他断言,在理论实科科学和历史科学之间的"行动方式"方面存在着"对象决定的差别",因为历史的对象"更复杂,而且只能不完全地和间接地被理解"。② 然而,历史提出的任务被其他一些科学取走。那些科学尝试"寻找普遍规律,并从中建立其客观领域的系统理论",而历史科学主要通过"应当是由其对一次性事件的过程的思想重建兴趣来决定的",并在其"形成典型"方面"既不能被用于预测,也不能用于推论……。"③而最后确定,上述特殊性其实表现在作为科学普遍性的那种寻找假设与论证假设的一般关系范围内,并仅仅涉及证实假设的不同条件:"把'理解'同解说对立起来完全是……误导。'理解'、'体会'和'直觉'只有启发性(即关于假设的构想)意义,而且决不仅仅在历史科学中,而且也在所有科学中都如此。"④为了能够评判布雷钦卡对技术性经验研究和历史编纂学作出的分类,值得探讨一下提出这三种观

---

① 参见本书第二章第三节。
② W.布雷钦卡:《从教育学到教育科学》,第 93 页。布雷钦卡在这里并不是指在统一科学的假设中被忽视的实在中类别的差别,而只是指实证主义科学规范应用的困难。
③ W.布雷钦卡:《从教育学到教育科学》,第 94 页。
④ W.布雷钦卡:《从教育学到教育科学》,第 101—102 页。

点的背景。

认为历史科学不能形成用于"预测"和"推论"的典型的看法是否正确？只要未来不在技术行动作用范围内来加以解释，而通过由动机推进的实践来得到介绍，那么历史科学对本身创造着新的历史的现实的前历史就可作出不能用于对未来进行技术性预测的陈述了。[①] 但从中决不能得出结论说，历史学不能被归类为可以预测和推论的学科。在确定文物日期、检验文献和重构事件过程方面，历史学总是有助于预测和推论的；只是这方面涉及的不是对于我们当代的未来的预测和推论，而是对于我们当代过去的结论或过去了的当代的已经过去的未来。

第二，认为历史学目的是"思想上重构一次历史过程"，这是否正确？只有在我们指在事件过程中不是通过人的动机来介绍过程的情况下，我们才能谈论事件过程。只要事件过程决不是在同一时期和同一地方发生，就可以合理地谈论它是一次性事件链。由于它是一次性的，因此是不能重复的，但也许在思想上可加以重构。犯罪学家比如在确定文件年龄和验证作案证人时进行这种重构，而不能因此就称他们是历史学家。历史科学中的一次性不是物理时间的结论，而是从其对象的实际因素中产生的，是从人的实践建构的历史中产生的。但是，假如历史主要是由人的行动的一次性来决定的话，假如历史事实的一次性是由其做的人的动机决定的话，那么历史科学的任务不能充分地作为"一次性事件的重构"的任务来理解。

从这一点看，布雷钦卡的第三个论点也是变得有问题了。这一论

---

① 这一句读起来令人费解。根据本纳的解释，布雷钦卡认为历史科学没有预测未来的技术功能，它总有一天要被能越来越出色地预测未来的未来学所代替。本纳对此有不同的看法。他认为历史科学不应被作为有预测未来的技术功能，而应被作为理解实践和未来的对象来解释，只有这样，它才能使我们理解和解释历史、现实和未来的联系。——译者

点涉及"理解"和"解释"的关系,并把"理解"的意义限制在其寻找假设过程的的功能上。认为不能把"理解"同"解释"对立起来的论点,凡在实证主义科学理论尝试既不把历史科学解说为这种理论的特殊问题,又不把它作为其科学规范的应用领域的地方,常常被重复。[①] 同时"理解"被作为所有在寻找假设方面的普遍性的东西接受"研究心理学"的检验,以至必须在对假设作出验证方面承认在历史学和其他认识科学之间在很大程度上由对象决定的区别,而形成假设的抽象定义对所有科学来说都是能够同样适用的。布雷钦卡反对的作为理解科学的历史学的理论则相反,它不但尝试满足历史在寻找假设方面的特殊性,而且也尝试满足历史科学的核心范畴。它并不把历史科学理解为关于过去的一次性事件的重构,而是知道这样一种做法是毫无意义的,因为这种事件作为过去是一劳永逸地过去了,且通过对一次性的重构也不再能回溯了。它在更大程度上把历史科学理解为认识基于这里和现在还存在的遗迹的过去的尝试。这样一种对对象的核心范畴的认识的努力是一次性确定性和持续起作用的意义的原则。历史作为过去的事实恰恰是在其一次的确定性中告诉我们,它在其持续起作用的意义方面没有过时而是可了解的。只要这方面不涉及从其持续起作用的意义出发来推论"原本存在过的东西"的一次性,不涉及从"原本存在过的东西"的一次性中推论出其持续起作用的意义,那么对在其持续起作用方面的一次性确定的认识是必须同"解释"严格区别开来的。对在其持续起作用方面的一次性确定的认识更加要求把过去作为我们的过去来理解。

J. G.德罗伊森把这种事实情况用于概念上,并同时指出了不把经验的历史科学归纳为自然科学经验概念的必要性:"假如……人的心

---

① 这里参见 V.克拉夫特:《历史研究是严肃的科学》和 D.本纳:《论史学的科学理论问题》第 62 页及以下几页。

智开始对此思索：他的这里和现在，凡是实现他的和围绕着作为人的他的一切"发生了变化，"假如他尝试了解如此存在的和围绕着他的一切，并为了解他和可靠起见进行研究，如同这样变化的那样，他出于这个目的可以不去探讨过去，因为它恰恰真的已经过去。而只有在他之中和在他之外在其这里和现在还没有过去的东西，不管有什么改变，在经验研究中还可以理解的东西必须和能够使他获得在寻找的答复。这就是我们的科学的第一个重大基本原则。……我们的整个科学建立在下面一点的基础上，即我们并不想要从这种还很现代的材料中复原过去，而是想要论证、报道和扩展我们关于它们的想象，而且是通过从这第一个原理中发展出来的方法措施来进行。"①不在这一处仔细地研究历史学方法，②这种说法也已说明，历史科学的任务解释性地重构过去，而是通过其过去说明现在。在历史问题中总是渗透着现在的立场观点，并从中得出结论：只有在一次确定性和持续起作用的意义中延续着的历史经验在对历史实在的延续性协调思想下确定对它的回溯，现在对过去的说明才有可能。德罗伊森在这一点上也知道："进步着的历史研究和作品的延续性就是普遍性和必要性，这一点是同历史的各别事实联系在一起的，每个人都以其个人的方式给予它以价值。……这种持续不是发展，因为整个继续系列似乎已经萌芽式地在开端就先形成了，而随着历史研究各种力量才得以增长。……在这种延续性中……历史世界有其自己的思想和真理，而我们的经验研究进行着对过去的各别事件的探索，只要它们在某种程度上是可以通过经验研究来把握的话，以通过它们渐渐地在经验上证明这种延续性。"③

延续性在这里所指的意义上不是历史经验的建设性原则，而是其

---

① J. G.德罗伊森：《历史学》，第20页。
② J. G.德罗伊森：《历史学》，第31页及以下几页。
③ J. G.德罗伊森：《历史学》，第29页。

调节性原则。它不是作为认识客体的历史事实原则,而是历史经验的秩序原则。在这一原则下,过去可以作为现在的过去被认识。这样,布雷钦卡和其他人代表的观点:精神科学的任务是重构"原本存在过的东西"被揭示每一种历史主义的历史延续性思想所替代。这种延续性承认过去同现在的关系,知道历史正是由于过去同现在的关系而一直不断地必须加以"改写"的。[①] 同时,不断改写历史的任务其出发点与其说在于一系列原本存在过的东西扩展为不断增添着新内容的过去,不如说在于过去由于其同现在的关系本身总是历史性的。

每一种把实证主义认识思想规范作为方向的历史科学的尝试不考虑史学对象的历史性。这一点特别明显地表现在布雷钦卡尝试使他对教育历史编纂学作出实证主义简单化的重构任务可以对技术性教育科学方面产生作用:"只要这关系到在这里指出的严格意义上的理论教育科学,历史编纂学依赖关于其对象领域的客观化思想的历史遗产。这一点就适用于理论教育科学和所有别的实科科学。但是这种思想的历史性恰恰不是关键的,关键的是其超历史的,即理论的建构。对描述型的像对形而上学型的教育学思想作的历史编纂学分析可以帮助我们最大可能地深入地理解其意义,但是,这样做的话,教育思想只能在理论—系统的观点上被作为假设了。对于理论教育科学来说,教育思想历史的价值在于它是一种丰富的假设之蓄水池。"[②]

在历史科学随意地被限制在重构过去和不考虑其原本通过历史局限性来解说现在这种任务的情况下,历史学便只能起到一种还算丰富的蓄水池的供货商的作用。同时历史的历史性被以科学不可及的方式抛弃了。关于教育效果的假设,如同在某过去被表达的那样,只

---

① E.海因特尔:《究竟曾经是怎样的》,第 228 页。

② W.布雷钦卡:《从教育学到教育科学》,第 108 页。布雷钦卡的构想可追溯到 W.A.拉伊的《实验教育学》,第 8 页。

能在过去本身中得到检验,因为它是基于经验之上的,而这种经验是在各存在的社会情况的关系中获得的,在历史转折中已经发生了改变。因此被提到的历史的蓄水池的丰富性对于"理论教育科学"来说——如强调的那样——在其超历史意义上没有重要关系。确切地说,它局限于抽象的说法在其所假设的"真理要求"中能够经受历史考验的范围内。因此在布雷钦卡看来,教育历史编纂学同技术性教育科学的合作仅局限于寻找抽象的规律性。这种规律性还可能处于历史的变化中。因此其可能的"成果"从历史科学来看仅仅是偶然的。①

但是,凡在历史学在技术性实验者看来被简单化为假设性想法的供应商地方,他们被剥夺了任何对历史所处的环境的思考和对他们自己的探索和研究的有限的社会作用的思考。布雷钦卡通过对历史编纂学和教育科学的合作作出了如下断言,即这种合作消除了对现在的历史作出的历史学分析的结果的历史性,并把这种结果带入到了抽象的理论假设形式中,他最终要求历史学在其对教育科学服务功能方面停止作为历史科学的功能。

第三节　罗特和蒂尔许论经验研究和
诠释学实用合作的模式

W.布雷钦卡认为教育历史编纂学作为假设的供应商而为技术—经验教育科学服务,并借以制约经验研究和诠释学的合作,而 H.罗特和 H.蒂尔许则致力于发展由教育历史观主导的经验研究和诠释学方

---

① 参见 F.温纳费尔特:《教育接触和教育领域》,第 39 页。研究逻辑和研究心理学的抽象区分期间也受到了批判理性主义追随者的质疑。尽管费耶阿本德、拉卡图斯和库恩的分析也许可以说是支持天真的实证主义代表的,但他们毕竟是在实证主义内对实证主义的争论的工作走了第一步。

法的合作。① 在罗特和蒂尔许那里，在实验性的和教学理论性教育学中进行的建立教育经验概念及说明行动理论和研究关系的努力重新获得了意义。布雷钦卡把教育科学理解为包罗把教育者对实际行动兴趣排斥在科学之外和把行动理论和经验研究相互对立起来的各异质学科的从属学科，而罗特和蒂尔许要求"教育研究的现实性转向"必须伴随人类学的转向，因为否则教育学作为对教育者的富有魅力的行动理论向关于教育实在的经验科学的过渡便不能导致教育研究学科的建立，而只能导致作为科学的教育学的解体。②

　　H.蒂尔许对实用主义创见的目标作了如下改写："教育学方法的讨论一再激起精神科学—解释方法或现象学方法同经验科学导向的方法之间的争论。"这一讨论有促使忽视"在这两种创见之间有直接联系"的危险。这种联系表明，"经验科学方法可以和必须被理解为对我们今天必要的关于在诠释学中存在的科学理论模式的进一步说明。两种方法应当……相互批判地联系起来。"③罗特和蒂尔许打算对经验研究和诠释学之间关系的证明是直接反对 W.布雷钦卡关于经验研究和历史编纂学合作模式的。罗特和蒂尔许在他们实现教育学现实转向以使教育科学不被简单化为理论性认识科学，而在使其向研究性学科转向中保持理论—实践科学性的这一尝试中，首先分析了教育学分裂成多种科学的倾向，其次分析了把教育行动兴趣从研究中排除出去的倾向，最后，批判分析了行动理论和经验研究分割开来的倾向。

　　鉴于伴随着教育学向经验科学研究性学科转向而把教育学解体为多种学科和各种科学的从属科学的倾向，罗特断言："存在着的危险是，不仅像独立的教育生物学、独立的教育心理学和独立的教育社会

① 参见本纳：《教育人类学和教育经验》。
② 参见罗特：《经验教育人类学》，第 208—209 页。
③ H.蒂尔许：《诠释学和经验科学》，第 3 页。

学等等一些学科的发展,而且它们是分道扬镳地发展的,而'教育的'这个形容词不仅不使它们感到在方法上(这是无足轻重的),而且更在它们的目标上受作为教育学的基础科学的约束。这些已经显而易见的发展毋宁说促使教育学向各别学科的分裂,而事实和学习者要求把一切称之为教育学的东西的组合用括号括起来。"①罗特在这里提醒一个类似于教育和教育科学的问题。也就是说,假如教育科学解体为带"教育的"定语的各别学科,那么它便丧失了作为一种并列于其他学科的特殊学科的诉求,而最终成为布雷钦卡所称的从属科学,到那时教育就不再能对其实际问题作出科学的回答了,因为渗入教育从属科学的各别学科不再关注教育问题了。只要实践者不回到教育工程师的活动水平上,那么这样一种如C.门策所详述的"科学理论的基本态度"的"结论""对于期待从教育科学中获得咨询和帮助、建议和警示的实践教师来说是感到不知所措的。从行动领域回过来……并从而甚至对形而上学基本立场负责的那种把理论(科学)同实践(行动)、认识同决定纯粹分割开来的做法使科学本身成了实践者眼中的毫无意义的游戏。"②

在他对教育科学分裂为从属科学的批判的结论中,罗特同时反对从教育科学中剔除实践行动兴趣的做法,并从认识科学问题中突出了教育学问题:"教育学首先并不分析如其所是的人的本性,像生物学和心理学所做的那样,而是探讨这种本性的变化,探讨人的可培养性和可塑性,探讨人的心智可能的形态的发展及其可能的最佳效果——它并不把分析、解释和批判社会和文化放在首位,如其所是,所变和向何方发展——这是社会学、文化科学和精神科学所做的——教育学并不拓展各别学科的观点和认识……,而是探讨在我们文化的科学和艺术

① H.罗特:《经验教育人类学》,第208—209页。
② C.门策:《教育学作为经验和思辨之间的科学》,第205页。

中所注入的观点、形态和规范,探讨它们对于人的心智自我实现的意义,对于生产性激发和延续年轻一代肩负文化传承的心智力量的意义。它从而负责地参与批判协调供给的、存在着的和发展着的之间的关系。教育学只能一方面在同关于人的各种科学和另一方面同各种对它成为基础科学和辅助科学的专门科学的合作中解决它的这一任务。但教育学在它这些问题中具有自己的特性和独立性。这些是其他科学所取不走的。"①

在罗特看来,对教育学的分裂和把它简单化为认识科学的倾向的批判返回到了摆脱作为经验学科的传统理论—实践教育学而建立一种新的教育科学的尝试:"教育科学不能否认它所内在的实践倾向,即它的观点必须'实现'它的'真理'并应当实现自我。⋯⋯它要么是'实践的理论',要么是无用的。⋯⋯它作为教育的科学除了作为关于人的教育条件和帮助人成长的批判考察性的和统整的知识之外不可能有其他内容。"②但教育学假如就当满足由罗特在这里同传统一致地揭示的关于也作为研究性学科的实践科学的定义的话,那么理论和经验研究就不能如同布雷钦卡建议的那样分开了。后者是把作为规范—意识形态的行动理论的"教育学"同作为基于经验科学的理论性认识科学的"教育科学"对立起来的。罗特反对把"研究分为⋯⋯理论的和经验的。假如教育学是'教育行动的理论',而我们的行动通常是以建立或改变行为⋯⋯出发的,那么似乎就会这样:对适时需要教育的年轻人的本性的研究属于事实研究,而对正确行为榜样的评判属于教育哲学。但人的本性既不是清晰得就是一种简单的事实,是可以各按当时的要求改变的,这种'要求'也不是如此理想和如此超前得使其都不考虑人的本性⋯⋯因此研究对象只能是在教育情境中的人,他的本性

---

① H.罗特:《教育研究中的现实主义转向》,第 180 页。
② H.罗特:《经验研究对于教育学的意义》,第 16 页。

同文化要求有关，……这要求又同他的本性有关。"①

如实证主义对教育科学理解的批判那样，罗特自己的设想首先也是由三个观点决定的。第一个是把关于人的各种科学综合进教育学问题中的创见；第二个是在这种综合的科学中教育学的行动兴趣的特别重要的作用；第三个是理论和经验研究的关系。我们在对罗特立场的简述中是从他对经验—问题的说明出发的，因为这种创见可以从其内在的东西来加以检验。

罗特尝试通过他对"教育人类学"的设想把教育学向各种认识科学的进一步分裂放在探讨的首位。"教育人类学""尝试把关于人的经验科学的贡献……引入它们的相互交流中，使人注意它们的相互依赖性，并从教育学的问题出发把它们综合起来，对教育学问题尽到责任"。"教育人类学在这种意义上敢于说是基于关于人的经验科学的，而且目的是建立在教育学的问题内进行研究和信息加工的综合科学。"②这样一种综合科学是从教育学分裂为多种认识科学的事实出发的，是的，它现在则把这一事实作为自己的前提，因为假如没有教育学向关于人的各种经验科学的分裂，那么教育人类学作为综合学科也许既无必要，也无可能。

教育人类学——借以我们来探讨罗特观点的两重性——需要综合的观点，假如它要实现其设想的期待的话。鉴于综合科学要求的特殊方法和要提取分裂的各种学科的方法，罗特对这种观点作了如下断言："以这种质疑的方法利用提供经验科学研究的材料来回答"关于"人的成熟性作为……教育机会"的问题，"这在我看来作了这样的解释：假如不探讨人自身已经成了什么，那么我们就不能探讨人的本性

---

① H.罗特：《经验研究对于教育学的意义》，第 33 页。
② H.罗特：《经验教育人类学》，第 209 页。

问题;而假如不断考虑他的这种文化在人的力量和能力的怎样的变化中增长起来的话,就不能探讨他已经成了什么。确切一点说,这对教育人类学来说,意味着一方面把对人的可塑性的探索和对人的确定性的探索、一方面把对必须说明人的可塑性是什么和人的确定性是什么的人的科学的探讨,这些关于人在什么样的教育条件下才能成熟和变为成年的问题作为总问题,而不作为分割的问题,即要把两个问题置于相互联系中。"①

罗特以这一作为科学的教育学就是在可塑性和确定性的范畴下分析教育过程的断言直接反对布雷钦卡的论点,这论点认为:教育科学把其作为"从属科学"的存在完全归功于社会对教育的独特的兴趣和想要支配关于它的观念。因此教育科学——夸张地说——被认为同在一定条件下产生的牛奶科学一样的东西。这种牛奶科学可能,比如根据社会的兴趣,具有存在的基础,来生产或多或少的、富脂的或脱脂的、便宜的或贵的、精炼成这样和那样的牛奶。由于罗特通过紧扣关于对理性决定的教育可能性和任务作出各种科学定义的原则,尝试确定他关于教育人类学作为综合学科和促成统一的教育科学的表达方式,因此他并不否定社会对教育的兴趣,而确定了必须在其中反映这种兴趣同时能够借以评判它的条件。

作为综合科学的教育学应当从可塑性和确定性的相互关系出发,解释在关于理性决定的教育的可能性和任务的自身问题方面对人进行的经验科学研究的结果,如罗特所述,"可塑性和确定性的相互印证应当有助于说明对人的成熟和向成年发展的教育机会"②,这要求——这里存在着他的观点的第三个特征——确定了理论和经验研究的关系。这种确定超出了借助经验研究在经验上对理论作出证明或证伪

① H.罗特:《经验教育人类学》,第 214—215 页。
② H.罗特:《经验教育人类学》,第 216 页。

的范围。代之应当是对"人的成熟和向成人发展"的理论解说同对"人的成熟和向成人发展"的事实和条件的经验研究论证的合作,借以使理论和经验为实践的进步服务,并在进步的实践中适时地获取新的任务和问题:"这一见识将会得到精细化,论断将会相应地得到改变。确定的只是这一见识向经验的原则性反馈,以至在循环圈中使研究的控制有所进展。"这里重要的是,应当注意不是研究本身,而是对研究的控制从属于经验研究、理论和实践这一循环圈。"教育人类学的问题"也应当在这个循环圈中找到其位置,"教育人类学既不确定人的确定性也不确定人的本性,而只是在持续而不可终结的对人的解说给予关注的过程中确定这些大问题的相互依赖性。这就是教育人类学的问题,它并不确定教育,而要求借助当前产生的更加丰富的见识对教育作出修正,因为它确信不被引入这循环中的教育既能医治创伤,同样也能酿成灾害。只有使对教育不断的修正作为研究得以制度化和巩固,才能使它逐渐摆脱这种两难。"①

由于罗特从理论和经验研究的相互关系出发解说可塑性和确定性的相互关系,因此他认同"教育事实……并非简单地存在的,而是……被引起来的","在要求和回答之间的矛盾中产生着回答和新的要求",而正是这种"在要求和回答之间的关系构成了教育科学的研究领域和研究的问题"。② 因此他以与关于教育的实证主义—技术教育科学的经验概念不同的经验概念赞同在实验教育学中提出的并被佩得森首先清楚地阐明的实验的概念。在罗特说到作为思想和实在的理论和经验研究之间的关系的地方,他谈到了这一概念:"起决定性作用的是,理论和研究之间的相互关系与思想和实在之间的关系的强度。真正具有启发性的问题始终是积极地致力于把在历史中提供的

---

① H. 罗特:《经验教育人类学》,第 220—221 页。
② H. 罗特:《教育研究中的现实主义转向》,第 188 页。

和在目前问题中的全部作为出发点的理论研究的结果。但只要这些努力应当对实践具有指示性的话,假如教育理论放弃在自身中的循环,用以其名义的实践取得的成果来检验其说法的话,那么对这些问题的回答乃不纯粹是种种意见或空洞的主张。只有这样教育理论才是批判性的,清醒的,并能免于教条化的。"①

这里在实践中对行动导向的理论的检验取代了对实证主义所理解的独白的理论的经验检验。在这里,检验自然是同所指的根本不像通过实践本身来考虑的那样,因为实践理论在这里不像在技术性实验中证明那样是合理的。罗特在这里是指理论在实践中对具体教育行动有可能得到的自我检验。比如,W.布雷钦卡尝试确保他关于技术性教育科学的构想,其根据是从"是这样"中不可能得出"应当怎样"来的②,而罗特从实践科学和经验科学概念的视角转换中对这种理由提出了反对论点:

"'是'变为'应当'是不可能简单地从经验研究中推导出来的。但教育上已经'应当的是'可以通过确定来完成'所应当的'"。然后这一关于经验概念和教育科学的论点被作了如下解释:"这之所以可以说是一个简短结论,因为经验连同经验研究同'应当'问题无关,无助于它。没有善的经验我们能知道善是什么吗? 假如在150年前不相信,普通民众的孩子不能学习乘法和除法,难道我们只有从现实中才能了解这是可能的? 难道我们没有相应地提高过我们的标准吗?"③

我们对实用主义关于教育学综合原则之创见的分析是从罗特和蒂尔许所主张的论点出发的。这一论点认为对经验科学教育学必须提出实践意图的要求可以通过诠释学方法和经验研究方法的合作来

① H.罗特:《教育研究中的现实主义转向》,第188页。
② W.布雷钦卡:《从教育学到教育科学》,第105页。
③ H.罗特:《经验研究对于教育学的意义》,第36—37页。

实现。凡罗特和蒂尔许谈到经验研究的时候，他们总是指必须从生物学、心理学和社会学方面出发对教育实在作出经验科学的分析。理论总是被理解为精神科学教育学的分析。蒂尔许首先通过指出诠释学方法和经验研究方法这两者是针对同一个对象的，而在它们的认识结果上有差别的，从而证明了这两种方式方法的互补性。诠释学理论——理解出发点是一切认识总是由认识着的人的历史制约的问题视野决定的："因为生活只能从询问者的成见出发来加以理解，所以首先只能要求通过自我批判了解这种局限性，并通过放弃任何绝对化主张从中摆脱出来。"①假如这种要求并不导致放弃在精神科学认识水平上的科学陈述，那么应当使"这种始终存在的（理解和世界的——本纳）相互交织条理化：人必须学习通过经验系统地考察他的问题和设想，使它们在不断地来回中也许渐渐地遇到所指的：这样问题便将说明事实，同时——在'反馈'中——被其纠正。"②在这种诠释学本身致力的客观性方面，蒂尔许看到了使用"经验科学明确表达的方法"的机会。这些方法应当是可以从对世界的理解和问题视野出发清除诠释学家的主观成见的："像这种诠释学作为普遍的模式……如此明白的那样，在科学的进一步发展中也表现出它在其方法保障方面还没有得到足够的细分：我们能不在方法上更严格地确保不违反事实吗？是否有借以区分能够尽可能通过事实本身和连同可检验地回答那种从生活兴趣中冒出来的问题的标准？能否更确切地确定价值和事实、理论和事实的关系和差别？自我批判是否足以确保免于各种恰恰牢牢地扎根于评价范围中的自欺欺人？"③

　　蒂尔许在这方面赞同罗特早在其论著《教育研究中的现实主义转

①　H.蒂尔许：《诠释学与经验科学》，第 6 页。
②　H.蒂尔许：《诠释学与经验科学》，第 6 页。
③　H.蒂尔许：《诠释学与经验科学》，第 7—8 页。

向》中提出的要求,即应当"发现和创造各种方法,这些方法可以使直观的诠释学……建立在经验科学的基础上,并从而保障其得到更明确的应用。"①蒂尔许和罗特一方面期望发展这些方法,使其能清楚地把陈述的"标准构成和事实构成"区分开来,使"标准……作为标准和事实作为事实得到批判";②另一方面应借以使经验研究和诠释学的合作成为可能,这种合作不仅有助于诠释学在方法上得到保证,而且能使经验研究的结论得到诠释说明。但诠释学仍保持着作出那种避开经验验证的陈述的方法。同时它被要求摆脱在那种可以得到经验检验的陈述方面服从经验科学的实际检验。这样一来,不但反经验教育学理论而且在"精确的魅力"中提出的和完全不再考虑其"意义"的经验研究理论被提升为第三种观点,拒绝把"科学性限制在方法上可以了解它的隔离区中",就像拒绝把它局限在诠释学的客观性上一样。这一中间或妥协性的立场观点的出发点是,通过"理解规则能够获得的见识……,不管怎样对于广泛的领域来说(似乎)还不太可检验,而且……(可能)就这样仍然处在真实性的彼岸。相反,通过经验科学方法论,从诠释学规则中发展来的应用超越它的严格方法,这种方法论尝试使自己得到了应用的保障。但由于它局限于中间(即经验中可检验的和预测的——本纳)有效范围的理论方面,以及局限在从它们出发可能使介于它们同诠释领域的广泛问题之间的局部信息得到交换上,因此理解的传统规则对于那些不在更严格的方法中出现的问题来说仍然是不可放弃的。"③

这表明,在罗特和蒂尔许看来,经验研究和诠释学的合作主张把"直观的诠释学……建立在经验科学的基础上。"因此他们的创见不经

---

① H.罗特:《教育研究中的现实主义转向》,第184页。
② H.蒂尔许:《诠释学与经验科学》,第11—12页。
③ H.蒂尔许:《诠释学与经验科学》,第18页。

意地接近了 W.布雷钦卡的观点。罗特曾在对分裂教育学、消除教育行动兴趣以及分割理论和经验研究等方面的批判中至少直接反对过布雷钦卡的模式。蒂尔许和罗特自己都反对他们自己的立场观点,以便借以说出可能的批判意见。使他们这样做的两点异议指出了把这种创见作为前提所造成的固有困难。

蒂尔许联系对他的"中间立场观点"模式的说明提醒说,人们"一定会"对其分析得出的"这种在其中出现的结果""提出异议,认为这结果只是可能已经得到了阐述,因为继续处在激烈争论中的各种不同的立场观点就方法论来看是相互有联系的,并在消除其分歧方面被误解了,所以这只是一种靠不住的妥协。"[1]蒂尔许尝试通过把他的经验研究方法和诠释学方法合作模式限制在中间有效范围程度上和完全承担超出这些方面的立场观点的争论的责任来驳斥这种本身具有说服力的异议。在蒂尔许就各种相互有争论的方法论科学模式来看将他关于经验研究和诠释学互补性的较形式的观点作为问题来讨论的情况下,罗特则就从可塑性和确定性的相互关系中产生的教育科学研究任务对互补性观点提出了质疑。

罗特在他对分裂教育学的倾向、消除教育行动兴趣倾向以及分割实践理论和经验研究倾向的批判中提出了能够和必须用他自己的创见来衡量的那种要求。这就是说他把在其中能单纯地将在"可塑性和确定性"范畴中变化着的人作为教育经验研究对象的关系定义为教育科学的专门的"研究领域和……研究课题"。罗特自己把对他和蒂尔许的立场观点提出的在这种论证方面也许具有决定性的异议作出了十分尖锐的表述:"假如我有这样的数据:以这种方式(相互关系——本纳)把可塑性和确定性相互对立起来,并坚持要求人类学的基本思

---

① H.蒂尔许:《诠释学与经验科学》,第 19 页。

想的原始材料必须是在经验科学上被保证可靠和必须保证可靠的,那么我们似乎陷入到了不可解决的矛盾和困难之中。可塑性借助医学、生物学、心理学和社会学等等对教育学来说似乎是可利用的,假如它顽固地坚持要研究它们的问题和需要其他科学帮助的话。然而这些教育学的基础科学和辅助科学在人的确定性问题面前似乎却显得束手无策。但是,假如我们像我们建议的那样,根本上使可塑性研究服从它可以通过对人的确定性同其相互关系来获得的说明,那么我们似乎在毫无方向或捕风捉影地提出多少可能的说法的情况下研究如何提出问题。"①

在这一处对经验科学教育学的讨论新近达到了同以前对教育学经验观念的认同。一方面认同教育经验研究和教育行动相互依赖关系,因此教育离开可塑性和确定性的话根本不可能是经验的对象;另一方面确定认识科学性经验研究就其本身而言不可能满足对教育的行动科学性的研究提出的要求。可是,罗特继续坚持认为,经验科学教育学可以通过教育学去"迫使"各种认识科学研究教育学问题来实现,因此他在事实上陷入到了他自己指出的那种困难和矛盾之中。因为,假如教育在要求和回答的矛盾方面只能在可塑性和确定性范畴中来被了解的话,那么这就与把认识科学的结论整合到教育学问题中去无关了。确切地说,假如这样的话,教育科学就要求按照经验科学的途径来了解教育实在了。这条途径就是在可塑性和确定性范畴中把握这种作为要求和回答的矛盾之事实的教育实在。但是教育科学并不能建立在这样的认识上,即教育学赖以为基础的各种经验科学在方

---

① H.罗特:《经验教育人类学》,第 215 页。假如人们相信能够把罗特作为在教育研究中经验研究转向的创始人,那么他的立场观点的内心矛盾被根本忽视了。也就是说,罗特的意图恰恰是反对把经验研究简单化为实证主认的。这里参见 H.冯·亨蒂希对罗特的所说的:通过什么是真实的认识什么是可能的。

法上必须作为其基础科学,并使其从教育学问题中获得的结果同实践产生重要关系。

假如教育科学把其独立建立在它的问题上,并把方法问题降格为对普遍适用的研究技术的应用,那么它便一直会陷入罗特所说的和通过蒂尔许把问题限制在中间有效范围内而根本不能克服的困难中。虽然鉴于问题和方法之间的矛盾,罗特使他的创见几乎再没有更清晰不过地成了问题,可是他并没有对自己作出自我批判。代替拓展同教育学对象一致的经验概念,他仍然停留在康德就自然认识确定的经验知性方面。这就是说他在引用的这一处延续下去:"但也许在涉及人的确定性方面不存在对教育提出可以研究的并之所以重要的也是因为它们是可以研究的问题的可能性。"罗特借以有意识地把自己限制在那种关于单在"要求和回答关系方面"要研究的人的"可塑性和确定性"的"问题的前院"。①

带有实践意图的经验科学教育学的要求,像罗特和蒂尔许在分析技术性教育科学中所提出的那样,最终以局限于那种"也"可研究和之所以重要是"因为"它可以研究的问题被放弃了。教育综合科学的模式本身遭到了由它对实证主义教育科学提出的批判。把教育学分裂成许多各别学科的做法是不可能通过援引教育学的综合问题来阻止的。把教育行动兴趣从研究及其分为行动科学和经验研究两部分中消除出去的做法通过在教育学问题的"前院"作出的整合工作是不能解决的。因此罗特虽然批评把教育学分裂为许多带有"教育学的"这个定语的各别学科的做法,但在他自己的创见中,他最终并没有摆脱带有"教育学的"这附加语来提出综合性的人类学的做法。② 因此他批评把教育行动兴趣消除在研究之外的做法,可同时坚持把教育行动理

---

① H.罗特:《经验教育人类学》,第 215—216 页。
② 这里参见 D.本纳:《教育人类学与教育经验》。

论同认识科学性经验研究直线式地对立起来。因为他的综合性人类学是重新把分裂教育学作为前提并因此没有解决这种分裂。于是他批评把认识科学性的经验研究和实践理论进行分割,但却间接地重新作出了这种分割,因为经验研究和理论的调和只能是在综合学科中产生,但不能在对行动理论指导和导向的教育实践的经验研究中产生。

　　罗特对带有实践意图的经验科学教育学提出的要求同其把认识科学性经验研究整合到教育学问题中去的创见的实际可能性之间的矛盾一直可追踪到他对经验研究结论作出综合的教育学问题的论著。综合性的教育人类学的要求和成就能力之间的不一致,这清楚地表现在所谓能动的或"教育的天才观念"上。这种观念没有适当地反思那种向依赖政治的时代倾向、企业主的经济期待和社会兴衰发生景气变化的机会转化着的天才观。天才的研究在许多方面修正了由它几十年来在经验——静态地探讨的天才观。因此它可以指出:"学习成绩更多地,也许在更大程度上取决于条件因素,而不仅仅是天赋因素,不像这个观念被普遍地用来说明不同的学习成绩的那样,这就是说,那是在十分明显先天的禀赋意义上来说明学习成绩的差异的。"[①]在其教养障碍几乎得不到改变和反思的社会内尝试证明遗传基因决定学习成绩的那种对天赋经验研究的"普遍性"可归功于静态的天赋观念。尽管更强调学习成绩取决于社会文化的新近研究,今天却仍然没有对静态社会中可以在经验上证明静态的天赋观念产生怀疑。假如援引我们在联系卢梭和施莱尔马赫中对认识科学人类学和行动科学教育学关系作出的分析,[②]那么就会得出这样的看法:过去的天赋观念毕

---

① H.罗特:《天赋与学习》,第 22 页。关于可塑性、天赋和禀赋以及关于教育理论和教养理论的先天论禀赋论原理和社会上环境论原理的疑惑参见 H.海特:《论遗传决定的天赋界限的假设的可决定性》,P.黑尔比希:《在教育思想中的天赋》,D.本纳:《普通教育学》,第 49 页及以下几页。

② 见本书,第 19 页及以下几页,第 49—50 页。

竟之所以在教育学上显得肯定成问题,不是因为它是较为静态的,而是因为这种观念假定对学习成绩在经验研究中可以表明的决定性条件是绝对的。

假如今天在天赋的经验研究中倾向于人们可以认为:"假如谈到天赋时不思考这种并不作为其存在的孤立的和静态的量,而思考在一切一起决定着潜在的可能性是否会发展起来的参照量网络中的能动变量,"①那么这样天赋现象的研究无疑会取得重大进步。认为天赋不仅就其效果决定着对教育施加的影响,而且始终已经通过过去的教育作用决定了它,这一见解却决不能确保能动的天赋观念在教育学上的合理性。凡在现代天赋研究始终尝试把其对学习成绩的条件构成的复杂关系的见解直接纳入教育和教学改革方案中去的地方,它像传统的天赋研究那样对确定天赋条件因素的意义作出了同样的假设,并在教育学上同样是成问题的。

因此 H.罗特就复杂的天赋观念对教育的重要意义断言:"在没有联系······变量作出充分地说明对学习成绩影响不大的原因在什么地方之前,不能把原因简单地让缺乏天赋(在决定性的禀赋意义上)来承担。因此学校除了要认识作为学习成绩条件因素的一切······变量,阐明和关心教和学(教学和教育),使所有因素发挥有利影响之外,不可能采取别的态度了。"②这种像在传统天赋研究中那样地假设"所有因素的有利的共同作用"的看法在这里一跃成为理性的教育和教学的标准。各种变量的关系——这里自然是指复杂的条件关系——又被假设为对实践具有重要关系的绝对的量。罗特最终借以对符合所谓能动社会的天赋作出的假设所采用的方式同传统的天赋研究对静态的、在静态社会中可证明的天赋观念作出的假设所采用的方式是一样的。

① H.罗特:《天赋与学习》,第 65 页。
② H.罗特:《天赋与学习》,第 22 页。

因为按照罗特的看法,教育学没有自己的研究方法,而应当通过整合各种认识科学来展开教育学问题的研究,所以教育人类学真正的整合工作在于它以教育观来看把各种学科的认识科学结论提升为对教育实在的直接关联的陈述。于是罗特通过提出这样的论点:像有"自由地进行的非常有效的学习过程那样,同样也有许多受约束地进行的非常有效的学习过程",从而他以教育学观点把各种认识科学的结论综合起来。然后他得出结论:"教育只有通过其利用和允许各种解放人和社会的学习过程才可把自己同其他所有各种影响区别开来。"①在解放性和非解放性的学习过程区别中关于自由和成熟这个没有疑问的概念被作为了前提,对教育的修正被限于对实现所希望的自由观念的那些影响方法的应用。罗特尝试把挫折—攻击—机制整合到教育学问题中,这一尝试特别清楚地表明了这种观察方式的界限。

挫折—攻击性—假设尝试说明某种不可控制的冲动行为。任何以成熟为目的的教育在这种情况下必须面对这样的问题:用什么样的方式能使挫折—攻击—机制服从成长者的自主。罗特在不同的地方对这个问题作了不同的表述。他在1958年出版的《经验研究对教育学的意义》的论著中断言:"教育的结果……就是教育达到'对挫折的忍耐'。我们必须从小就学习忍受和超越挫折。比如,每个孩子必须和应当在游戏中学习失败。每一次战胜挫折会强化对挫折的忍耐心;而诸如过分忧虑和娇惯等等会起相反的作用。"②乍一看这个结论似乎没有问题。可是,假如我们想一想,对挫折的忍耐总是一种内容具体的特定的事实构成。它分别取决于个人和社会的愿望和目的,因此罗特的结论丧失了其臆想的教育良性意义。比如,倘若有人在尝试要飞

---

① H.罗特:《学习过程与自由》,第212—213页。
② H.罗特:《经验研究对教育学的意义》,第55页。

黄腾达时面临失败的危险而灰心丧气,我们就说其缺乏对挫折的忍耐心。假如我们把这一事实情况同一个人的另一种情况作比较,后者的需要在很大程度上是受他人的鼓吹和操纵所决定的,但因为他能满足其需要而自己觉得满意,那么我们可在特定的实际前提下说,前一种情况没有或不太有对挫折的忍耐心,而后一种情况说极大的对挫折的忍耐心。从这一点看,不使人在内容上考虑成熟观念的"对挫折的忍耐的教育"这一准则太过抽象了。这就是说其对解放教育的概念的假设没有考虑到内容导向的教育的任务。

挫折—攻击—机制在罗特 1966 年出版的《教育人类学》第一卷中有另一种解释。在这里他说:"我们必须洞察,对挫折的回答首先是冲动的—本能的好战性地通过肢体或言语的攻击,这明显属于我们的天生种系基因的装备。在许多生活情境中,只有力量和勇气部分地(因为在这种情况下肾上腺素注入了血液中)能使我们解决生活中出乎意料的困难和障碍。这是好的和必要的。力量、勇气和专注不是坏事,而是它们同石器时代行事方式或有可能在使冲动成倍激增的现代技术手段结合在一起的离合器。[①] 今天在许多情况下进攻性没有位置了,它造成的多数是冲突,而不是问题的解决。教育者必须了解人的这种装备。单就这种知识将有助于不对在自己这里和他人那里发生作用的这种机制产生迷惑。"[②]

假如我们把罗特对挫折—攻击—机制的第一种诠释同其对此作出的第二种诠释作比较的话,就表明罗特在某种意义上限制了"对挫折的忍耐的教育"的准则。当罗特在这方面认可挫折—攻击—机制具

---

① H.罗特从教育人类学研究视角出发认为人对挫折的进攻性机制是千百年来的遗传基因的特征。人遇到挫折就会有力量和勇气产生进攻性反应,没有这种反应的人就会被淘汰,而有这种反应的人就得以生存。因此力量和勇气是同远古的行动方式联系在一起的。教育者应当了解这一机制,这样才能对此采取好的教育措施。

② H.罗特:《教育人类学》,第 179 页。

有一种从种系基因中产生出好的意义时,他并不认为使在第一种解释的意义上教育达到对挫折的忍耐的受教育者为了能够把握生活状况而去依赖于注射肾上腺素。确切地说,上述机制的好坏应按其更能解决问题还是造成问题这一点来评判。假如我们考虑到保留或解决冲突的数量不是能够给出行为机制的标准的话,那么这种乍看起来明显的对认识科学性事实的整合是成问题的。关于进攻性,今天"没有位置"是因为它与其说可以解决问题不如说它会造成冲突的这一论断并不考虑冲突的社会意义,并且在内容上根本没有说明我们的值得努力说明的、较确切的衡量解决冲突的尺度。

罗特在其1971年出版的《教育人类学》的第二卷作出的第三种诠释中阐述了对挫折—攻击—机制的第一种诠释和第二种诠释之间的关系。他就挫折忍耐对理性地消除恶意的进攻性的意义问道:"但如何能形成对进攻性倾向的自我控制呢? 这方面美国社会心理学家阐明的'挫折耐力'的概念也许是有益的。对挫折的忍耐的早期教育是指把握社会行为理智规则的教育,这些规则能够消除社会矛盾。……最后,攻击教育就是使社会戒律和规则内化为考虑他人安宁的自我控制。这种教育在如下情况下是最成功的,即在欲望和愿望得到充分满足时,于是孩子就从认识中产生了挫折耐力,这种认识是从他看到吃掉了的点心不再拥有时已经开始了。这是孩子们显然起初常常带着惊奇要学习的东西。然后他们也许也会像成人那样理解不能同时做两件事情。"[1]

通过充分满足愿望来满足攻击性需要的急切心情在这里被称作准则。它应当有助于考虑他人安宁的自我控制的内化,这里假设:消除社会矛盾、充分满足欲望和愿望以及他人的安宁或者说甚至大家共

---

[1] H.罗特:《教育人类学》第二卷,第307—308页。

同的安宁,这些是可以没有矛盾地联系在一起的。完全撇开这一点:同一种机制在这里包含两种完全不同的意义,假如"对挫折的忍耐的教育"的准则一面拒绝"过分操心"和"溺爱",一面却赞成"充分……满足欲望和愿望",那么这第三种整合看来肯定是成问题的,一旦共同安宁成为问题和他人的安宁不是大家共同的安宁而是一些人的专有的安宁的话。

这一说明在这里足以表明,罗特自己的人类学无法满足由他自己对教育研究中朝现实的转向提出的要求。通过罗特在其综合性人类学内把认识科学的经验研究假设为教育学的充分的经验基础,他仅仅把综合任务和诠释任务归入了教育学。而如一些例子表明的那样,他根本没有明白地确定这些任务,它们从教育理论和教养理论视角看来肯定是有问题的。

撇开罗特在教育研究中对经验科学转向作出的构想表明的固有矛盾,他对教育科学的确定从实践意图来看并没有丧失其意义。但假如说教育学的专门研究领域是"教育要求和答案之间的关系"的话,假如只有在教育经验把握"可塑性和确定性的相互关系"的情况下这种关系才能作为教育经验对象的话,那么经验科学教育学在实践意图上将不再是对认识科学论断进行整合的学科了。教育学只有成功地发展出一种符合教育实在问题的研究手段,才能扩展成为经验的行动科学。罗特也确定:"教育学理论假如不同时诠释真正的教育研究项目、研究原理、研究范畴和研究方法,那么它就是一种不能开花结果的理论。许多经验探索之所以空洞而平淡无奇,不是因为经验研究方法失灵,而是因为教育学不拥有包括和参与建立教育研究的理论。"①但即使从这个论断中也可以看出:罗特没有履行他自己提出范畴上和原则

---

① H.罗特:《教育人类学》第一卷,第94页。

上建立教育学专门研究方法的要求。同时他谈到了创建"真正教育学"方法和"经验研究方法"的必要性,没有注意到专门的教育学研究方法的要求本身不允许有经验研究方法的说法,是要求对经验概念作出细化的。

第五章　解放教育学

　　对经验教育学和精神科学教育学的创见的分析导致了这样的结论：两种研究范式中没有一种兑现对关于教育和为了教育的实际经验科学提出的要求。假如教育学着眼点应当关注经验研究方法，那么这不仅可以冠以这些方法教育学观点，而且它在方法论上也一定会发挥作用。认识科学性的经验研究和历史诠释学表明，对于在方法论上确定教育行动兴趣来说即使在它们尝试结合起来的地方也是无助的。

　　就教育学作为类似我们把传统理论和批判理论区分为认识科学和实践科学的分类中的批判理论而言，H.布兰凯尔茨对罗特和蒂尔许提出的尝试作出了如下评判："一种建立在教育实在的事实上的理论——如精神科学教育学要求的那样——不可能进入那种同经验研究的要求展开的真正批判讨论。确切地说，这种理论如 H.蒂尔许令人信服地指出的那样只是在通向这种讨论，即使这种教育学事实上可以自吹自擂已经开辟了通向经验研究方法和或使其容易得到采用的道路。"①布兰凯尔茨在诠释学方法中并没有看到能阻止经验研究结果得到技术性应用的满意的功能，他在更大程度上联系 W.菲舍尔对生命哲学创见的批判指出，对一切规范的历史性的抽象援引决不能阻止在教育领域中

---

① H.布兰凯尔茨：《教育学理论与经验研究》，第 71 页。

操纵性的统治和技术性管理："科学成了技术学，任意地可用于科学以外的任何目的，而经验研究可以不考虑其合理性的激情而不去反对它，被不合理的决定加以利用。这种危险在精神科学创见中一开始就存在了，即在生活—理解—生活这诠释学循环中存在了。……从这一点看，蒂尔许起初显得如此令人吃惊的解说是有逻辑的：经验研究方法是同精神科学教育学亲合的，以至可以在精神科学教育学垮台时超越诠释学方法的弱点。"①

解放教育学像我们一样把教育科学理解为行动科学，把经验研究和诠释学归入"传统的"理论之下，并从中突出"批判"理论。我们在这种背景下分三步来分析解放教育学。首先我们通过分析批判理论的科学概念来探讨教育学和批判理论的关系。然后我们转向处于解放兴趣中的各别教育科学创见，以考察它们是否能满足行动科学的要求，即关于教育和为了教育的实践科学的要求。最后，我们指出解放教育学还没有解决的那些问题。这些问题是急需要说明的，假如教育科学真正要进一步发展成为行动科学的话。

第一节 批判理论和教育学——霍克海默和哈贝马斯的行动科学概念

在"批判理论和教育学"这个标题下，我们首先探讨解放教育学的一些哲学背景。批判理论和教育学的关系在下一节中才提出来探讨。虽然批判理论的代表，特别是 Th.W.阿多诺以他对"不完全教养理论"原则的探讨和《为成熟而教育》的报告集也顺便探讨教育学课题，但对教育科学批判理论的创见的解释是要联系到 J.哈贝马斯的论著来作

① H.布兰凯尔茨：《教育学理论与经验研究》，第70—71页。

出的,而且这几乎仅仅是教育科学家的贡献。教育学讨论较少与阿多诺和马库塞有紧密关系,而更多地与哈贝马斯有紧密关系,从中得出的结论是,哈贝马斯的批判理论与阿多诺和马库塞不同,前者使用的是实证科学及其实证主义科学思想,这恰恰有利于哈贝马斯的批判理论在那些赞成这种思想的科学上得到解释。

我们在本书范围内只能简短地探讨批判理论,同时在很大程度上必须避开其各别代表的不同的立场观点,并集中于对教育学具有重要意义的两个问题范围:批判理论和传统理论的关系及 J.哈贝马斯的兴趣学说。①

在 M.霍克海默 30 年代和 40 年代的论著中,其纲领性的论著《传统理论与批判理论》赢得了特别广泛的重视,因为其确立了批判理论的核心任务,此外借以也可以衡量 J.哈贝马斯提出的模式的成就能力。霍克海默把传统理论理解为其时代的实证主义科学知性:"理论在有用的研究中可以作为关于实际领域中与其相互联系在一起的原理之精髓,因此从某一些中可以推导出其他一些来。最高原理的数量相对各种结论来说越少,理论就越完善。理论的实际适用性在于推导出来的原理同事实结果相互一致。相反,假如经验与理论之间表明有矛盾,那么就必须修正经验或者理论。或者人们作了不正确的观察,或者理论原理有些不适当。因此就事实来看,理论永远是一种假设。假如在处理材料过程中出了毛病,那么就得准备修改它。理论是以一种出于尽可能有用地表明事实的形式累积起来的知识。"

在霍克海默看来,这种"在传统意义上的理论存在方式"完全出于那种落在市民社会理论和科学肩上的任务:"不仅对物质自然的把握,而且对一定经济和社会机制的把握都要求形成知识材料的结构,就像

---

① 关于对批判理论的批判见 M.托尼森:《社会与历史》,G.罗莫泽:《批判理论的悲哀》,H.-D.巴尔:《政治技术学批判》。

在经过整理的假设结构中给出的那样。资本主义时代的技术进步是不可能与科学研究的这种功能分割的。科学研究一方面用事实丰富了在给定的情况下可用的知识，另一方面把已有的知识用到事实上。毫无疑问，这种工作是这种社会物质基础不断改变和发展的一种要素。可是，只要理论概念独立的话，像从认识的内在本质出发或如通常非历史地可证明的那样似的，那么它就转化到了具体化了的意识形态范畴。"①

一旦理解传统理论其真理内容并不简单归功于逻辑上的和方法论上的明确性，而同时是同"实际社会过程的……关系"②有关的，那么传统理论的意识形态性就显而易见了。作为研究同社会过程的关系有关的例子，霍克海默说到，17 世纪天文学领域抛弃地球中心说而转向太阳中心说。这种转变不只是产生于太阳中心说的"逻辑特性"和"更大的简便性"，而是太阳中心说的这种逻辑特性是被作为"优越"来承认的，以至为维护地球中心说的特种假设的进一步累积显得不切合实际需要了。"像 16 世纪几乎不被提及的哥白尼学说竟导致了革命性影响那样，这构成了这种机械主义思想达到统治地位的历史过程的一部分。"③霍克海默于是对科学由社会决定的事实构成作了如下总结：

"像材料对于理论的影响一样，理论用于材料上同样也不仅是一种科学内的过程，而且同时是一种社会过程。假设联系到事实上去的活动毕竟不是在头脑中而是在工业中进行的。"④传统的理论一方面不考虑研究和科学之间的这种相互依赖关系，另一方面也不考虑社会生

---

① M.霍克海默：《传统理论与批判理论》，第 12、17 页。
② M.霍克海默：《传统理论与批判理论》，第 17 页。
③ M.霍克海默：《传统理论与批判理论》，第 18 页。
④ M.霍克海默：《传统理论与批判理论》，第 18 页。

产。因此它不考虑那种对它本身具有决定性影响的社会背景。它是
"对科学研究的概括,如这种研究在某些给定阶段分工内进行的那样。
它同学者的活动是一致的,如它在其他一切社会活动外所进行的那
样,不用直接搞清楚各别活动之间的关系。因此在这种观念中表明的
不是科学的实际社会功能,不是理论在人的存在中意味着什么,而只
是它于其中在历史条件下产生它的孤立领域中意味着什么。……应
当由其对象的内在本质得出的工作过程的独立性现象是同资本主义
社会经济主体的表面自由一致的。他们相信,当他们以他们最复杂的
计算而作为那种令人看不清全貌的社会体制的代表时,是按他们的决
定行动的。"①

　　霍克海默对传统理论的揭示起初对改变理论概念并没有直接关
系。因为构成传统理论的社会条件是可以在传统理论的范围内得到
研究的,比如在知识社会学中。就像存在自然理论、心灵理论、社会理
论和经济理论等等那样,这些理论的社会条件的理论也是可以想象
的,不一定要超出传统理论的视野。比如今天系统论尝试在撇开社会
存在意义和目的的问题下对社会整体功能作出解释。② 但是正是鉴于
在传统理论中对科学和知识的社会条件作出科学分析的可能性,霍克
海默的批判达到了其真正的尖锐性。这就是说,只要社会分工的相互
依存关系、看上去纯粹是科学性的工作的各隔立的分支领域的相互依
存关系和研究的各社会应用方面相互依存关系在功能上得以解释的
话,那么各分支领域仍然都是受"令人看不清全貌的社会体制"制约
的。它们在这体制中得到应用并被纳入其应用关系中,不必把这种体

---

① M.霍克海默:《传统理论与批判理论》,第 19—20 页。
② 关于系统论参见 N.路曼:《作为社会学基本概念的意义》;关于教育学参见 H.冯·亨
　蒂希:《在循环圈中的学校》,第 12 页及以下几页。

制本身提升为理论解释的对象，并能借以提升为解放着的实践的对象。①

传统理论或者说科学理论恰恰是在它把社会机制作为认识客体的地方受到其制约的，因为它得证实各认识科学之间的分工及其应用。霍克海默正是从这种传统理论或者说科学理论中提出了作为一种"把社会本身变为其对象"的"行为"的批判理论，而并不同时关注技术意图，即"在这种结构中使有些东西更好地发挥作用"，"即使它从社会结构中产生"的。"更好的、有用的、合适的、生产性的、富有价值的范畴，如它们在这种制度中称得上的那样，确切地说它们本身对它来说是可疑的，并决不是对此无能为力的科学外的条件。……由于个人与社会的分离，各个人把其活动受到规定的限制作为自然的。批判理论把这种分离视为相对的。它把由个人活动盲目合作决定的社会框架，即既定的分工和阶级差别，理解为产生于人类行动的有可能服从有计划决定和理性目的的功能。"②

霍克海默把批判理论同传统理论区分开来是由于批判理论产生于社会生活的各种矛盾，它并不在制度本身上通过技术解释知识使它们合理化，而是力求通过改变社会体制克服它们。对我们进一步分析批判理论和解放教育学来说，重要的是霍克海默在这方面使用了解放的两个不同的概念，而不把它们合并为一个概念。一是确定："把旨在实现这种解放（针对社会非理性的逼迫的解放——本纳）、改变整体作为目的的态度，也许会有助于在现存实际的制度中进行的那样的理论工作。可是这种态度缺少实用性，那种从作为社会有用的职业工作的传统思想中产生的实用性。"③霍克海默从这种作为逐步将盲目的社会

① M.霍克海默：《传统理论与批判理论》，第29页。
② M.霍克海默：《传统理论与批判理论》，第27—28页。
③ M.霍克海默：《传统理论与批判理论》，第29页。

体制提升到一种理性决定的自由生活制度（在这种制度中，分工既不为个体自我决定的可能性的假象服务，又不为把市民排挤出对社会整体作出理性决定的可能性服务）的解放中提出了那样一种"解放"，它作为一种"个体解放"首先导致"人类战胜自然的力量的巨大扩展"，而由于这种解放把那种以统治自然的社会组织框架复制人对人的统治的（以分工方式统治自然般的）不合理制度作为终点，"最终将阻碍社会的进一步发展和把人类推向新的野蛮状态"。①

按霍克海默早期的思想观点，社会整体的"善的"解放被还原为"恶的"解放应当通过在社会发展转折中不断更新批判理论和尝试用传统理论工具说明建构理性社会的可能性来加以阻止："假如不继续作出理论努力，为理性地组织未来社会着想、批判地审视现实社会，并借助在学科科学中阐述的传统理论将它描绘出来，那么彻底改善人类存在的希望就失去了基础。"②

后来霍克海默对这种"通过现有技术手段实现一个作为自由的人的共同体的未来社会的思想"的构想作了批判的表达。使用传统理论的批判理论和得以实践的批判理论的辩证法将把对社会体制及其矛盾的说明直接注入良性的不断的社会彻底革命的过程中，对此，霍克海默早在 1944 年，即仅在他的论文《传统理论与批判理论》出版后的第 7 年，同阿多诺一起作了修正。对"启蒙的辩证法"的探讨关注到了解放过程的失败、对异化的新异化的启蒙的转变。这里的辩证法不再被理解为向积极方向转变的矛盾运动，③而是启蒙的自我清算的过程。启蒙可能导致把其思想纳入社会体制中并因此造成的对自身思想的

---

① M.霍克海默：《传统理论与批判理论》，第 44 页。
② M.霍克海默：《传统理论与批判理论》，第 49 页。
③ 这里参见 Th.W.阿多诺：《否定的辩证法》，第 7—8 页；D.本纳：《理论与实践》，第 18 页及以下几页、第 163 页及以下几页。

异化中,而不是去实现由它在不确定的否定中说到的改善生活的可能性,同时"启蒙的辩证法……客观上转化为虚妄":"唯一由于群众的消极性得以达到的权力结构借以阻挡作为铁的现实的这种虚妄本身的物化过程变得如此严密,以至任何自发性,甚至关于真实事实的单纯的观念都必然变成异想天开的空想,古怪的宗派主义。这种现象竟然如此专一,以至在客观上要看穿它的尝试带有幻想性了。而选择入场券意味着适应变成铁的事实的现象,而这种现象正是由于这种适应而得以蔓延开来。"接下来霍克海默在 1947 年补充的"反犹太主义的要素"的第七个论点中说道:"但是,因为善与恶的遭遇是一样的,所以从这样的条件过渡到人道状态是不可能的。"因此解放由于其依靠的社会体制的条件变成了最最可疑的范畴:"市民们借助自由主义从封建主义和专制主义的过去的恶势力中解放出来,摆脱现代制度的束缚,同时,妇女的解放使她们被训练为一支武装力量。"因此这种解放只是更意味着性别专门的分工领域向那种迄今为止为男人预先确定的的异化范围过渡。[1]

这一对批判理论起源的提示、其从传统理论中脱孕而出和其为不受社会机制束缚或者说基于启蒙辩证法对社会关系作出分析的奋斗,在这里这些也许足以在下面说明 J.哈贝马斯是如何赞同霍克海默了。霍克海默和阿多诺后来也坚持了批判理论的创见,但揭示了这种批判理论关于可以通过启蒙影响社会进步的早期乐观主义是历史本体论的思想偏见。哈贝马斯通过不考虑霍克海默和阿多诺提出的"启蒙的辩证法",而赞同霍克海默的早期思想,并且在不维护霍克海默对"善的"和"恶的"解放的区别的情况下,更新了这种乐观主义;同时他在进一步发展传统理论的背景下更新了批判理论。霍

---

[1] M.霍克海默与 Th.W.阿多诺:《启蒙的辩证法》,第 183—185 页及 199 页。

克海默把传统理论作为研究事物规律性的统一科学的实证主义结论同批判理论作为社会批判的统一科学的马克思主义结论相互在很大程度上不可调和地对立起来,而哈贝马斯把对经验研究、诠释学和批判行动科学的种种理论理解作了区分。同时他希望,"能够将分析—经验方法同诠释学结合起来,并这样……重新来定义相对自然科学确定的准则的科学性标准。"①他尝试揭示那种联系"某种程度上先验的"真理的建构兴趣对认识和陈述作出的假设,借此在这方面重新来确定霍克海默早已批判过的传统理论的客观性假象。

他的基本论点是:"一旦陈述(科学的陈述——本纳)被与先前设定的坐标系相联系来理解,客观主义的假象就会解体,就能放开对那种指导认识的兴趣的观察。逻辑—方法的规则和指导认识的兴趣之间的特殊关系可以为研究过程的三个范畴作论证。这是避开实证主义陷阱的批判科学理论的任务。技术的认识兴趣包含在经验—分析科学的创见中,实践的认识兴趣包含在历史—诠释科学的创见中,解放的认识的兴趣包含在批判为导向的科学创见中,解放的认识兴趣并没有得到传统理论的承认,……但它为传统理论奠定了基础。"②这一论点我们在下面还要作较详细的探讨,首先我们将在哈贝马斯详细陈述的意义上把它具体化,然后来分析在我们前面已经讨论经验教育学和精神科学教育学时阐明的对科学认识的范畴和适应范围作出的思考。

在经验—分析科学中,"对富有经验内容的规律假设进行推论的

---

① J.哈贝马斯:《论学术教育的社会转折》,第 24 页。
② J.哈贝马斯:《作为意识形态的技术与科学》,第 155 页。哈贝马斯主张的传统理论概念并非同霍克海默把传统理论和批判理论对立起来的做法的无缝对接。哈贝马斯把传统理论理解为从柏拉图到谢林和胡塞尔的哲学理论。

命题的种种假设—演绎的关联……对理论来说是'适合'的。这种种关联可以解释为关于可观察到的重大事件协方差分析的陈述;它们允许在给定的初始条件下进行预测。因此经验—分析知识是可以预测到的知识。"①这里涉及的是在因果范畴中解释自然和通过假设在反思其经验中以目的论关系的演绎思想指导来思考自然,从而取得对包含在因果范畴中的假设的证明的理论和科学。② 凡知道对自然的解释在整个自然的目的论秩序关系演绎思想下是可能的情况下,只要认识着的我在这种思想意义上思考自然和对它产生表象,那么任何对认识自然的假设不可能是认识自然本身的。因为这毕竟是指,我之所以能在因果范畴中解释自然,因为我是在目的论秩序关系的演绎思想下思考自然。但是哈贝马斯并没有看到这种从康德出发才能对预测到的知识的任何假设作出的批判。那种在康德看来属于作为决定性判断力的原则的范畴同作为反思性判断力的演绎原则的思想之间区别的批判功能没有得到利用。代替它的是"说明……:经验科学理论揭示了主要兴趣是使可有效地加以控制的活动有可能在信息上得到维护和扩展的事实。……这就是对技术上掌握对象化过程的认识兴趣。"③

哈贝马斯并不把在建构原则和调节原则④之间作出的区分作为揭示经验主义的客观性假象的基础来"用",对这一点的提示不是想对经验—分析科学包含"技术上掌握对象化过程的认识兴趣"提出质疑。确切地说,这是要指出对自然科学认识或者说类似自然科学认识作假

① J.哈贝马斯:《作为意识形态的技术与科学》,第 156 页。
② 参见康德:《判断力批判》《全集》第 5 卷,第 510 页及以下几页。
③ J.哈贝马斯:《作为意识形态的技术与科学》,第 157 页。
④ "建构原则"和"调节原则",这两个原则都康德提出的,前者是指把经验对象纳入我们思想范畴中,例如纳入因果关系中;后者是指在我们思想中整理我们经验的原则。例如我们经验在发生变化,我们的认识就得不断调整。——译者

设进行批判的可能性。这对评判哈贝马斯的兴趣学说是关键。技术
认识兴趣指导着自然科学知识在技术中的应用方面。它指出了对解
释自然和使自然可支配的社会功能。这不仅包含在解释自然的经验
结果中，而且包含在其理论创见中。目的论秩序关系的调节思想既不
能与技术兴趣等同起来，也不能将其对象理论和科学理论的重要关系
归为特殊的自然认识的兴趣构成。因为对掌握自然的技术认识兴趣
只有在自然科学承认自然科学被作为解释它的目的的目的论秩序关
系的调节思想的情况下才能确定自然科学的范围。反过来，认识处在
自然在其中以这种调节思想被作为认识的对象的技术兴趣中。调节
思想决定了自然科学知识的有效性，而技术兴趣却着眼于其应用
方面。

　　只有把作为思想的目的论秩序关系同作为行动关系的技术兴趣
区分开来，兴趣学说才能对经验—分析科学取得批判意义。而如果不
通过目的论秩序关系来作修正，兴趣学说就会盲目地把自然交付给人
类对掌控自然的任性去摆布，把自然降格为在近代自然科学预测的知
识中显露的那种东西。在目的论秩序关系思想中要求有一种技术，这
种技术是自然不把它简单化为单纯的手段而承认它具有自身目的和
以"照管"（马库塞）它的任务和必要性代替扭曲和破坏自然的利用，技
术兴趣首先在要求有这样的技术的地方反对把自然简单化为物理、化
学和生物学上可以解释的和掌握的对象以及反对把为工业上利用自
然服务的自然科学知识假设为自然的观念。哈贝马斯单单通过指出
经验—分析知识是技术认识兴趣建构的这一点尝试扬弃经验—分析
知识的归化，不承认目的论秩序关系的调节思想，从而恰恰重新肯定
了其兴趣学说本来应当避免的对自然科学的那种假设。虽然自然科
学知识的归化被转化为自然本身概念了，但是他关于科学对自然的处
理功能的假设和同此相关的把自然降格为可操纵的客体的做法却得

到了巩固。①

霍克海默还把所有认识科学包括在其传统理论的概念中,并在这方面对传统理论的不同科学范式作了区分,而兴趣学说则按其兴趣构想对各种科学作了细化。哈贝马斯把历史—诠释学科从经验—分析科学中提取出来,对其兴趣构想作了如下说明:"历史—诠释科学是在另一种框架中获取其认识的。在这里陈述的有效性内涵不是在技术掌握的坐标系中建构起来的。……对内涵的理解代替了观察,开辟了通向事实的道路。在历史—诠释科学中对文本的解释是同经验—分析科学中对规律假定的系统检验相一致的,"②像通过对教育科学各种创见探讨能够表明的那样,历史—诠释科学涉及的是陈述体系。这种体系通过对其解释作出回顾,在连续性的调节思想指导下思考经验数据,从而尝试从不会过去的事实或文献出发理解在一次性确定性的和持续产生意义的范畴内的历史。凡承认单在历史连续性的调节思想

—————————————

① 在康德看来,处在技术兴趣中的因果分析自然掌握同目的论秩序关系的调节思想之间还不存在这样的矛盾关系。这可能同康德还没有关于由工业生产和技术可能造成对自然的利用的概念和观察有关。在东西方世界资本主义生产场所技术对自然的开发和破坏的背景面前,胡塞尔、海德格尔、布洛赫和马库泽从不同的前提出发对近代科学和技术提出了批判,这种批判反对把自然降格为纯粹的非我(费希特)和原材料,并且不再按工具活动的统治模式证明人与自然关系的合理性。哈贝马斯虽然接受这种批判,可是他同时接受盖伦的人类学,以指出人的本性和我们的技术的确定的亲合性是理想和幻想的推想,相信是可以消除这种批判的。(参见 J.哈贝马斯:《作为意识形态的技术与科学》,第 530 页。)

　　这样一种近代科学和技术的合理性证明回到了施莱尔马赫早已阐明的对人类学和行动理论反思关系的说明后面,并在哈贝马斯看来导致把人类存在形式分隔为劳动(技术兴趣)、互动(交往兴趣)、和统治(解放兴趣)等方面。这虽然反映了在工业—资本主义社会国人和自然的异化,但决不能被用于对此作出合理的证明。

　　对哈贝马斯人类学批判参见:W.斯密特—科瓦契克:《论哲学辩证法的未完成稿》,第 217 及以下几页;关于不限于技术理性的技术的必要性参见 F.菲舍尔:《科学体系中的教育范畴描述》;关于哈贝马斯早期立场观点中教养理论的局限性,参见 D.本纳:《普通教育学》,第 141 页及以下几页;关于一种赞同哈贝马斯交往行动理论的系统教育学创见,参见 J.马系锡莱因:《论交往行动和教育行动》。

② J.哈贝马斯:《作为意识形态的技术与科学》,第 157 页。此外参见我在《论历史学中的科学理论问题》这篇文章中的德罗伊森的解释,第 88 页及以下几页。

指导下就能达到对内涵的理解的地方,是不允许对历史存在的知识的历史结论作出任何假设的。因为历史就只有在连续性调节思想中被思考的情况下才能在一次性确定性和持续产生意义的范畴中得到理解。历史通过揭示理解性重构历史(作为对每一种过去的认识同现实的关联的概括)的客观性假象获得了其批判功能。但是,哈贝马斯在这方面也没有看到这种在拓展康德的理性批判的意义上能够对历史—诠释学知识的揭示。这种赞同康德对自然认识的定义而属于对作为建构原则的持续产生意义的范畴同作为调节原则的历史连续性之间作出的区别的批判功能没有得到利用。代替这一点的是:"说明……诠释学研究主要兴趣是维护和扩展可能的指导行动方向的谅解的主体间性,以这种兴趣说明实在。对内涵的理解按其结构来说目标是行动者在传承下来的自我认识的框架中可能的共识。为了同技术兴趣相区别,我们把这称之为实践兴趣。"①

在批判连续性假设的框架中对历史—诠释学认识条件的先验—批判反思对于不变的连续性来说具有重要意义。在我们指出这种意义的情况下,这里也就不应当对如下一点提出质疑了:历史—诠释科学包含实践兴趣——或者说,因为我们把这一概念用于行动科学——也即包含交往兴趣。② 确切地说,这里也应当指出对历史—诠释学知识每一种假设作出批判的第二种可能性。准先验的兴趣构想主要取决于它。如同对经验—分析科学的分析一样,这里也可以确定:历史连续性的调节思想决定了历史—诠释学知识的有效性,而交往兴趣看到了这种知识的应用范围。在这方面,交往兴趣不能从连续性的调节思想中推导出来,连续性的调节思想也不能从交往兴趣中推导出来。批判理论假如不重新研究先验—批判反思的分析可

① J.哈贝马斯:《作为意识形态的技术与科学》,第158页。
② 这里我赞同W.伦伯特的说法:《成就原则与解放》,第317页。

能性是不可能的。①

 只有把作为思想的连续性同作为行动关系的调节原则和交往兴趣区别开来,兴趣理论才能取得对历史—诠释科学批判功能。也就是说,兴趣学说不通过连续性的调节原则的修正就会使历史听凭对人之间的谅解的任意解释来解说,且不管怎样允许对正式规则的问题给予讨论,它必须在承认连续性调节思想的情况下把历史解释的可能性与人之间谅解的任务联结在一起,而不把它置于"传承的自我理解的框架"中和在其中提出的关于未来的预期中。而人之间的谅解的必要性恰恰产生于一种社会不再支配传承的和简单的继续传承的自我理解。

 哈贝马斯把经济学、社会学和政治学都算作行动科学。在这里我们不探讨从教育和教养视角看至少值得关注的一点,即他没有提到的伦理学和教育学。② 在哈贝马斯看来,行动科学的特殊性在于经验方法和诠释学方法在其中产生由解放兴趣引导的合作:"系统的行动科学……像经验—分析自然科学一样有这样的目的:提出研究事物规律性的知识。一种批判社会科学在这方面自然不会以此为满足。除此以外它还要致力于检验理论陈述何时能够掌握社会行动不变的规律,以及何时能够掌握意识形态上僵硬的,但在原则上可变的依附关系。只要是这种情况,那么意识形态批判……就会考虑到,对于规律关系的说明就会在有关者本身的意识中引起反思。属于这种规律初始条件的没有经过反思的意识阶段由此会发生变化。一种批判地获得的规律的知识通过这种途径虽然不会使规律本身失效,但却会使规律本身不再被使用。确定着批判陈述这种范畴有效性内涵的方法论框架

---

① 这里参见 G.施泰因:《批判教育科学的创见与展望》;关于批判理性主义、霍克海默和阿多诺批判理论以及先验哲学批判对详细解释近代科学的意义参见 D.本纳:《科学与教养》。
② 这里参见 W.斯密特—科瓦契克:《教育学的辩证法基础旁注》,第 879 页及以下几页。

以自我反思的概念衡量着自己。这种自我反思使主体从依附于假设的力量中摆脱出来。它是由解放的认识兴趣决定的。"①

解放教育学吸收了哈贝马斯兴趣学说的第三个论点。这一论点是值得作仔细考察的。哈贝马斯在他前面两个论点中指明了假设过程，以通过对兴趣构想的证明避免它，但在第三个和最重要的一个论点中没有给予假设过程位置。② 我们在这方面也许会受他这指明中包含的特殊之处的引导。我们将看到这方面较深层次的原因在于这一论点本身涉及假设过程。后者纳入了经验—分析科学和历史—诠释科学可能产生的误解。这种误解本来是应当通过兴趣学说克服的。

哈贝马斯的第三个论点包括四个论断。一是说行动科学像认识科学一样关注获取研究事物规律的知识的目的。二是说行动科学在意识形态上对研究事物规律的知识提出这样的问题：它是否表达了恒定的，即自然的和不变的假设的规律或不恒定的，即作为准自然假设的规律。三是断言，处在不恒定的规律中的个体借助对一定规律关系的可变性的说明能对其不再被使用进行反思。这种反思过程会导致摆脱假设的强迫的解放。最后是确定，行动科学处在解放兴趣中，因为其目的在于自我反思和从准自然的强迫中解放出来。假如我们把这四个论断综合起来，那么就会得出哈贝马斯以其第三个论点提出的主张，即应当通过它解决实践科学内关于方法的争论。处在技术兴趣中的因果分析的经验研究和处在交往兴趣中的历史—诠释学含义理解在解放兴趣中是为扬弃那种作为可变地观察到的社会统治关系服务的。这里值得对这种主张作更详细的考察。

研究事物规律的知识处在技术兴趣之中，并可从目的论秩序关系

---

① J.哈贝马斯：《作为意识形态的技术与科学》，第 158 页。
② J.哈贝马斯：《作为意识形态的技术与科学》，第 159 页。哈贝马斯仅仅谈到了哲学反思的归化。

的调节思想中获取;含义理解属于扩展主体间性的兴趣,并可以从历史连续性的调节思想中获取。在这里对我们来说的关键问题是:这里能不能说因果分析知识和诠释学的含义理解的互补性是正确的,据此在解放兴趣下可以期待使社会关系达到理性的改变和人类的更高发展? 鉴于哈贝马斯解决这个问题的尝试,这个问题也可以这样表述:假如诠释学的含义理解表明其不予使用是可能的话,研究事物规律的知识是否不再属于技术兴趣了,而在这种不予使用中是否可以看到是一种进步? 这个问题的第一部分所涉及的实在是看不清为什么技术上对规律性可不予使用不再属于技术认识兴趣。例如,倘若科学上证明了依据一定因素什么样的社会过程会导致所期望的行为方式,什么样的社会过程会导致不希望的行为方式。其次,假如科学上证明了不同的社会过程决定阶层或阶级特有的行为方式的传承,并且这在一定程度上取决于变化的规律,那么导致不希望的行为方式的社会过程(借助某种变量的改变)的不予使用完全属于技术兴趣。因为认为恒定的规律的使用是遵循技术的规律,而使用可变的规律遵循解放的兴趣,这是天真的。可变的和恒定的规律的区别本身并不是要陈述个人和社会结构的理性的改变。

我们借以来探讨我们的问题的第二部分。按照哈贝马斯的观点,可能不予使用的可变规律的理性并不直接产生于可变规律同恒定规律的区别,而是从可变规律涉及的个人对摆脱假设的暴力而解放出来的这种可能性的解释产生的。历史—诠释学学科是为对此的谅解服务的,哈贝马斯想借助对心理分析的援引说明这是正确的。然而恰恰是这种援引掩盖了在其中产生的真正的困难。属于历史连续性调节思想的历史—诠释科学虽然通过前历史有助于解释各种当前问题,并能以这种方式使反思其自己的历史而理解其含义成为可能,但它并不能对种种含义的理解的适用性作出什么陈述,除非它受到历史连续性的调节思想的那种把理解的连续性作为应当是的连续性的假设的制约。心理分析只有，而且只有在它把毫无疑问的，提出解放非正常病人的目的的正常现存事实作为前提，才能做到这一点。① 可是，基于对不使用可变规律的含义理解，凡在可以不以认可标准性为前提的地方，此外凡在探索所期待的标准性能不提出作为科学问题和实践行动的准绳的地方，解放模式都是受到客观主义假象影响的。而这一点在行动科学中恰恰是这种情况。这些科学的根源在于成问题的标准和实践，也就是总是从可疑的现存标准性出发的。

这里指出了危险：哈贝马斯自己在解放兴趣中构想出来的经验研究方法和诠释学方法合作模式最后属于技术兴趣，即以标准性的现存或必须拟定的模式为方向的不使用可变规律性的兴趣。这样一来，这一模式就屈从于早期霍克海默尝试通过把"善的"和"恶的"解放的区别来避免的那种客观主义假象了。霍克海默反对把技术上可能的解放——它只在意识形态上辩称是正确的——作为值得追求的解放。在这方面，不但 K.-O.阿佩尔对兴趣学说作出的批判解释受到了特别关注，而且哈贝马斯本人对此重新作出的表述也受到了特别关注。兴趣学说希望通过经验研究、诠释学和解放这三步能够解决方法问题。这种希望期待在由技术经验研究和诠释学意识形态批判保障的自我反思的解放构想中"认识和兴趣是一个东西"。② 对此阿佩尔在他的《科学作为解放？》论著中解释说："'解放的兴趣'，这是哈贝马斯对批判社会科学和哲学得出的要求，它……如哈贝马斯所想要的那样，不是在最极端的反思中，导致认识和兴趣的绝对的同一性，反思和实践参与的同一性。假如把参与理解为一种冒险的政党的政治效果的夺取，那么这至少对我们有限人类不可能适用的。……尽管理性和理性

---

① 参见 H.-G.伽达默尔：《答辩》，第 307 页及以下几页。
② J.哈贝马斯：《作为意识形态的技术与科学》，第 164 页。

兴趣的同一性，理论的反思和物质—实践的参与，却是不同一的，而是在哲学反思的最高阶段在解放认识兴趣内作为相互对立的多数因素分道扬镳的。……相信（把解放的认识兴趣作为证明合理性的基础——本纳）……也许也可以掩盖马克思要求的解放兴趣那种多数相互对立的部分，后者要求不仅必须解释世界，而且要改造世界，——在我看来相信这一点结果也许会走到理想主义的幻想上。"在对这异议的注解中阿佩尔表达了他的如下批判："由哈贝马斯假设的认识和兴趣的同一性，反思和实践参与的同一性，我觉得，这是以马克思要求的'哲学的实现'，同时作为'对它的扬弃'为前提的，而不把它视为一种'调节原则'，——撇开其适用性——这原则同经验研究没有什么一致的地方'（康德）"。①

哈贝马斯尝试通过"重新表述"他的兴趣学说来消除这些异议。兴趣学说之所以值得关注，因为恰恰借以非常清楚地表明了通过经验研究、诠释学和解放这三步出发的必要性："对物和事件的现象方面的陈述只能（！——本纳）被倒译为目的理性行动的方向指导，对人和表达的现象方面的陈述只能（！——本纳）被倒译为交往行动的方向指导。在这种意义上我尝试证明认识和兴趣的准先验关系。这些指导认识的兴趣确定了认识可能的客观性的条件，坚持理论知识同行动可能有的关系……——但它们并不扬弃纳入行动方面中的对象经验为一方面同摆脱经验和去行动束缚的讨论为另一方面的区别。"②

这种对兴趣学说的"重新表述"我们认为是完全可以赞同的。只是这并非是重新表述，而无非是对 1965 年的兴趣学说的修正，因为它特别是对行动科学来说具有重要意义，而哈贝马斯——如同表明的那样，不是偶然的——对此根本再也没有谈到过它。重新表述只触及属

---

① K.-O.阿佩尔：《科学作为解放？》，第 193—194 页。
② J.哈贝马斯：《作为意识形态的技术与科学》，第 228—229 页。

于技术兴趣和交往兴趣的原则。假如要不简单地非辩证地，因而直线式地和天真地从这一点出发，即认为在行动科学中或实践科学中是可以对"物和事件"作出陈述，也可以对"人和表达"作出陈述，也可以对理性确定的批判的行动的可能性和任务作出陈述，那么技术性的经验研究、历史诠释学和解放的行动理论这三步就被自己排斥了。因为，假如兴趣学说给出科学陈述可能的客观性的条件这是正确的话，即给出一定的认识只有（"唯有"！）可以倒译到什么样的导向中这条件的话，那么我们就必须对行动科学知识可能的客观性的条件提出探讨，如同原来的兴趣学说先前说的那样，这种客观性不再能从经验—分析知识和历史—诠释学知识的互补性和可完备性中产生了。因为这样一来，兴趣学说本身便在很大程度上有矛盾了：它涉及经验研究和诠释学陈述的客观性条件，并同时把它们假设为行动科学陈述的客观性的间接条件。当旧的兴趣学说把解放作为对可变的规律的不使用，它就是这样做的。重新表述虽然不再这样做了，但却不承认它在旧兴趣学说中被掩盖的而现在变得明显起来的漏洞。因此整个兴趣学说就丧失了其原来想有的功能，因为它既不能证明，又不能解释各种科学之间的关系以及行动科学陈述的客观性要求。处在技术兴趣及技术秩序关系的调节思想中的经验—分析科学企图对其对象方面作因果分析的解释，处在交往兴趣以及历史存在的连续性调节思想中的历史—诠释科学试图理解其一次性的决定性和持续起作用的意义的真实性，而行动科学则仍然是一种赤裸裸的认识兴趣，其比以前更清晰地缺少任何能够确定行动科学陈述适用性的调节的和范畴的框架。

哈贝马斯在其原来的兴趣学说的版本中明确地认为兴趣决定科学陈述可能的"适用含义"。他借以至少间接地指出，科学陈述的适用性本身并非直接产生于其兴趣的构想。但行动科学陈述的适用性所以应当根据这种兴趣学说能够在解放兴趣中由非行动科学陈述的适用性中得出来。这里存在着哈贝马斯批判理论的主要矛盾。要在包括于陈述体系中的行动坐标的关系中证明各种科学陈述的解释,在这一借口下这种解释其实助长了行动科学的实证主义的简单化。这就是说,假如看不清批判理论既不能解决又不能说明一般行动科学的建构问题和特殊的教育学的建构问题,那么赞同哈贝马斯的教育科学不知不觉接近了 W.布雷钦卡的立场观点。这种立场观点把教育科学区分为经验—分析的教育科学和历史—诠释学教育科学,并把那种方法上空洞的要求和摆脱各种适用性要求作为非科学的决定主义"教育学"的空间赋予赤裸裸的解放的认识兴趣。

第二节　教育学与解放的兴趣,布兰凯尔茨、克拉夫基、伦伯特和莫伦豪尔批判理论教育学创见

正是哈贝马斯批判理论的解释相对于早期霍克海默的批判理论的最初的含义和通过霍克海默和阿多诺使这种理论后来辩证的问题化所显示的长处是一清二楚的:实证主义的经验理解同精神科学理论理解一起似乎毫无疑问服从假定善的解放的理性兴趣。谁赞成这种批判理论的解释,谁似乎先验地超越了实证经验研究和历史诠释学,即使他在很大程度上——自然在解放兴趣之下——推行一种技术—经验科学教育学或精神科学教育学,抑或两者同时推行。

我们对传统教育学和现代教育学的探讨尝试说明,教育学作为研究学科必须保持实践科学性,并作为实践科学达到经验科学研究学科水平,假如它要在预先规划其未来的工业社会的历史条件下继续存在下去的话。在这种情况下,各种致力于解放教育科学的不同尝试,尽管我们对哈贝马斯间接地对处在技术认识兴趣的经验研究所作的合

理性论证提出了批判,却仍然从中获得了特大的收益,因为它们是一种重新尝试,即把实践优先(传统教育学理论就是如此)落实在研究中,并对期间继续在推进的把教育学分为科学认识科学和实践行动学说的做法作出修正。为了能够正确评价上述这些致力于解放教育科学的尝试,我们在下面集中探讨把对解放兴趣的回顾不作为单纯的"修辞学的修饰,对流行的社会政治要求的认同"①的,而由进一步把教育科学发展成为行动科学研究学科的意图决定的尝试。这方面首先包括 60 年代末、70 年代初发表的 H.布兰凯尔茨、W.克拉夫基、W.伦伯特和 K.莫伦豪尔的论著。

除 K.莫伦豪尔外,H.布兰凯尔茨是主张解放教育学者中唯一一个在其批判罗特和蒂尔许阐明的教育学研究中现实主义转向的创见中反对经验研究和诠释学方法互补的论点的人。他的批判针对"经验研究似乎同精神科学教育学亲合得可以超越在诠释学倒台中的弱点"的说法。这一批判虽然承认经验—分析方法和历史—诠释学方法相互可以补充,但指出它们的互补性并不能够论证批判行动科学,因为两者都是认识科学性的经验模式,不能满足对基于行动理论的研究提出的要求。布兰凯尔茨对罗特和蒂尔许的异议也类似适用于哈贝马斯阐明的解放行动科学的构想。这就是说,假如解放兴趣并不确定行动科学陈述的适用性,而仅仅确定其含义,那么对经验—分析和历史—诠释学的结论的适用性的批判在其含义不在技术兴趣或交往兴趣中而在解放兴趣中加以衡量的情况下是正确的。

撇开罗特和蒂尔许依据实用主义创见提出的批判似乎可以同哈贝马斯对批判理论的解释联系起来的事实,布兰凯尔茨尝试联系作为行动科学的哈贝马斯的兴趣学说来论证教育学。他想解决教育学中

① C.门策:《对把决策逻辑应用于课程设置上的可能性思考》,第 27 页。

争议的尝试是从如下断言出发的:"假如教育学理论根本上是作为同经验—事实有区别的、对其作出假定的东西是有条件的,那么它只有服从两个条件。第一是必须提出超越经验性的问题;第二是以主体间性可检验的方式来处理这些问题必须是可能的。"[①]两个条件是可以用不同的方式来解释的。就其本身而言,它们并不说出应当把超越经验性问题和主体间性理解为什么。不但在批判理性主义意义上的理论,而且在行动科学意义上的理论都具有超越经验性。前者因为它是因果分析经验研究的前提,是不能通过归纳法获得的;后者因为它并不对事实作出陈述,即说明它是怎样的,而是试图改变它。而主体间性可以是指那种不考虑所有个体和社会的主体性的经验主义的主体间性,但也指只能在实际讨论中达到的和需要教养理论导向的那种方式的实际主体间性。

当布兰凯尔茨企图从他提出的条件出发为教育科学取得解决理论—经验—问题的如下答案时,他相信这些条件的内在合理性:假如教育不单单是个体的现象,同时也是"一种社会现象,那么作为理论的教育学就有其对成熟和解放的认识指导的兴趣。由于对人的生活的要求超出了经验社会的力量,因此首先由理性证明的这样的义务使教育对主体的兴趣同其社会的作用一致起来了。被如此理解的理论通过其对扬弃对人的物化和自我异化的兴趣获得了批判标准。凡一方面在社会中发挥作用的知识力量通过物化倾向背叛其可能性……的地方,但同时在另一方面,在行动着的社会主体具有的社会知识能力能够通过启蒙和教养真正可能得到发挥的地方,对自我异化的这种批判的扬弃是到处存在的,而且原则上是可能的。教育学理论,不是因为轻视经验或低估经验的理由,而是因为应当证明经验,所以必然是

---

① H.布兰凯尔茨:《教育学理论与经验研究》,第70—71页。

超越经验的。这种理论以经验研究的武器从现在事实出发，把经验活动本身提升到另一阶段：这就是进步！"[1]

这里寄解放兴趣中经验研究和理论的合作的希望产生于"经验研究"或"经验的"概念在两种不同意义上应用。假如说，批判"理论以经验研究的武器超越现存事实把经验活动本身提升到另一阶段"，那么，这是把"经验的"作为所指的"活动"的定语，就像人在事实上的物化，而"经验的"作为"研究"的定语是指对教育实在作属于技术兴趣的因果分析解释。但作为技术可用性或"经验研究武器"的经验性和在事实上的异化意义上的经验性却都是不同兴趣构想和不同调节决定的特性。其直线式的整合超越了到底必须如何来确定行动科学理论和经验研究的问题，假如期待它们有助于解决实践问题而不把它们降格为技术问题的话。

其实布兰凯尔茨——从他关于"理论以经验研究的武器超越现存事实"的论点看——并不赞同哈贝马斯的兴趣学说，而是赞同早期的霍克海默。后者把对"理性地组织未来社会"的希望同批判理论和传统理论的辩证法联系起来。布兰凯尔茨是从批判理论和传统理论、行动理论和经验研究的对立出发的，而不是从经验研究、诠释学和解放这三步出发的，这同他对诠释学循环的批判有关。他在这种循环中不仅看到了克服每一种规范教育学的尝试，而且同时看到了它对规范教育学深入革新的贡献。[2]

在布兰凯尔茨看来，解放教育学应当通过它打破生活—理解—生活这一循环朝着人的生活的解放方向前进来取代精神科学教育学，而W.克拉夫基则觉得有义务从作为批判理论的教育学出发，在更高层面上对精神科学创见作出改进。克拉夫基赞同哈贝马斯的批判理论，而

[1] H.布兰凯尔茨：《教育学理论与经验研究》，第74—75页。
[2] H.布兰凯尔茨：《教育学理论与经验研究》，第70页。

不同意 H.布兰凯尔茨、W.菲舍尔等等对精神科学教育学的批判。他
在批判理论中看到了精神科学教育学通过同经验—分析科学的合作
能够得到充分发展的那种基础。布兰凯尔茨也认同的诠释学方法和
经验研究方法的亲合性在这里获得了新的意义："对于教育科学来说，
相当新的种种经验科学方法与由它早已实践了很久的历史—诠释学
的种种方法相互是并不排斥的，而是相互有联系的。我们可以把这种
关系作为一种始终能动的耦合过程来描述：从对问题和假设作出诠释
学解释，经过经验科学对这些假设作出检验，到对这样获得的结果作
出诠释学解释并对新的经验探究引出新的假设。"[1]当布兰凯尔茨对经
验研究和诠释学的亲合性在技术上提出怀疑时，他指出了其危险性。
而克拉夫基通过从诠释学对经验假设构成和解释的意义出发赋予诠
释学意识形态批判的功能，从而尝试排斥这种危险性："诠释学原则上
完全接受意识形态批判的观点，而今天它必须接受它，假如它不想落
到业已达到的认识水平后面的话。"[2]在诠释学和经验研究的亲合性中
假定的技术研究和改变教育实在的倾向，应当通过诠释学把其亲合性
发展为意识形态批判从而不只是同经验研究合作，而同时作为这种合
作的批判场所来加以解决："那么在如此理解的批判方面的框架中，精
神科学教育学的种种方法也就保持了其活动空间，确切地说，它们才
能在这种方面发展其真正的可能性。那样，诠释学便不会局限于固有
的或历史的解释上，而是超越它成为从这种解释出发来计划的和假设
的一种科学方法。……自 1945 年以来的三种教育科学重大创见——
精神科学观点、经验科学观点和社会批判观点——并不是必然相互排
斥的科学流派。这些流派中的每一种只有列入其他一种之中才能取

---

[1] W.克拉夫基：《教育科学作为批判—建构理论》，第 374 页。
[2] W.克拉夫基：《教育科学作为批判—建构理论》，第 380 页。

得其科学的作用。"①

在布兰凯尔茨看来,解放的兴趣主要使用"经验研究的武器",与其说它认可囿于生活—理解—生活的诠释学循环中的精神科学教育学,不如说它认为这种教育学是不合格的,而克拉夫基把哈贝马斯提出的所有三种科学模式纳入相互合作之中。在这种意义上的解放教育学导致了对布雷钦卡提出教育经验研究同历史编纂学合作模式在意识形态批判上的应用。诠释学分析包括在经验问题中的目标和解释经验研究就其对这种目标是否有用而言的结果。此外,诠释学对这些目标作出意识形态的分析,并尝试把解放兴趣纳入经验研究和诠释学的合作之中。

完全在布兰凯尔茨反对精神科学教育学及其论证的诠释学循环而提出的异议的意义上,一方面伽达默尔对哈贝马斯批判指出,诠释学不能达到意义理解和建构性的意识形态批判的双重功能;另一方面早期霍克海默已经指出,批判理论不能降格为意识形态批判。哈贝马斯对历史—诠释学分析在交往兴趣中的贡献抱有希望。伽达默尔就这一希望断言:"假如我反对哈贝马斯说,医生—病人关系对于社会的对话来说是不够的,并向他提出这样的问题,'询问和探讨社会意识作什么样的自我解释——而所有习惯都这样——是适当的,什么样的解释是不适当的,比如在革命意志改变方面?',于是我用这个问题向哈贝马斯强调的类似看法提出异议。在精神分析中,这个问题由知道的医生的权威作出了回答。但在社会和政治领域缺少交往分析的特殊基础。在这种分析中,从疾病视角看,病人放弃治疗是自愿的,因此我觉得对这样的问题事实上是无法作解释学的回答的。"②对解放兴趣的

① W.克拉夫基:《教育科学作为批判—建构理论》,第384—385页。
② H.-G.伽达默尔:《答辩》,第308页。

引证就本身而言并不能克服作为前理解的解释和通过对其夸大不能构成什么的诠释学的局限。诠释学性的意识形态批判属于传统理论领域，就其本身而言无助于解决批判理论的行动科学问题。因此霍克海默断言："对事实和理论的社会条件的探究也许能构成研究课题，即整个理论研究工作领域，但并不能洞察这种研究应当在多大程度上同其他专业努力根本区别开来。意识形态研究或者说知识社会学……无论按其本质还是其雄心同其他正常科学的研究都不是对立的。在这方面，思维的自我认识被降格为完成思想观点和社会环境之间的联系。其意图超越占支配地位的社会实践的批判行为的结构对这些社会学科来说肯定不比对自然科学更相近。它同传统理论观念的对立根本不在如此大的程度上产生于作为主体的对象的差别上。"①

作为行动科学的教育学是不能建立在克拉夫基意向的经验研究、诠释学和意识形态批判分析三者合作的方式上的。这一点特别明显地表现在那些由 W.伦伯特指派给解放教育学的研究任务中。伦伯特在他的论文《教育研究与解放》中解释了按照对教育学的认识兴趣对各种科学作出的细分。他把经验研究问题方式、诠释学问题方式和解放问题方式确定为相互提升的关系。同时他在某种程度上赞同哈贝马斯兴趣学说原来的解说。这种解说不仅要求说明各种科学的行动关系，而且还超出这一点，同时力求分层次地把握各行动关系的联系。这可以从下面一点中看出来：所有自然科学的认识，原则上都处在人对意义的理解的诠释学理解的水平上。就它这一方面而言，它在对未来历史的"率先的假设"的意义上同行动导向的解释有关。② 因此在技术兴趣中，经验—分析科学对"工具行动的功能范围"的限制直接指出了主体间性对技术上可能支配自然的目的和目标的谅解的任务；而在交往认识兴

---

① M.霍克海默：《传统理论与批判理论》，第 29 页。
② J.哈贝马斯：《论社会科学逻辑》，第 180 页。

趣中建立的对历史—诠释科学的分类应当以类似的方式被置于"主体间性的维护……和扩展"的视野之下,并同时置于至少潜在地超越"作为传统的关系"的和改造世界的构想的开放性的视野之下。①

伦伯特指出,技术兴趣处在交往兴趣的视野中,而且技术兴趣对于解放兴趣又是开放的,在此他看到了"经验—分析研究和诠释学研究"可能"作为批判科学的潜在可能性"起作用的保障和"对解放的要求并非必然是盲目的"这一点的保障。然后他对行动科学研究的前提条件和结构关系作了如下说明:"批判科学……揭示了……经验—分析学科和历史—诠释学学科的操纵兴趣,像其自身借以作为真理标准为导向的主导动机一样。解放兴趣不但要求经验—分析的咨询——作为从自然中解放出来的技术条件——而且也要求历史—诠释学的解释——作为社会中交往解放的条件——。因此它比其他两种兴趣更能揭示理性认识。"②

伦伯特扬弃了哈贝马斯至少能动地提出的对科学陈述适用性及其意义之间的区分,假如要对科学陈述的"真理标准"的兴趣作出假设的话。同时清楚地表明,形式的解放兴趣就其本身而言不可能保证行动科学的特殊地位。由于解放兴趣的特殊贡献通过比较被作为"更合理"地表达出来了,因此它终于被置于同其他兴趣的同等层面。对我们的分析富有启发性的意义在于这方面:伦伯特以两种方式谈到了解放,即从自然中获得"技术解放"和交往的"社会解放"。两种解放不仅所说的领域不同,而且针对的目标也不同。技术的解放是通过对自然的统治从自然中解放出来,而交往的解放不是从社会中解放出来,而是在社会中获得解放。技术解放作为把人从听任自然力量中解放出

---

① J.哈贝马斯:《论社会科学逻辑》,第 176 页;也可参见 J.哈贝马斯:《认识与兴趣》,第 156 页及以下几页。

② W.伦伯特:《成就原则与解放》,第 323 页。

来是在自然的物化中实现的。而交往的解放的目的并不在于物化,而在于对物化的扬弃。必须从什么中和为什么获得解放,这个问题在这里不能以像对技术的解放一样的方式作出回答,因为交往的解放目标恰恰是从技术解放中取得其假设的独立生活,以使社会的自由和个人的自由成为可能,并不被限制在那种通过技术解放屈从物化或彻底屈从物化的自由范围内。

这种区别直接产生于兴趣学说。但假如它应当得到维护的话,那么就得出了用第三种解放概念来与技术解放概念和交往解放概念作对照的必要性。第三种概念并不属于技术兴趣,也不属于交往兴趣,而属于解放兴趣。就像在行动关系和科学分层次的级别的意义上经验—分析科学应当通过技术认识兴趣来建立一样,历史—诠释科学,包括知识社会学和意识形态批判,也应当通过交往兴趣来建立——在历史—诠释学观察方式不必对交往兴趣本身了解的情况下。历史—诠释科学虽然处在对扩展主体间性的兴趣之中,但它像因果分析观察方式并不能够造成对其结果的使用的交往理解一样,不太能够了解未来的要求和对此有关的诠释学扩展的主体间性适用性。但是,假如解放兴趣鉴于诠释学的局限性而应当获得哈贝马斯所主张的那种功能(他把超越"作为传统关系"的对自我的构想和对世界的构想的意图赋予这种兴趣)的话,那么正因为技术兴趣和交往兴趣的局限性而谈不上技术解放或交往解放。任何把针对未来的解放作为技术解放和交往解放的全部的尝试实际上是把解放实践的可能的积极方面降格为对技术行动选择的交往理解的实践。

这一点特别明显地表现在伦伯特对解放的教育研究的方案上。在这方案中,他这样确定"……根据解放的兴趣提出的教育研究的任务":

"以解放的意图探究教育过程首先意味着:

——对被社会压制的需要的实际教育改造进行调查并作出因果分析，

——就个人适合的理解水平对用这种方法获得的规律陈述作出解释，并

——对其报告在这些个人那里引起的态度转变以实验的方式作出检验。"①

H.莫泽尔对这一创见的评判指出了解放教育学的基本问题和涉及面广泛的课题。他所反对伦伯特思考的思想也直接适用于哈贝马斯："社会实践在这里不再同教育研究有直接联系，而解放仅仅以工具行动模式来进行自我衡量。这里起作用的辩证法被中止，它把资产阶级个体对实际社会义务的恐惧和顺从的意识作为课题，以至在物化的社会中……改革社会的实践几乎不再可能，这在最后结论中恰恰……导致科学的神化：一些开明的科学家在使改革社会的基础工作的失败得到补偿……并减轻对这种任务有紧迫感的科学家的负担，因为其科学工作按定义就是解放的实践。"②

伦伯特预计从因果分析来调查受制约的行为方式的条件到对理解视野作出治疗性解释，直到对这种治疗效果作出因果分析检验共有三步。这三步结果并不能导致解放的实践，而只能阻止解放的实践。在把解放限制在对某些强制并非建立在不变的规律而是建立在可变的规律上作出治疗说明时，对治疗获得的行为改变进行的技术—实验检验只能对一定可变的规律是否不予使用作出一点陈述。在这方面，不但对社会上被抑制的需求造成的实际压抑的因果分析并不对应当要求进行批判和反思的具体交往做出说明——这显然超出单纯的"告知"行动——，而且对可能出现的态度转变进行的实验检验也不能提

① W.伦伯特：《成就原则与解放》，第328页。
② H.莫泽尔：《批判教育科学的目标》，第651—652页。

供对自我反思的结果的监控。这充其量能够检验在其结果方面作出的第一步分析是适合的还是早已过时的。凡在解放降格为不使用可变的规律的地方,它就失去了行动科学范畴性,并受到科学技术的限制。其实援引解放的兴趣应当是可以克服这种限制的。

伦伯特也间接指出了这种危险。他对他本人的思考作了如下评说:"所说的可能会被误解,即解放的认识似乎必然会引起解放行动。它在这里并非这样认为。……批判和自我反思在实际上仍然毫无结果。因此它们是解放的不充分的但是必要的条件。"①可是,假如"解放的认识"仅仅是解放的"必要的"而不是"充分的"条件,那么所说的对所谓技术和交往的解放的可能性的认识或者根本不是解放的认识,但或者必须把解放的认识同实践的解放区分开来。我们将在把哈贝马斯提出的行动科学模式同实践和理论问题作对照时重新回过来讨论这种必要性。但现在可先考察莫伦豪尔对"教育与解放"的理解,因为在这中间特别明显地突显了解放的行动科学的可能性和界线,此外指出了最终迫使我们超越解放教育学创见的问题。

K.莫伦豪尔像 H.布兰凯尔茨一样也尝试不仅扬弃经验研究和诠释学毫无结果的联合,而且要求批判行动科学克服经验研究和诠释学在技术上的亲合。因此他对布兰凯尔茨把理论教育科学和实践教育学区分开来提出了异议,认为在经验科学教育学和规范教育学其实是不可能被激进地区分开来的,因为两者是互为前提的:"对布兰凯尔茨的论证的讽刺……恰恰是:他想排斥的那种科学目的已经包含在他自己的科学观念中了。"②但假如在行动科学领域"是"和"应当是"处在相互关联中的话,即甚至在不考虑这种关联的地方,也存在这种关联,那么教育学不能把这种关联视为无关紧要的。确切地说,教育学必须把

---

① W.伦伯特:《成就原则与解放》,第 318—319 页。
② K.莫伦豪尔:《教育与解放》,第 14 页。

这种关联提升为对教育可能性和任务进行理论分析的对象及其研究的核心课题。莫伦豪尔和其他解放教育学的代表们一同在经验研究方法和诠释学方法在解放方面的互补性中看到了它能成功的方法前提。

这一点明显地表现在他对机会不均等问题的阐述上："教育研究越来越强烈地转向探索教育机会建立问题，这对其论证方面来说不是一个偶然的、研究心理学的数据，而甚至必然属于这种科学的对象领域，并改变着在其中建构'教育'的解释关系。经验研究可以查实的断言：教育机会均等是不可能实现的，这一点在至少出现机会均等兴趣的交往集体中从根本上来说其意义十分重大。此外这种断言也许不比有金发的人和黑发的人的说法更有趣。机会均等的断言和借以明确的机会均等的标准意味着其中的教育的意义在于在成长着的一代中创造参与社会决策过程的条件。这诚然便不再是规范的情绪控制过程，而不管怎样是规范的理性过程、通过对机会均等的研究获得的知识不允许是能够用来统治人的那种知识——像关于自然的知识为统治自然服务那样——，而只是一种促进从不平等中解放出来的知识。经验科学研究获得数据对理论来说不是首要的，而事实在其中进行的自我建构的交往关系是首要的。"[1]

对在技术上针对确保预测知识获得的经验研究同诠释学分析之间进行解放的合作的愿望——如莫伦豪尔正确地表述的那样——是基于这样的认识上的：出于"机会不均等的断言""机会均等的标准"是可以认识的，同时必须重视"经验科学研究获得数据……对（行动的）理论来说不是首要的，而是事实在其中进行建构的交往关系是首要的。"这一论点基于哈贝马斯的兴趣学说。根据这种学说与工具性行

[1] K.莫伦豪尔：《教育与解放》，第15—16页。

动有关的技术解释知识是可以从工具性行动在其中取得各种社会意义的交往谅解视角去作探究的。假如我们把这种结构用于机会均等问题,那么就会得出莫伦豪尔的要求,即通过经验科学解释知识作出的"机会不均等断言"按照那种技术解释在其中获得其交往意义的交往关系的标准必须包括在对"机会均等标准"的确定中。假如技术性的解释知识不仅仅是揭示对机会均等取得一定认识的实际条件,而且同时在解释学上说明了那种包括在经验研究中的机会均等或机会不均等的前理解处在其中的关系,那么就产生了这样的可能性:不简单地盲目地把它对机会均等和机会不均等的技术性的解释知识的应用让位给现存的交往方面,而是不仅在其对机会不均等作认识科学探究的问题中的功能方面,而且在其对因果分析知识的应用的关系方面,把交往本身提升为科学解释和交往谅解的对象。

毫无疑问,这种探究可以揭示"机会不均等的断言"和"机会均等的标准"之间的关系。但是,既不是对现存交往方面的技术性的解释知识,又不是对现存交往方面的诠释学分析,也不是两者一起,能够对关于理性地改变实际条件和对机会均等的前理解的问题给出满意回答的。确切地说,从这种探究中得出的经验研究结论和诠释结论反过来在理解方面的关系中获得了对实践的重要意义。它们并不是使理解以已有的可能性为方向了,而是必须用另一种方式证明其批判方向的合理性。① 我们完全赞同莫伦豪尔的要求:"通过对机会均等的探究获得的知识不(允许)是能用来统治人的那种知识……,而只能是促进从不平等中解放出来的知识。"②但是,假如应当有这种知识,那么这不

① 这两句话令人费解,根据本纳的解释是说:经验研究和诠释学通过对机会不均等原因的探究获得的结论对缺少教育的家长具有指导实践意义,使他们对良好的教育与同孩子交往的理解不再以已有的教育和教养的理论为方向,而是以另一种批判认识为方向来证明合理的做法。——译者
② K.莫伦豪尔:《教育与解放》,第 16 页。

可能是在技术认识兴趣中获得的因果分析经验研究的结论,因为这种结论完全有可能用于对人的统治,并可能支撑对机会不均等的辩护,像按照不管怎样既定的认同的尺度来推行确定的机会均等的标准一样。其次,假如这样的知识应当有助于从事实上的不平等中真正解放出来,那么,当现存的交往集体早已实现了不受控制的对话的幻想,因此对机会不均等问题的探究是多余的时,必须指出也许只能通过诠释学获得的关于社会平等和公正的观念。

这就表明,援引方法上根本不适用的解放兴趣并不是解决教育科学基本问题的满意答案,因为技术上和交往上确定的解放概念本身仍然摆脱不了经验研究—分析和历史—诠释学理性的局限。为了克服和超越这种局限,解放的概念恰恰需要教养理论的导向和打下教育理论基础。经验研究和诠释学不可能是解放的"工具",而应当批判地超越技术理性和有关意见的现状。莫伦豪尔也坚持认为,解放的兴趣把其价值归于因果分析经验研究和历史—诠释学是为了用它们,因此他把对自我反思的兴趣简单化为对不使用可变规律的交往的谅解。① 这种简单化早已在莫伦豪尔尝试不通过教育和教养的批判理论来确定用认识科学解释机会不均等和"机会均等"之间的关联的地方清楚地表示出来了。这一点在他解决布兰凯尔茨提出的要求方面(即应当"以对现存的事进行经验研究的武器来超越")显得特别清楚。他指出:"恰恰是对在可观察到的教育中'自然的'东西的研究是不可忽视的,假如诠释学方法自己不想成为意识形态的话。因为单就借助这种研究便可以理解那种不理解的东西,那种作为在社会压制的压抑中人

---

① "对不使用可变规律的交往的谅解"根据本纳的解释,不使用规律,是指对有些经验研究获得的规律予以不使用,如研究认为学习成绩不佳的学生家中书籍比学习成绩好的学生家中书籍少。这表明是一种规律。但假如我们送给前者许多书籍,却并不能提高他们的学习成绩,因此这种研究成果不能在实践中使用。于是有人要求教育理论家和教育实在工作者在交往中要取得谅解。——译者

的实际物化的自然地起作用的东西,并借以将此纳入理性的动机中。"①

在这种意义上理解的解放教育科学尝试揭示教育过程中存在的不自由的实际条件。在这方面对其意义和在其中以技术理解的实在作出批判导向的决定将不会再使因果分析论据对实践具有重要意义了,而这样一来就会产生这样的情况:"改革的意志(已经——本纳)存在在分析的逻辑结论中"。② 通过承认批判实践的行动动机具有"逻辑结论"的质量,通过援引解放形式兴趣无法解决的教育和教养的导向问题其实被超越了。想改变事实上的不自由这种现实条件的意志无论如何是反潮流的,因此决不能称为理性的。莫伦豪尔尝试通过承认解放理解的"合理性""一开始总是消极的"这一点来回避这一困境。"这种合理性的批判否定了那种查明了的不自由。它虽然以改善教育的名义——从而也以改善社会的名义——进行批判,但却是通过证明缺少同'可能'对照的'事实'来作出这种批判的。这并不意味着提出内容上详尽的'良好教育'的方案是教育科学的任务,因为假如这种方案不想是空想的话,它必须是一种一定社会利益的表达,也就是说它是教育科学批判的对象。因为消极同时是对'可能'的揭示,它只是为历史的进步,为理性的实践打开了新的机会。"③

在"改革的意志"产生于"分析的逻辑结论"这一论点中,科学和教育、理论和实践以及启蒙和行动构想几乎被假定为是具有同一性的,而在这方面解放分析的消极性被如此突出地强调,以至解放分析其实

---

① K.莫伦豪尔:《教育与解放》,第 18 页。
② K.莫伦豪尔:《教育与解放》,第 161 页。
③ K.莫伦豪尔:《教育与解放》第 69 页。关于使下面的批判相对化,参见我的论文:《反思性解放相对肯定性的解放》与《教育、教养、规范性.对"批判相对肯定"规范内涵的解释》见 C.迪特里希、H.-R.米勒主编:《教育与教养,K.莫伦豪尔的其它思想》第 33—41 页,103—117 页;也可参见本书中的其他论文。

不再被认为对确定"良好的教育"有所帮助。解放教育学理论上的贫乏在解放—技术诠释学的循环结构中进入人们视野的地方表现得特别清晰：以良好的教育的名义提出的批判并不出于对良好教育的知识，而直接出于对事实了解的贫乏。同时，对事实了解的贫乏的循环和以未知的良好教育的名义提出的批判恰恰不可能提出这种良好教育的方案，因为这种方案应当是这种循环的直接结果。但是，一旦它呈现出来——它有一次将呈现出来，这是潜在的希望，而不是通过这种循环确立的希望——，便立即会服从新的循环。同时这种循环，尽管它以良好教育的名义和在对良好教育的不了解的情况下提出论证，仍然应当是能够揭示良好教育的可能性和为社会的进步开辟新的机会的。理论和实践的同一性应当保障分析对实践具有重要意义，而同时其非同一性应当能表明分析的消极性是正确的。在解放的意向中经验研究和诠释学的合作在这方面始终在实现对面向未来的循环所期待和希望的什么。假如我们不想盲目服从那种不管为什么奠定基础的循环运动，那么它在这方面对批判行动的导向其实是毫无助益的，因为揭示不包含良好教育的可能性而首先需要良好教育的这种可能，这不可能超越单纯保障它的水平。这里表明了解放教育学创见在缺少批判教育理论和教养理论方面陷入的根本性的困境。它想在不可能提供内容详尽的方案或不可能只是想提供内容详尽的方案的情况下，以良好教育的名义来论证，并从对教育现实条件进行持续批判的立场出发，指出本身只能消极确定的和需要理性实践的社会进步的可能性，以获得其积极的建构。

凡解放教育学想仅仅通过按现存不自由的现实条件来在交往方面改变教育过程而达到成熟和自决的目标，它就不会考虑由教育理论和教养理论来确定的教育实践和教学实践的任务，并在致力于社会更高发展的意义上跨越解放和成熟的分歧。"'改变生活'的自我反思的举动"用哈贝马斯的话来说似可称为"解放的运动"，①这种改变只有在具有这样的含义的情况下，即从不想以自由的现实条件来看排斥成熟目标的实用的意图出发，它才是值得争取的。假如教育学确实应当被提升为行动科学，那么教育科学的循环值得被提升领先实践并追随实践的意识形态批判，并与此相联系的教育实践的循环值得被提升为领先实践并追随实践的社会利益取向。对事实的缺乏作意识形态的揭露和在意识形态批判上指明不确定的可能的循环其实并不有助于对行动科学理论的理解，而导致了已经在诠释学循环中说到的把理论纳入前后实践中和把实践纳入前理论和后理论中的精神科学教育学的循环。② 教育并没有得到那种教育科学的帮助。这种教育科学以教育实践的改变必须是"一定社会利益利益取向的表达"并已经构成新的"教育科学批判"的对象这一理由拒绝教育实践的结构改革。确切地说，教育学作为关于教育和为了教育的批判理论或行动导向的科学，必须打破这种仍然对社会机制有密切关系和服从的毫无结果的意识形态批判的循环。

假如我们在下面探讨解放教育学没有解决的问题，那么我们同时要深入探讨作为实践科学的教育学没有解决的问题。

第三节　解放的兴趣反对解放

"解放的兴趣反对解放"这个标题显示了解放教育学各种创见囿于其中的明显的矛盾。这种矛盾在于，一方面这些创见从对解放可能的兴趣出发不但使经验—分析方法而且也使历史—诠释学方法经受合理的批判，并证明这些方法虽然是为技术或交往兴趣服务的，但并

---

① J.哈贝马斯：《认识与兴趣》，第 261 页。
② 参见本书第三章第二节。

不为解放的兴趣服务;可是另一方面这些创见借助对经验研究和诠释学的良性合作的引证不考虑对行动科学研究方法作出范畴论证和调节论证的必要性。

在解放兴趣和作为对技术上可能不使用可变规律性的交往谅解之间存在的矛盾背后隐藏着三个问题:出于实践意图对教育科学经验论证问题,在教育理论和教养理论上对本身必要的解放概念和成熟概念作出定义问题以及理论与实践的关系问题。即使解放教育学不能对这三个问题作出令人满意的回答,那这恰恰也是它希望按其自己的要求和自我理解来解决的三个问题。在解放兴趣中的经验方法和诠释学方法的互补性应当对行动科学研究方法作出论证,对解放兴趣的援引应当通向批判的教育理论和教养理论,而在解放兴趣中"认识与兴趣一致"的论点应当可以说明理论和实践的关系。

我们对教育科学主要流派的分析按不同教育学创见对这些问题进行了探讨。假如教育理论和教养理论问题在传统理论中处于核心地位的话,那么在本世纪大家更集中致力于教育科学研究的论证问题。两个问题在解放教育学中具有同样重要的意义。行动科学研究应当以理论与实践对解放的兴趣进行,而对实际解放的可能性和任务进行的理论反思应当同批判的教育研究和教养研究结合起来。尽管解放教育学对教育理论和教养理论上能够陈述的行动科学经验问题找不到令人满意的答案,但在其框架中提出了各种思考,这些思考超越了对作为批判理论的教育学现有创见的界线,至少间接地指出了找到答案的可能性。

比如,莫伦豪尔早已在他的《教育与解放》论著中(总的来说还是把对经验研究和诠释学的合作的展望作为其责任)给出了那种在其中必须寻找解决教育行动科学方法问题的方向:"什么样的数据对理解教育现象是至关重要的,这些数据本身对此是不会说什么的,而这只能从交往经验中得出来,在意义中表述出来,也就是说对重要和不重要作出表述。因此,不是那种(技术的以预测的知识为目的的——本纳)实验应当作为教育科学研究的范例,而是参与者,确切地说参与者的观察才是范例。在这种范例中,也即,假如把此作为一种'框架方法'来理解——从避开相应的经验社会研究这一术语出发——,那么经验研究取得的数据始终是与交往关系紧密相联的。这些数据在这种关系中对有关主体具有重要意义。但是,在这里仍不能放弃实验,而且不管是其经验—分析的实验还是其社会—实践实验。'交往集体'不仅是那些在行动中通过先前的导向相互理解的人们的互动关系,而且同时也是一种实验集体,在这种集体中产生新的理性关系,新的行动导向得到尝试。"[1]

在这里,解放教育学达到了其最高的问题意识,并最终超越了其自身。这就是说,假如对"社会—实践的实验"的"参与的观察"应当构成教育经验范畴和调节框架的话,那么这种观察像经验—分析观察一样,不能再属于技术认识兴趣了。确切地说,莫伦豪尔在因果分析实验同社会—实践实验之间作的细分要求对经验研究概念和经验概念作出区分,并要求消除只知道使技术兴趣负责进行因果分析经验研究的哈贝马斯的兴趣学说。[2] 我们这本书最后一章将分析教育经验和教育实验的问题。这里仅指出,解放教育学在其不把解放的兴趣降格为通过技术兴趣和交往兴趣来确定解放概念的地方直接通向对关于如何建立行动科学经验研究的问题的探讨。

---

[1] K.莫伦豪尔:《教育与解放》,第 20 页。关于解放教育学忽视的传统行动理论的问题参见 K.莫伦豪尔的《被遗忘的关系》。H.波伊克尔特在他的论文中指出了通过对教育学自身中出现的批判理论传统进行分析来阐述批判教育学和从这一点出发评价法兰克福学派的批判理论的成就和局限性的必要性。

[2] 这里参见本纳:《处在技术和人类行为学之间的教育实验》;G.奥尔恩海迈:《教育研究实践与解放》;本纳:《教育学区分和教育研究》。

莫伦豪尔在其论文《在社会矛盾紧张关系中的青少年与学校》分析了对本身抽象的和形式的解放概念作出实质性定义的问题。在这方面他指出，在我们制度内成长着的下一代面对六种矛盾，通过这些矛盾"他们经验着……这种社会更倾向于维持它所是的那样，从而拒绝更好的观念。他们经验着这种社会按自己的意识形态说话的情况。他们经验着他们必须生活在各种矛盾中，而成年一代很少努力去解决这些矛盾，或至少去解释这些矛盾"。① 我们在下面举出一些矛盾来借以作为范例，指出解放兴趣的具体化要求把社会制度内的这些矛盾同思想与实在之间的矛盾联系起来考虑，并要求从行动"可能"同"事实"之间的差别出发来进行反思。然后，这样一种解释将把"解放的兴趣"区分开来，并通过区分对必须把解放理解为什么这一点在行动理论上作出界定。

"民主国家被要求让其公民共同负责"，但同时却通过成熟标准来阻止作为参与前提的批判意识，因此青少年"必须通过其……在多数情况下适应制度，满足那种承担为其设想的角色的社会期待，从而证明其已经成熟"。② 莫伦豪尔在上述这一点中看到了"融入同批判参与之间的矛盾"。成长着的一代甚至在最有利的情况下决不能不去适应现存的习俗，而决不能对针对其的期望进行批判性反思，并在分析结果的意义上满足对其的期望。只有在习俗（尽管早已成问题）在意识形态上掩盖其问题，从而避开种种重要批判讨论和改变的情况下，矛盾才能在融入和批判参与之间出现。因此这种矛盾还不是可能和事实之间的矛盾，提出的思想和现存的实在之间的矛盾，而是社会制度本身的矛盾。"认识自身利益或团体利益是……政治参与的必要的开明的条件。"这一论点没有考虑其实必须指出的思想和实在之间的矛

---

① K.莫伦豪尔：《教育与解放》，第 102 页。
② K.莫伦豪尔：《教育与解放》，第 102—103 页。

盾,从而仍然同社会机制密切相关。代替从观察部分利益出发而观察公共利益,应当理解作为人道社会现实和思想之间的矛盾的不同团体利益的冲突。这方面也许要求把综合的无批判的团体利益同公共利益思想(即在公意中建立的社会的思想)之间的矛盾提升为对社会制度的意识形态的自我描述进行教育和教养启蒙的对象,从而提升到政治更高发展的导向层面。认识自身利益或人们所属的那种团体的利益并不必然导致人道社会观念。只有首先对照社会存在的批判性定位,这种认识才能获得其可能的积极意义。

"学生在社会等级中地位越低下,其通过学校来获得对其较佳的成就的机会就越少……。或者说,就这一矛盾来表述,一个孩子的等级地位越低下,事实上给他受教育的机会就越少。民主在议会中和各团体中,在知识的探讨中和在对社会团体冲突的协调中也许起作用,或不起作用。从大家受适当教育的权力来看,民主不起作用。"[1]莫伦豪尔从上述这一点中看到的"升迁机会"同"升迁追求"之间的矛盾情况同前面所说的矛盾相类似。莫伦豪尔所说的事实情况其实并没有涉及升迁同升迁追求的"机会"的矛盾。不管怎样,矛盾也许可能存在于:成长着的孩子们受到升迁追求的教育,当时却没有升迁的机会。确切地说这是关于在意识形态上掩盖升迁机会的事实不平等同事实上兑现所获得的以综合的标准而不以批判能力的标准来确定的升迁成就之间的矛盾。"社会不仅容忍这种(综合的——本纳)观点和兑现这种观点。由于社会升迁的兴趣只能经过严重的争斗而得以实现,因此这种观点有助于导致对自己不加批判的状况。"[2]在升迁机会事实不平等同事实上兑现基于这种不平等的升迁追求之间的矛盾因此而暴露出来,并揭示了一种社会的意识形态现象:这种社会虽然自以为是

———————————

① K.莫伦豪尔:《教育与解放》,第 106 页。
② K.莫伦豪尔:《教育与解放》,第 105 页。

民主社会,但同时践踏了使自己更高地向民主发展的任务:"差别存在于一种因富裕而不再能轻易认识的约束性的状况。在这种状况中差别构成了价值导向、语言行为、教育方式。它们把他们孩子的学习动机、学习能力维持在一种相对较低的水平上。但是,假如社会的开放性和民主性取决于公民的学习能力并因此取决于他们的教育水平上,那么这里就涉及我们教育制度民主化角度上的矛盾。"①

莫伦豪尔谈到的升迁机会不平等和升迁追求的兑现之间的矛盾也必须从思想和实在之间的矛盾出发来解释。也就是说,当可能繁衍新的形式的不平等的社会机制得不到触动时,这种矛盾不能通过改变或影响社会文化的生活条件(即通过不使用可变的规律)来创造对所有人同样的升迁机会而得以消除。这不可能是通过同样的升迁机会来加剧升迁的竞争和通过消费社会中的相对平等削弱少数人和许多地位低下者在其中必须记载下来的贡献,而应当是在把束缚社会平等和所有人参与其工作的分工的现存制度置于改革的中心。使雇主与雇工的差别表面上缩小的分工决定的统治或奴役,因为两者都盲目服从社会机制,由于保持升迁机会的不平等和在事先分类出来的精英中展开的竞争而得到繁衍。此外,这种统治也由于机会不均等的提升和竞争的加剧而得以繁衍。因此似乎不可思议的是,由于最后提到的措施就其主张进入那种消除平等和不可能实现平等的竞争来看,会造成更大程度的机会均等,便被作为民主来标榜。

因此,也许并非更大程度的机会均等是可以作为能够消除成就追求同成就机会不平等之间的矛盾的准则的;它也许会加剧矛盾,而且在意识形态上掩盖矛盾。在进步着的民主化意义上,我们社会的更高发展更依赖于这样来分工,以代替为非理性社会机制的固有动力服

① K.莫伦豪尔:《教育与解放》,第107页。

务,而使人的工作从制造其产品中获得其意义,而不再从其在理性上不能证明的生产过程中无名的局部功能中获得其意义。

这一论点转入到了莫伦豪尔所说的"经济的兴趣同教育兴趣"之间的矛盾。在这一矛盾中,教养的概念进入了人们的眼帘。莫伦豪尔把这种矛盾置于这样的地方,即在"成就和成就提高的课题占据讨论统治地位的地方,而且这种成就是指在学习收获可在经济上使用的意义上的成就"。这是使教育具有的结果,即"教育改革有时被降格为对取得合目的的毕业证书的需要"以及"使经济要求成为对在教育机构中发生的事情富有影响的标准"。在莫伦豪尔看来,这种倾向处在旨在培养"能力"的"教育兴趣"的矛盾中。这种能力就是"能够参与对社会利益作出决策的批判讨论"。[①] 这种经济兴趣同教育兴趣之间的矛盾,这种效力同把以赢利性和对"社会利益"作出批判决策作为绝对标准的学习成就之间的矛盾,也就是社会生活的事实情况内的一种矛盾。这种矛盾必须从思想同实在之间的矛盾视角来加以解释。教育兴趣与经济兴趣处在一种由教育投资的赢利性原则在不探究赢利标准的情况下来决定的关系中。假如真要消除这种矛盾的话,那么就不能再认可经济兴趣具有教育兴趣方面的个人生活了,因为否则作为对理性的自决的兴趣的教育兴趣会被限止在对支配那种好像是自然的经济规律的兴趣上。按照对现存经济规律的解释,不管怎样,这为对理性自决的兴趣开辟了不使用这样那样的决定关系的可能性,这一点不可能有助于包括理性地改变经济关系的对理性自决的兴趣;确切地说,教育兴趣恰恰要求有一种通过劳动使人的教育成为可能并在其中有其目的的经济关系的秩序,假如它要在经济领域行得通的话。

莫伦豪尔尝试通过证明各种社会矛盾使解放兴趣具体化。这种

---

① K.莫伦豪尔:《教育与解放》,第 110 页。

尝试，只有在解放兴趣不针对不使用那种决定矛盾的产生或再生的可变规律的情况下，而是使这些矛盾包括决定这些矛盾的可变规律同分析思想与实在之间的矛盾联系起来的情况下，才能获得进一步的意义。只有这样，社会的"较好的观念"才不被否认，而被作为理性行动的动机。假如解放的兴趣应当防止不使用可变规律的行动避遭任意对待，那么不能继续认可它相对内容上确定理性地把握自己与世界的动机而言具有优先性。确切地说，解放的兴趣恰恰依赖在教养理论上对理性地改变世界的动机作出确定。批判地确定人的行动的任务反过来要求这种动机在解放兴趣中成为导向，因此使其对行动具有重要意义。

凡在解放教育学自身根据经验研究、诠释学和解放这三步作为批判理论行动导向的地方，它就不考虑那种指导解放交往能够对理性地把握自己和世界的可能性作出反思的理性导向的必要性。作为"不在他人的指导下利用自己的知性"这种要求的解放，像康德确定的"启蒙的格言"那样，①是一种基于要求自主的原则之上的教育理论的范畴。它恰恰不是那种必须能说明这种自主的理性和责任的教养理论的原则。

我们从多方面批判的解放教育学在技术理性层面的偏见，其实就是其不考虑教养问题的结果。像卢梭在其在同其自己的社会观对立的立场上把人的天性作为教育的目的的地方提出其教育理论原则那样，施莱尔马赫在他的教育理论方面谈到了道德化的自然倾向，以排斥教养问题，解放教育学在它把解放兴趣作为批判教育科学唯一原则的地方也一样把教养问题的解决和对理性地指出教育方向的探究推到实践循环上，即推到不使用可变规律的解放的循环上。

---

① 康德：《康德全集》第 6 卷，第 53 页。

在各种解放教育学创见中,迄今不能解决的那些问题似乎应当用"解放兴趣反对解放"的论点来作出解说。一个问题是涉及建立既不按技术实验概念又不按诠释学交往概念来设置行动科学研究学科的问题;另一个问题是涉及在教养理论上对教育作出理性导向的必要性,像我们在对比赫尔巴特和维尔曼的创见中以及在教育学集中原则和可塑性原则中说到的那样。此外,"解放兴趣反对解放"的论点指出了第三个问题,即理论与实践的关系问题。关于批判理论指导行动和行动导向的意义问题及其对行动科学的作用问题在解放教育学中或许被边缘化了。哈贝马斯所主张的论点:在解放兴趣中"认识与兴趣是一致"的,这更导致几乎不再把实践理论的行动导向功能同行动导向的实践的功能区分开来。假如解放兴趣应当确定行动科学知识的适用性意义,那么它就不再能作为实践理论的基本前提作出同具体行动构想的解放兴趣一致的假设。忽视这种区别的行动理论陷入到了无视其最重要任务,即说明并不断反思其行动导向功能的任务的危险中。

下面的思考将致力于揭示行动科学理论和行动科学研究的论证方面。这将联系我们对传统教育学的分析,并将此同我们对教育学的各种研究创见进行分析的结果作对照。

第六章　论教育实验的理论

第一节　在实践意图中的经验科学
教育学的问题与任务

撇开解放教育学创见必须攻克的弱点与矛盾不说,旨在建立作为批判理论的教育科学各种努力取得的贡献在于:把建立作为关于教育和为了教育的行动科学的教育学问题重新置于兴趣的中心。这个问题决定着经验研究创见和诠释学创见的发展,并促进经验研究方法同诠释学方法结合起来的尝试。假如把我们对传统教育学创见的分析导致的问题同我们对 20 世纪各种教育科学各种研究创见的分析结果作比较的话,那么表明,这其实始终是元理论讨论还未得到解释的问题。

传统创见尝试把教育学作为关于教育和为了教育的行动理论来加以论证。其教育理论和教养理论可以理解为对实践者来说富有魅力的行动学说。其科学理论分析集中在为教育理论和教养理论的基本概念奠定基础上。传统教育学对建立作为研究性学科的教育学并没有直接的贡献。

在现代教育科学创见中对教育理论和教养理论的反思的兴趣退居到了后面。所谓教育实在取代了其位置。对它的研究被提升为教育科学的真正的对象。教育和教养的理论假如源于在教育实在中行动着的参与者的自我理解,或者说它们表达了对经验上可以研究的陈述，那么它们对诠释学创见和经验研究的创见来说是感兴趣的。诠释学分析企图说明由内含和明显的理论建构的教育实在，而教育理论和教养理论的反思对了解它们隐含的或明显的内容的经验研究来说，其价值是靠经验上可检验的假设来衡量的。

而各种传统行动理论是不太重视对教育实践的前理解和自我理解作出的诠释学分析的，而且也不重视对在教育实践中产生作用的因果关系的假设作出经验检验。它们更关注对教育行动作出理性引导和方向指导。当教育学放弃行动理论并投向经验研究和诠释学研究设想时，一开始没有取得成果，即那种人们许诺由此对重新建立教育学理论和对教育学作出的理论分析和批判可产生的成果。在无视实践领先在研究中能起作用的情况下，经验研究—因果分析研究像历史—诠释学研究一样，越来越具有认识科学分析的性质了。阿多诺关于经验与理论不能作为一个连续统一体的断言无条件地适用于教育学的这种情况。① 然而我们不能停留在这一断言上。假如教育学应当进一步发展成为行动科学的话，那么经验与理论每一种都不能主张自己是一个独立的连续统一体。确切地说，两者都应当服从教育理论和教养理论上证明合理的实践的领先性。

通过经验研究同诠释学的合作模式来消除这种主张的尝试是达不到它的目的的，因为这种尝试把理论保留在富有魅力的行动学说的连续统一体中，并把经验关进了科学的实在分析的连续统一体中。可是只有在实在不仅被理论而且也被经验研究作为实践的实在来理解的情况下，实践优先才能在教育科学中作为研究学科起作用。而这只有在经验和理论相互联系在一起，它们的联系既不局限在获取预测性知识上，又不局限在揭示教育实在的历史发展上，而是从理性的计划

---

① Th.W.阿多诺：《社会学与经验研究》，第 207 页。

和改变教育实在出发的情况下才有可能。

我们对经验—分析教育学和历史—诠释教育学以及调和经验研究同诠释学关系的创见的分析尝试表明,处于实践优先中的研究方法的问题影响到了现代教育科学所有创见的发展。拉伊同梅伊曼和佩特森同梅伊曼之间的争论以及经验教育学、诠释学教育学和解放教育学之间的矛盾清楚地显示,上述问题通过草率地对教育科学学派及其解决问题的能力作出分类是不可能得到说明的。假如在研究中也应当重视实践优先的话,那么这种研究首先既不以因果分析和历史—诠释方法为基础,也不以两者混合的方法为基础。确切地说,必须发展一种从实践经验观念出发的研究方法。这不是说因果分析和历史—诠释学分析对教育学没有意义;这只是说,通过它们取得的或者说能够取得的结果就本身而言对教育行动并不具有重要关系,而且这样一种关系也不能从经验研究方法和诠释学方法的合作中或在其意识形态批判的强化中取得。

康德早已指出为教育学发展一种行动科学研究方法的必要性。教育科学各种新创见不考虑这种必要性,但也指出,至少间接地指出过这种必要性。我们曾尝试——只是用一些例子来提醒——以在实验教育学内的争论和教育事实研究和实验教育学之间的争论、以对哲学教育学或经验科学教育学首要地位展开的讨论、以解放教育学的发展和莫伦豪尔在因果分析同社会实践实验概念之间作的区分等指出这一点。回顾这一讨论,我们可以把解决带有实践意图的经验科学教育学问题作为同时从三方面克服富有魅力的行动学说和经验科学研究相互合作毫无成果这一点的任务。一是应当不仅在理论和实践关系的基础上,而且在实践对理论的关系的基础上解释实践优先问题,从而解释进一步发展理论的可能性;二是关键在于发展适合行动科学的研究方法,以可以分析和解释教育实在中的实际行动情况;最后是,必须检验富有魅力的行动理论同实际经验之间的关系，以使教育科学研究取得教育实践同其行动理论和教育行动理论同其实践对照的作用。教育科学研究的对象是理论在实践中的实施。不但经验—分析，而且历史—诠释学都不考虑这种对象。

上面简述的三个问题对带有实践意图的经验科学教育学完全是根本性的。带着这些问题，我们将回过头来探讨我们早已在界定传统教育学创见和说明其超历史的意义时表述的那些问题。在通过对本书中分析的各种观点的探讨之后，下面我们总结性地尝试对理论、经验和实践的结构关系以及对带有实践意图的教育科学研究的模式作出暂时概括。这种概括是我们教育学分类和对各种教育学创见作出分析的基础。

第二节　理论、经验研究和实践的结构关系

教育学作为关于教育和为了教育的实践科学不像认识科学把教育作为理论上预先给定的认识其对象的客体，而作为实践上提出的认识其对象的客体。教育学根据其处在预先给定的教育观念和教养观念有问题的状态中的起源致力于说明理性的教育的可能性和任务。其探究不仅从教育行动者的教育水平和动机水平的问题化出发，而且也回过来指向教育情境的设计和意义的建构。在教育理论和教养理论上对教育活动作出解释不仅要规范地确定教育的可能性和任务，而且要有启发性地指导在具体教育情境中的教育决策，并要以批判教育实践的任务为方向。教育学作为行动科学服从实践优先，因为教育责任和教育知识对它来说既不是在技术上可证明的合理的东西，也不是可以教条地可标准化的东西，而是其指导行动和行动导向的理论的接

受者,以及是使其得到实践的中介场所。

假如实践优先应当超越作为行动科学的教育学也对作为研究学科的教育学适用,教育学作为研究学科也应当成为行动科学,那么不但教育学理论而且教育实践者的行动本身都不能确定其课题。确切地说,教育科学研究必须同时包括实践和理论,而这只有在它使起指导行动和行动导向作用的教育学理论和使作为依靠教育学理论为指导的行动的教育行动成为自己的对象的情况下才有可能。

这里所说的实践、理论和教育科学研究的关系将在下面分四步来加以解释。第一步是关于理论和实践的关系,第二步是关于理论和研究的关系,第三步是确定实践和研究的关系。第四步,即最后一步,将尝试总结在以建立行动科学经验研究为目的的教育实验理论中实践、理论和研究的综合关系。

只要理论把行动作为对象,理论和实践就并不处在理论关系中,而是处在实践关系中。它们并不处在理论上可克服的分化中,因而处在实际分化中。我们把这种对我们科学和对象的分化称为“教育学的区分”。教育科学和教育的这种教育学的区分对教育学来说完全是本质性的。假如教育学应当使作为可问题化的并始终重新成为问题的主体和同社会有联系的行动的教育成为其对象的话,它不能和不可不考虑这种教育学的区分。在教育学不考虑对它至关重要的教育学的区分的地方,教育学理论的指导行动和行动导向的作用将不是被简单化为单纯理论的事情,就是被简单化为单纯实践的事情。在第一种情况下,教育学迷恋于规范理论的教条主义。在第二种情况下,教育行动学说被降格到了实证主义理论的技术层面。在这两种情况下,教育学停止作为关于教育和为了教育的实践科学了。理论和实践进入到了应用关系。在这种关系中,理论强调其可用性,而实践就使用这种理论。同时,像骗取实践在理论解决实际问题时赋予其优先的地位一样,包括在理论中的使实践的问题化对于理论来说仍然是隐蔽的。正是理论与实践的教育学的区分承认这种优先地位,因为其中不但指令实践参考在其决策时富有启发性地指导它的理论,而且也指令理论参考作为中介场所和实施理论的地方的实践。①

从理论和实践的关系中,一方面可以得出理论和行动科学经验或研究的关系,另一方面可以得出人类行为学和实践的关系。我们首先来探讨理论和经验研究的关系。

实践理论和行动科学研究的共同对象是教育实践。只要实践需要受到启示以建构教育情境和在教养理论上对任务作出导向,那么教育实践就是理论的对象,而行动科学性的经验研究把作为受理论指导和导向的实践的教育行动和教育者同成长着的一代之间的教育性交往作为对象。这样理论和实践之间的教育学的区分获得了理论以外的对教育科学经验研究的重要意义。因为受理论指导和导向的教育行动作为行动科学的研究对象始终不是理论的直接结果,而是基于理论和实践之间的教育学的区分的理论和实践的实际中介,所以行动科学经验研究在对实践的研究中始终不可能前进到对理论的验证上。确切地说,其任务是使理论能回头了解其被实践中介的实施情况,以便这种研究把教育行动重新作为对教育可能性和任务进行批判分析的对象。同时这种尝试把理论作为已经得到了实践的理论的经验研究并非是理论问题的直接结果,它像那种使经验研究的结果对重新思考教育可能性和任务并将其问题化产生成果的理论不太可以被视为经验研究的直接结果一样。凡不考虑对于理论与经验的关系至关重要的教育学的区分的地方,理论和经验研究便会进入直接应用连续统一体中。在其中,不仅理论自以为可以使实践规范化,而且经验研究

---

① 参见本书第一章第一节(第 41—43 页)。并参见本纳、W.斯密特-科瓦契克:《教育学基础绪论》第一卷,第 125 页及以下几页。

也无视归属于它在作为实践科学的教育学内的任务，即把理论同其得到的实践加以对照，并为不断修正和进一步发展教育理论对行动的指导和教养理论对行动的导向提供改进措施。

从理论和经验研究关系中可以推导出经验研究与实践的关系。假如行动科学经验研究的结果对实践仅仅只有间接的关系，并只有通过它们为理论的自我反思服务和为在教育行动中以及借助教育行动来为检验它们是否被践行服务才能获得实践意义，那么行动科学研究不太能把验证或证伪实践作为目的，如同不太能把它用来验证或证伪理论一样。确切地说，理论和实践的教育学的区分同时也是对经验研究和实践的关系至关重要的。它在这方面是作为教育科学和教育经验之间的分化出现的。教育实践者的教育经验是在理论指导的实践情境的建构和决策范围中进行的，而教育科学经验是针对通过教育经验使理论得到实现的过程。教育科学经验既不可能先于教育经验，并不可能直接引证教育科学研究的结论，借以作出实践决策；也不可能论证教育经验的合理性和提出标准化的行动模式。就像理论与实践之间的循环关系不太能维持的那样，教育科学经验和教育经验之间的循环关系也不太能得到构建。在研究和实践被直接联系起来的地方，技术模式将代替行动理论和行动科学经验研究。在这种模式中，理论要求对降格为目的理性的行动的实践和对完全不思考目的和手段的实践发挥行动指导作用，而经验研究由于其把自己误解为对理论和实践的验证手段，只能把自己定位在更多地在检验规范—技术的规则的发展和保持上。这样经验研究不再有助于理论的进一步发展和实践的更高发展。它更把目的置于建构一种起作用的和可操作性的规范操纵体系。在这一体系中，教育者通过科学的操作以科学规范的教育者行为伴随着受教育者的操作。

迄至这里，我们只是消极地界定了理论和实践、经验研究和理论以及经验研究和实践的关系。现在将在教育实验观念基础上对理论、

经验研究和实践的三种关系的界定作出解释，并再简述一下教育研究
策略的梗概，它是同本书中阐述的传统教育学创见和现代教育学创见
比照相衔接的，并将为迄至这里探讨的经验研究模式、诠释学研究模
式和两者的综合模式提供选择。

奥地利哲学家 E.海因特尔赞同康德，对技术的实验知性和实践的
实验知性及以对两者各适用的理论和实践关系作出了区分。① 在理论
和实践的应用关系中……科学的结论在不反思其应用关系的情况下
被用于人类的目的，而在实践实验中理论和实践的关系在这里的理论
同动机联系起来并在其得到实践中通过有动机的行动反映出来的情
况下便成了问题。海因特尔不单单通过他对技术实验的界定，而且也
通过进一步区分，即对"部分实验"和"完全实验"的区分取得了对实践
实验的进一步说明。他写道："专门从应用中脱颖而出的实验可以从
区分部分实验……和完全实验出发来加以说明，而且部分实验是通过
它以其所有多样性和各种重点方面在真正意义上得到使用中，即作为
在一定动机内的个别行动，进行的。参与探讨人类未来的历史哲学领
域的所有理性主义都属于此类。首先超越所有部分实验的完全实验
在历史和良知的对立面显示出来。……凡……在以不可支配标记出
的行动在一定的视野内，以及超出此视野的风险中经受得住考验的地
方，存在着的概念（即人——本纳）是以完全实验为前提的。"②

这种实验概念对教育学特别重要的意义产生于这样的事实：教育
行动就其意图来说涉及成长着的一代的自决。在这方面，教育只有在
任何教育举措中承认：受教育者的自决尝试在原则上的不可用性，并
知道他们的自我成长虽然通过教育影响可以取得，但始终不是这种教
育影响的直接结果，这样它才能有助于成长着的一代的成熟。为了把

① 康德：《判断力批判》第一版导论，《全集》第五卷，第 175 页及以下几页。
② E.海因特尔：《哲学的两种紊乱》第一卷，第 735 页及以下几页。

握实践实验对教育科学的意义,首先应当说明它同技术实验的关系,并更确切地说明怎样来理解"不可用性"。

技术实验是针对其各种对象在因果分析中的可用性的,不管这种对象是自然、个人或社会。它在其自身以外还具有可能有用的意义。虽然在技术实验中只要各种对象基于对其解释服从人的意志的统治是可用的,但技术上可用性的意义对技术实验的获取来说却是不可用的。假如把对象的技术可用性作为对象的概念来假设,那么这个概念恐怕将会出现在对它的因果分析中。

在实践实验中作为这样对象的对象是成问题的。实践实验从两个方面看,超出了技术可用的层面。一是它探讨技术可用性的意义,二是它也在因果分析还不可或基本上不可解释的情况下尝试理解对象。实践实验的层面也是带有动机的行动的层面。在这层面中,行动者的动机方面代替了应用方面。产生动机意味着在其实践动机方面,不仅在其自己的动机方面,而且也在他人的建立的确定性的动机方面,了解动机涉及的对象。在实践实验中,个人之间对人的实践的问题的理解和意义的理解代替了在技术实验中主体间性对因果分析的论据的可检验性。理论和实践在这里的关系像在技术实验中一样,不再是一种可用的理论和应用着理论的实践之间的关系,而是一种实践理论和行动之间的关系。实践理论有助于对个人之间对问题和意义的理解进行引导和导向,并要使行动者的理解遵循理性的作为的可能性和任务。在这方面使理性的实践在理论上成为可能和在实践上实现通过理论获得的动机之间的协调是行动者本身的不可放弃的任务。

这里并不涉及理论直接成为实践,涉及的是虽然受理论指导和导向的实践情境的建构和意义的建立,但其实却不是通过理论本身,而是通过动机达到的实践情境的建构和意义的建立。实践的各确定的积极性既不是从理论中推导出来的,也不是通过理论能得到证明的

(一旦它在实践中产生了)。理论只能对首先在行动中实现的积极性作出指导,但不是对积极性本身作出规范。人对问题和意义的理解的实验性就基于这一点。任何通过理论循环关系的建构、通过实践实现理论和补充实践而把实践理论对于积极的行动方案原则上的消极性提升为理论或克服它的尝试,都没有考虑理论并不具有使自身得以实现这一点,就像实践理论的结果不是实践的那样。恰恰因为理论是通过行动者的动机实现的,恰恰因为行动者虽然可以是其动机的主宰,但决不是其作为的结果的主宰,因为这些结果同时是通过他人的实践获取的,所以实践实验表明就是"部分实验"。凡在把这种实践假设为完全实验的地方,它剥夺了其他各种实践,并且是教条地排斥它们的。

说人的行动始终必然是部分实验的论点,并不想诱导对自己作为的结果原则上不可用性的认识误用来为自己行动方案可能的欠缺辩护。通过了解其实验的全部层面是不可用的,通过部分实验便知道自己是对人的问题和意义的完全实验的一部分。从这一了解出发,部分实验必须敢于作为部分实验,而能够不把自己假设为完全实验。人必须不断努力使自己不仅成为其动机的人的主宰,而且也成为其作为的结果的主宰,因此也成为历史的主宰。这首先就在这一点上获得了其可能的意义。因为人决不可能成为其作为的结果的主宰(只要这种结果通过在行动前、和行动一起以及在行动后生活着的人的行动获得的),其各种要成为其作为结果的主宰的努力恰恰能获得赋予作为对人的问题和意义的理解的在完全实验内的部分实验的可能的意义,假如它们旨在使人类成为其动机的主宰的话。[1] 从处在对人的存在进行完全实验的首位的任务来看,伦理学、教育学和政治涉及赋予它们使

---

[1] 即使能成功地使人类成为其动机的主宰的话,人类还决不可能因此而是其历史的主宰。关于人和人类决不可能成为历史主宰的论点参见本纳:《教育学的区分与教育研究》,第 777 页及以下几页,《普通教育学》,第 25 页及以下几页。

人类得到更高发展的使命。它们就是对人的问题和意义的理解的某种部分实验。只要它们把自己理解为人的自我理解和对世界的理解的实际理论，它们就能胜任这一使命。这种理解不要求技术上可能达到在意识形态上去控制对人的问题和意识的理解，而是要使对人的自我理解和对世界的理解的实验以人类的更高发展的任务作为方向。[①]

教育学在发挥这种作用中必然接受实验科学的性质，即一种同实验性实践有关的行动科学的性质。我们只需根据实践实验的概念解释理论和实践、理论和经验研究以及经验研究和实践的关系的三种界定就可说明这一点。

必须把理论和实践的关系定义为实践的关系，即理论上不能获取的关系，这一点是说，实践上了解理性的教育行动在理论上的可能性和实践上实现批判导向的行动方案乃是在具体教育情境中行动的人的不可推卸的任务。实践的积极性决不是简单地从理论推导出来的，首先在实践中形成的积极性决不能够通过理论得以维护，这一点表明了教育实验在原则上确定所有的教育都具有冒险性。带有实践意图的教育学理论是实验行动的先验理论，其目的是进行教育实验，即改造那种理论指导的实验教育行动所要求的教育实在。教育经验研究依赖教育实验的实际情况，因为它涉及并不直接出自理论而是出自理论导向的实践的对象。

理论和经验研究并不处在应用的关系中，因此也并不处在相互验证的关系中；经验研究的目的并不在于扬弃教育的实验性，而是必须为进一步发展教育学理论服务，并必须通过它为进一步发展教育实验服务。因此经验研究并不是在逐步扬弃教育学的区分，而仅仅是回过头来了解那种出于实践实验而处在教育学的区分中的理论。

① 参见 E.许茨：《论权威》，第 90 页及以下几页。E.许茨确定在背景下对任何目的—权威的结果的进行的这种实验作为自我接受一切权威的尝试。

　　经验研究和实践的关系是由解释教育科学研究的教育学的区分确定的,这一点是说,我们必须区分教育科学经验和教育经验,因此也必须区分教育学实验和教育实验。教育学实验旨在对作为教育实验的场所的教育实在进行规划和改造。教育行动的实验性也存在于不进行教育学实验的地方。但是,即使在现有机构中组织的、利用现有教学大纲和教学方法进行的教育实验出现问题,也至少始终潜在地有需要对其机构化了的框架作出改造的问题。对这种改造的教育学实验构成了行动科学经验研究的对象。这种研究由于现在和未来的教育过程和教养过程的开放性必然对进一步发展教育学行动理论感兴趣,但并不对教育实验的标准化感兴趣。

　　行动理论、行动科学经验研究和教育实践的这种关系同时为行动科学经验研究和认识科学经验研究之间的批判合作奠定了基础。在这些经验研究中带有实践意图的行动科学研究不会被降格到技术经验研究和历史诠释学的水平上;因果分析方法和历史诠释学也不会被假设为教育学研究方法。至于认识科学经验研究和行动科学经验研究之间的合作的可能性,我们必须把那种在偶然的教育情境中进行的认识科学分析和那种在教育学情境中(即教育学实验领域的)进行的认识科学调查区别开来。只有在教育过程的规律性接受教育理论和教养理论批判,并在教育学实验中得到了改变的情况下,才能就认识科学教育过程一定规律性作出的认识科学说明赋予教育学可能有的意义进行裁决。但这始终只有在认识科学的辅助性—激发性功能对发展关于教育和教学过程的组织和教学大纲内容改革的构想卓有成效的情况下才有可能。认识科学的论据并不直接有助于形成教育改革构想,因为这种构想既不是从对已知规律的应用中产生的,也不是从不应用已知规律中产生的。假如解放教育科学把经验研究归入技术认识兴趣,并早已在可能不应用研究事物规律的方面(它说明了规

律是可变的,在解放兴趣中它的失效看来是值得期待的)认识到教育
实在的充满理性的改革的举措,那么解放教育科学就忽视了研究事物
规律的知识决不可能是改革或可改革的基础或标准。行动科学对教
育实在的解释不能从研究事物规律的知识中获取其出路,并从可变规
律的失效出发得到终结。对这种规律所作的解放的解释在很大程度
上仍然与技术理性的水平密切相关。

　　认识科学经验研究和行动科学经验研究之间批判性合作的机会
基于这一点:对可变规律关系作出的因果分析的解释和历史—诠释学
的解释完全能够对改变某种可变因素的必要性给出重要提示。但可
变因素改变本身只不过不能充分地作为可变规律的失效来解释。确
切地说,它是同人类更高发展的实践实验相关的。对它作出证明、定
向和指导需要有一种考虑教育行动任务和可能性的行动理论。教育
行动任务和可能性是可以被提升为一种以这种理论为方向的行动科
学经验的对象。这种经验不满足于对改变可变的规律的确定,而要对
实验改变的行动情境作出分析,并了解新的问题。

　　认识科学经验研究和人类行为经验研究之间的差别可以以基于
社会化研究的结果的补偿教育的例子来说明。社会化研究和社会语
言学在前几年对说明出身于中层和下层的孩子的不同学业成绩提出
了富有启发性的各种模式。它们指明,教育技术使中层的更以未来导
向的、个性化的和积极的行为方式得到发展。这种技术就是对成长者
的成绩能力的高度期待态度,通过情感鼓励促进动机,更多针对意图
而较少针对作为的惩罚以及语言上细腻的和有根据地组织的交往。
而对相对中层来说较消极的、更现实的和几乎不超越家庭内互动水平
的下层的行为方式,则首先通过纪律导向的期待态度、通过物质—感
情的鼓励促进动机、通过比针对思想更针对作为的惩罚以及通过感情
上和语言上不太细腻的交往来加以发展。这些显著的特征涉及变量

问题。在认识到这一点的情况下应当提出补偿教育的各种不同计划，它们将致力于修正下层孩子的社会化过程，清除对他们成绩能力不利的和对学习过程有用的态度不利的行为方式。

在此期间，补偿教育受到了各方面的批评，主要是谴责它不考虑下层和中层之间可以确定的社会语言差别造成的社会条件。这种条件绝不是基于相互依存的阶层的事实上的，而是基于必须认识到的和不能通过社会化消除的阶级差别上的。人们批评补偿教育把中层的行为方式和规范设定为绝对的，从而阻止了批判的解放的任何可能性，导致了对中层生活方式的颂扬，因此导致阶级差别的平均主义化，而不是去克服它。这种异议和其他异议完全是应当被认真对待的。它们间接地指出了补偿教育其实在使可变规律失效和同时产生新的规律的情况下显示了批判教育理论和教养论的贫乏。社会的不平等的事实因此在亏待下层孩子方面被可变规律低估了。在这方面，经验研究社会科学家在他们用技术来解释其科学认识的情况下陷入到了像自然科学家一样的境地，即为了使其研究结果的利用水平经受行动理论表明的批评而必须承认：由它提供的研究事物规律的知识不能作为这种知识的前提的实在的概念来假设。在这方面贡献可嘉是，B.伯恩斯坦在他社会语言研究中提出了补偿教育要求的关于可变规律的研究知识，他指出了"'补偿'教育的……恶作剧"，并揭露了补偿教育消除语言歧视的意图是一种技术的、从研究规律性知识的假设中获得的药方。①

从教育学实验的概念来看，对技术控制教育提出这种更进一步的批评是可能的。这就是说，假如教育实践只适合作为实验行动，行动理论只适合作为改造社会实践实验的理论，行动科学经验研究足以作为对在社会实验中要获得的经验进行的分析来理解，那么值得在对技

① B.伯恩斯坦：《补偿教育的恶作剧》，第 41 页。

术实验进行批判中识别那些在实验保持恒定的、从实践实验的措施中提取的、因此排斥在任何批判之外的变量。对于补偿教育来说，就只指出两种可能性而言，这就是父亲的语言密码和工作岗位的相互依赖关系以及所谓无特权的整个社会作用和特权者的价值和规范水平之间的相互依赖关系。这些变量必须作为实验行动理论、实验实践和实验经验研究的对象。同时，改变这些变量的尝试不能重新根据对可变规律的应用来进行。撇开这样一种过程的技术偏见，单单因为因果分析总是依赖于研究事物规律的关系的规定性，而且因为完全不能验证首先在由实验产生的场合进行的实践实验的可变规律，所以这是不许可的。指出可变规律对于实验实践来说在某种意义上总是太晚了。它在行动本身产生新的规律和产生使行动理性重新简单化为技术的这种危险的地方是富有启发性的。

从这里产生了在技术性实验和教育学实验按作为它们基础的主客体关系作出区分的可能性。在技术性实验中实验的主体是代表处在技术兴趣背景中的部分人群的利益的实验者；实验的客体，各按这些兴趣的确定性，是受环境不利影响的和语言上受歧视的和不符合接受方需求的儿童。技术兴趣包括一种总是简单化为技术的实践兴趣；应当消除一定的受环境不利的影响和各种受歧视形式，如那种基于语言上可描述的语言行为的形式，因为它们对于部分人群利益的抽象整体来说是不值得期望的，因为它们被视为青少年堕落和犯罪的原因，因为它们限止了职业分流的灵活性，或从变化着的接受方需求来看是不可接受的。技术实验在受控制的试验中取得了对各种不希望出现的行为方式来说的决定性的因素，并在进一步的试验中给出了供选择的建议，以对阻止不希望的行为方式出现和促进所希望的素质的产生的个别变量或一些变量作出改变。在供选择的建议之间作出选择是在处于技术兴趣背景中的部分人群利益的意义上采取的。

实践实验中，实验的主体是社会中政治、伦理和教育行动及其那种"根据在经验中还没出现的……完善的观念"（康德）提出的概念的普遍意志。这种实验的客体是以各种实践兴趣的对抗和竞争为标志的社会实在。在这种实在中，个体基于这种实在鼓吹的行为方式服从部分人群的利益作出的技术控制。对技术实验的需求产生于部分人群利益之间的矛盾，比如产生于接受者需求和学业成绩之间的矛盾，而实践实验其根源在于思想和实在之间的各种矛盾。这些矛盾根据部分人群的利益之争虽然是可以把握的，但并不能恰当地从这一点出发被理解为现存社会状况内的矛盾。由于在实践实验中任何技术上可修复的矛盾被超越并从其思想和实在之间的矛盾的根源出发得到解释，因此社会实在及处在其中的部分人群的利益作为变量进入到了实践实验中。部分人群的利益及由其统治的社会实在就其这方面来看成了问题；其成为问题这一点服从在经验中不存在的完善的调节思想，并决定了实践实验的内容。这种实验是根据社会的更高发展和完善的调节思想的实现进行的。

P.弗莱雷在理论上对技术理性和实践理性作了如下区分："在反对话的行为的理论中……作为理论的第一个特征属于掌控……主体掌控他人并将其改变为物。在对话行为治疗中，各主体相互合作，以改变世界。反对话占优势的我将被统治的、被掌控的你改变为纯粹的它。对话的我却知道，它恰恰是你，创建了他自己的生存的你。它也知道，创建他自己生存的你在他这边组成一个我，他在他的我那里有他的你。这个我与这个你在这种辩证关系中变成了两个成为两个'我'的'你'。属于对话行为理论的不是一个基于掌控统治着的主体和被统治的客体。确切地说其中有各种主体，他们集合在一起，以将这取名为世界和改造它。"①

---

① P.弗莱雷：《被压迫者的教育学》，第 198 页。

　　假如教育学要在更高发展社会的意义上为改造社会服务，就必须从传统教育理论和教养理论出发进一步发展它们，使它们能够说明在今天社会背景下的教育学实验和教育实验的可能性和任务。进一步发展行动理论和符合行动科学经验研究要求的研究方法是今天教育科学非常迫切的问题。只有在理性决定的教育的原则像其在传统教育学中早已阐明的那样被提升为教育学经验研究的决定性的和调节性的原则取得成功的情况下，这些问题才能得到解决。

　　下面一结构图表简述了理论、实践和经验研究的复杂的关系，并借以提供了一个在其中可以进一步尝试解决在本书中讨论的问题的框架。

第三节　教育科学研究的结构模式

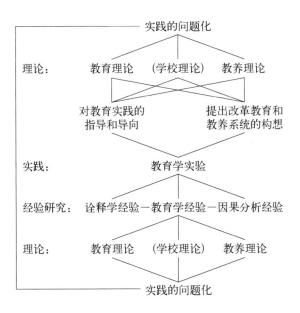

参考文献

Adorno, Th.W., Negative Dialektik, Frankfurt 1966.

——, Soziologie und empirische Forschung. In: M. Horkheimer, Th. W. Adorno, Sociologica II. Reden und Vorträge, 2. Auflage Frankfurt 1967.

Apel, K.-O., Wissenschaft als Emanzipation? In: Zeitschrift für allgemeine Wissenschafts-theorie I (1970), 173 – 195.

Auernheimer, G., Erziehungswissenschaft kontra Pädagogik. Historisch-systematische Untersuchungen zum Theoriebegriff der Dilthey-Schule, P. Natorps und R. Hönigswalds. In: Neue Folge der Ergänzungshefte zur Vierteljahrsschrift für wissenschaftliche Pädagogik, Heft 9, Bochum 1968.

——, Pädagogische Forschungspraxis und Emanzipation. Bemerkungen zu Dietrich Benners Konzeption des pädagogischen Experiments. In: Pädagogische Rundschau 26 (1972), 760 – 774.

Bahr, H.-D., Kritik der Politischen Technologie. Eine Auseinandersetzung mit H. Marcuse und J. Habermas, Frankfurt/Wien 1970.

Benner, D., Allgemeine Pädagogik. Eine systematisch-problemgeschichtliche Ein-führung in die Grundstruktur pädagogischen Denkens und Handelns. Weinheim/ München 1987, 2. Auflage 1991.

——, Ansätze zu einer Erziehungsphilosophie bei den frühen Fichteanern. In: D. Benner, W. Schmied-Kowarzik, Prolegomena zur Grundlegung der Pädagogik II. Die Pädagogik der frühen Fichteaner und Hönigswalds, Wuppertal/Ratingen/ Düsseldorf,

1969, 11 - 123.

——, Bildungstheorie und Curriculum. Zur Bedeutung der Theorie der Bildungskategorien Franz Fischers für Didaktik und Curriculumforschung. In: Pädagogische Rundschau 29（1975）, 123 - 155.

——, Zur Fragestellung einer Wissenschaftstheorie der Historie. In: Wiener Jahrbuch für Philosophie 2（1969）, 52 - 97.

——, Herbarts praktische Philosophie als Grundlegung seiner Pädagogik. In: D. Benner, W. Schmied-Kowarzik, Prolegomena zur Grundlegung der Pädagogik I. Herbarts praktische Philosophie und Pädagogik, Ratingen 1967, 11 - 51.

——, Ist etwas, wenn man es durch sich selbst ersetzt, nicht mehr dasselbe? Bemerkungen zur Replik von N. Luhmann und K. E. Schorr. In: Zeitschrift für Pädagogik 25（1979）, 803 - 805.

——, Lässt sich das Technologieproblem durch eine Technologieersatztechnologie lösen? Eine Auseinandersetzung mit den Thesen von N. Luhmann und K.E. Schorr. In: Zeitschrift für Pädagogik 25（1979）367 - 375.

——, Die Pädagogik Herbarts. Eine problemgeschichtliche Einführung in die Systematik neuzeitlicher Pädagogik. Weinheim/München 1986.

——, Pädagogische Anthropologie und pädagogische Erfahrung. In: Pädagogische Rundschau 26（1972）, 226 - 254.

——, Pädagogische Differenz und pädagogische Forschung. In: Pädagogische Rundschau 26（1972）, 775 - 784.

——, Pädagogisches Experiment zwischen Technologie und Praxeologie. — Wissenschaftstheoretische Überlegungen zum Erfahrungsbegriff in der Pädagogik. In: Pädagogische Rundschau 26（1972）, 25 - 53.

——, Theorie und Praxis, Systemtheoretische Betrachtungen zu Hegel und Marx, Wien/ München 1966.

——, Was ist Schulpädagogik? In: J. Derbolav（Hrg.）, Grundlagen und Grundprobleme der Bildungspolitik, 88 - 111.

——, Wilhelm von Humboldts Bildungstheorie. Eine problemgeschichtliche Studie zum Begründungszusammenhang neuzeitlicher Bildungsreform. Wein-heim/München 1990.

——, Wissenschaft und Bildung. Überlegungen zu einem problematischen Verhältnis und zur Aufgabe einer bildenden Interpretation neuzeitlicher Wissenschaft. In: Zeitschrift für Pädagogik 36 (1990), 597 - 620.

——, Zur Fragestellung einer Wissenschaftstheorie der Historie. In: Wiener Jahrbuch für Philosophie 2 (1969), 52 - 97.

Benner, D./Kemper, H., Einleitung zur Neuherausgabe des Kleinen Jena-Plans, Weinheim 1991.

Benner, D./Schmied-Kowarzik, W., Prolegomena zur Grundlegung der Pädagogik I. Herbarts praktische Philosophie und Pädagogik. Möglichkeiten und Grenzen einer Erziehungsphänomenologie, Ratingen 1967.

——, Prolegomena zur Grundlegung der Pädagogik II. Die Pädagogik der frühen Fichteaner und Hönigswalds. Möglichkeiten und Grenzen einer Erziehungsphilosophie, Wupper-tal/Ratingen/Düsseldorf 1969.

Bernstein, B., Lernen und soziale Struktur. Ein soziolinguistischer Aufsatz. In: Lernen und soziale Struktur, Amsterdam 1970.

——, Der Unfug mit der Kompensatorischen Erziehung. In: Lernen und soziale Struktur, Amsterdam 1970.

Blankertz, H., Pädagogik unter wissenschaftstheoretischer Kritik. In: Erziehungs-wissenschaft 1971, Wuppertal 1971, 20 - 33.

——, Pädagogische Theorie und empirische Forschung. In: Neue Folge der Ergänzungshefte zur Vierteljahrsschrift für wissenschaftliche Pädagogik, Heft 5, Bochum 1966, 65 - 78.

——, Rousseau wechselt die Methode. In: Pädagogische Korrespondenz, Heft 7, 1990, 5 - 14.

——, Theorien und Modelle der Didaktik, 2. Auflage München 1969.

Blass, J.L., Pädagogische Theoriebildung bei Johann Friedrich Herbart, Meisenheim 1982.

Bokelmann, H., Die Bedeutung der Geschichte der Pädagogik im hermeneutischen Ver—ständnis-Zum Problem pädagogischer Theoriebildung. In: Neue Folge der Ergänzungshefte zur Vierteljahrs-schrift für wissenschaftliche Pädagogik, Heft 10, Bochum 1969, 63 - 92.

——, Pädagogik: Erziehung, Erziehungswissenschaft. In: Handbuch pädagogischer Grundbegriffe, Band II, München 1970, 178 - 267.

——, Wozu taugen historische Erkenntnisse? —Pädagogische Materialien für

die Beurteilung einer umstrittenen Frage. In: Die Deutsche Berufs-
und Fachschule 68 (1972), 898 - 922.

——, Zukunft-ein Bestimmungsort erzieherischen Handelns. Vorüberlegungen
zu einer Theorie der Propädeutik. In: Vierteljahrsschrift für
wissenschaftliche Pädagogik 45 (1969), 173 - 206.

Brezinka, W., Von der Pädagogik zur Erziehungswissenschaft. Eine
Einführung in die Metatheorie der Erziehung, Weinheim/Berlin/
Basel 1971.

Brüggen, F., Freiheit und Intersubjektivität. Ethische Pädagogik bei
Kant und Schleiermacher (Münsteraner Habilitations-schrift 1986).

——, Die Pädagogik Friedrich Schleiermachers, Weinheim/München
1991.

——, Strukturen pädagogischer Handlungstheorie. Dilthey,
Geisteswissenschaftliche Pädagogik, Mead, Habermas, Erlanger
Schule, Freiburg/München 1980.

Buck, G., Herbarts Grundlegung der Pädagogik, Heidelberg 1985.

Dahmer, I., Erziehungswissenschaft als kritische Theorie und ihre
Funktion in der Lehrerbildung. In: didactica 3 (1969), 16 - 32 und
157 - 165.

Dahrendorf, R., Gesellschaft und Demokratie in Deutschland, München
1965.

Derbolav, J., Die Entwicklungskrise der deutschen Pädagogik und ihre
wissenschafts-politischen Konsequenzen, Wuppertal/Ratingen/Düsseldorf
1970.

——, Frage und Anspruch. Pädagogische Studien und Analysen,
Wuppertal/ Ratingen/ Düsseldorf 1970.

——, Systematische Perspektiven der Pädagogik, Heidelberg 1971.

Derbolav, J. (Hrg.), Grundlagen und Grundprobleme der Bildungspolitik. Ein
Theorie-entwurf. München 1977.

Diederich, J., Bemessene Zeit als Bedingung pädagogischen Handelns.
In: N. Luh-mann/K.E. Schorr, Zwischen Technologie und Selbstreferenz,
51 - 86.

Dietrich, C./Müller, H.-R. (Hrsg.): Bildung und Emanzipation. Klaus
Mollenhauer weiterdenken. Weinheim und München 2000.

Dilthey, W., Gesammelte Werke, Band VII, 2. Auflage Stuttgart 1959.

———, Über die Möglichkeit einer allgemeingültigen pädagogischen Wissenschaft, 4. Auflage Weinheim 1963.

Döpp-Vorwald, H., Die Erziehungslehre P. Petersens, Ratingen 1962.

———, Erziehungswissenschaft und Erziehungsphilosophie, 2. Auflage Ratingen 1967.

———, Pädagogie-Pädagogik-Erziehungswissenschaft. In: Pädagogische Rundschau 17 (1963), 355 - 365.

Droysen, J. G., Historik. Vorlesungen über Enzyklopädie und Methodologie der Geschichte, 5. Auflage Darm-stadt 1967.

Fetscher, I., Rousseaus politische Philosophie. Zur Geschichte des demokratischen Freiheitsbegriffs, Neuwied 1960.

Fichte, J.G., Werke in 6 Bänden, Darmstadt 1962.

Fischer, A., Deskriptive Pädagogik (1914). In: S. Oppolzer (Hrg.), Denkformen und Forschungsmethoden der Erziehungswissenschaft I, München 1966, 83 - 99.

Fischer, F., Die Erziehung des Gewissens. In: Geist und Erziehung. Aus dem Gespräch zwischen Philosophie und Pädagogik, Bonn 1955, 147 - 188.

———, Darstellung der Bildungskategorien im System der Wissenschaften, Ratingen 1975.

Fischer, W., Die Bedeutung erziehungswissenschaftlich-empirischer Forschungen ür die Grundlegung der Pädagogik, erörtert an einer fiktiven Untersuchung über die Wirkung von Strafen. In: Neue Folge der Ergänzungshefte zur Vierteljahrsschrift für wissenschaftliche Pädagogik, Heft 7, Bochum 1968, 50 - 61.

———, Einige Gedanken zum Dialogischen im Begriff der Bildung. In: A. Petzelt u.a., Einführung in die pädagogische Fragestellung. Aufsätze zu einer Theorie der Bildung, Teil II, Freiburg 1963, 63 - 81.

———, Kritik der lebensphilosophischen Ansätze der Pädagogik. In: Neue Folge der Ergänzungshefte zur Vierteljahrsschrift für wissenschaftliche Pädagogik, Heft 4, Bochum 1966, 21 - 35.

———, Der pädagogische Zweifel an der Schule und die kritische Pädagogik. In: W. Fischer (Hrg.), Schule und kritische Pädagogik, Heidelberg 1972, 7 - 16.

———, Unterwegs zu einer skeptisch-transzendentalkritischen Pädagogik.

Ausgewählte Aufsätze 1979 – 1988, Sankt Augustin 1989.

——, Zur systematischen Problematik des Verhältnisses von Schule und Leistung. In: W. Fischer (Hrg.), Schule und kritische Pädagogik, Heidelberg 1972, 16 – 42.

Fischer, W. (Hrg.), Schule und kritische Pädagogik. Fünf Studien zu einer pädagogischen Theo-rie der Schule, Heidelberg 1972.

Fischer, W./Ruhloff, J. u. a. (Hrg.), Normenprobleme in der Sexualpädagogik, Heidelberg 1971.

Flitner, W., Die Geisteswissenschaften und die pädagogische Aufgabe. In: H. Röhrs (Hrg.), Erziehungswissenschaft und Erziehungswirklichkeit, Frankfurt 1967, 85 – 91.

——, Das Selbstverständnis der Erziehungswissenschaft in der Gegenwart, 4. Auflage Heidelberg 1966.

——, Stellung und Methode der Erziehungswissenschaft. In: H. Röhrs (Hrg.), Erziehungswissenschaft und Erziehungswirklichkeit, Frankfurt 1967, 127 – 144.

——, Theorie des pädagogischen Weges und der Methode (1928/1950), 2. Auflage Weinheim 1953.

Freire, P., Pädagogik der Unterdrückten, 2. Auflage Stuttgart/Berlin 1972.

Frischeisen-Köhler, M., Philosophie und Pädagogik, 2. Auflage Weinheim 1962.

Gadamer, H.-G., Replik. In: Hermeneutik und Ideologiekritik, Frankfurt 1971, 283 – 317.

——, Rhetorik, Hermeneutik und Ideologiekritik. Metakritische Erörterungen zu Wahrheit und Methode. In: Hermeneutik und Ideologiekritik, Frankfurt 1971, 57 – 82.

——, Wahrheit und Methode. Grundzüge einer philosophischen Hermeneutik, 2. Auflage Tübingen 1965.

Gamm, H.-J., Kontinuität der Kathederpädagogik oder: Differenzen über faschistische Pädagogik. In: Demokratische Erziehung 13 (1987), Heft 2, 14 – 18.

Geißler, E., Herbarts Lehre vom erziehenden Unterricht, Heidelberg 1970.

Habermas, J., Analytische Wissenschaftstheorie und Dialektik. Ein

Nachtrag zurKontroverse zwischen Popper und Adorno. In: E. Toptisch (Hrg.), Logik der Sozialwissenschaften, 3. Auflage Köln/ Berlin 1966, 291－311.

——, Erkenntnis und Interesse, Frankfurt 1968.

——, Technik und Wissenschaft als Ideologie, Frankfurt 1968.

——, Theorie der Gesellschaft oder Sozialtechnologie? Eine Auseinandersetzung mit Niklas Luhmann. In: J. Habermas, N. Luhmann, Theorie der Gesellschaft oder Sozialtechnologie-Was leistet die Systemforschung? Frankfurt 1971.

——, Theorie und Praxis. Sozialphilosophische Studien. 4. Auflage Frankfurt 1971.

——, Vom sozialen Wandel akademischer Bildung. In: S. Leibfried (Hrg.), Wider die Untertanenfabrik, Köln 1967.

——, Zur Logik der Sozialwissenschaften. In: Beiheft der Philosophischen Rundschau, Nr. 5, Tübingen 1967.

Heid, H., Über die Entscheidbarkeit der Annahme erbbedingter Begabungsgrenzen. In: Die Deutsche Schule. Heft 2, 1985, 101－109.

Heintel, E., Die beiden Labyrinthe der Philosophie. Systemtheoretische Betrachtungen zur Fundamentalphilosophie des abendländischen Denkens, Band I, Wien/ München 1968.

——, Wie es eigentlich gewesen ist. Ein geschichtsphilosophischer Beitrag zum Problem der Methode der Historie. In: Erkenntnis und Verantwortung. Festschrift für Th. Litt, Düsseldorf 1960, 207－230.

Heitger, M., Über den Begriff der Normativität in der Pädagogik. In: Pädagogische Grundprobleme in transzendentalkritischer Sicht, Bad Heilbrunn 1968, 96－106.

——, Die Zerstörung der pädagogischen Absicht durch den Einsatz von Erziehungs-mitteln. In: M. Heitger, Erziehung oder Manipulation, 62－77.

Heitger, M. (Hrg.), Erziehung oder Manipulation. Die Problematik der Erziehungsmittel, München 1969.

Helbig, P., Begabung im pädagogischen Denken. Weinheim 1988.

Henningsen, J., Erziehungswissenschaft. Theorie des Pädagogischen. In: E. Groß (Hrg.), Erziehungswissenschaftlicher Unterricht, Ratingen

1977, 9 – 47.

Hentig, H. von, An dem, was wirklich ist, erkennen, was möglich ist-Eine Rede auf Heinrich Roth zu dessen 70. Geburtstag am 1. 3. 1976. In: neue sammlung 16 (1976), 195 – 214.

——, Eine Apologie des Gebildeten. In: H. Giesecke (Hrg.), Ist die bürgerliche Erziehung am Ende? München 1977, 25 – 67.

——, Die Schule im Regelkreis. Ein neues Modell für die Funktionen von Erziehung und Bildung, 2. Auflage Stuttgart 1969.

——, Systemzwang und Selbstbestimmung. Über die Bedingungen der Gesamtschule in der Industriegesellschaft, 3. Auflage Stuttgart 1970.

——, Was ist eine humane Schule? Drei Vorträge, München 1976.

Herbart, J.F., Sämtliche Werke, hrg. von G. Hartenstein, Leipzig 1850 – 1852 (diese Ausgabe wird zitiert als H I bis H XII).

——, Systematische Pädagogik, eingeleitet, ausgewählt und interpretiert von D. Benner, Stuttgart 1986.

——, Pädagogische Schriften, hrg. von W. Asmus, Düsseldorf/München 1964 – 1965 (diese Ausgabe wird zitiert als A I bis A III).

Herrmann, U., Die Pädagogik Wilhelm Diltheys, Göttingen 1971.

Heydorn, H.J., Über den Widerspruch von Bildung und Herrschaft, Frankfurt 1970.

——, Zu einer Neufassung des Bildungsbegriffs, Frankfurt 1972.

Hönigswald, R., Studien zur Theorie pädagogischer Grundbegriffe. Eine kritische Untersuchung, Darmstadt 1966 (Nachdruck von 1913).

——, Über die Grundlagen der Pädagogik, München 1918.

——, Über die Grundlagen der Pädagogik, 2. veränderte Auflage München 1927.

——, Zur Theorie des Konzentrationsunterrichts. Eine kritische Untersuchung zum Begriff der Pädagogik. In: Zeitschrift für Philosophie und philosophische Kritik 163 (1917), 207 – 233.

Horkheimer, M., Traditionelle und kritische Theorie. Vier Aufsätze, Frankfurt 1970.

Horkheimer, M./Adorno, Th. W., Dialektik der Aufklärung. Philosophische Fragmente, Frankfurt 1971.

Hornstein, H., Kindheit und Sprache. Zum Problem des kindlichen Spracherwerbs. In: Wirkendes Wort 17 (1966), 145 – 154.

——, Strukturwandel des pädagogischen Denkens? In: Vierteljahrsschrift für wissenschaftliche Pädagogik 45 (1969), 98 - 110.

Husserl, E., Ideen zu einer reinen Phänomenologie und phänomenologischen Philoso-phie, Haag 1952.

Imelman, I.D./Meijer, W.A.J., Die nieuwe schoul gisteren en vandaag, Amsterdam/ Brüssel 1986.

Johannsen, Kritik der Pestalozzischen Erziehungs- und Unterrichtsmethode nebst einer Erörterung der Hauptbegriffe der Erziehungswissenschaft, Jena 1804.

Kant, I., Werke in 6 Bänden, Darmstadt 1963 - 1966.

Kassner, P./Scheuerl, H., Rückblick auf Peter Petersen, sein pädagogisches Denken und Handeln. In: Zeitschrift für Pädagogik 30 (1984), 647 - 661.

Kemper, H., Schule und bürgerliche Gesellschaft, Band I und II, Weinheim 1990.

Klafki, W., Dialektisches Denken in der Pädagogik. In: S. Oppolzer (Hrg.), Denk-formen und Forschungsmethoden der Erziehungswissenschaft, Band I: Hermeneutik-Phänomenologie-Dialektik, München 1966, 159 - 182.

——, Erziehungswissenschaft als kritisch-konstruktive Theorie: Hermeneutik-Empirie-Ideologiekritik. Heinrich Roth zum 65. Geburtstag gewidmet. In: Zeitschrift für Pädagogik 17 (1971) 351 - 385.

Krafft, V., Geschichtsforschung als strenge Wissenschaft. In: E. Topitsch (Hrg.), Logik der Sozialwissenschaften, 4. Auflage Köln/ Berlin 1967, 72 - 82.

Lange, H., Über den Zusammenhang von Politik und Pädagogik. Bemerkungen über die Schlüssigkeit emanzipatorischer Bildungstheorien. In: Bildung und Erziehung 22 (1970), 161 - 183.

Lassahn, R., Studien zur Wirkungsgeschichte Fichtes als Pädagoge, Heidelberg 1970.

Lay, W.A., Experimentelle Didaktik (1903), 4. Auflage Leipzig 1920.

——, Experimentelle Pädagogik mit besonderer Rücksicht auf die Erziehung durch die Tat, Leipzig 1908.

Lempert, W., Leistungsprinzip und Emanzipation, Frankfurt 1971.

Lochner，R.，Deskriptive Pädagogik，Reichenberg 1927.

——，Deutsche Erziehungswissenschaft，Meisenheim 1963.

——，Erziehungswissenschaft. Kurzgefasstes Lehrbuch zum Gebrauch an Hochschulen，2. Auflage Reichenberg 1934.

Luhmann，N.，Moderne Systemtheorien als Form gesamtgesellschaftlicher Analyse. In：J. Habermas，N. Luhmann，Theorie der Gesellschaft oder Sozialtechnologie-Was leistet die Systemfor-schung?，Frankfurt 1971.

——，Sinn als Grundbegriff der Soziologie. In：J. Habermas，N. Luhmann，Theorie der Gesellschaft oder Sozialtechnologie-Was leistet die Systemforschung?，Frankfurt 1971.

Luhmann，N./Schorr，K.E.，Das Technologiedefizit und die Pädagogik. In：Zeitschrift für Pädagogik 25（1979），345–365.

——，Hat die Pädagogik das Technologieproblem gelöst? Bemerkungen zum Beitrag von Dietrich Benner. In：Zeitschrift für Pädagogik 25（1979），799–801.

Luhmann，N./Schorr，K.E.，Zwischen Technologie und Selbstreferenz. Fragen an die Pädagogik，Frankfurt 1982.

Masschelein，J.，Kommunikatives Handeln und pädagogisches Handeln. Die Bedeutung der Habermasschen kommunikationstheoretischen Wende für die Pädagogik. Weinheim/Leuven 1991.

Menze，C.，Erziehungswissenschaft und Erziehungslehre. In：Pädagogische Blätter，Düsseldorf 1967，303–332.

——，Die Hinwendung der deutschen Pädagogik zu den Erziehungswissenschaften. Eine geschichtliche Betrachtung. In：Neue Folge der Ergänzungshefte zur Vierteljahrsschrift für wissenschaftliche Pädagogik，Heft 5，Bochum 1966，26–52.

——，Pädagogik als Wissenschaft zwischen Empirie und Spekulation. In：Realschulpost 11（1967），203–212.

——，Überlegungen zur Anwendungsmöglichkeit der Entscheidungslogik auf die Curriculum-Konstruktion. In：Neue Folge der Ergänzungshefte zur Vierteljahrsschrift für wissenschaftliche Pädagogik，Heft 12，Bochum 1970，5–30.

Meumann，E.，Abriss der experimentellen Pädagogik，Leipzig/Berlin 1914.

Mollenhauer，K.，Erziehung und Emanzipation. Polemische Skizzen，

München 1968.

——, Vergessene Zusammenhänge. Über Kultur und Erziehung, München 1983.

Moser, H., Programmatik einer kritischen Erziehungswissenschaft. In: Zeitschrift für Pädagogik 18 (1972) 639 – 657.

Nohl, H., Die pädagogische Bewegung in Deutschland und ihre Theorie, 3. Auflage Frankfurt 1948.

Oelkers, J., Intention und Wirkung: Vorüberlegungen zu einer Theorie pädagogischen Wirkens. In: N. Luhmann/K.E. Schorr, Zwischen Technologie und Selbstreferenz, 139 – 194.

Oelkers, J./Schulz, W. K./Tenorth, H.-E. (Hrg.), Neukantianismus. Kulturtheorie, Pädagogik und Philosophie, Weinheim 1989.

Paul, J., Levana oder Erziehlehre, Leipzig o. J.

Petersen, J./Erdmann, H. W., Strukturen empirischer Forschungsprozesse. Einführung in die wissenschaftstheoretischen, methodologischen und statistischen Grundlagen empirisch-pädagogischer Forschung, Band I und II, Ratingen 1975.

Petersen, P., Führungslehre des Unterrichts, 6. Auflage Braunschweig 1959.

——, Der kleine Jena-Plan, Langensalza 1927 (Der Jena-Plan einer freien allgemeinen Volksschule).

——, Der kleine Jena-Plan, 51. Auflage Weinheim 1968.

Petersen P. und E., Die pädagogische Tatsachenforschung, Paderborn 1965.

Petzelt, A., Grundzüge systematischer Pädagogik, 3. Auflage Freiburg 1964.

——, Pädagogik und Philosophie. In: A. Petzelt u.a., Einführung in die pädagogische Fragestellung, Aufsätze zur Theorie der Bildung, Teil I, Freiburg 1967.

Peukert, H., Bildung und Vernunft-Neuzeitliche Vernunftkritik, Kritische Theorie und die Frage nach dem Ansatz einer Systematischen Erziehungswissenschaft (Münsteraner Habilitationsschrift 1986).

Popper, K.R., Logik der Forschung (1935), Tübingen 1966.

Rang, M., Rousseaus Lehre vom Menschen, Göttingen 1959.

Reichwein, G., Kritische Umrisse einer geisteswissenschaftlichen Bildungstheorie (1926 – 1933), Bad Heilbrunn 1964.

Rohrmoser, G., Das Elend der kritischen Theorie. Theodor W. Adorno-Herbert Marcuse-Jürgen Habermas, Freiburg 1970.

Roth, H., Die Bedeutung der empirischen Forschung für die Pädagogik. In: S. Oppolzer (Hrg.), Denkformen und For-schungsmethoden der Erziehungswissenschaft, Band II: Empirische Forschungsmethoden, München 1969, 15 – 62.

——, Empirische Pädagogische Anthropologie. Konzeption und Schwierigkeiten. In: Zeitschrift für Pädagogik 13 (1965), 207 – 221.

——, Lernprozess und Freiheit. In: Freiheit und Verantwortung in Gesellschaft und Erziehung. Festschrift für E. Stein, Bad Homburg 1969, 205 – 216.

——, Pädagogische Anthropologie, Band I: Bildsamkeit und Bestimmung, 3. Auflage Hannover 1971.

——, Pädagogische Anthropologie, Band II: Entwicklung und Erziehung, Hannover 1971.

——, Die realistische Wendung in der pädagogischen Forschung. In: H. Röhrs (Hrg.), Erziehungswissenschaft und Erziehungswirklichkeit, 2. Auflage Frankfurt 1967, 179 – 191.

Roth, H. (Hrg.), Begabung und Lernen, Stuttgart 1969.

Rousseau, J.J., Abhandlung über die Frage: Hat der Wiederaufstieg der Wissenschaften und Künste zur Läuterung der Sitten beigetragen? (Diskurs I) In: J.J. Rousseau, Schriften zur Kulturkritik, Hamburg 1955, 3 – 59.

——, Abhandlung über den Ursprung und die Grundlagen der Ungleichheit unter den Menschen (Diskurs II). In: J.J. Rousseau, Schriften zur Kulturkritik, Hamburg 1955, 63 – 269.

——, Betrachtungen über die Verfassung Polens (Verfassung Polens). In: J.J. Rousseau, Die Krisis der Kultur, 2. Auflage Stuttgart 1956, 292 – 299.

——, Emile oder Über die Erziehung (Emile), Stuttgart 1965.

——, Der Gesellschaftsvertrag (Contrat social), Stuttgart 1966.

——, Von der Ökonomie des Staates (Politische Ökonomie), In: J.J. Rousseau, Frühe Schriften, Leipzig 1965, 247 – 295.

Ruhloff, J., Demokratisierung der Schule? In: Fischer, W., Schule und kritische Pädagogik, 43 – 74.

——, Ein Schulkonflikt wird durchgespielt, Heidelberg 1970.

——, Das ungelöste Normproblem der Pädagogik, Heidelberg 1979.

——, Zur Kritik der emanzipatorischen Pädagogik-Konzeption. In: W. Fischer, J. Ruhloff, Aufsätze zu Problemen des Unterrichts, Nürnberg 1972.

Sauer, Über das Problem der Erziehung. In: Philosophisches Journal 9 (1978) 264 - 290 und 306 - 357.

Schleiermacher, F.E.D., Theorie der Erziehung (1826). In: F.E.D. Schleiermacher, Ausgewählte pädagogische Schriften, 2. Auflage Paderborn 1964.

——, Vorlesungen über Gegenwirkung, Strafe und Zucht. In: Schleiermacher, Fr., Pädagogische Schriften, Band II, hrg. von E. Weniger, Frankfurt 1984.

Schmied-Kowarzik, W., Bruchstücke zur Dialektik der Philosophie. Studien zur Hegel-Kritik und zum Problem von Theorie und Praxis, Ratingen 1974.

——, Dialektische Pädagogik. Vom Bezug der Erziehungswissenschaft zur Praxis, München 1974.

——, Die Erziehungsphilosophie Richard Hönigswalds. In: D. Benner/ W. Schmied-Kowarzik, Prolegomena zur Grundlegung der Pädagogik II. Die Pädagogik der frühen Fichteaner und Hönigswalds, Wuppertal/ Ratingen/Düsseldorf 1969, 125 - 250.

——, Herbarts Begründung einer Erziehungsphänomenologie. In: D. Benner/W. Schmied-Kowarzik, Prolegomena zur Grundlegung der Pädagogik I. Herbarts praktische Philosophie und Pädagogik, Ratingen 1967, 53 - 124.

——, Kritische Theorie und revolutionäre Praxis. Konzepte und Perspektiven marxistischer Erziehungs- und Bildungstheorie, Bochum 1988.

——, Marginalien zu einer dialektischen Grundlegung der Pädagogik. In: Pädagogische Rundschau 26 (1972), 853 - 886.

——, Theorie und Praxis. In: Handbuch pädagogischer Grundbegriffe, Band II, München 1970, 590 - 623.

Schurr, J., Gewissheit und Erziehung. Versuch einer Grundlegung der Erziehungslehre Fichtes nach Prinzipien der Wissenschaftslehre, Ratingen 1965.

Slotta, G., Die pädagogische Tatsachenforschung Peter und Else Petersens, Weinheim 1962.

Schütz, E., Autorität. Ein Traktat, Heidelberg 1971.

Stein, G. Ansätze und Perspektiven kritischer Erziehungswissenschaft, Stuttgart 1980.

Tenorth, H.-E., Falsche Fronten-Über das Elend kritischer Pädagogik angesichts der Geschichte der Erziehungswissenschaft. In: Demokratische Erziehung 13 (1987), Heft 7/8, 28 - 32.

Theunissen, M., Gesellschaft und Geschichte. Zur Kritik der theoretischen Theorie, Berlin 1969.

Thiersch, H., Hermeneutik und Erfahrungswissenschaft. In: Die Deutsche Schule 58 (1966), 3 - 21.

Voltaire, Brief an Rousseau vom 30.8.1755. In: J.J. Rousseau, Schriften zur Kultur-kritik, Hamburg 1955, 301 - 309.

Vogel, P., Kausalität und Freiheit in der Pädagogik, Frankfurt 1990.

Wagner, H., Philosophie und Reflexion, München 1959.

Weniger, E., Didaktik als Bildungslehre. Teil I: Theorie der Bildungsinhalte und des Lehrplans, 8. Auflage Weinheim 1965.

——, Die Eigenständigkeit der Erziehung in Theorie und Praxis. Probleme der akademischen Lehrerbildung, Weinheim 1953.

——, Zur Geistesgeschichte und Soziologie der pädagogischen Fragestellung. Prolegomena zu einer Geschichte der pädagogischen Theorie. In: H. Röhrs (Hrg.), Erziehungswissenschaft und Erziehungswirklichkeit, 2. Auflage Frankfurt 1967.

Willmann, O., Didaktik als Bildungslehre nach ihren Beziehungen zur Sozialforschung und zur Geschichte der Bildung (1882 und 1888), 7. Auflage Freiburg 1957.

——, Kleine pädagogische Schriften, Paderborn 1959.

Winnefeld, F., Pädagogischer Kontakt und Pädagogisches Feld. Beiträge zur päd-agogischen Psychologie, 4. Auflage München/Basel 1967.

人名译名对照

Adorno, Th. W.	Th. W. 阿多诺
Apel, K. -O.	K. -O. 阿佩尔
Auernheimer, G.	G. 奥尔恩海迈
Bahr, H. -D.	H. -D. 巴尔
Bernstein, B.	B. 伯恩斯坦
Blankertz, H.	H. 布兰凯尔茨
Blass, J. L.	J.L. 布拉斯
Bloch	布洛赫
Bokelmann, H.	H. 博克尔曼
Brenzinka, W.	W. 布雷钦卡
Brüggen, F.	F. 布吕根
Buck, G.	G. 布克
Cramer	克拉默
Dahmer, I.	I. 达默
Dahrendorf, R.	R. 达伦多夫
Derbolav	J. 德博拉夫
Diederich, J.	J. 迪德里希
Dietrich, C.	C. 迪特里希
Dilthey, W.	W. 狄尔泰
Döpp-Vorwald, H.	德普－福尔瓦特
Droysen, J. G.	J.G. 德罗伊森

Fetscher, I.	I.费契尔
Feyerabend	费耶阿本德
Fichte, J. G.	J.G.费希特
Fischer, A.	A.菲舍尔
Fischer, F.	F.菲舍尔
Fischer, W.	W.菲舍尔
Fischer	菲舍尔
Flitner, W.	W.弗利特纳
Freire, P.	P.弗莱雷
Frischeisen-Köhler, M.	M.弗里沙埃森-克勒
Gadamer, H. -G.	H. -G.伽达默尔
Gamm, H. -J.	H.-J. 加姆
Gehlen	盖伦
Geißler, E.	E.盖斯勒
Habermas, J.	J.哈贝马斯
Harl	哈尔
Heid, H.	H.海特
Heidegger	海德格尔
Heintel, E.	E.海因特尔
Heitger, M.	M.海特格尔
Helbig, P.	P.黑尔比希
Hegel	G.W.F.黑格尔
Henningsen, J.	J.亨宁森
Hentig, H. von	H.冯·亨蒂希
Herbart	赫尔巴特
Heydorn	H. J.海多恩
Hönigswald, R.	R.赫尼希斯瓦尔特

Petzelt, A.	A.佩策特
Pestaeozzi	裴斯泰洛齐
Peukert, H.	H.波伊克尔特
Reichwein, G.	G.赖希魏因
Rein, W.	W.莱因
Ritter	里特
Rohmoser, G.	G.罗莫泽
Rombach	龙巴赫
Roth, Heinrich	H.罗特
Ruhloff, J.	J.鲁洛夫
Sauer	绍尔
Scheuerl, H.	H.朔伊尔
Schleiermacher	施莱尔马赫
Schmied-Kowarzik	W.斯密特-科瓦契克
Schorr	肖尔
Schulz, W. K.	W.K.舒尔茨
Schurr, J.	J.舒尔
Slotta G.	G.斯洛塔
Schütz, E.	E.许茨
Spranger, E.	E.施普朗格尔
Stein, G.	G.施泰因
Tenorth, H. -E.	H. -E. 特诺特
Theunissen, M.	M.托尼森
Thiersch, H.	H.蒂尔许
Vogel, P.	P.福格尔
Voltaire	伏尔泰
Wagner, H.	H.瓦格纳

Weniger,E.	E. 韦尼格
Willmann,O.	O.维尔曼
Winnefeld,F.	F.温纳费尔特
Willmann	O.维尔曼
Vogel,P.	P.福格尔
Ziller,Tuiskon	T.齐勒尔

对李其龙翻译和评注
《教育科学主要流派》的中文版的跋

我感谢李其龙教授把我的《教育科学主要流派》译成中文。1973 年在德国出版的本书的第一版是根据我的讲课内容整理而成的。这门课是我 1970、1971 年在弗赖堡大学开讲的，并从 1973 年开始在明斯特大学多次重复讲授。李教授请我为本书的中文版写一个跋。本文作了如下分段：

1. 关于《教育科学主要流派》中阐述的理论纲要和研究纲要的现实性；

2. 关于《教育科学主要流派》中阐述的传统教育学和现代教育科学系统联系存在的意义；

3. 关于《教育科学主要流派》中展示的教育科学研究结构模式及其对进一步发展教育学理论和教育科学上表明的教学研究和教育科学研究构想发展的现实意义；

4. 展望《教育科学主要流派》对中国有关问题可能具有的意义；

5. 附录：关于我在中国发表的同本书有关的以及同中国学者合作的讲演、文章和书籍。

一、关于《教育科学主要流派》中阐述的理论纲要和研究纲要的现实性

《教育科学主要流派》的标题涉及这本探讨在德国教育科学

界进行的关于教育学和教育科学讨论的对象。这些讨论是 60 年代和 70 年代在精神科学教育学、经验教育学和解放教育学创见的各学派之间展开的。本书德文原版的副标题为"传统理论和现代理论的分类",它指向在本书六章中介绍的各种流派,并评价在它们中间展开的讨论的分类问题。

本书第一章分析各种阐释教育行动理论,但还没有展开教育科学研究的现代传统教育学的创见。接下来几章介绍 20 世纪教育学的各种创见,其中第二章探讨经验教育学的各种学派,第三章探讨精神科学教育学,而第四章则以尝试把经验研究问题和诠释学问题结合起来的各种学派为题。然后第五章探讨解放教育学的新创见。它们是基于哈贝马斯作为批判社会科学的科学理论和兴趣理论研究的教育学。本书以第六章结束,该章阐述了教育科学研究的结构模式。这一模式尝试把传统的行动理论问题同 20 世纪的新创见综合在一起。

我们通过对如同在教育理论和教养理论的传统学派中呈现的各教育行动理论同精神科学教育学、经验教育学和解放教育学各种新研究创见之间的关系的探讨把各章联系在一起。同时我们对教育学通过引进社会科学理论取得收获给予了积极评价,但也揭示了在同 20 世纪研究性教育学的新创见相联系的教育理论和教养理论及教育机构理论领域把问题的简单化。

在本书第一版出版后的几十年间,本书中探讨的各学派中出现了新的理论和理论的引进,特别是尝试接受米歇尔·福柯的权力理论分析和对阿克塞尔·霍耐特的承认理论的反思理论的引进,但也有教育的量性和质性研究的新构想。它们不再追随哈贝马斯发展的社会科学研究构想,而是发展了教养理论的传记研究构想,并创立了期间波及全世界的国际学生成绩比较的经验研究。对它们也可以揭示研究方法的收获和行动理论上的问题。这在对教育实践作出引导和定向方面导致了对许多传统教育学问题的遗忘,特别是对传统教育学阐明的对成长着的一代进行教育引导和训诫的做法的遗忘,其在很大程度上被社会化的适应的做法所取代,而经典的教学论理论和实践在许多方面也被心理学学习理论和动机理论所取代,尤其是代际协商性的教育实践的理论和做法,今天被心理学行为改变思想所主导。

教育学从来没有像今天这样极大地受其他学科引进的主导,其思想从来没有像今天一样如此薄弱地反映在其他学科中,其身份从来没有像今天一样显得不确定和受到威胁。在这种情况下重要的是:重新树立对教育过程和互动的教育学自身逻辑更强的自我意识,把教育学行动理论的经典问题同 20 世纪产生和在 21 世纪进一步发展起来的教育科学研究结合起来。

在我看来,这也许是《教育科学主要流派》不仅在德国被广泛接受,而且在中国也能受到欢迎的原因。因为中国像德国一样,也存在有助于保障教育行动自身逻辑的教育学行动理论的悠久历史传统。这一传统导致教育学忧虑和责任的一种全面的观念。其间它在德国也被认同了,并值得被综合到当代研究性教育科学的思想中。(见:彭正梅:《论儒家传统中的学习和忧虑》,刊于 Zeitschrift für Pädagogik 63(2017),S.476—491)

《教育科学主要流派》也许被中国感兴趣,并可能对中国具有意义,这一假设是我基于我被友好地接受作出的,这可从过去的几年中,中国教育科学学者把我的若干论著翻译成中文这一点看出来。在这里我想提一下彭正梅等人翻译、李其龙校对的我的《普通教育学》,和我在柏林洪堡大学工作时在我这里取得博士学位、今天在上海华东师范大学工作的彭韬翻译的《教养—道德—民主》,以及大量由徐斌艳等人翻译的从我作为华东师范大学名誉教授同中国同行一起作的报告和讲座中选出的文章(见附录)。

　　这些论著在中国被接受,不是我的功劳,因为我不会中文,而是和我一起开展研究和提出研究计划并使中国读者理解它们的中国同事的功劳。过去20年中同中国教育科学学者和学生的无数次相遇,对我自己来说是很有教益的。我总是这样解释我的文本被译成中文这件事:通过翻译,我以德国和欧洲背景下作出的论证和形成的思想方法在中国背景下经受了检验。被检验的不仅是可译性,而且也是可读性,特别是有用性和可能有的意义。这方面的检验不仅是由翻译的中国学者,而且也是由中国听众和读者进行的。而我感到很幸运,因为我参与其中,能够观察他们,当我在华东师范大学间隔着同中文翻译作我用德语的讲演时,在讲演厅中总是有一些懂德语的听众,所以我首先能在讲演时从他们脸上,然后在翻译时从其他听众脸上看出:德语文本,然后是中文文本,是否得到理解和引起兴趣。凡在视觉上反馈给我表明我的讲演有难以理解或根本不理解的地方,这对我是一种触动,让我去了解产生理解问题的原因。对这类问题的交谈有时甚至发生在担任翻译的中国同事同报告和讲座的听众之间,并在讲演结束后在他们同我进行的交谈和讨论中深入下去。这种讨论用的时间往往同讲演和翻译所用的时间一样多。

　　从中我在脑海里形成了一种新的思考。这大大有助于我自己思想的进一步发展,并在其间导致我不再只是在欧洲文化背景中,而且也更多地以中国文化背景的目光来论证和开始增加对中国文献的德语译本的学习和研究,还同中国学者一起讨论在教育思想和行动方面的欧洲传统和中国传统(2009年、2013年同彭正梅的讨论,2017年同彭韬的讨论)。这不仅是指教育学概念和教育理论、教养理论和教育机构理论的论说,而且也指教育学思想和行动的自身逻辑观念的发展,新近甚至涉及伦理—道德能力研究领域。这一研究是我在前几年同彭正梅教授和柏林洪堡大学ETiK小队一起进行的。彭韬作为柏林洪堡大学的博士研究生，在过去几年也属于 ETiK 小队的成员。其间彭韬作为博士重新回到华东师范大学，现在他是那里的博士后。我和彭正梅教授联合培养中国学生彭韬，这是我的幸福经历。

二、关于《教育科学主要流派》中阐述的传统教育学和现代教育科学系统联系存在的意义

回过头来看过去许多传统教育学经典时期的文本，读起来像文献研究纲领，但它们是在行动理论上为其产生时构想的，并不加研究地得到了应用。我们想到的有：

——孔子的《论语》和儒家学说（如《近思录》）。它们包括教育的智慧学说，从中产生了指导行动和反思的力量；它们表明了教育对成长着的一代的忧虑和教养对成长着的一代自己终生发展的忧虑（见：彭正梅：《论儒家传统中的学习和忧虑》，刊于 Zeitschrift für Pädagogik 63（2017），S.476—491）。

——或者是柏拉图对哲学后起之秀的派代亚①的陈述，我们今天不再能将此解释为哲学高层次的学说，而是可以将此解释为一种同孔子及其继承者有关学说接近的关于自我忧虑的教育实践和教养实践的理论；或者是卢梭的教育小说《爱弥尔》，它以一名虚构的学生为例，描写了一种对从出生到成年人开展教育的实验。它从感官的教养开始，经过数学—自然科学和美学的教养直到开始伦理—道德、政治和宗教的教养（见我《教育科学主要流派》中关于卢梭的一章及《教养—道德—政治》中文版对卢梭的陈述）。

——或者是中文版《赫尔巴特文集》、李其龙新译的《康德论教育》和林凌的博士论文《审美视角下的赫尔巴特教学论研究》。

———————————

① 派代亚（Paideia），指一种古典的教育思想与教育实际内容。——译者

上述文本不仅是对推理性的教育学反思实践的文献理解的证明，而且在今天还是令人鼓舞的，尽管并不是孔子，也不是柏拉图、卢梭和康德进行了经验研究和科学实验。可是他们指出了可以证明和进一步发展的教育实验自身的逻辑结构。

而今天的经验研究不仅是在其质性的诠释学和现象学方向，而且也是在其心理学—社会学方向中继续在没有作行动理论反思的情况下展开的。在教育行动理论和反思为一方面和经验研究为另一方面之间的分裂期间变得如此之大，以至在德国像在中国一样，越来越要求不仅要对心理学—社会学问题，而且也要对教育理论和教养理论的问题开展经验研究，并同教育学上鼓励进行的和经验上受检验的实验结合起来。就我的观点看，对此人们无论如何可以读到我所了解的李其龙和彭正梅以及叶澜和李政涛[①]的文本翻译。

目前国际学生成绩比较的研究处在发展阶段。这一阶段是同一个能非常精确地检测全世界所用钟表走时精确性，但不知道钟表历史及其应用和不能改善钟表技术、走时和在不同社会文化背景下投入使用的钟表匠可以比拟的阶段。资助应用心理学进行教育研究各种项目的许多国家发问，它们的心理学研究阅读能力模式究竟是否适用于在教育学上有效地描述能力发展，并值得继续耗费经费和展开研究实践。只要它们的研究结果表明在阅读、数学、自然科学和作为外语的英语等学科中的世界排名名单中各国教育制度的名次常常出现摇摆，并对教育方案和教育环境几乎没有什么帮助，那么只能说经验教育研究在教育学上的收获仍然是很小的。因此，关键是在未来要把它同教育学问题和行动理论构想更加密切地结合起来，发展出不仅在教育学上能证明经验研究合理性，而且能够在经验研究上检验各种教育方案

---

① 叶澜和李政涛同本纳的对话和访谈不是由他们翻译出来发表的，而是由其他学者翻译出来发表的。——译者

有效性的模式。

这对于说明教养目的和能力目的的关系来说意味着教育过程有助于教养过程，后者就是其向基本知识、判断力和参与社会生活及其讨论层面的转化，对这种转化的评判和检验。因此能力必须以对其基本的教育行动的观察用包括基本知识、判断力和参与能力等各能力部分来加以定义，并同教育行动的基本形式联系起来。在我的《普通教育学》中，我联系赫尔巴特把教育实践区分为管理和训诫的实践、通过教学扩展经验和交际的实践，以及保障成长着的一代从受教育情境影响向自我负责的行动过渡的协商性的教育。

教育行动在所有三种形式中追求的目标是使教育过程通过教育影响有助于教养过程，并使教育支持的教养过程反过来转化为教育过程成为可能。在这个过程中，成长着的一代不必再通过教育影响来帮助了。对于教育作用的教育因果关系来说，这意味着在教育的所有三种形式中必须对三种因果关系作出区分：对从教育行动者中产生的教育影响、从成长着的一代同世界内容之间的相互产生的教养影响以及从保障受教育帮助的教养过程反过来向教育转化的这两者的方法上的各种结合作出区分。在管理和训诫的教育方面，关键是他律向自律转化和他管向自管转化；在教育性教学方面，关键是他教和自教之间的转化；在协商性教育方面，关键是自我教育的协商和同他人的协商。

为了探究这些过程，就要求将教育学理论同教养的经验研究重新结合起来，使教养研究不再单方面用智力测验模型来进行，而是在所有学习领域按基本知识、判断力和参与行动进行分组，并按学生在多大程度上能够在校外在没有遗忘的情况下应用在课堂上和学校中学到的东西，将此投入到公众的讨论中来对教和学的过程作出检验。因此，在他们不掌握正字法知识和雄辩能力或单单把外语能力作为翻译能力，而不把深入了解文化差别和不同文化间理解过程作为课题的情况下,或者在只按计算性的自然科学的范式来定义自然科学、数学、技术和能力的情况下,以及在继续淡化或忽视目的论的、历史诠释学的和现象学的、意识形态批判的以及前提条件批判的知识形式的情况下,继续只测量学生的阅读能力,这是不再有意义的。

三、在《教育科学主要流派》中展示的教育科学研究结构模式及其对进一步发展教育学理论和教育科学上表明的教学研究和教育科学研究构想发展的现实意义

在《教育科学主要流派》中阐明的"教育科学结构模式"对有关计划仍然是具有重要意义和有益的。我把"理论工作的结构和阶段"作了区分,即"实践""经验研究"和重新进行"理论工作"。它们被"实践的课题化"框起来了。

在教育实践的问题化开始阶段(阶段 1),关键是不要忘记从国家、经济和社会的顾主利益的前景观出发对教育提出的批判、对教育和这些利益作出的教育学批判,要按照教育学行动理论的基本原则检验和评判通过管理、训戒、经验、交际扩展的教学和指导向自我负责的行动转化的质量。因此,假如教学研究者比如在不考虑教师训戒能力、教学能力和指导能力的情况下调查教学干扰的增加,这是不够的。只有在考虑上述因素的情况下,才能从研究结果中获取教育改革是否有必要、可以怎样让教育者得到进修和改进教育实践的目的是否能达到等认识。

从现存实践的问题化(1)中并不能直接引出通向各种教育实践实验的途径。确切地说,在使前实践问题化和改革实践的草案之间必须插入一个理论阶段(2)。这一阶段涉及对教育实践的指导和定向以及对准备着的和后续的实践的政策指导的改革。

在紧接着的教育实验阶段(3)不但是指导教育行动的理论,而且单个学校改革活动或国家改革活动都将受到检验。两者必须接着在

经验研究阶段(4)按照不同范式如诠释学范式和因果分析范式得到研究和检验。

实践实验阶段(3)和经验研究阶段(4)必须接着在重新的理论阶段(5)中结合在一起。后者的目的是进一步形成教育理论、教养理论和机构理论的定向和构想,并把它们转到使实践的重新问题化(6),在此使实验引发的改革实践得到检测并使其作用和副作用得到检验。

在德国,这个对解放教育学及其产生的各种改革作出评判的阶段期间在很大程度上已经结束。在《教育科学主要流派》中阐释的对解放教育和教养的积极评价和批评今天受到了广泛认同。其指出,解放是一种关于成长着的一代受教育影响成为独立自主者的教育理论范畴,但不是一种给出教育行动目的答复的教养理论范畴。因此德国教育家和改革者在六七十年代把成熟这一教育学的教养理论目的说成是解放,比如在政治教育领域导致此类毫无意义的表述:政治教育学科的解放教育目的是能够使学生在其学校教育结束时认同或拒绝联邦德国基本法。

今天在德国,没有人再主张同当年与"解放"的概念结合在一起的批判标准了(见,比如 1983 年 J.鲁洛夫:《教育学今天没有"批判理论"可能吗?》,刊于 Zeitschrift für Pädagogik 30,S.219—233)。同样还只有少数研究计划今天还把在《教育科学主要流派》中批判的出于解放兴趣将经验研究和诠释学的方法结合起来作为合适的研究策略。

对自从世纪交替之际发展起来的尝试按心理学模式测量教育过程和教养过程的教养的经验研究和教育改革进行的类似的批判主导着当前的继续讨论,但还没有结束。其间毕竟还有一些重要的对教育学批判和教养理论的批判尝试出现。教养的经验研究本身断言:按照其所追随的和教育政策认同的标准,可以发现德国教育制度没有改变对缺乏教养的阶层的学生的歧视,而只是断定缺乏教养阶层的孩子明显只有少量达到高级中学毕业，这仅仅是第一步。教师的教育性管理能力、教学能力和指导能力、教育计划中的教养目的和能力标准、确定教育机会的公平不公平以及不同改革方案的作用和副作用等也都还必须受到检验。

因此，我们当今值得重新使在教育机构中、在国家改革中和在教育科学和教养科学研究中的主导性实践问题化，并在对当前的讨论作出分析的情况下进一步阐明教育理论、教养理论和机构理论的教育学观点。就德国来看，这方面的努力是必要的，这包括：

——修正把管理和训戒在心理学上简单化为社会化性地使成长着的一代养成适应所希望的行为的习惯的实践，代替为他们设定界限，而把对正确判断和行动的理解作为管理不能胜任的任务划归给教育和教养过程。

——修正把教学淡化为只是对学习和自我教育的做法，重新强化教学的教的过程的意义。这些在没有高要求的学习形式的情况下是不可能的。

——阻止以在病理上有助的心理治疗标准来建构教育指导，并重新参照保障成长着的一代从受教育看护的情况向参与工作、道德、艺术和政治活动转化的需要来进行教育指导。

对上述在教育和教养过程中的三种因果分析形式作出的区分对于相应反思和改革来说具有重要意义。这些修正必须要区分训戒性管理的、教育性教学的和协商性教育的教育帮助、区分在学习和对世界经验之间教养性的相互作用，以及区分在方法上可以表明的行动着的教育者以及学习和自我塑造着的学习者的各种能力。

四、展望《教育科学主要流派》对中国有关问题可能具有的意义

针对德国文化背景撰写的《教育科学主要流派》的中文译本想向

中国读者提供关于在德国有关讨论的信息，引起在中国国内的讨论和促进教育和教养的研究，对这种讨论作出比较分析，但要在各方面避免被牵制。各种讨论都一定是在每一种文化领域及其国家监管的教育制度中和在对它关注和思考着的公众中进行的。在一种文化背景中产生的东西对另一种文化背景——不管是作为激发还是警示——不能按抽象的普遍适用性逻辑来看具有意义，而只能按具体的和多数适用性逻辑来看具有意义。（见：M.瓦尔策（1994）：《道德教育与道德形成》）

我和华东师范大学彭正梅教授一起设计和他在华东师范大学领导实施的 ETiK 中德国际研究上海项目也有这同样的构想。不管怎样，这篇跋最后似乎明确地表明可以作为对中文译本的解释和对在《教育科学主要流派》中阐释的教育科学研究结构模式的具体说明。（见：方补课，彭韬，彭正梅：《一种测量青少年道德能力的新途径：ETiK 模型及其上海项目的设想》，刊于《基础教育》，08（02），S.89—96）

五、附录：关于我在中国发表的同本书有关的以及同中国学者合作的讲演、文章和书籍

D.本纳.教育学与批判——对各种批判教育科学思想的局限性及问题关系的思考[J].华东师范大学学报（教育科学版），1999（02）：31—43.

D.本纳，徐斌艳.现代教育体制下核心课程的结构[J].全球教育展望，2002（01）：39—45.

迪特里希·班纳，徐斌艳.教育与负面性：论负面经验在教育实践、教育理论以及教师教育中的不可忽略性[J].华东师范大学学报（教育科学版），2004（04），38—47.

班纳，徐斌艳.道德与教养：论希腊与现代教育理论中的一些问题

[J].全球教育展望,2004,33(08),8—14.

D·本纳.普通教育学——教育思想和行动基本结构的系统的和问题史的引论[M].彭正梅,徐小青,张可创,译.上海：华东师范大学出版社,2006.

彭正梅,本纳.现代教育学的奠基之作——纪念赫尔巴特《普通教育学》发表200周年[J].全球教育展望,2007(02)：19—27.

底特利希·本纳,彭正梅.超越知识取向的投入控制和能力取向的产出控制：论经验、学习和教学之间的关系[J].教育学报,2009,5(01)：33—47.

彭正梅.教育的自身逻辑——德国教育学家本纳教授访谈[J].全球教育展望,2009,38(11)：8—14.

D.本纳,李其龙.在模仿与建构矛盾中的道德教育[J].全球教育展望,2010,39(11)：3—9.

叶澜,底特利希·本纳.中德学者关于教育学问题的一次对话——"生命·实践"教育学系列论著编委会与本纳教授的座谈会[J].基础教育,2011,(01)：5—13.

彭正梅,D.本纳.作为教育理论者和现代性反思者的洪堡与蔡元培的比较研究[J].文化育人,2013(第二辑)：79—89.

底特利希·本纳,彭正梅.论现代教育学的若干成就[J].基础教育,2013,10(04)：5—12.

李政涛,巫锐.德国教育学传统与教育学的自身逻辑——访谈德国教育学家本纳教授[J].教育研究,2013,34(10)：142—148.

底特里希·本纳,彭韬.德语语境中的杜威教育学[J].全球教育展望,2017,46(02),3—14+24.

彭韬,底特利希·本纳.现代教育自身逻辑的问题史反思[J].北京大学教育评论,2017,15(03)：109—122+190.

底特里希·本纳,李政涛,彭韬.教育实证研究的"德国视野"与"德国经验"——底特里希·本纳与李政涛、彭韬的对话[J].华东师范大学学报(教育科学版),2017,35(03),159—163.

底特利希·本纳,顾娟,彭正梅.童年并未消逝:迈向支持自主性的现代教育[J].华东师范大学学报(教育科学版),2018,36(06):54—60+155—156.

底特利希·本纳,顾娟,商仪.教育与教化①的区别及其对当今教学研究的意义——论教化性的教育性教学[J].基础教育,2018,15(06):5—14.

D.本纳,彭正梅等.道德教育与道德形成.西方教育学史的考察[M].彭韬,译.上海:上海教育出版社(出版中).

---

① 这里所译的"教化"是指通常在对凯洛夫教育学和欧洲教育学中三个基本概念(教育、教养和教学)中的译名"教养"(Bildung)。——译者